à travers le monde francophone

PROMENADES

VISTA
HIGHER LEARNING

à travers le monde francophone

PROMENADES

Cherie Mitschke

Cheryl Tano

VISTA
HIGHER LEARNING

Boston, Massachusetts

The **PROMENADES** cover features a photo of two friends crossing the **Champs-Élysées** in front of the **Arc de Triomphe**. Their lively stroll through Paris is symbolic of the exploration that you are about to begin of the French-speaking world.

Publisher: José A. Blanco

Vice President & Editorial Director: Beth Kramer

Managing Editor: Rafael Ríos

Project Manager: Isabelle Alouane

Developmental Editor: Armando Brito

Design and Production Team: María Eugenia Castaño, Oscar Diez, Nicholas Ventullo

TO THE STUDENT

Welcome to **PROMENADES**, a brand-new introductory French program from Vista Higher Learning. In French, the word **promenades** means *strolls*. The major sections in **PROMENADES** are strolls planned to help you learn French and explore the cultures of the French-speaking world in the most user-friendly way possible. In light of this goal, here are some of the features you will encounter in **PROMENADES**.

- A unique, easy-to-navigate design built around color-coded sections that appear either completely on one page or on two facing pages

- Abundant illustrations, photos, charts, graphs, diagrams, and other graphic elements, all created or chosen to help you learn

- Integration of a specially shot video, in each lesson of the student text

- Clear, concise grammar explanations in an innovative format, which support you as you work through the practice activities

- Practical, high-frequency vocabulary for use in real-life situations

- Ample guided vocabulary and grammar exercises to give you a solid foundation for communicating in French

- An emphasis on communicative interactions with a classmate, small groups, the whole class, and your instructor

- Systematic development of reading and writing skills, incorporating learning strategies and a process approach

- A rich, contemporary cultural presentation of the everyday life of French speakers and the diverse cultures of the countries and areas of the entire French-speaking world

- Exciting integration of culture and multimedia through TV commercials and short films

- A full set of completely integrated print and technology ancillaries to make learning French easier

- Built-in correlation of all ancillaries, right down to the page numbers

PROMENADES has thirteen units with two lessons in each unit, followed by an end-of-unit **Savoir-faire** section and a list of active vocabulary. To familiarize yourself with the textbook's organization, features, and ancillary package, turn to page xii and take a stroll through the **PROMENADES** at-a-glance section.

TABLE OF CONTENTS

	contextes	roman-photo	lecture culturelle

structures	**synthèse**	**savoir-faire**

TABLE OF CONTENTS

		contextes	roman-photo	lecture culturelle

structures	synthèse	savoir-faire

TABLE OF CONTENTS

		contextes	roman-photo	lecture culturelle

| **structures** | **synthèse** | **savoir-faire** |

TABLE OF CONTENTS

		contextes	roman-photo	lecture culturelle

structures	synthèse	savoir-faire

UNIT OPENERS
outline the content and features of each unit.

La famille et les copains

UNITÉ 3

Pour commencer
- Combien de personnes y a-t-il?
- Où sont ces personnes?
- Que font-elles?
- Ont-elles l'air agréables ou désagréables?

Savoir-faire
pages 94–95
Panorama: Paris

Pour commencer activities jump-start the units, allowing you to use the French you know to talk about the photos.

Content thumbnails break down each unit into its two lessons and one **Savoir-faire** section, giving you an at-a-glance summary of the vocabulary, grammar, cultural topics, and language skills on which you will focus.

CONTEXTES
presents and practices vocabulary in meaningful contexts.

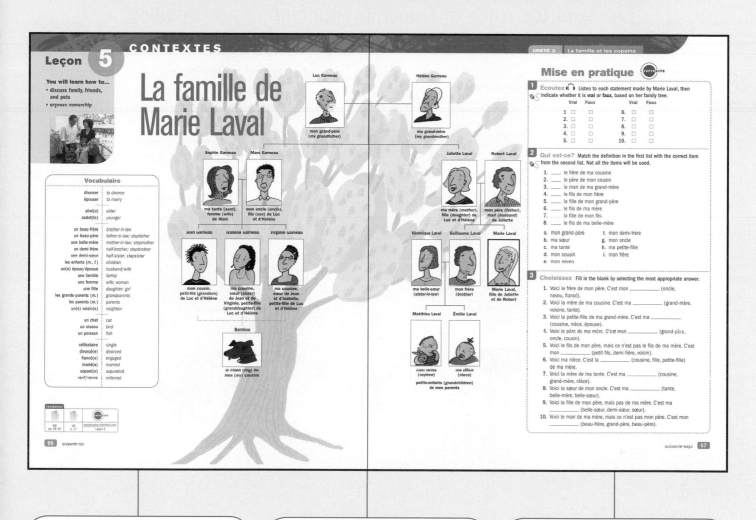

Communicative goals highlight the real-life tasks you will be able to carry out in French by the end of each lesson.

Illustrations High-frequency vocabulary is introduced through expansive, full-color illustrations.

Vocabulaire boxes call out other important theme-related vocabulary in easy-to-reference French-English lists.

Ressources boxes let you know exactly what print and technology ancillaries you can use to reinforce and expand on every section of every lesson in your textbook.

Mise en pratique always begins with a listening activity and continues with activities that practice the new vocabulary in meaningful contexts.

Mouse icons identify activities from the book that are on the Supersite with auto-grading.
Supersite icons show when additional activities or materials are available for you to use.

PROMENADES AT A GLANCE

CONTEXTES

has communication activities. **Les sons et les lettres** presents the rules of French pronunciation and spelling.

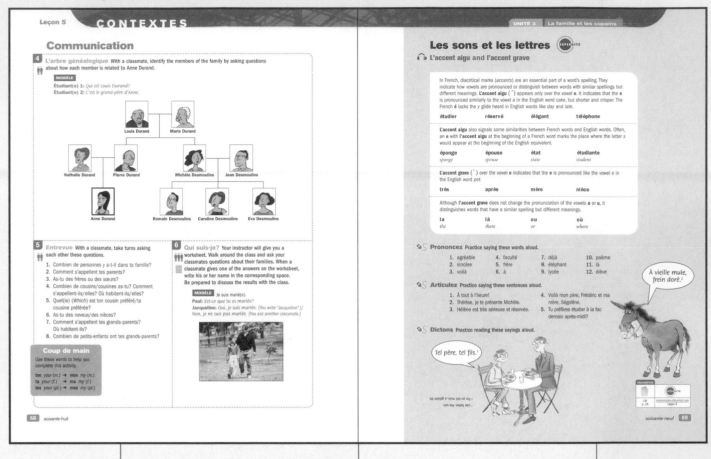

Communication activities allow you to use the vocabulary creatively in interactions with a partner, a small group, or the entire class.

Icons provide on-the-spot visual cues for various types of activities: pair, small group, listening-based, video-related, handout-based, information gap and internet activities. For a legend explaining all icons used in the student text, see page xxiv.

Explanation Rules and tips to help you learn French pronunciation and spelling are presented clearly with abundant model words and phrases.

Coup de main provides handy, on-the-spot information that helps you complete the activities.

The headset icon at the top of the page indicates when an explanation and activities are recorded for convenient use in or outside of class.

Practice Pronunciation and spelling practice is provided at the word- and sentence-levels. The final activity features illustrated sayings and proverbs so you can practice the pronunciation or spelling point in an entertaining cultural context.

ROMAN-PHOTO
tells the story of a group of students living in Aix-en-Provence, France.

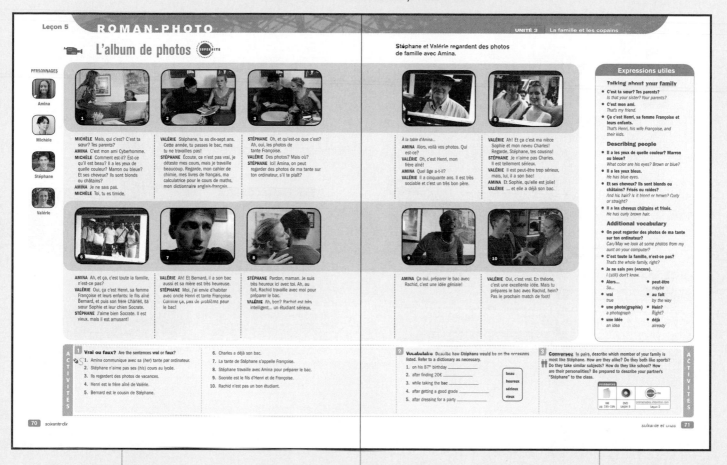

Personnages The photo-based conversations take place among a cast of recurring characters—four college students, their landlady (who owns the café downstairs), and her teenage son.

Roman-photo **video episodes** The **Roman-photo** episode appears in the **Roman-photo** part of the Video Program. To learn more about the video, turn to page xxii.

Expressions utiles organizes new, active words and expressions by language function so you can focus on using them for real-life, practical purposes.

Conversations The conversations reinforce vocabulary from **Contextes**. They also preview structures from the upcoming **Structures** section in context and in a comprehensible way.

PROMENADES AT A GLANCE

LECTURE CULTURELLE
explores cultural themes introduced in **CONTEXTES** and **ROMAN-PHOTO**.

Video icons in one of the **Lecture culturelle** sections of each unit mean that an episode of **Flash culture**, a cultural video related to the lesson's theme, is available for viewing. To learn more about the video, see page xxiii.

Stratégie boxes offer different helpful techniques that you can use to improve your French reading skills.

Portrait profiles people, places, and events throughout the French-speaking world, highlighting their importance, accomplishments, and/or contributions to the cultures of the French-speaking people and the global community.

Culture à la loupe presents a main, in-depth reading about the lesson's cultural theme. Full-color photos bring to life important aspects of the topic, while charts with statistics and/or intriguing facts support and extend the information.

Le monde francophone puts the spotlight on the people, places, and traditions of the countries and areas of the French-speaking world.

Sur Internet boxes with provocative questions and photos direct you to the **PROMENADES** Supersite where you can continue to learn more about the topics in **Lecture culturelle, Flash culture,** and the lesson's theme.

STRUCTURES
uses innovative design to support the learning of French.

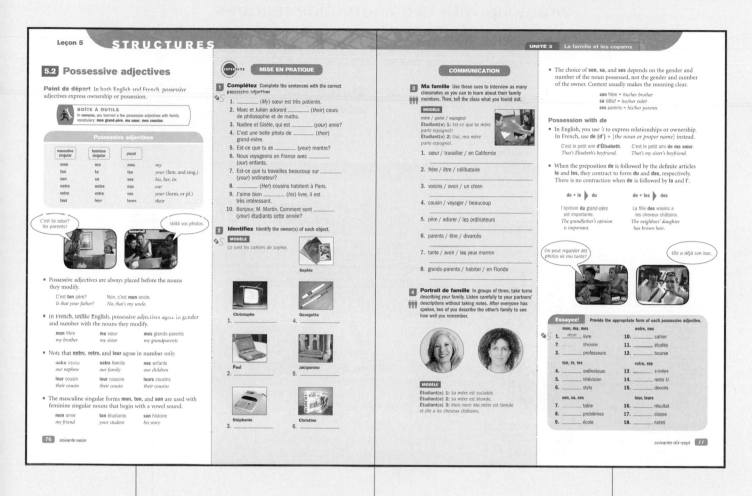

Text format For each grammar point, the explanation and practice activities appear on two facing pages. Grammar explanations in the outside panels offer handy on-page support for the activities in the central panels, providing you with immediate access to information essential to communication.

Graphics-intensive design Photos from the **PROMENADES** Video Program consistently integrate the lesson's video episode and **Roman-photo** section with the grammar explanations. Additional photos, drawings, and graphic devices liven up activities and heighten visual interest.

Essayez! offers you your first practice of each new grammar point. They get you working with the grammar point right away in simple, easy-to-understand formats.

Mise en pratique activities provide a wide range of guided exercises in contexts that combine current and previously learned vocabulary with the current grammar point.

Communication activities offer opportunities for creative expression using the lesson's grammar and vocabulary. You should do these activities with a partner, in small groups, or with the whole class.

PROMENADES AT A GLANCE

SYNTHÈSE

pulls the lesson together with cumulative practice in **Révision** and wraps up with two alternating features.

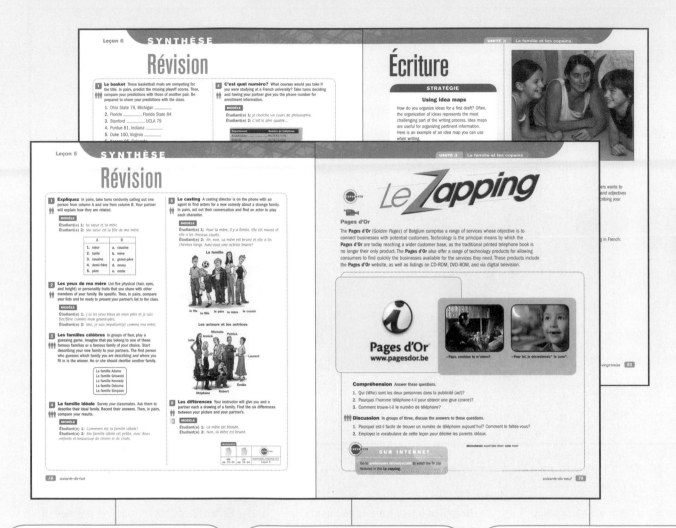

Révision activities integrate the lesson's two grammar points with previously learned vocabulary and structures, providing consistent, built-in review as you progress through the text.

Stratégie, on the **Écriture** page, gives you useful hints and techniques that prepare you for the writing task presented in **Thème**.

Le zapping features television commercials or, in two cases, short films in French supported by background information, images from the clips, and activities to help you understand and check your comprehension.

Information gap activities, identified by the interlocking puzzle pieces, engage you and a partner in problem-solving situations. You and your partner each have only half of the information you need, so you must work together to accomplish the task at hand.

Pair and group icons call out the communicative nature of the activities. Situations, role plays, games, personal questions, interviews, and surveys are just some of the types of activities that you will experience.

Sur Internet boxes let you know that support for **Le zapping** is available on the **PROMENADES** Supersite. You can also watch the commercials and the short films there.

SAVOIR-FAIRE
Panorama presents the French-speaking world.

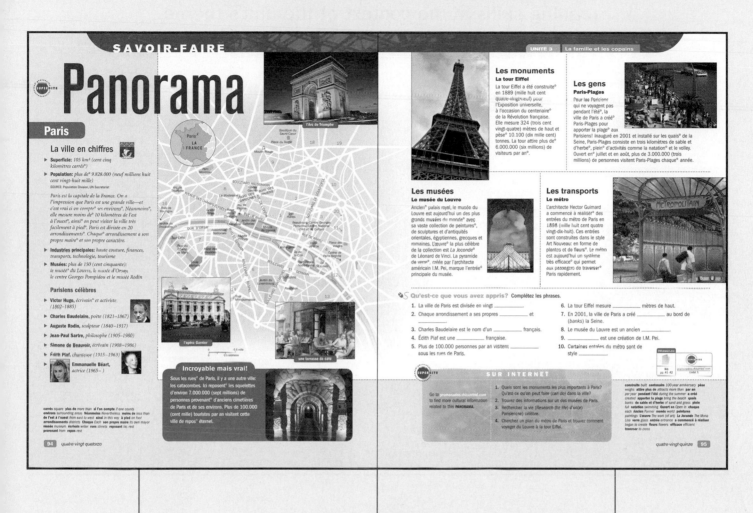

La ville/Le pays/La région en chiffres provides interesting key facts about the featured city, country, or region.

Maps point out major cities, rivers, and other geographical features and situate the featured place in the context of its immediate surroundings and the world.

Readings A series of brief paragraphs explores different aspects of the featured place's culture such as history, landmarks, fine art, literature, and bits of everyday life.

Incroyable mais vrai! highlights an intriguing fact about the featured place or its people.

Qu'est-ce que vous avez appris? exercises check your understanding of key ideas, and **ressources** boxes reference the two pages of additional activities in the **PROMENADES** Workbook.

Sur Internet offers Internet activities on the **PROMENADES** Supersite for additional avenues of discovery.

PROMENADES AT A GLANCE

SAVOIR-FAIRE

Lecture, found in the last two units of the book, develops reading skills in the context of the unit's theme.

Readings of literary pieces, presented at the end of the last two units, are directly tied to the unit theme and recycle vocabulary and grammar you have learned.

Avant la lecture presents valuable reading strategies and pre-reading activities that strengthen your reading abilities in French.

Après la lecture includes post-reading activities that check your comprehension of the reading.

Vocabulaire
summarizes all the active vocabulary of the unit.

VOCABULAIRE — UNITÉ 3

La famille

aîné(e)	elder
cadet(te)	younger
un beau-frère	brother-in-law
un beau-père	father-in-law; stepfather
une belle-mère	mother-in-law; stepmother
une belle-sœur	sister-in-law
un(e) cousin(e)	cousin
un demi-frère	half-brother; stepbrother
une demi-sœur	half-sister; stepsister
les enfants (m., f.)	children
un époux/ une épouse	spouse
une famille	family
une femme	wife; woman
une fille	daughter; girl
un fils	son
un frère	brother
une grand-mère	grandmother
un grand-père	grandfather
les grands-parents (m.)	grandparents
un mari	husband
une mère	mother
un neveu	nephew
une nièce	niece
un oncle	uncle
les parents (m.)	parents
un père	father
une petite-fille	granddaughter
un petit-fils	grandson
les petits-enfants (m.)	grandchildren
une sœur	sister
une tante	aunt
un chat	cat
un chien	dog
un oiseau	bird
un poisson	fish

Adjectifs descriptifs

antipathique	unpleasant
bleu(e)	blue
blond(e)	blond
brun(e)	dark (hair)
court(e)	short
drôle	funny
faible	weak
fatigué(e)	tired
fort(e)	strong
frisé(e)	curly
génial(e) (géniaux pl.)	great
grand(e)	big, tall
jeune	young
joli(e)	pretty
laid(e)	ugly
lent(e)	slow
mauvais(e)	bad
méchant(e)	mean
modeste	modest, humble
noir(e)	black
pauvre	poor, unfortunate
pénible	tiresome
petit(e)	small, short (stature)
prêt(e)	ready
raide	straight
rapide	fast
triste	sad
vert(e)	green
vrai(e)	true; real

Vocabulaire supplémentaire

divorcer	to divorce
épouser	to marry
célibataire	single
divorcé(e)	divorced
fiancé(e)	engaged
marié(e)	married
séparé(e)	separated
veuf/veuve	widowed
un(e) voisin(e)	neighbor

Expressions utiles	See pp. 71 and 85.
Possessive adjectives	See p. 76.
Numbers 61–100	See p. 88.
Prepositions of location	See p. 90.

Professions et occupations

un(e) architecte	architect
un(e) artiste	artist
un(e) athlète	athlete
un(e) avocat(e)	lawyer
un coiffeur/ une coiffeuse	hairdresser
un(e) dentiste	dentist
un homme/une femme d'affaires	businessman/ woman
un ingénieur	engineer
un(e) journaliste	journalist
un médecin	doctor
un(e) musicien(ne)	musician
un(e) propriétaire	owner; landlord/lady

Adjectifs irréguliers

actif/active	active
beau/belle	beautiful; handsome
bon(ne)	kind; good
châtain	brown (hair)
courageux/ courageuse	courageous, brave
cruel(le)	cruel
curieux/curieuse	curious
discret/discrète	discreet; unassuming
doux/douce	sweet; soft
ennuyeux/ennuyeuse	boring
étranger/étrangère	foreign
favori(te)	favorite
fier/fière	proud
fou/folle	crazy
généreux/généreuse	generous
gentil(le)	nice
gros(se)	fat
inquiet/inquiète	worried
intellectuel(le)	intellectual
jaloux/jalouse	jealous
long(ue)	long
(mal)heureux/ (mal)heureuse	(un)happy
marron	brown
naïf/naïve	naïve
nerveux/nerveuse	nervous
nouveau/nouvelle	new
paresseux/paresseuse	lazy
roux/rousse	red-haired
sérieux/sérieuse	serious
sportif/sportive	athletic
travailleur/ travailleuse	hard-working
vieux/vieille	old

Recorded vocabulary The headset icon at the top of the page and the **ressources** box at the bottom of the page highlight that the active lesson vocabulary is recorded for convenient study and practice on the **PROMENADES** Supersite.

THE *ROMAN-PHOTO* EPISODES

Fully integrated with your textbook, the **PROMENADES** Video contains twenty-six dramatic episodes, one for each lesson of the text. The episodes present the adventures of four college students who are studying in the south of France at the **Université Aix-Marseille**. They live in apartments above **Le P'tit Bistrot**, a café owned by their landlady, Valérie Forestier. The video tells their story and the story of Madame Forestier and her teenage son, Stéphane.

The **Roman-photo** section in each textbook lesson is actually an abbreviated version of the dramatic episode featured in the video. Therefore, each **Roman-photo** section can be done before you see the corresponding video episode, after it, or as a section that stands alone in its own right.

As you watch each video episode, you will first see a live segment in which the characters interact using vocabulary and grammar you are studying. As the video progresses, the live segments carefully combine new vocabulary and grammar with previously taught language. You will then see a **Reprise** segment that summarizes the key language functions and/or grammar points used in the dramatic episode.

THE CAST

Here are the main characters you will meet when you watch the **PROMENADES** Video:

Of Senegalese heritage
Amina Mbaye

From Paris
Sandrine Aubry

Of Algerian heritage
Rachid Khalil

From Washington, D.C.
David Duchesne

From Aix-en-Provence
Valérie Forestier

And, also from Aix-en-Provence
Stéphane Forestier

THE *FLASH CULTURE* SEGMENTS

For one lesson of each unit, a **Flash culture** segment allows you to experience the sights and sounds of France, the French-speaking world, and the daily life of French speakers. Each segment is two to three minutes long and is correlated to your textbook in the **Sur Internet** box in **Lecture culturelle**.

Hosted by the **PROMENADES** narrators, Csilla and Benjamin, these segments transport you to a variety of venues: schools, parks, public squares, cafés, stores, cinemas, outdoor markets, city streets, festivals, and more. They also incorporate mini-interviews with French speakers in various walks of life.

The footage was filmed taking special care to capture rich, vibrant images that will expand your cultural perspectives with information directly related to the content of your textbook. In addition, the narrations were carefully written to reflect the vocabulary and grammar covered in **PROMENADES**.

ICONS AND *RESSOURCES* BOXES

Icons

These icons in **PROMENADES** alert you to the type of activity or section involved.

Icons legend		
🎧 Listening activity/section		(SUPERSITE) Additional content found on the Supersite
Activity also on the Supersite		📹 Video-based activity/section
👥 Pair activity		Information Gap activity
👥👥 Group activity		Feuille d'activités

- The Information Gap activities and those involving **Feuilles d'activités** (*activity sheets*) require handouts that your instructor will give you.

- The listening icon appears in **Contextes**, **Les sons et les lettres**, and **Vocabulaire** sections.

- The video icon appears in **Roman-photo**, either one of the **Lecture culturelle** sections, and **Le zapping.**

Ressources Boxes

Ressources boxes let you know exactly which print and technology ancillaries you can use to reinforce and expand on every section of every lesson in your textbook. They even include page numbers when applicable. See the next page for a description of the ancillaries.

Ressources boxes legend		
Workbook WB pp. 29–30		DVD DVD Leçon 5
Lab Manual LM p. 17		(SUPERSITE) PROMENADES Supersite promenades.vhl.central.com Leçon 5
Video Manual VM pp. 219–220		

Powered by
MAESTRO®

Free with the purchase of a new textbook, the **PROMENADES** Supersite provides a wealth of learning tools for students.

- Interactive practice activities with auto grading and real-time feedback
  - directed practice from the textbook, including audio activities
  - additional practice for each and every textbook section
- Audio practice
  - record-and-compare audio activities
  - all audio material related to the **PROMENADES** program
- Complete **Roman-photo** and **Flash culture** video programs

Plus MP3 files for the complete audio program

 **virtual interactive text**

This completely online and interactive Student Edition provides access to the complete textbook and integrated Supersite resources from any computer.

- Click right on the textbook page to complete mouse-icon activities online
- Access all assigned textbook activities (mouse-icon) via vText
- View and access all Supersite media resources
- Print vocabulary and grammar pages for use as study guides, take notes, and highlight important information
- Quickly search table of contents or browse by page number
- Automatically record completed textbook activities in the instructor gradebook

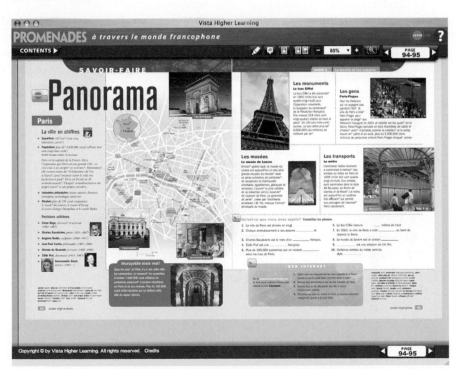

STUDENT ANCILLARIES

- **Workbook/Video Manual**
  The Workbook activities provide additional practice of the vocabulary and grammar in each textbook lesson and the cultural information in each unit's **Panorama** section. The Video Manual includes pre-viewing, viewing, and post-viewing activities for the **PROMENADES** Video.

- **Lab Manual**
  The Lab Manual contains activities for each textbook lesson that build listening comprehension, speaking, and pronunciation skills in French.

- **Lab Program MP3s***
  The Lab Program MP3s provide the recordings to be used in conjunction with the activities in the Lab Manual.

- **Textbook MP3s***
  The Textbook MP3s contain the recordings for the listening activities in **Contextes**, **Les sons et les lettres**, and **Vocabulaire** sections.

- **ROMAN-PHOTO***
  The **Roman-photo** video includes French and English subtitles for every episode. The DVD is available for purchase.

- **Online Workbook/Video Manual/Lab Manual**
  Incorporating the **PROMENADES** Video, as well as the complete Lab Program, this component delivers the Workbook, Video Manual, and Lab Manual online with automatic scoring. Instructors have access to the powerful Maestro® classroom management and gradebook tools that allow in-depth tracking of students' scores.

- **PROMENADES Supersite****
  Your passcode to the Supersite (promenades.vhlcentral.com) gives you access to a wide variety of activities for each section of every lesson of the student text; auto-graded exercises for extra practice of vocabulary, grammar, video, and cultural content; reference tools; the **Le zapping** TV clips; the complete Video Program; the Textbook MP3s, and the Lab Program MP3s.

- **vText Virtual Interactive Text**
  Provides the entire student edition textbook with note-taking and highlighting capabilities. It is fully integrated with Supersite and other online resources.

Available on the Supersite
**Included with the purchase of a new Student Text*

INSTRUCTOR ANCILLARIES

- **Instructor's Annotated Edition (IAE)**
  The IAE provides comprehensive support for classroom teaching: expansions, variations, teaching tips, cultural information, additional activities, and the answer key to the textbook activities.

- **Workbook/Video Manual/Lab Manual Answer Key***

- **PROMENADES Video Program on DVD**
  This DVD contains the complete **PROMENADES** Video Program, both the **Roman-photo** episodes and the **Flash culture** segments, with French and English subtitles.

- **Overhead Transparencies***
  The Overhead Transparencies consist of maps of the French-speaking world, the textbook's **Contextes** illustrations, and other images from the student text.

- **Testing Program***
  Two versions of tests for each lesson, semester exams and quarter exams, listening scripts, answer keys, and optional reading, cultural, and video test items. It is provided in ready-to-print PDFs and in RTF Word processing files for ease of editing.

- **Testing Program MP3s***
  These audio files provide the recordings of the Testing Program's listening sections.

- **PROMENADES Supersite**
  In addition to access to the student site, the password-protected instructor site offers a robust course management system that allows instructors to assign and track student progress.

- **vText Virtual Interactive Text***
  The entire student edition textbook is integrated with the Supersite and additional resources online. It provides a connection to the gradebook that allows the student to see assigned textbook activities. Scores for activities completed are automatically recorded to the instructor gradebook.

On behalf of its authors and editors, Vista Higher Learning expresses its sincere appreciation to the many college professors nationwide who reviewed materials from **PROMENADES**. Their input and suggestions were vitally helpful in forming and shaping the program in its final, published form.

We also extend a special thank you to the contributing writer whose hard work was central to bringing **PROMENADES** to fruition: Nora Portillo.

In-depth reviewers

Dorothy E. Diehl
  Saint Mary's University of Minnesota

Lynne Wettig
  Park University, Kansas

Reviewers

Antoinette Alitto
  Harrisburg Area Community
  College, PA

Bruce Anderson
  University of California, Davis

Eileen M. Angelini
  Philadelphia University

John Angell
  University of Louisiana at Lafayette

Christine Armstrong
  Denison University, OH

Frederique Arroyas
  University of Guelph, ON, Canada

Anne-Catherine Aubert
  Rutgers University, NJ

Stacey Ayotte
  University of Montevallo, AL

Julie A. Baker
  University of Richmond, VA

Lynne Barnes
  Colorado State University

Judith Baughin
  University of Cincinnati

Mayrene Bentley
  Northeastern State University, OK

Alan R. Bettler
  Eastern Kentucky University

Catherine Black
  Wilfrid Laurier University, ON,
  Canada

Maxime Blanchard
  CUNY, NY

Anne-Sophie Blank
  University of Missouri-St. Louis

Elizabeth Blood
  Salem State College, MA

Evelyne M. Bornier
  Southeastern Louisiana University

Odette Borrey
  Santiago Canyon College, CA

Nadine Bouchardon
  University of Regina, SK, Canada

Sarah B. Buchanan
  University of Minnesota-Morris

Valerie Budig-Markin
  Humboldt State University, CA

Joanne Burnett
  University of Southern Mississippi, MS

Phoebe Busges
  Gonzaga College High School,
  Washington, DC

Dolores Buttry
  Lebanon Valley College, PA

Stephen A. Canfield
  Eastern Illinois University

Michael N. Carty
  Dalton State, GA

Mylene Catel
  SUNY-Potsdam, NY

Brigitte Chase
  Chemeketa Community College, OR

Frances S. Chevalier
  Norwich University, VT

Hope Christiansen
  University of Arkansas

Robert E. Chumbley
  Louisiana State University

Andrea Ciccone
  St. Scholastica Academy, IL

Donna Clopton
  Cameron University, OK

Walter Collins
  University of South Carolina

Edgard Coly
  Monterey Institute of International
  Studies, CA

Kathy Comfort
  University of Arkansas

Teresa Cortey
  Glendale College, CA

Mary Beth Crane
  College of Southern Idaho

Françoise De Backer
  The University of Texas

Geraldine de Callo
  Sidwell Friends School,
  Washington, DC

Dominick De Filippis
  Wheeling Jesuit University, WV

Margaret Dempster
  Northwestern University, IL

Signe Denbow
  Ohio University

Georges Detiveaux
  Cy-Fair College, TX

Peter Dola
  The University of North Carolina at
  Greensboro

Linda Downing
  Diablo Valley College, CA

Susan J. Dudash
  Utah State University, UT

Catherine Dunand
  Northeastern University, MA

Vicki Earnest
  Calhoun Community College, AL

Emily Easton
  Columbia College, IL

Wade Edwards
  Longwood University, VA

ACKNOWLEDGMENTS

Linda Elliott-Nelson
Arizona Western College

Angela Elsey
University of California-Santa Cruz

Kevin Elstob
California State University, Sacramento

Laila Fares
St. Petersburg College, FL

Eduardo A. Febles
Simmons College, MA

Hilary Fisher
University of Oregon-Eugene, OR

Michael Fuller
California State University-Stanislaus

Sébastien Garaud
United Nations International School, NY

Maria Antonieta Garcia
Florida International University

James Garofolo
Southern Connecticut State University

Joseph Garreau
University of Massachusetts-Lowell

Claire Gaudissart
University of New Hampshire

Chaudron Gille
Gainesville State College, GA

Lenuta Giukin
SUNY Oswego, NY

Gary M. Godfrey
Weber State University, UT

Evadne P. Goodhue
Simpson College, IA

Helene Grall-Johnson
University of Denver, CO

John Greene
University of Louisville, KY

Josephine Grieder
Rutgers University, NJ

Luc Guglielmi
Kennesaw State University, GA

Mort Guiney
Kenyon College, OH

Jennifer Guiraud
Alfred University, NY

Elizabeth M. Guthrie
University of California-Irvine

Kwaku A. Gyasi
University of Alabama-Huntsville

Jeanne Hageman
North Dakota State University

Sharon Hagerman
Kentucky Wesleyan College, KY

Cynthia Hahn
Lake Forest College, IL

Kirsten Halling
Wright State University, OH

Elizabeth Locey Hampe
Emporia State University, KS

Cheryl M. Hansen
Weber State University, UT

Hollie Harder
Brandeis University, MA

Margaret Harp
University of Nevada-Las Vegas

Matthew Hilton-Watson
University of Michigan-Flint

Bette G. Hirsch
Cabrillo College, CA

Martine Howard
Camden County College, NJ

Pascale Hubert-Leibler
Columbia University, NY

Harriet Hutchinson
Bunker Hill Community College, MA

E. Joe Johnson
Clayton State University, GA

Michele Jones
St. John's University, NY

James M. Kaplan
Minnesota State University-Moorhead

Debra J. Katz
Camel High School, IL

Stacey Katz
University of Utah

Christina Kauk
Santa Rosa Junior College, CA

Brian G. Kennelly
Webster University, MO

Eileen Ketchum
Muhlenberg College, PA

Kelly Kidder
Lipscomb University, TN

Caren Kindel
Kent State University, OH

Ann Kirkland
Hanover College, IN

Hélène Knoerr
University of Ottawa, ON, Canada

Jeanette R. Kraemer
Marquette University, WI

Kathy Krause
University of Missouri-Kansas City

Brigitte Kyle
The Bishop's School, CA

Pierre J. Lapaire
University of North Carolina-Wilmington

Josée Lauersdorf
Luther College, IA

Donna J. Laugle
Wright State University, OH

Hope Leith
Malaspina University College, BC, Canada

Berenice Le Marchand
San Francisco State University

Jane Leney
University of Western Ontario, ON, Canada

Marcia Lodl
St. Ignatius College Prep, IL

Kathryn Lorenz
University of Cincinnati

Juliette Luu-Nguyen
Simon Fraser University, BC, Canada

Norma Mabry
Rye Country Day School, NY

M. Kathleen Madigan
Rockhurst University, MO

Katherine Maestretti
Lakeside School, WA

Chantal R. Maher
Palomar College, CA

Rachel Major
Brandon University, MB, Canada

D. Brian Mann
North Georgia College & State University

Vidal Martin
Everett Community College, WA

George J. McCool
Towson University, MD

Joanne McKinnis
The University of Texas at San Antonio

Helene McLenaghan
University of Waterloo, ON, Canada

Carol McLeod
The Delphian School, OR

Christine McWebb
University of Waterloo, ON, Canada

Hassan Melehy
University of North Carolina at
Chapel Hill

Hedwige Meyer
University of Washington

Elizabeth B. Mikcsell
Pima Community College, AZ

Nicole Mills
University of Pennsylvania

Robert P. Moore
Loyola Blakefield, MD

John Moran
New York University

Brigitte Moretti-Coski
Ohio University

Laurie Moshier-Menashe
Yakima Valley Community College,
WA

Lucille P. Mould
University of South Carolina

Doug Mrazek
Clark College, WA

Shonu Nangia
Louisiana State University at
Alexandria

Octave Naulleau
Nazareth College of Rochester, NY

Brigitte Nicolet
Burr and Burton Academy, VT

Ofelia Nikolova
Southern Illinois University

Eva Norling
Bellevue Community College, WA

Annette Olsen-Fazi
Texas A&M International University

Roz Orbison
The Rivers School, MA

Mirta Pagnucci
Northern Illinois University

Pamela Paine
Auburn University, AL

Michèle Pedrini
Pasadena City College, CA

Scooter Pegram
Indiana University-Northwest

Donald Perret
Emerson College, MA

Marina Peters-Newell
University of New Mexico

Erica Piedra
Sierra College, CA

Barbara Place
Manchester Community College, CT

Nathalie Porter
Vanderbilt University, TN

Aaron Prevots
Southwestern University, TX

Patrice J. Proulx
University of Nebraska at Omaha

Denis M. Provencher
University of Maryland, Baltimore
County

Margaret Quéguiner
SUNY Plattsburgh, NY

Danielle Raquidel
University of South Carolina, Upstate

Jo Ann M. Recker
Xavier University, OH

Brian J. Reilly
Yale University, CT

Marie-Noelle Rinne
Lakehead University, ON, Canada

Linda Robins
Bergen Community College, NJ

Steven R. Rodgers
University of Puget Sound, WA

Elizabeth A. Rubino
Northwestern State University, LA

Sylvia Rucker
Evergreen Valley College, CA

Arlene J. Russell
Purdue University, IN

Christine Sagnier
Princeton University, NJ

Marjorie Salvodon
Suffolk University, MA

Hélène Sanko
John Carroll University, OH

Kelly Sax
Indiana University

Alice Thornton Schilling
La Jolla Country Day School, CA

Alison P. Schleifer
Hopkins School, CT

Jean Marie Schultz
University of California-Santa Barbara

Andree Schute
St. Joseph Notre Dame High School,
CA

Gail Schwab
Hofstra University, NY

Benjamin M. Semple
Gonzaga University, WA

Patricia J. Siegel-Finley
SUNY Brockport

Gregg Siewert
Truman State University, MO

Susan Skoglund
Kirkwood Community College, IA

Kathleen Smith
Western Kentucky University

Marie-Madeleine Stey
Capital University, OH

Felicia B. Sturzer
University of Tennessee at
Chattanooga

Eloise Sureau
Butler University, IN

Carmen Swoffer-Penna
Binghamton University, NY

Alistaire Tallent
Colorado College

James Tarpley
Florida State University

Kendall B. Tarte
Wake Forest University, NC

Scott Taylor
Pacific Lutheran University, WA

Sandrine Teixidor
Randolph-Macon College, VA

Sharon Thorpe
Pacific Hills School, CA

Fred Toner
Ohio University

Franklin I. Triplett
Mount Union College, OH

Roberta Tucker
University of South Florida

Flavia Vernescu
University of Northern Iowa

Joelle Vitiello
Macalester College, MN

Lesley H. Walker
Indiana University-South Bend

Mark West
Taylor University, IN

ACKNOWLEDGMENTS

Trina Whitaker
  University of Minnesota

Catherine L. White
  University of Cincinnati, OH

Cybelle Wilkens
  Georgia Tech University

Sharon Wilkinson
  West Virginia University

Lawrence Williams
  University of North Texas

Terri Woellner
  University of Denver, CO

Holly York
  Emory University, GA

Paulette M. York
  Kent Place School, NJ

Michael Zoltak
  Spokane Community College, WA

Salut!

Pour commencer

- What are these young women saying?
  a. Excusez-moi.   b. Bonjour!   c. Merci.
- How many women are there in the photo?
  a. une   b. deux   c. trois
- What do you think is an appropriate title for either of these women?
  a. Monsieur   b. Madame   c. Mademoiselle

Leçon 1

You will learn how to...
- greet people in French
- say good-bye

Ça va?

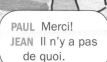

GEORGES Ça va, Henri?
HENRI Oui, ça va très bien, merci. Et vous, comment allez-vous?
GEORGES Je vais bien, merci.

PAUL Merci!
JEAN Il n'y a pas de quoi.

Vocabulaire

Bonsoir.	Good evening.; Hello.
À bientôt.	See you soon.
À demain.	See you tomorrow.
Bonne journée!	Have a good day!
Au revoir.	Good-bye.
Comme ci, comme ça.	So-so.
Je vais bien/mal.	I am doing well/badly.
Moi aussi.	Me too.
Comment t'appelles-tu? (*fam.*)	What is your name?
Je vous/te présente... (*form./fam.*)	I would like to introduce (name) to you.
De rien.	You're welcome.
Excusez-moi. (*form.*)	Excuse me.
Excuse-moi. (*fam.*)	Excuse me.
Merci beaucoup.	Thanks a lot.
Pardon.	Pardon (me).
S'il vous/te plaît. (*form./fam.*)	Please.
Je vous en prie. (*form.*)	Please.; You're welcome.
Monsieur (M.)	Sir (Mr.)
Madame (Mme)	Ma'am (Mrs.)
Mademoiselle (Mlle)	Miss
ici	here
là	there
là-bas	over there

MARIE À plus tard, Guillaume!
GUILLAUME À tout à l'heure, Marie!

JACQUES Bonjour, Monsieur Boniface. Je vous présente Thérèse Lemaire.
M. BONIFACE Bonjour, Mademoiselle.
THÉRÈSE Enchantée.

ressources

WB pp. 1–2 | LM p. 1 | SUPERSITE promenades.vhlcentral.com Leçon 1

Mise en pratique

MARC Bonjour, je m'appelle Marc, et vous, comment vous appelez-vous?
ANNIE Je m'appelle Annie.
MARC Enchanté.

SOPHIE Bonjour, Catherine!
CATHERINE Salut, Sophie!
SOPHIE Ça va?
CATHERINE Oui, ça va bien, merci. Et toi, comment vas-tu?
SOPHIE Pas mal.

1 **Écoutez** 🎧 Listen to each of these questions or statements and select the most appropriate response.

1. Enchanté. ☐   Je m'appelle Thérèse. ☐
2. Merci beaucoup. ☐   Il n'y a pas de quoi. ☐
3. Comme ci, comme ça. ☐   De rien. ☐
4. Bonsoir, Monsieur. ☐   Moi aussi. ☐
5. Enchanté. ☐   Et toi? ☐
6. Bonjour. ☐   À demain. ☐
7. Pas mal. ☐   Pardon. ☐
8. Il n'y a pas de quoi. ☐   Moi aussi. ☐
9. Enchanté. ☐   Très bien. Et vous? ☐
10. À bientôt. ☐   Mal. ☐

2 **Chassez l'intrus** Circle the word or expression that does not belong.

1. a. Bonjour.
   b. Bonsoir.
   c. Salut.
   d. Pardon.
2. a. Bien.
   b. Très bien.
   c. De rien.
   d. Comme ci, comme ça.
3. a. À bientôt.
   b. À demain.
   c. À tout à l'heure.
   d. Enchanté.
4. a. Comment allez-vous?
   b. Comment vous appelez-vous?
   c. Ça va?
   d. Comment vas-tu?

5. a. Pas mal.
   b. Excuse-moi.
   c. Je vous en prie.
   d. Il n'y a pas de quoi.
6. a. Comment vous appelez-vous?
   b. Je vous présente Dominique.
   c. Enchanté.
   d. Comment allez-vous?
7. a. Pas mal.
   b. Très bien.
   c. Mal.
   d. Et vous?
8. a. Comment allez-vous?
   b. Comment vous appelez-vous?
   c. Et toi?
   d. Je vous en prie.

3 **Conversez** Madeleine is introducing her classmate Khaled to Libby, an American exchange student. Complete their conversation, using a different expression from **CONTEXTES** in each blank.

MADELEINE (1) _____!
KHALED Salut, Madeleine. (2) _____?
MADELEINE Pas mal. (3) _____?
KHALED (4) _____, merci.
MADELEINE (5) _____ Libby. Elle est de (*She is from*) Boston.
KHALED (6) _____ Libby. (7) _____ Khaled.
          (8) _____?
LIBBY (9) _____, merci.
KHALED Oh, là, là. Je vais rater (*I am going to miss*) le bus. À bientôt.
MADELEINE (10) _____.
LIBBY (11) _____.

Communication

4 **Conversez** With a partner, complete these conversations. Then act them out.

Conversation 1 Salut! Je m'appelle François. Et toi, comment t'appelles-tu?

_____

Ça va?

_____

Conversation 2 _____

Comme ci, comme ça. Et vous?

_____

Bon (_Well_), à demain.

_____

Conversation 3 Bonsoir, je vous présente Mademoiselle Barnard.

_____

Enchanté(e).

_____

Très bien, merci. Et vous?

_____

5 **C'est à vous!** How would you greet these people, ask them for their names, and ask them how they are doing? With a partner, write a short dialogue for each item and act them out. Pay attention to the use of **tu** and **vous**.

1. **Madame Colombier** 2. **Mademoiselle Estèves**

3. **Monsieur Marchand** 4. **Marie, Guillaume et Geneviève**

6 **Présentations** Form groups of three. Introduce yourself, and ask your partners their names and how they are doing. Then, join another group and take turns introducing your partners.

MODÈLE

Étudiant(e) 1: _Bonjour. Je m'appelle Fatima. Et vous?_
Étudiant(e) 2: _Je m'appelle Fabienne._
Étudiant(e) 3: _Et moi, je m'appelle Antoine. Ça va?_
Étudiant(e) 1: _Ça va bien, merci. Et toi?_
Étudiant(e) 3: _Comme ci, comme ça._

Les sons et les lettres

🎧 The French alphabet

The French alphabet is made up of the same 26 letters as the English alphabet. While they look the same, some letters are pronounced differently. They also sound different when you spell.

lettre		exemple	lettre		exemple	lettre		exemple
a	(a)	adresse	j	(ji)	justice	s	(esse)	spécial
b	(bé)	banane	k	(ka)	kilomètre	t	(té)	table
c	(cé)	carotte	l	(elle)	lion	u	(u)	unique
d	(dé)	dessert	m	(emme)	mariage	v	(vé)	vidéo
e	(e)	euro	n	(enne)	nature	w	(double vé)	wagon
f	(effe)	fragile	o	(o)	olive	x	(iks)	xylophone
g	(gé)	genre	p	(pé)	personne	y	(i grec)	yoga
h	(hache)	héritage	q	(ku)	quiche	z	(zède)	zéro
i	(i)	innocent	r	(erre)	radio			

Notice that some letters in French words have accents. You'll learn how they influence pronunciation in later lessons. Whenever you spell a word in French, include the name of the accent after the letter.

accent	nom	exemple	orthographe
´	accent aigu	identité	I-D-E-N-T-I-T-E-accent aigu
`	accent grave	problème	P-R-O-B-L-E-accent grave-M-E
ˆ	accent circonflexe	hôpital	H-O-accent circonflexe-P-I-T-A-L
¨	tréma	naïve	N-A-I-tréma-V-E
¸	cédille	ça	C-cédille-A

🔊 **L'alphabet** Practice saying the French alphabet and example words aloud.

🔊 **Ça s'écrit comment?** Spell these words aloud in French. For double letters, use **deux: ss=deux s.**

1. judo
2. yacht
3. forêt
4. zèbre
5. existe
6. clown
7. numéro
8. français
9. musique
10. favorite
11. kangourou
12. parachute
13. différence
14. intelligent
15. dictionnaire
16. alphabet

🔊 **Dictons** Practice reading these sayings aloud.

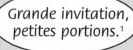

Grande invitation, petites portions.[1]

Tout est bien qui finit bien.[2]

Lundi   Mardi

[1] Great boast, small roast.
[2] All's well that ends well.

Au café

Amina

David

Monsieur Hulot

Michèle

Rachid

Sandrine

Stéphane

Valérie

PERSONNAGES

Au kiosque...
SANDRINE Bonjour, Monsieur Hulot!
M. HULOT Bonjour, Mademoiselle Aubry! Comment allez-vous?
SANDRINE Très bien, merci! Et vous?
M. HULOT Euh, ça va. Voici 45 (quarante-cinq) centimes. Bonne journée!
SANDRINE Merci, au revoir!

À la terrasse du café...
AMINA Salut!
SANDRINE Bonjour, Amina. Ça va?
AMINA Ben... ça va. Et toi?
SANDRINE Oui, je vais bien, merci.
AMINA Regarde! Voilà Rachid et... un ami?

RACHID Bonjour!
AMINA ET SANDRINE Salut!
RACHID Je vous présente un ami, David Duchesne.
SANDRINE Je m'appelle Sandrine.
DAVID Enchanté.

STÉPHANE Oh, non! Madame Richard! Le professeur de français!
DAVID Il y a un problème?

STÉPHANE Oui! L'examen de français! Présentez-vous, je vous en prie!

VALÉRIE Oh... l'examen de français! Oui, merci, merci Madame Richard, merci beaucoup! De rien, au revoir!

ACTIVITÉS

1 **Vrai ou faux?** Choose whether each statement is **vrai** or **faux**.

1. Sandrine va (*is doing*) bien.
2. Sandrine et Amina sont (*are*) amies.
3. David est français.
4. David est de Washington.
5. Rachid présente son frère (*his brother*) David à Sandrine et Amina.
6. Stéphane est étudiant à l'université.
7. Il y a un problème avec l'examen de sciences politiques.
8. Amina, Rachid et Sandrine sont (*are*) à Paris.
9. Michèle est au P'tit Bistrot.
10. Madame Richard est le professeur de Stéphane.
11. Madame Forestier va mal.
12. Rachid a (*has*) cours de français dans 30 minutes.

Les étudiants se retrouvent (*meet*) au café.

DAVID Et toi..., comment t'appelles-tu?
AMINA Je m'appelle Amina.
RACHID David est un étudiant américain. Il est de Washington, la capitale des États-Unis.
AMINA Ah, oui! Bienvenue à Aix-en-Provence.
RACHID Bon..., à tout à l'heure.
SANDRINE À bientôt, David.

*À l'intérieur (*inside*) du café...*
MICHÈLE Allô. Le P'tit Bistrot. Oui, un moment, s'il vous plaît. Madame Forestier! Le lycée de Stéphane.
VALÉRIE Allô. Oui. Bonjour, Madame Richard. Oui. Oui. Stéphane? Il y a un problème au lycée?

RACHID Bonjour, Madame Forestier. Comment allez-vous?
VALÉRIE Ah, ça va mal.
RACHID Oui? Moi, je vais bien. Je vous présente David Duchesne, étudiant américain de Washington.

DAVID Bonjour, Madame. Enchanté!
RACHID Ah, j'ai cours de sciences politiques dans 30 (trente) minutes. Au revoir, Madame Forestier. À tout à l'heure, David.

Expressions utiles

Introductions

- **David est un étudiant américain. Il est de Washington.**
  David is an American student. He's from Washington.
- **Présentez-vous, je vous en prie!**
  Introduce yourselves, please!
- **Il/Elle s'appelle...**
  His/Her name is...
- **Bienvenue à Aix-en-Provence.**
  Welcome to Aix-en-Provence.

Speaking on the telephone

- **Allô.**
  Hello.
- **Un moment, s'il vous plaît.**
  One moment, please.

Additional vocabulary

- **Regarde! Voilà Rachid et... un ami?**
  Look! There's Rachid and... a friend?
- **J'ai cours de sciences politiques dans 30 (trente) minutes.**
  I have political science class in thirty minutes.
- **Il y a un problème au lycée?**
  Is there a problem at the high school?

Il y a... *There is/are...*	**euh** *um*
Il/Elle est *He/She is...*	**bon** *well; good*
Voici... *Here's...*	**centimes** *cents*
Voilà... *There's...*	

---

2 Complétez Fill in the blanks with the words from the list. Refer to the video scenes as necessary.

1. _____ à Aix-en-Provence.
2. Il est de Washington, la _____ des États-Unis.
3. _____ 45 (quarante-cinq) centimes. Bonne journée!
4. J'_____ cours de sciences politiques.
5. David _____ un étudiant américain.

ai	est
bienvenue	voici
capitale	

3 Conversez In groups of three, write a conversation where you introduce an exchange student to a friend. Be prepared to present your conversation to the class.

ressources

| VM pp. 187–188 | DVD Leçon 1 | SUPERSITE promenades.vhlcentral.com Leçon 1 |

LECTURE CULTURELLE

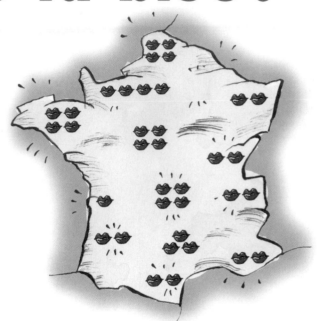

CULTURE À LA LOUPE

La poignée de main ou la bise?

French friends and relatives usually exchange a kiss (**la bise**) on alternating cheeks whenever they meet and again when they say good-bye. Friends of friends may also kiss when introduced, even though they have just met. This is particularly true among students and young adults. It is not unusual for men of the same family to exchange **la bise**; otherwise, men generally greet one another with a handshake (**la poignée de main**). As the map shows, the number of kisses varies from place to place in France. In some regions, two kisses (one on each cheek) in the standard while in others, people may exchange as many as four kisses. Whatever the number, each kiss is accompanied by a slight kissing sound.

Unless they are also friends, business acquaintances and co-workers usually shake hands each time they meet and do so again upon leaving. A French handshake is brief and firm, with a single downward motion.

Combien de How many

Combien de° bises?

> ### Coup de main
>
> If you are not sure whether you should shake hands or kiss someone, or if you don't know which side to start on, you can always follow the other person's lead. When in doubt, start on your right.

ACTIVITÉS

1 **Vrai ou faux?** Indicate whether each statement is **vrai** or **faux**. Correct any false statements.

1. In northwestern France, giving four kisses is common.

2. Business acquaintances usually kiss one another on the cheek.

3. French people may give someone they've just met **la bise**.

4. **Bises** exchanged between French men at a family gathering are common.

5. In a business setting, French people often shake hands when they meet each day and again when they leave.

6. When shaking hands, French people prefer a long and soft handshake.

7. The number of kisses given can vary from one region to another.

8. It is customary for kisses to be given silently.

STRATÉGIE

Approaching a reading

When you first approach a reading, examine elements such as titles, photos, and tables, and ask yourself how they support the text. Look at the readings on these two facing pages and answer these questions on a separate sheet of paper:

- What information about the readings do the photos convey?
- What might the word **bises** mean?

LE MONDE FRANCOPHONE

Les bonnes manières

In any country, an effort to speak the native language is appreciated. Using titles of respect and a few polite expressions, such as **excusez-moi**, **merci**, and **s'il vous plaît**, can take you a long way when conversing with native Francophones.

Dos and don'ts in the francophone world:

France Always greet shopkeepers upon entering a store and say good-bye upon leaving.

Northern Africa Use your right hand when handing items to others.

Quebec Province Make eye contact when shaking hands.

Sub-Saharan Africa Do not show the soles of your feet when sitting.

Switzerland Do not litter or jaywalk.

PORTRAIT

Aix-en-Provence: ville d'eau, ville d'art°

Aix-en-Provence is a vibrant university town that welcomes international students. Its main boulevard, **le cours Mirabeau**, is great for people-watching or just relaxing in a sidewalk café. One can see many beautiful fountains, traditional and ethnic restaurants, and the daily vegetable and flower market among the winding, narrow streets of **la vieille ville** (*old town*).

Aix is also renowned for its dedication to the arts, hosting numerous cultural festivals every year such as **le Festival International d'Art Lyrique**, **Aix en Musique**, and **Danse à Aix**. For centuries, artists have been drawn to Provence for its natural beauty and its unique quality of light. Paul Cézanne, artist and native son of Provence, spent his days painting the surrounding countryside.

ville d'eau, ville d'art *city of water, city of art*

 SUPERSITE

SUR INTERNET

What behaviors are socially unacceptable in French-speaking countries?

Go to **promenades.vhlcentral.com** to find more cultural information related to this **LECTURE CULTURELLE**. Then watch the corresponding **Flash culture**.

---

2 **Les bonnes manières** In which places might these behaviors be particularly offensive?

1. littering
2. offering a business card with your left hand
3. sitting with the bottom of your foot facing your host
4. failing to greet a salesperson
5. looking away when shaking hands

3 **À vous** With a partner, practice meeting and greeting people in French in various social situations.

1. Your good friend from Provence introduces you to her close friend.
2. You walk into your neighborhood bakery.
3. You arrive for an interview with a prospective employer.

ressources

VM
pp. 239–240

promenades.vhlcentral.com
Leçon 1

ACTIVITÉS

STRUCTURES

1.1 Nouns and articles

Point de départ A noun designates a person, place, or thing. As in English, nouns in French have number (singular or plural). However, French nouns also have gender (masculine or feminine).

masculine singular	masculine plural	feminine singular	feminine plural
le café	**les cafés**	**la bibliothèque**	**les bibliothèques**
the café	*the cafés*	*the library*	*the libraries*

- Nouns that designate a male are usually masculine. Nouns that designate a female are usually feminine.

	masculine			feminine	
l'acteur	*the actor*		**l'actrice**	*the actress*
l'ami	*the (male) friend*		**l'amie**	*the (female) friend*
le chanteur	*the (male) singer*		**la chanteuse**	*the (female) singer*
l'étudiant	*the (male) student*		**l'étudiante**	*the (female) student*
le petit ami	*the boyfriend*		**la petite amie**	*the girlfriend*

- Some nouns can designate either a male or a female regardless of their grammatical gender.

un professeur	**une personne**
a (male or female) professor	*a (male or female) person*

- Nouns for objects that have no natural gender can be either masculine or feminine.

	masculine			feminine	
le bureau	*the office; desk*		**la chose**	*the thing*
le lycée	*the high school*		**la différence**	*the difference*
l'examen	*the test, exam*		**la faculté**	*the university; faculty*
l'objet	*the object*		**la littérature**	*literature*
l'ordinateur	*the computer*		**la sociologie**	*sociology*
le problème	*the problem*		**l'université**	*the university*

- You can usually form the plural of a noun by adding **-s**, regardless of gender. However, in the case of words that end in **-eau** in the singular, add **-x** to the end to form the plural. For most nouns ending in **-al**, drop the **-al** and add **-aux**.

	singular		plural	
typical masculine noun	**l'objet**	*the object*	**les objets**	*the objects*
typical feminine noun	**la télévision**	*the television*	**les télévisions**	*the televisions*
noun ending in **-eau**	**le bureau**	*the office*	**les bureaux**	*the offices*
noun ending in **-al**	**l'animal**	*the animal*	**les animaux**	*the animals*

MISE EN PRATIQUE

1 **Les singuliers et les pluriels** Make the singular nouns plural, and vice versa.

1. l'actrice
2. les lycées
3. les différences
4. la chose
5. le bureau
6. le café
7. les librairies
8. la faculté
9. les acteurs
10. l'ami
11. l'université
12. les tableaux
13. le problème
14. les bibliothèques

2 **L'université** Complete the sentences with an appropriate word from the list. Don't forget to provide the missing articles.

bibliothèque	examen	ordinateurs	sociologie
bureau	faculté	petit ami	

1. À (a) _____, les tableaux et (b) _____ sont (*are*) modernes.
2. Marc, c'est (c) _____ de (*of*) Marie. Marc étudie (*studies*) la littérature.
3. Marie étudie (d) _____. Elle (*She*) est dans (e) _____ de l'université.

3 **Les mots** Find ten words (**mots**) hidden in this word jumble. Then, provide the corresponding indefinite articles.

G	N	I	O	R	Z	Y	M	I	P	X	L	R	W
E	B	U	R	E	A	U	X	U	J	V	C	B	N
C	A	F	B	S	M	V	B	G	H	M	N	I	P
A	N	R	Y	E	I	H	K	B	E	F	K	V	F
J	G	O	S	T	E	J	B	O	B	E	G	D	D
E	K	E	L	H	N	U	Q	R	V	F	D	B	M
G	W	F	G	E	R	E	S	D	C	N	U	H	E
P	S	V	B	C	H	O	S	I	U	K	H	S	C
U	Q	K	S	I	Y	M	F	N	A	D	O	X	R
A	B	V	Z	R	I	V	V	A	J	H	W	I	J
E	I	W	Q	L	P	W	J	T	C	P	Y	E	Y
L	I	B	R	A	I	R	I	E	D	U	E	K	L
B	D	O	I	B	S	S	E	U	C	H	L	D	Y
A	Y	P	E	P	J	C	N	R	L	S	G	T	C
T	D	G	A	E	S	Y	L	S	V	C	A	F	E
S	I	J	E	M	X	K	P	Z	A	A	S	O	E
R	I	A	R	B	I	L	A	D	S	F	H	C	W

COMMUNICATION

 4 **Qu'est-ce que c'est?** In pairs, take turns identifying each image.

MODÈLE

Étudiant(e) 1: *Qu'est-ce que c'est?*
Étudiant(e) 2: *C'est un ordinateur.*

1. _____   4. _____

2. _____   5. _____

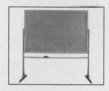 

3. _____   6. _____

 5 **Identifiez** In pairs, take turns providing a category for each item.

MODÈLE

Michigan, UCLA, Rutgers, Duke
Ce sont des universités.

1. saxophone
2. Ross, Rachel, Joey, Monica, Chandler, Phoebe
3. SAT
4. Library of Congress
5. Sharon Stone, Deborah Messing, Catherine Deneuve
6. Céline Dion, Bruce Springsteen

6 **Pictogrammes** In groups of four, someone draws a person, object, or concept for the others to guess. Whoever guesses correctly draws next. Continue until everyone has drawn at least once.

- Refer to a group composed of males and females with a masculine plural noun.

les amis	**les étudiants**
the (male and female) friends	*the (male and female) students*

- The English definite article *the* never varies for number or gender. However, the French definite article takes different forms according to the gender and number of the noun that it accompanies.

	singular noun beginning with a consonant	singular noun beginning with a vowel sound	plural noun
masculine	**le tableau** *the picture/ blackboard*	**l'ami** *the (male) friend*	**les cafés** *the cafés*
feminine	**la librairie** *the bookstore*	**l'université** *the university*	**les télévisions** *the televisions*

- In English, the singular indefinite article is *a/an*, and the plural indefinite article is *some*. Although *some* is often omitted in English, the plural indefinite article cannot be omitted in French.

	singular		plural	
masculine	**un instrument**	*an instrument*	**des instruments**	*(some) instruments*
feminine	**une table**	*a table*	**des tables**	*(some) tables*

Il y a **un ordinateur** ici.	Il y a **des ordinateurs** ici.
There's a computer here.	*There are (some) computers here.*
Il y a **une université** ici.	Il y a **des universités** ici.
There's a university here.	*There are (some) universities here.*

- Use **c'est** followed by a singular article and noun or **ce sont** followed by a plural article and noun to identify people and objects.

Qu'est-ce que c'est?	**C'est une librairie.**	**Ce sont des bureaux.**
What is that?	*It's a bookstore.*	*They're offices.*

Essayez!   Select the correct article for each noun.

le, la, l' ou les?

1. __le__ café
2. _____ bibliothèque
3. _____ acteur
4. _____ amie
5. _____ problèmes
6. _____ lycée
7. _____ examens
8. _____ littérature

un, une ou des?

1. __un__ bureau
2. _____ différence
3. _____ objet
4. _____ amis
5. _____ amies
6. _____ université
7. _____ ordinateur
8. _____ tableaux

STRUCTURES

1.2 Numbers 0–60

Point de départ Numbers in French follow patterns, as they do in English. First, learn the numbers **0–30**. The patterns they follow will help you learn the numbers **31–60**.

Numbers 0–30

0–10	11–20	21–30
0 zéro		
1 un	11 onze	21 vingt et un
2 deux	12 douze	22 vingt-deux
3 trois	13 treize	23 vingt-trois
4 quatre	14 quatorze	24 vingt-quatre
5 cinq	15 quinze	25 vingt-cinq
6 six	16 seize	26 vingt-six
7 sept	17 dix-sept	27 vingt-sept
8 huit	18 dix-huit	28 vingt-huit
9 neuf	19 dix-neuf	29 vingt-neuf
10 dix	20 vingt	30 trente

- When counting, use **un** for *one*. Use **une** before a feminine noun.

  un objet   **une télévision**
  an/one object   *a/one television*

- Note that the number **21** (**vingt et un**) follows a different pattern than the numbers **22–30**. When **vingt et un** precedes a feminine noun, add **-e** to the end of it: **vingt et une**.

  vingt et un objets   **vingt et une choses**
  twenty-one objects   *twenty-one things*

- Notice that the numbers **31–39**, **41–49**, and **51–59** follow the same pattern as the numbers **21–29**.

Numbers 31–60

31–34	35–38	39, 40, 50, 60
31 trente et un	35 trente-cinq	39 trente-neuf
32 trente-deux	36 trente-six	40 quarante
33 trente-trois	37 trente-sept	50 cinquante
34 trente-quatre	38 trente-huit	60 soixante

- To indicate a count of **31**, **41**, or **51** for a feminine noun, change the **un** to **une**.

  trente et un objets   **trente et une choses**
  thirty-one objects   *thirty-one things*

  cinquante et un objets   **cinquante et une choses**
  fifty-one objects   *fifty-one things*

 MISE EN PRATIQUE

1 **Logique** Provide the number that completes each series. Then, write out the number in French.

MODÈLE

2, 4, __6__, 8, 10; __six__

1. 9, 12, _____, 18, 21; _____
2. 15, 20, _____, 30, 35; _____
3. 2, 9, _____, 23, 30; _____
4. 0, 10, 20, _____, 40; _____
5. 15, _____, 19, 21, 23; _____
6. 29, 26, _____, 20, 17; _____
7. 2, 5, 9, _____, 20, 27; _____
8. 30, 22, 16, 12, _____; _____

2 **Il y a combien de...?** Provide the number that you associate with these pairs of words.

MODÈLE

lettres: l'alphabet *vingt-six*

1. mois (*months*): année (*year*)
2. états (*states*): USA
3. semaines (*weeks*): année
4. jours (*days*): octobre
5. âge: le vote
6. Noël: décembre

3 **Numéros de téléphone** Your roommate left behind a list of phone numbers to call today. Now he or she calls you and asks you to read them off. (Note that French phone numbers are read as double, not single, digits.)

MODÈLE

Le bureau, c'est le zéro un, vingt-trois, quarante-cinq, vingt-six, dix-neuf.

1. bureau: 01.23.45.26.19
2. bibliothèque: 01.47.15.54.17
3. café: 01.41.38.16.29
4. librairie: 01.10.13.60.23
5. faculté: 01.58.36.14.12

4 **Contradiction** Thierry is describing the new Internet café in the neighborhood, but Paul is in a bad mood and contradicts everything he says. In pairs, act out the roles using words from the list.

MODÈLE

Étudiant(e) 1: *Dans (In) le café, il y a des tables.*
Étudiant(e) 2: *Non, il n'y a pas de tables.*

actrices	professeurs
bureau	tableau
étudiants	tables
ordinateur	télévision

5 **Sur le campus** Nathalle's inquisitive best friend wants to know everything about her new campus. In pairs, take turns acting out the roles.

MODÈLE

bibliothèques: 3
Étudiant(e) 1: *Il y a combien de bibliothèques?*
Étudiant(e) 2: *Il y a trois bibliothèques.*

1. professeurs de littérature: 22
2. étudiants dans (in) la classe de français: 15
3. télévision dans la classe de sociologie: 0
4. ordinateurs dans le café: 8
5. employés dans la librairie: 51
6. tables dans le café: 21

6 **Choses et personnes** In groups of three, make a list of ten things or people that you see or don't see in the classroom. Use **il y a** and **il n'y a pas de**, and specify the number of items you can find. Then, compare your list with that of another pair.

MODÈLE

Étudiant(e) 1: *Il y a un étudiant français.*
Étudiant(e) 2: *Il n'y a pas de télévision.*

- Use **il y a** to say *there is* or *there are* in French. This expression doesn't change, even if the noun that follows it is plural.

Il y a un ordinateur dans le bureau.
There is a computer in the office.

Il y a des tables dans le café.
There are tables in the café.

Il y a deux amies.

Il y a trois étudiants.

- In most cases, the indefinite article (**un**, **une**, or **des**) is used with **il y a**, rather than the definite article (**le**, **la**, **l'**, or **les**).

Il y a un professeur de biologie américain.
There's an American biology professor.

Il y a des étudiants français et anglais.
There are French and English students.

- Use the expression **il n'y a pas de/d'** followed by a noun to express *there isn't a...* or *there aren't any....* Note that no article (definite or indefinite) is used in this case. Use **de** before a consonant sound and **d'** before a vowel sound.

before a consonant

before a vowel sound

Il n'y a pas de tables dans le café.
There aren't any tables in the café.

Il n'y a pas d'ordinateur dans le bureau.
There isn't a computer in the office.

- Use **combien de/d'** to ask how many of something there are.

Il y a **combien de tables**?
How many tables are there?

Il y a **combien d'ordinateurs**?
How many computers are there?

Essayez! Write out or say the French word for each number below.

1. 15 _quinze_
2. 6 _____
3. 22 _____
4. 5 _____
5. 12 _____
6. 8 _____
7. 30 _____
8. 21 _____
9. 1 _____
10. 17 _____
11. 44 _____
12. 14 _____
13. 38 _____
14. 56 _____
15. 19 _____

SYNTHÈSE

Révision

1 Des lettres In pairs, take turns choosing nouns. One partner chooses only masculine nouns, while the other chooses only feminine. Slowly spell each noun for your partner, who will guess the word. Find out who can give the quickest answers.

2 Le pendu In groups of four, play hangman (**le pendu**). Form two teams of two partners each. Take turns choosing a French word or expression you learned in this lesson for the other team to guess. Continue to play until your team guesses at least one word or expression from each category.

1. un nom féminin
2. un nom masculin
3. un nombre entre (*number between*) 0 et 30
4. un nombre entre 31 et 60
5. une expression

3 C'est... Ce sont... Doug is spending a week in Paris with his French e-mail pal, Marc. As Doug points out what he sees, Marc corrects him sometimes. In pairs, act out the roles. Doug should be right half the time.

MODÈLE

Étudiant(e) 1: *C'est une bibliothèque?*
Étudiant(e) 2: *Non, c'est une librairie.*

1. _____

2. _____

3. _____

4. _____

5. _____

6. _____

4 Les présentations In pairs, introduce yourselves. Together, meet another pair. One person per pair should introduce him or herself and his or her partner. Use the items from the list in your conversations. Switch roles until you have met all of the other pairs in the class.

ami	étudiant
c'est	petit(e) ami(e)
ce sont	professeur

5 S'il te plaît You are new on campus and ask another student for help finding these places. He or she gives you the building (**le bâtiment**) and room (**la salle**) number and you thank him or her. Then, switch roles and repeat with another place from the list.

MODÈLE

Étudiant(e) 1: *Pardon... l'examen de sociologie, s'il te plaît?*
Étudiant(e) 2: *Ah oui... le bâtiment E, la salle dix-sept.*
Étudiant(e) 1: *Merci beaucoup!*
Étudiant(e) 2: *De rien.*

Bibliothèque d'anglais	Bâtiment C Salle 11
Bureau de Mme Girard	Bâtiment A Salle 35
Bureau de M. Brachet	Bâtiment J Salle 42
Café	Bâtiment H Salle 59
Littérature française	Bâtiment B Salle 46
Examen de littérature	Bâtiment E Salle 24
Examen de sociologie	Bâtiment E Salle 17
Salle de télévision	Bâtiment F Salle 33
Salle des ordinateurs	Bâtiment D Salle 40

6 Mots mélangés You and a partner each have half the words of a wordsearch (**des mots mélangés**). Pick a number and a letter and say them to your partner, who must tell you if he or she has a letter in the corresponding space. Do not look at each other's worksheet.

ressources		
WB pp. 3–6	LM pp. 3–4	SUPERSITE promenades.vhlcentral.com Leçon 1

Le Zapping

La Triplette de Moulinex... un, deux, trois!

The story of Moulinex started with an invention. In 1932, Jean Mantelet invented the electric potato masher to help his wife. Later, he invented an electric coffee grinder called **Moulin° X**, which went on to become the company brand. After World War II, Moulinex came up with the famous slogan, **Moulinex libère la femme** (*Moulinex liberates women*). In the 1980s, Moulinex started facing tough competition and in 2001 was bought out by Groupe SEB, another French company specializing in small appliances and kitchen equipment.

Coup de main

Moulin X is a play on words. Moulin means *grinder* and you need to pronounce the x the English way, not the French way. That's how you obtain Moulinex.

—Un, deux, trois, elle fait° la raclette°.

—Un, deux, trois, elle fait des crêpes.

Compréhension Answer these questions.

1. What numbers and articles did you recognize?
2. What is special about this device?

Discussion In groups of four, discuss the answers to these questions. Use as much French as you can.

1. Have you ever eaten **raclette** or **crêpes** before? Where?
2. When would one use **la Triplette**?

3. What other appliance can you think of that performs more than one job?
4. If you could invent an appliance with several functions, what would it do? What would you name it?

Moulin *grinder* **elle fait** *it makes* **raclette** *dish made from melted cheese scraped onto bread or boiled potatoes*

SUR INTERNET

Go to **promenades.vhlcentral.com** to watch the TV clip featured in this **Le zapping**.

Leçon 2

You will learn how to...

- identify yourself and others
- ask yes/no questions

En classe

une horloge

un crayon

un sac à dos

une fenêtre

un livre

un cahier

un dictionnaire

un stylo

une feuille de papier

une corbeille à papier

Vocabulaire

Qui est-ce?	*Who is it?*
Quoi?	*What?*
une calculatrice	*calculator*
une montre	*watch*
une porte	*door*
un résultat	*result*
une salle de classe	*classroom*
un(e) camarade de chambre	*roommate*
un(e) camarade de classe	*classmate*
une classe	*class (group of students)*
un copain/ une copine (fam.)	*friend*
un(e) élève	*pupil, student*
une femme	*woman*
une fille	*girl*
un garçon	*boy*
un homme	*man*

ressources

WB pp. 7–8

LM p. 5

SUPERSITE promenades.vhlcentral.com Leçon 2

Mise en pratique

1 **Écoutez** 🎧 Listen to Madame Arnaud as she describes her French classroom, then check the items she mentions.

1. une porte	☐	6. vingt-quatre cahiers	☐
2. un professeur	☐	7. une calculatrice	☐
3. une feuille de papier	☐	8. vingt-sept chaises	☐
4. un dictionnaire	☐	9. une corbeille à papier	☐
5. une carte	☐	10. un stylo	☐

2 **Chassez l'intrus** Circle the word that does not belong.

1. étudiants, élèves, professeur
2. un stylo, un crayon, un cahier
3. un livre, un dictionnaire, un stylo
4. un homme, un crayon, un garçon
5. une copine, une carte, une femme
6. une porte, une fenêtre, une chaise
7. une chaise, un professeur, une fenêtre
8. un crayon, une feuille de papier, un cahier
9. une calculatrice, une montre, une copine
10. une fille, un sac à dos, un garçon

3 **C'est...** Work with a partner to identify the items you see in the image.

MODÈLE

Étudiant(e) 1: *Qu'est-ce que c'est?*
Étudiant(e) 2: *C'est un tableau.*

1. _____	7. _____
2. _____	8. _____
3. _____	9. _____
4. _____	10. _____
5. _____	11. _____
6. _____	12. _____

une carte

une chaise

CONTEXTES

Communication

4 **Qu'est-ce qu'il y a dans mon sac à dos?** Make a list of six different items that you have in your backpack, then work with a partner to compare your answers.

Dans mon (*my*) sac à dos, il y a

1. _____
2. _____
3. _____
4. _____
5. _____
6. _____

Dans le sac à dos de ___*nom*___, il y a

1. _____
2. _____
3. _____
4. _____
5. _____
6. _____

5 **Qu'est-ce que c'est?** Point at eight different items around the classroom and ask a classmate to identify them. Write your partner's responses on the spaces provided below.

> **MODÈLE**
>
> **Étudiant(e) 1:** *Qu'est-ce que c'est?*
> **Étudiant(e) 2:** *C'est un stylo.*

1. _____
2. _____
3. _____
4. _____

5. _____
6. _____
7. _____
8. _____

6 **Sept différences** Your instructor will give you and a partner two different drawings of a classroom. Do not look at each other's worksheet. Find seven differences between your picture and your partner's by asking each other questions and describing what you see.

> **MODÈLE**
>
> **Étudiant(e) 1:** *Il y a une fenêtre dans ma (my) salle de classe.*
> **Étudiant(e) 2:** *Oh! Il n'y a pas de fenêtre dans ma salle de classe.*

7 **Pictogrammes** As a class, play pictionary.

- Take turns going to the board and drawing words you learned on pp. 16–17.
- The person drawing may not speak and may not write any letters or numbers.
- The person who guesses correctly in French what the **grand artiste** is drawing will go next.
- Your instructor will time each turn and tell you if your time runs out.

Les sons et les lettres

🎧 **Silent letters**

Final consonants of French words are usually silent.

français   **sport**   **vous**   **salut**

An unaccented **-e** (or **-es**) at the end of a word is silent, but the preceding consonant *is* pronounced.

française   **américaine**   **oranges**   **japonaises**

The consonants **-c**, **-r**, **-f**, and **-l** are usually pronounced at the ends of words. To remember these exceptions, think of the consonants in the word **c**a**r**e**f**u**l**.

parc   **bonjour**   **actif**   **animal**

lac   **professeur**   **naïf**   **mal**

Prononcez Practice saying these words aloud.

1. traditionnel
2. étudiante
3. généreuse
4. téléphones
5. chocolat
6. Monsieur
7. journalistes
8. hôtel
9. sac
10. concert
11. timide
12. sénégalais
13. objet
14. normal
15. importante

Articulez Practice saying these sentences aloud.

1. Au revoir, Paul. À plus tard!
2. Je vais très bien. Et vous, Monsieur Dubois?
3. Qu'est-ce que c'est? C'est une calculatrice.
4. Il y a un ordinateur, une table et une chaise.
5. Frédéric et Chantal, je vous présente Michel et Éric.
6. Voici un sac à dos, des crayons et des feuilles de papier.

Dictons Practice reading these sayings aloud.

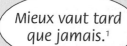

Mieux vaut tard que jamais.[1]

Aussitôt dit, aussitôt fait.[2]

[1] Better late than never.

[2] No sooner said than done.

ressources

LM p. 6 | promenades.vhlcentral.com Leçon 2

ROMAN-PHOTO

Les copains

PERSONNAGES

Amina

David

Michèle

Stéphane

Touriste

Valérie

À la terrasse du café...
VALÉRIE Alors, un croissant, une crêpe et trois cafés.
TOURISTE Merci, Madame.
VALÉRIE Ah, vous êtes... américain?
TOURISTE Um, non, je suis anglais. Il est canadien et elle est italienne.
VALÉRIE Moi, je suis française.

À l'intérieur du café...
VALÉRIE Stéphane!!!
STÉPHANE Quoi?! Qu'est-ce que c'est?
VALÉRIE Qu'est-ce que c'est! Qu'est-ce que c'est! Une feuille de papier! C'est l'examen de maths! Qu'est-ce que c'est?
STÉPHANE Oui, euh, les maths, c'est difficile.

VALÉRIE Stéphane, tu es intelligent, mais tu n'es pas brillant! En classe, on fait attention au professeur, au cahier et au livre! Pas aux fenêtres. Et. Pas. Aux. Filles!
STÉPHANE Oh, oh, ça va!!

À la table d'Amina et de David...
DAVID Et Rachid, mon colocataire? Comment est-il?
AMINA Il est agréable et très poli... plutôt réservé mais c'est un étudiant brillant. Il est d'origine algérienne.

DAVID Et toi, Amina. Tu es de quelle origine?
AMINA D'origine sénégalaise.
DAVID Et Sandrine?

AMINA Sandrine? Elle est française.
DAVID Mais non... Comment est-elle?
AMINA Bon, elle est chanteuse, alors elle est un peu égoïste. Mais elle est très sociable. Et charmante. Mais attention! Elle est avec Pascal.
DAVID Pfft, Pascal, Pascal...

A C T I V I T É S

1 **Identifiez** Indicate which character would make each statement: Amina (**A**), David (**D**), Michèle (**M**), Sandrine (**S**), Stéphane (**St**), or Valérie (**V**).

1. Les maths, c'est difficile.
2. En classe, on fait attention au professeur!
3. Michèle, les trois cafés sont pour les trois touristes.
4. Ah, Madame, du calme!
5. Ma mère est très impatiente!
6. J'ai (*I have*) de la famille au Sénégal.
7. Je suis une grande chanteuse!
8. Mon colocataire est très poli et intelligent.
9. Pfft, Pascal, Pascal...
10. Attention, David! Sandrine est avec Pascal.

Amina, David et Stéphane passent la matinée (*spend the morning*) au café.

Au bar...

VALÉRIE Le croissant, c'est pour l'Anglais, et la crêpe, c'est pour l'Italienne.

MICHÈLE Mais, Madame. Ça va? Qu'est-ce qu'il y a?

VALÉRIE Ben, c'est Stéphane. Des résultats d'examens, des professeurs... des problèmes!

MICHÈLE Ah, Madame, du calme! Je suis optimiste. C'est un garçon intelligent. Et vous, êtes-vous une femme patiente?

VALÉRIE Oui... oui, je suis patiente. Mais le Canadien, l'Anglais et l'Italienne sont impatients. Allez! Vite!

VALÉRIE Alors, ça va bien?

AMINA Ah, oui, merci.

DAVID Amina est une fille élégante et sincère.

VALÉRIE Oui! Elle est charmante.

DAVID Et Rachid, comment est-il?

VALÉRIE Oh! Rachid! C'est un ange! Il est intelligent, poli et modeste. Un excellent camarade de chambre.

DAVID Et Sandrine? Comment est-elle?

VALÉRIE Sandrine?! Oh, là, là. Non, non, non. Elle est avec Pascal.

Expressions utiles

Describing people

- **Vous êtes/Tu es américain?**
  You're American?

- **Je suis anglais. Il est canadien et elle est italienne.**
  I'm English. He's Canadian, and she's Italian.

- **Et Rachid, mon colocataire? Comment est-il?**
  And Rachid, my roommate (in an apartment)? What's he like?

- **Il est agréable et très poli... plutôt réservé mais c'est un étudiant brillant.**
  He's nice and polite... rather reserved, but a brilliant student.

- **Tu es de quelle origine?**
  (Of) What heritage are you?

- **Je suis d'origine algérienne/sénégalaise.**
  I'm of Algerian/Senegalese heritage.

- **Elle est avec Pascal.**
  She's with (dating) Pascal.

- **Rachid! C'est un ange!**
  Rachid! He's an angel!

Asking questions

- **Ça va? Qu'est-ce qu'il y a?**
  Are you OK? What is it?/What's wrong?

Additional vocabulary

- **Ah, Madame, du calme!**
  Oh, ma'am, calm down!

- **On fait attention à...**
  One pays attention to...

- **Mais attention!**   • **alors**
  But watch out!   *so*

- **Allez! Vite!**   • **mais**
  Go! Quickly!   *but*

- **Mais non...**   • **un peu**
  Of course not...   *a little*

---

2 **Complétez** Use words from the list to describe these people in French. Refer to the video scenes and a dictionary as necessary.

1. Michèle always looks on the bright side. _____
2. Rachid gets great grades. _____
3. Amina is very honest. _____
4. Sandrine thinks about herself a lot. _____
5. Sandrine has a lot of friends. _____

| égoïste |
| intelligent |
| optimiste |
| sincère |
| sociable |

3 **Conversez** In pairs, choose the words from this list you would use to describe yourselves. What personality traits do you have in common? Be prepared to share your answers with the class.

brillant	modeste
charmant	optimiste
égoïste	patient
élégant	sincère
intelligent	sociable

ACTIVITÉS

LECTURE CULTURELLE

SUPERSITE

CULTURE À LA LOUPE

Qu'est-ce qu'un Français typique?

What is your idea of a typical Frenchman?
Do you picture a man wearing a **béret**? How about French women? Are they all fashionable and stylish? Do you picture what is shown in these photos? While real French people fitting one aspect or another of these cultural stereotypes do exist, rarely do you find individuals who fit all aspects.

France is a multicultural society with no single, national ethnicity. While the majority of French people are of Celtic or Latin descent, France has significant North and West African (e.g., Algeria, Morocco, Senegal) and Indo-Chinese (e.g., Vietnam, Laos, Cambodia) populations as well. Long a **terre d'accueil°**, France today has over four million foreigners and immigrants. Even as France has maintained a strong concept of its culture through the preservation of its language, history, and traditions, French

culture has been ultimately enriched by the contributions of its immigrant populations. Each region of the country also has its own traditions, folklore, and, often, its own language. Regional languages, such as Provençal, Breton, and Basque, are still spoken in some areas, but the official language is, of course, French.

terre d'accueil *a land welcoming of newcomers*

Immigrants in France, by country of birth	
COUNTRY NAME	**NUMBER OF PEOPLE**
Algeria	574,200
Portugal	571,900
Other European countries	568,800
Morocco	522,500
Italy	378,700
Spain	316,200
Tunisia	201,600
Turkey	174,200
Cambodia, Laos, Vietnam	159,800
Poland	98,600

A C T I V I T É S

1 **Vrai ou faux?** Indicate whether each statement is **vrai** or **faux**.

1. Cultural stereotypes are generally true for most people in France.
2. People in France no longer speak regional languages.
3. Many immigrants from North Africa live in France.
4. More immigrants in France come from Portugal than from Morocco.
5. Algerians and Moroccans represent the largest immigrant populations in France.
6. Immigrant cultures have little impact on French culture.
7. Because of immigration, France is losing its cultural identity.
8. French culture differs from region to region.
9. Most French people are of Anglo-Saxon heritage.
10. For many years, France has received immigrants from many countries.

STRATÉGIE

Recognizing cognates

Cognates are words that share similar meanings and spellings in two or more languages. These words not only look alike, but they also mean the same thing in French and English: **actif** *active*, **fantastique** *fantastic*, **sociologie** *sociology*. When reading in French, it's helpful to look for cognates and use them to guess the meaning of what you read. Make a list of the cognates you recognize in the **Le monde francophone** selection below, along with their English equivalents.

LE MONDE FRANCOPHONE

Les devises

Here are the **devises** (*national mottos*) of some francophone countries.

Belgium **L'union fait la force** (*Unity is strength*)

Ivory Coast **Union, Discipline, Travail** (*Unity, Discipline, Work*)

France **Liberté, Égalité, Fraternité** (*Liberty, Equality, Fraternity*)

Monaco **Avec l'aide de Dieu** (*With the help of God*)

Morocco **Dieu, la Patrie, le Roi** (*God, Country, King*)

Senegal **Un Peuple, un But, une Foi** (*One People, one Goal, one Faith*)

Switzerland **Un pour tous, tous pour un** (*One for all, all for one*)

Tunisia **Liberté, Ordre, Justice** (*Liberty, Order, Justice*)

PORTRAIT

Superdupont

Superdupont is an ultra-French superhero in a popular comic strip parodying French nationalism. The protector of all things French, he battles the secret enemy organization **Anti-France**, whose agents speak **anti-français**, a mixture of English, Spanish, Italian, Russian, and German. *Superdupont* embodies just about every French stereotype imaginable. For example, the name Dupont, much like Smith in the United States, is extremely common in France. In addition to his **béret** and moustache, he wears a blue, white, and red belt around his waist representing **le drapeau français** (*the French flag*). Physically, he is overweight and has a red nose—signs that he appreciates rich French food and wine. Finally, on his arm is **un coq** (*a rooster*), the national symbol of France. The Latin word for rooster (*gallus*) also means "inhabitant of Gaul," as France used to be called.

SUPERSITE

SUR INTERNET

What countries are former French colonies?

Go to **promenades.vhlcentral.com** to find more cultural information related to this **LECTURE CULTURELLE**.

---

2 **Complétez** Provide responses to these questions.

1. France is often symbolized by this bird: _____.

2. _____ are the colors of the French flag.

3. France was once named _____.

4. Un Peuple, un But, une Foi is the national motto of _____.

5. _____ are three basic principles of French society.

3 **Et les Américains?** What might a comic-book character based on a "typical American" be like? With a partner, brainstorm a list of stereotypes to create a profile for such a character. Compare the profile you create with your classmates'. Do they fairly represent Americans? Why or why not?

ressources

SUPERSITE

promenades.vhlcentral.com
Leçon 2

ACTIVITÉS

2.1 The verb *être*

Point de départ In French, as in English, the subject of a verb is the person or thing that carries out the action. The verb expresses the action itself.

SUBJECT ⟷ VERB
Le professeur   parle français.
The professor   speaks French.

Subject pronouns

• Subject pronouns replace a noun that is the subject of a verb.

SUBJECT PRONOUN ⟷ VERB
Il   parle français.
He   speaks French.

French subject pronouns

	singular		plural	
first person	**je**	*I*	**nous**	*we*
second person	**tu**	*you*	**vous**	*you*
third person	**il**	*he/it* (masc.)	**ils**	*they* (masc.)
	elle	*she/it* (fem.)	**elles**	*they* (fem.)
	on	*one*		

• Subject pronouns in French show number (singular vs. plural) and gender (masculine vs. feminine). When a subject consists of both genders, use the masculine form.

Ils dansent très bien.   **Ils** sont de Dakar.
They dance very well.   *They are from Dakar.*

• Use **tu** for informal address and **vous** for formal. **Vous** is also the plural form of *you*, both informal and formal.

Comment vas-**tu**?   Comment allez-**vous**?
How's it going?   *How are you?*

• The subject pronoun **on** refers to people in general, just as the English subject pronouns *one*, *they*, or *you* sometimes do. **On** can also mean *we* in a casual style. **On** always takes the same verb form as **il** and **elle**.

En France, **on** parle français.   **On** est au café.
In France, they speak French.   *We are at the coffee shop.*

 MISE EN PRATIQUE

1 Pascal répète Pascal repeats everything his older sister Odile says. Give his response after each statement, using subject pronouns.

MODÈLE Chantal est étudiante. *Elle est étudiante.*

1. Les professeurs sont en Tunisie.
2. Mon (*My*) petit ami Charles n'est pas ici.
3. Moi, je suis chanteuse.
4. Nadège et moi, nous sommes à l'université.
5. Tu es un ami.
6. L'ordinateur est dans (*in*) la chambre.
7. Claude et Charles sont là.
8. Lucien et toi, vous êtes copains.

2 Où sont-ils? Thérèse wants to know where all her friends are. Tell her by completing the sentences with the appropriate subject pronouns and the correct forms of **être**.

MODÈLE Sylvie / au café *Elle est au café.*

1. Georges / à la faculté de médecine
2. Marie et moi / dans (*in*) la salle de classe
3. Christine et Anne / à la bibliothèque
4. Richard et Vincent / là-bas
5. Véronique, Marc et Anne / à la librairie
6. Jeanne / au bureau

3 Identifiez Describe these photos using **c'est**, **ce sont**, **il/elle est**, or **ils/elles sont**.

1. _____ un acteur.   4. _____ chanteuse.

2. _____ ici.   5. _____ là.

3. _____ copines.   6. _____ des montres.

4 **Assemblez** In pairs, take turns using the verb **être** to combine elements from both columns. Talk about yourselves and people you know.

A	B
Singulier:	
Je	agréable
Tu	d'origine française
Mon (*My*, masc.) prof	difficile
Mon/Ma (*My*, fem.)	étudiant(e)
camarade de chambre	sincère
Mon cours _____	sociable _____
Pluriel:	
Nous	agréables
Mes (*My*) profs	copains/copines
Mes camarades de	difficiles
chambre	étudiant(e)s
Mes cours	sincères

5 **Qui est-ce?** In pairs, identify who or what is in each picture. If possible, use **il/elle est** or **ils/elles sont** to add something else about each person or place.

MODÈLE

C'est Céline Dion. Elle est chanteuse.

1.

4.

2.

5.

3.

6.

6 **Enchanté** You and your roommate are in a campus bookstore. You run into one of his or her classmates, whom you've never met. In a brief conversation, introduce yourselves, ask how you are, and say something about yourselves using a form of **être**.

The verb *être*

- **Être** (*to be*) is an irregular verb; its conjugation (set of forms for different subjects) does not follow a pattern. The form **être** is called the infinitive; it does not correspond to any particular subject.

être (to be)			
je suis	*I am*	nous sommes	*we are*
tu es	*you are*	vous êtes	*you are*
il/elle est	*he/she/it is*	ils/elles sont	*they are*
on est	*one is*		

- Note that the **-s** of the subject pronoun **vous** is pronounced as an English *z* in the phrase **vous êtes**.

Vous êtes à Paris.   **Vous êtes** M. Leclerc? Enchantée.
You are in Paris.   *Are you Mr. Leclerc? Pleased to meet you.*

C'est and *il/elle est*

- Use **c'est** or its plural form **ce sont** plus a noun to identify who or what someone or something is. Except with proper names, an article must always precede the noun.

C'est un téléphone.
That's a phone.

Ce sont des photos.
Those are pictures.

C'est Amina.
That's Amina.

- Use the phrases **il/elle est** and **ils/elles sont** to refer to someone or something previously mentioned. Any noun that follows directly must not be accompanied by an article or adjective.

La bibliothèque?   Voilà M. Richard.
Elle est moderne.   **Il est** professeur.
The library?   *There's Mr. Richard.*
It's modern.   *He's a professor.*

BOÎTE À OUTILS
Note that in French, unlike English, you cannot use an article before a profession after **il/elle est** and **ils/elles sont**: **il est chanteur** (*he is a singer*); **elles sont actrices** (*they are actresses*).

Essayez!   Fill in the blanks with the correct forms of the verb **être**.

1. Je ___suis___ ici.
2. Ils _____ intelligents.
3. Tu _____ étudiante.
4. Nous _____ à Québec.
5. Vous _____ Mme Lacroix?
6. Marie _____ chanteuse.

STRUCTURES

2.2 Adjective agreement

Point de départ Adjectives are words that describe people, places, and things. In French, adjectives are often used with the verb **être** to point out the qualities of nouns or pronouns.

Le cours est **difficile**.

Je suis **optimiste**.

- Many adjectives in French are cognates; that is, they have the same or similar spellings and meanings in French and English.

Cognate descriptive adjectives

agréable	*pleasant*	**intelligent(e)**	*intelligent*
amusant(e)	*fun*	**intéressant(e)**	*interesting*
brillant(e)	*bright*	**occupé(e)**	*busy*
charmant(e)	*charming*	**optimiste**	*optimistic*
désagréable	*unpleasant*	**patient(e)**	*patient*
différent(e)	*different*	**pessimiste**	*pessimistic*
difficile	*difficult*	**poli(e)**	*polite*
égoïste	*selfish*	**réservé(e)**	*reserved*
élégant(e)	*elegant*	**sincère**	*sincere*
impatient(e)	*impatient*	**sociable**	*sociable*
important(e)	*important*	**sympathique (sympa)**	*nice*
indépendant(e)	*independent*	**timide**	*shy*

- In French, most adjectives agree in number and gender with the nouns they describe. Most adjectives form the feminine by adding a silent **-e** (no accent) to the end of the masculine form, unless one is already there. Adding a silent **-s** to the end of masculine and feminine forms gives you the plural forms of both.

MASCULINE SINGULAR   MASCULINE SINGULAR
Henri est **élégant**.
Henri is elegant.

FEMININE SINGULAR   FEMININE SINGULAR
Patricia est **élégante**.
Patricia is elegant.

MASCULINE PLURAL   MASCULINE PLURAL
Henri et Jérôme sont **élégants**.
Henri and Jérôme are elegant.

FEMININE PLURAL   FEMININE PLURAL
Patricia et Marie sont **élégantes**.
Patricia and Marie are elegant.

BOÎTE À OUTILS
Use the masculine plural form of an adjective to describe a group composed of masculine and feminine nouns: **Henri et Patricia sont élégants**.

MISE EN PRATIQUE

1 Nous aussi! Jean-Paul is bragging about himself, but his younger sisters Stéphanie and Gisèle believe they possess the same attributes. Tell what they say.

MODÈLE

Je suis amusant. *Nous aussi, nous sommes amusantes.*

1. Je suis intelligent. _____
2. Je suis sincère. _____
3. Je suis élégant. _____
4. Je suis patient. _____
5. Je suis sociable. _____
6. Je suis poli. _____

2 Les nationalités You are with a group of students from all over the world. Indicate their nationalities according to the cities from which they come.

MODÈLE

Monique est de (*from*) Paris. *Elle est française.*

1. Les amies Fumiko et Keiko sont de Tokyo.
2. Hans est de Berlin.
3. Juan et Pablo sont de Guadalajara.
4. Wendy est de Londres.
5. Jared est de San Francisco.
6. Francesca est de Rome.
7. Aboud et Moustafa sont de Casablanca.
8. Jean-Pierre et Mario sont de Québec.

3 Voilà Mme... Your parents are having a party and you point out different people to your friend. Use a word from this grammar point each time.

MODÈLE

Voilà M. Duval. Il est sénégalais.
C'est un ami.

M. Duval   M. Forestier
Catherine et Jeanne   Georges et Denise   Mme Malbon

4 **Interview** You are looking for a roommate and interview someone to see what he or she is like. In pairs, play both roles. Are you compatible roommates?

MODÈLE

américain
Étudiant(e) 1: Tu es pessimiste?
Étudiant(e) 2: Non, je suis optimiste.

1. impatient	5. égoïste
2. modeste	6. sociable
3. timide	7. indépendant
4. sincère	8. amusant

5 **Ils sont comment?** In pairs, take turns describing each item below. Tell your partner whether you agree (**C'est vrai**) or disagree (**C'est faux**) with the descriptions.

MODÈLE

Johnny Depp
Étudiant(e) 1: C'est un acteur désagréable.
Étudiant(e) 2: C'est faux. Il est charmant.

1. Beyoncé et Céline Dion
2. les étudiants de Harvard
3. Bono
4. la classe de français
5. le président des États-Unis (*United States*)
6. Tom Hanks et Gérard Depardieu
7. le prof de français
8. Steven Spielberg
9. notre (*our*) université
10. Melanie Griffith et Julia Roberts

6 **Au café** You and two classmates are talking about your new bosses (**patrons**), each of whom is very different from the other two. In groups of three, create a dialogue in which you greet one another and describe your bosses.

- French adjectives are usually placed after the noun they modify when they don't directly follow a form of **être**.

Ce sont des **étudiantes brillantes**.	Bernard est un homme **agréable et poli**.
They're brilliant students.	*Bernard is a pleasant and polite man.*

- Here are some adjectives of nationality. Note that the **-n** of adjectives that end in **-ien** doubles before the final **-e** of the feminine form: **algérienne, canadienne, italienne, vietnamienne**.

Adjectives of nationality			
algérien(ne)	*Algerian*	japonais(e)	*Japanese*
allemand(e)	*German*	marocain(e)	*Moroccan*
anglais(e)	*English*	martiniquais(e)	*from Martinique*
américain(e)	*American*	mexicain(e)	*Mexican*
canadien(ne)	*Canadian*	québécois(e)	*from Quebec*
espagnol(e)	*Spanish*	sénégalais(e)	*Senegalese*
français(e)	*French*	suisse	*Swiss*
italien(ne)	*Italian*	vietnamien(ne)	*Vietnamese*

- The first letter of adjectives of nationality is not capitalized.

Il est américain.   **Elle est française.**

- An adjective whose masculine singular form already ends in **-s** keeps the identical form in the masculine plural.

Pierre est **un ami sénégalais**.	Pierre et Yves sont **des amis sénégalais**.
Pierre is a Senegalese friend.	*Pierre and Yves are Senegalese friends.*

- To ask someone's nationality or heritage, use **Quelle est ta/votre nationalité?** or **Tu es/Vous êtes de quelle origine?**

Quelle est votre nationalité?	**Je suis de nationalité canadienne.**
What is your nationality?	*I'm of Canadian nationality.*
Tu es de quelle origine?	**Je suis d'origine italienne.**
What is your heritage?	*I'm of Italian heritage.*

Essayez!   Write in the correct forms of the adjectives.

1. Marc est __*timide*__ (timide).
2. Ils sont _____ (anglais).
3. Elle adore la littérature _____ (français).
4. Ce sont des actrices _____ (suisse).
5. Elles sont _____ (réservé).
6. Il y a des universités _____ (important).
7. Christelle est _____ (amusant).
8. Les étudiants sont _____ (poli) en cours.

SYNTHÈSE

Révision

1 Festival francophone With a partner, choose two characters from the list and act out a conversation between them. The people are meeting for the first time at a francophone festival. Then, change characters and repeat.

Angélique, Sénégal

Abdel, Algérie

Laurent, Martinique

Sylvain, Suisse

Hélène, Canada

Daniel, France

Mai, Viêt-Nam

Nora, Maroc

2 Tu ou vous? How would the conversations between the characters in **Activité 1** differ if they were all 19-year-old students at a university orientation? Write out what you would have said differently. Then, exchange papers with a new partner and make corrections. Return the paper to your partner and act out the conversation using a different character from last time.

3 En commun In pairs, tell your partner the name of a friend. Use adjectives to say what you both (**tous les deux**) have in common. Then, share with the class what you learned about your partner and his or her friend.

MODÈLE

Charles est un ami. Nous sommes tous les deux amusants. Nous sommes patients aussi.

4 Comment es-tu? Your instructor will give you a worksheet. Survey as many classmates as possible to ask if they would use the adjectives listed to describe themselves. Then, decide which two students in the class are most similar.

MODÈLE

Étudiant(e) 1: *Tu es timide?*
Étudiant(e) 2: *Non. Je suis sociable.*

Adjectifs	Nom
1. timide	Éric
2. impatient (e)	
3. optimiste	
4. réservé (e)	
5. charmant (e)	
6. poli (e)	
7. agréable	
8. amusant (e)	

5 Mes camarades de classe Write a brief description of the students in your French class. What are their names? What are their personalities like? What is their heritage? Use all the French you have learned so far. Your paragraph should be at least eight sentences long. Remember, be complimentary!

6 Les descriptions Your instructor will give you one set of drawings of eight people and a different set to your partner. Each person in your drawings has something in common with a person in your partner's drawings. Find out what it is without looking at your partner's sheet.

MODÈLE

Étudiant(e) 1: *Jean est à la bibliothèque.*
Étudiant(e) 2: *Gina est à la bibliothèque.*
Étudiant(e) 1: *Jean et Gina sont à la bibliothèque.*

ressources		
WB pp. 9–12	LM pp. 7–8	SUPERSITE promenades.vhlcentral.com Leçon 2

Écriture

STRATÉGIE

Writing in French

Why do we write? All writing has a purpose. For example, we may write a poem to reveal our innermost feelings, a letter to share information, or an essay to persuade others to accept a point of view. People are not born proficient writers, however. Writing requires time, thought, effort, and a lot of practice. Here are some tips to help you write more effectively in French.

DO

▶ Try to write your ideas in French

▶ Try to make an outline of your ideas

▶ Decide what the purpose of your writing will be

▶ Use the grammar and vocabulary that you know

▶ Use your textbook for examples of style, format, and expressions in French

▶ Use your imagination and creativity to make your writing more interesting

▶ Put yourself in your reader's place to determine if your writing is interesting

AVOID

▶ Translating your ideas from English to French

▶ Simply repeating what is in the textbook or on a web page

▶ Using a bilingual dictionary until you have learned how to use one effectively

Thème

Faites une liste!

Imagine that several French-speaking students will be spending a year at your school. You've been asked to put together a list of people and places that might be useful and of interest to them. Your list should include:

- Your name, address, phone number(s) (home and/or mobile), and e-mail address

- The names of two or three other students in your French class, their addresses, phone numbers, and e-mail addresses

- Your French teacher's name, office and/or mobile phone number(s), e-mail address, as well as his or her office hours

- Your school library's phone number and hours

- The names, addresses, and phone numbers of three places near your school where students like to go (a bookstore, a coffee shop or restaurant, a theater, a skate park, etc.)

NOM: _Madame Smith (professeur de français)_   ☎

ADRESSE: _McNeil University_   ✉

NUMÉRO DE TÉLÉPHONE: _645-3458 (bureau)_

NUMÉRO DE PORTABLE: _919-0040_

ADRESSE E-MAIL: _absmith@yahoo.com_

NOTES: _Heures de bureau: 8h00–9h00_

NOM: _Skate World_

ADRESSE: _8970 McNeil Road_

NUMÉRO DE TÉLÉPHONE: _658-0349_

NUMÉRO DE PORTABLE: _—_

ADRESSE E-MAIL: _skate@skateworld.com_

NOTES: _—_

Panorama

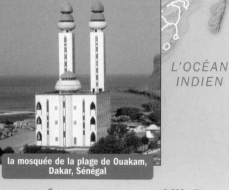

Heiva°, Papeete, Tahiti

Le monde francophone

Les pays en chiffres°

Organisation internationale de la Francophonie

▶ **Nombre de pays° où le français est langue° officielle:** *28*

▶ **Nombre de pays où le français est parlé°:** *plus de° 60*

▶ **Nombre de francophones dans le monde°:** *175.000.000 (cent soixante-quinze millions)*

SOURCE: Organisation internationale de la Francophonie

Villes capitales

▶ **Algérie:** *Alger*
▶ **Cameroun:** *Yaoundé*
▶ **France:** *Paris*
▶ **Guinée:** *Conakry*
▶ **Haïti:** *Port-au-Prince*

▶ **Laos:** *Vientiane*
▶ **Mali:** *Bamako*
▶ **Rwanda:** *Kigali*
▶ **Seychelles:** *Victoria*
▶ **Suisse:** *Berne*

Francophones célèbres

▶ **Marie Curie,** *Pologne, scientifique, prix Nobel en chimie et physique (1867–1934)*

▶ **René Magritte,** *Belgique, peintre° (1898–1967)*

▶ **Ousmane Sembène,** *Sénégal, cinéaste° et écrivain° (1923–2007)*

▶ **Jean Reno,** *Maroc, acteur (1948–)*

▶ **Céline Dion,** *Québec, chanteuse° (1968–)*

▶ **Marie-José Pérec,** *Guadeloupe, coureuse° olympique (1968–)*

L'AMÉRIQUE DU NORD

L'OCÉAN ATLANTIQUE

L'OCÉAN PACIFIQUE

L'AMÉRIQUE DU SUD

LA FRANCE

L'EUROPE

L'ASIE

L'AFRIQUE

L'OCÉAN INDIEN

PAYS FRANCOPHONES EN ASIE

LE LAOS
LE CAMBODGE
LE VIÊT-NAM
L'OCÉAN INDIEN

la mosquée de la plage de Ouakam, Dakar, Sénégal

| 0 | | 3,000 milles |
| 0 | | 3,000 kilomètres |

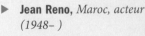 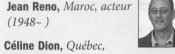 Pays et régions francophones

Incroyable mais vrai!

La langue française est une des rares langues à être parlées sur° cinq continents. C'est aussi la langue officielle de beaucoup d'organisations internationales comme° l'OTAN°, les Nations unies, l'Union européenne, et aussi des Jeux° Olympiques! Le français est la deuxième° langue enseignée° dans le monde, après l'anglais.

chiffres *numbers* **pays** *countries* **langue** *language* **parlé** *spoken* **plus de** *more than* **monde** *world* **peintre** *painter* **cinéaste** *filmmaker* **écrivain** *writer* **chanteuse** *singer* **coureuse** *runner* **sur** *on* **comme** *such as* **l'OTAN** *NATO* **Jeux** *Games* **deuxième** *second* **enseignée** *taught* **Heiva** *an annual Tahitian festival*

La société
Le français au Québec

Au Québec, province du Canada, le français est la langue officielle, parlée par° 82% (quatre-vingt-deux pour cent) de la population. Les Québécois, pour° préserver l'usage de la langue, ont° une loi° qui oblige l'affichage° en français dans les lieux° publics. Le français est aussi la langue co-officielle du Canada: les employés du gouvernement doivent° être bilingues.

Les gens
Les francophones d'Algérie

Depuis° 1830 (mille huit cent trente), date de l'acquisition de l'Algérie par la France, l'influence culturelle française y° est très importante. À présent ancienne° colonie, l'Algérie est un des plus grands° pays francophones au monde. L'arabe est la langue officielle, mais le français est la deuxième langue parlée et est compris° par la majorité de la population algérienne.

Les destinations
La Louisiane

Ce territoire au sud° des États-Unis a été nommé «Louisiane» en l'honneur du Roi° de France Louis XIV. En 1803 (mille huit cent trois), Napoléon Bonaparte vend° la colonie aux États-Unis pour 15 millions de dollars, pour empêcher° son acquisition par les Britanniques. Aujourd'hui° en Louisiane, 200.000 (deux cent mille) personnes parlent° le français cajun. La Louisiane est connue° pour sa° cuisine cajun, comme° le jambalaya, ici sur° la photo avec le chef Paul Prudhomme.

Les traditions
La Journée internationale de la Francophonie

Chaque année°, l'Organisation internationale de la Francophonie (O.I.F.) coordonne la Journée internationale de la Francophonie. Dans plus de° 100 (cent) pays et sur cinq continents, on célèbre la langue française et la diversité culturelle francophone avec des festivals de musique, de gastronomie, de théâtre, de danse et de cinéma. Le rôle principal de l'O.I.F. est la promotion de la langue française et la défense de la diversité culturelle et linguistique du monde francophone.

Qu'est-ce que vous avez appris? Complete the sentences.

1. _____ est un cinéaste africain.
2. _____ de personnes parlent français dans le monde.
3. _____ est responsable de la promotion de la diversité culturelle francophone.
4. Les employés du gouvernement du Canada parlent _____.
5. En Algérie, la langue officielle est _____.
6. Une majorité d'Algériens comprend (*understands*) _____.
7. Le nom «Louisiane» vient du (*comes from the*) nom de _____.
8. Plus de 100 pays célèbrent _____.
9. Le français est parlé sur _____ continents.
10. En 1803, Napoléon Bonaparte vend _____ aux États-Unis.

SUR INTERNET

Go to **promenades.vhlcentral.com** to find more cultural information related to this **PANORAMA**.

1. Les États-Unis célèbrent la Journée internationale de la Francophonie. Faites (*Make*) une liste de trois événements (*events*) et où ils ont lieu (*take place*).
2. Trouvez des informations sur un(e) chanteur/chanteuse francophone célèbre aux États-Unis. Citez (*Cite*) trois titres de chanson (*song titles*).

parlée par *spoken by* **pour** *in order to* **ont** *have* **loi** *law* **affichage** *posting* **lieux** *places* **doivent** *must* **Depuis** *Since* **y** *there* **ancienne** *former* **un des plus grands** *one of the largest* **compris** *understood* **au sud** *in the South* **a été nommé** *was named* **Roi** *King* **vend** *sells* **empêcher** *to prevent* **Aujourd'hui** *Today* **parlent** *speak* **connue** *known* **sa** *its* **comme** *such as* **sur** *in* **Chaque année** *Each year* **dans plus de** *in more than*

Le campus

une bibliothèque	library
un café	café
une faculté	university; faculty
une librairie	bookstore
un lycée	high school
une salle de classe	classroom
une université	university
un dictionnaire	dictionary
une différence	difference
un examen	exam, test
la littérature	literature
un livre	book
un problème	problem
un résultat	result
la sociologie	sociology
un bureau	desk; office
une carte	map
une chaise	chair
une fenêtre	window
une horloge	clock
un ordinateur	computer
une porte	door
une table	table
un tableau	blackboard; picture
la télévision	television
un cahier	notebook
une calculatrice	calculator
une chose	thing
une corbeille (à papier)	wastebasket
un crayon	pencil
une feuille de papier	sheet of paper
un instrument	instrument
une montre	watch
un objet	object
un sac à dos	backpack
un stylo	pen

Les personnes

un(e) ami(e)	friend
un(e) camarade de chambre	roommate
un(e) camarade de classe	classmate
une classe	class (group of students)
un copain/une copine (fam.)	friend
un(e) élève	pupil, student
un(e) étudiant(e)	student
un(e) petit(e) ami(e)	boyfriend/girlfriend
une femme	woman
une fille	girl
un garçon	boy
un homme	man
une personne	person
un acteur/une actrice	actor
un chanteur/ une chanteuse	singer
un professeur	teacher, professor

Les présentations

Comment vous appelez-vous? (form.)	What is your name?
Comment t'appelles-tu? (fam.)	What is your name?
Enchanté(e).	Delighted.
Et vous/toi? (form./ fam.)	And you?
Je m'appelle...	My name is...
Je vous/te présente... (form./fam.)	I would like to introduce (name) to you.

Identifier

c'est/ce sont	it's/they are
Combien...?	How much/many...?
ici	here
Il y a...	There is/are...
là	there
là-bas	over there
Qu'est-ce que c'est?	What is it?
Qui est-ce?	Who is it?
Quoi?	What?
voici	here is/are
voilà	there is/are

Bonjour et au revoir

À bientôt.	See you soon.
À demain.	See you tomorrow.
À plus tard.	See you later.
À tout à l'heure.	See you later.
Au revoir.	Good-bye.
Bonne journée!	Have a good day!
Bonjour.	Good morning.; Hello.
Bonsoir.	Good evening.; Hello.
Salut!	Hi!; Bye!

Comment ça va?

Ça va?	What's up?; How are things?
Comment allez-vous? (form.)	How are you?
Comment vas-tu? (fam.)	How are you?
Comme ci, comme ça.	So-so.
Je vais bien/mal.	I am doing well/badly.
Moi aussi.	Me too.
Pas mal.	Not badly.
Très bien.	Very well.

Expressions de politesse

De rien.	You're welcome.
Excusez-moi. (form.)	Excuse me.
Excuse-moi. (fam.)	Excuse me.
Il n'y a pas de quoi.	It's nothing.; You're welcome.
Je vous en prie. (form.)	Please.; You're welcome.
Merci beaucoup.	Thank you very much.
Monsieur (M.)	Sir (Mr.)
Madame (Mme)	Ma'am (Mrs.)
Mademoiselle (Mlle)	Miss
Pardon.	Pardon (me).
S'il vous/te plaît. (form./fam.)	Please.

Expressions utiles	See pp. 7 and 21.
Numbers 0–60	See p. 12.
Subject pronouns	See p. 24.
être	See p. 25.
Descriptive adjectives	See p. 26.
Adjectives of nationality	See p. 27.

À la fac

Pour commencer

- What object is on the table?
  a. une montre   b. un stylo   c. un tableau
- What is Rachid looking at?
  a. un cahier   b. un ordinateur   c. un livre
- How does Rachid look in this photo?
  a. intelligent   b. sociable   c. égoïste
- Which word describes what he is doing?
  a. arriver   b. voyager   c. étudier

Leçon 3

Les cours

You will learn how to...
- talk about your classes
- ask questions and express negation

Vocabulaire

J'aime bien...	I like...
Je n'aime pas tellement...	I don't like... very much
être reçu(e) à un examen	to pass an exam
l'art (m.)	art
la chimie	chemistry
le droit	law
l'éducation physique (f.)	physical education
la géographie	geography
la gestion	business administration
les lettres (f.)	humanities
la philosophie	philosophy
les sciences (politiques / po) (f.)	(political) science
une bourse	scholarship, grant
un cours	class, course
un devoir	homework
un diplôme	diploma, degree
l'école (f.)	school
les études (supérieures) (f.)	(higher) education; studies
le gymnase	gymnasium
une note	grade
un restaurant universitaire (un resto U)	university cafeteria
difficile	difficult
facile	easy
inutile	useless
utile	useful
surtout	especially; above all

ressources

WB pp. 15–16	LM p. 9	SUPERSITE promenades.vhlcentral.com Leçon 3

la biologie

l'architecture (f.)

Je déteste la physique! (détester)

J'adore le stylisme de mode! (adorer)

le stylisme de mode

la physique

$E = MC^2$

les mathématiques (f.)

$x = 2+2$ $\dfrac{3(x+2)}{(a-b)}$

C++

l'informatique (f.)

Attention!

The French system of grading is based on a scale of 0–20. A score below 10 is not a passing grade. It is rare to earn a grade between 18–20. Most students are happy to earn a grade between 12–14.

les langues étrangères (f.)

ANGLAIS

FRANÇAIS ESPAGNOL

l'économie (f.)

l'histoire (f.)

La Révolution française

Jung Lacan FREUD

la psychologie

Mise en pratique

1 **Écoutez** 🎧 On their first day back to school, Aurélie and Hassim are discussing their classes, likes, and dislikes. Indicate the name of the person most likely to use the books listed below: Aurélie (**A**), Hassim (**H**), both (**A & H**), or neither (**X**). Not all items will be used.

1. Informatique et statistiques _____
2. L'économie de la France _____
3. L'architecture japonaise _____
4. Histoire de France _____
5. Études Freudiennes _____
6. La géographie de l'Europe _____
7. L'italien, c'est facile! _____
8. Le droit international _____

2 **Associez** Which classes, activities, or places do you associate with these words? Not all items in the second column will be used.

1. ____ manger
2. ____ un ordinateur
3. ____ le français
4. ____ une calculatrice
5. ____ le sport
6. ____ Socrate
7. ____ E=MC²
8. ____ Napoléon

a. les mathématiques
b. la physique
c. l'histoire
d. un restaurant universitaire
e. l'informatique
f. l'éducation physique
g. la biologie
h. la philosophie
i. les langues étrangères
j. l'art

3 **Qu'est-ce que j'aime?** Read each statement and indicate whether you think it is **vrai** or **faux**. Compare your answers with a classmate's. Do you agree? Why?

	Vrai	Faux
1. C'est facile d'être reçu à l'examen de mathématiques.	☐	☐
2. Je déteste manger au restaurant universitaire.	☐	☐
3. Je vais recevoir (*receive*) une bourse; c'est très utile.	☐	☐
4. La mode, c'est inutile.	☐	☐
5. Avoir un diplôme de l'université, c'est facile.	☐	☐
6. La chimie, c'est un cours difficile.	☐	☐
7. Je déteste les lettres.	☐	☐
8. 18 est une très bonne note.	☐	☐
9. Je n'aime pas tellement les études.	☐	☐
10. J'adore les langues étrangères.	☐	☐

Communication

4 **Conversez** Get together with a partner and fill in the blanks according to your own situations. Then, act out the conversation for the class.

Étudiant(e) A: _____, comment ça va?

Étudiant(e) B: _____. Et toi?

Étudiant(e) A: _____ merci.

Étudiant(e) B: Est-ce que tu aimes le cours de _____?

Étudiant(e) A: J'adore le cours de _____.

Étudiant(e) B: Moi aussi. Tu aimes _____?

Étudiant(e) A: Non, j'aime mieux (*better*) _____.

Étudiant(e) B: Bon, à bientôt.

Étudiant(e) A: À _____.

5 **Qu'est-ce que c'est?** Write a caption for each image, stating where the students are and how they feel about the classes they are attending. Then, get together with a partner and take turns reading one of your captions and have him or her guess about whom you are talking.

> **MODÈLE**
> *C'est le cours de français.*
> *Le français, c'est facile.*

> Nietzsche, philosophe allemand…

1. _____
   _____

2. _____

3. _____

4. _____
   _____

5. _____

6. _____

6 **Vous êtes...** Imagine what subjects these celebrities liked and disliked as students. In pairs, take turns playing the role of each one and guessing the answer.

> **MODÈLE**
> **Étudiant(e) 1:** J'aime la physique et la chimie, mais je n'aime pas tellement les cours d'économie.
> **Étudiant(e) 2:** Vous êtes Albert Einstein!

- Albert Einstein
- Louis Pasteur
- Donald Trump
- Bill Clinton
- Christian Dior
- Le docteur Phil
- Bill Gates
- Frank Lloyd Wright

7 **Sondage** Your instructor will give you a worksheet to conduct a survey (**un sondage**). Go around the room to find people that study the subjects listed. Ask what your classmates think about their subjects. Keep a record of their answers to discuss with the class.

> **MODÈLE**
> **Étudiant(e) 1:** Jean, est-ce que tu étudies (*do you study*) le droit?
> **Étudiant(e) 2:** Oui. J'aime bien le droit. C'est un cours utile.

Les sons et les lettres

🎧 **Liaisons**

In French, the final sound of a word sometimes links with the first letter of the following word. Consonants at the end of French words are generally silent, but are usually pronounced when the word that follows begins with a vowel sound. This linking of sounds is called a liaison.

À tout à l'heure! **Comment allez-vous?**

An **s** or an **x** in a liaison sounds like the letter **z**.

les étudiants **trois élèves** **six élèves** **deux hommes**

Always make a liaison between a subject pronoun and a verb that begins with a vowel sound; always make a liaison between an article and a noun that begins with a vowel sound.

nous aimons **ils ont** **un étudiant** **les ordinateurs**

Always make a liaison between **est** (a form of **être**) and a word that begins with a vowel or a vowel sound. Never make a liaison with the final consonant of a proper name.

Robert est anglais. **Paris est exceptionnelle.**

Never make a liaison with the conjunction **et** (*and*).

Carole et Hélène **Jacques et Antoinette**

Never make a liaison between a singular noun and an adjective that follows it.

un cours horrible **un instrument élégant**

🔊 **Prononcez** Practice saying these words and expressions aloud.

1. un examen
2. des étudiants
3. les hôtels
4. dix acteurs
5. Paul et Yvette
6. cours important
7. des informations
8. les études
9. deux hommes
10. Bernard aime
11. chocolat italien
12. Louis est

🔊 **Articulez** Practice saying these sentences aloud.

1. Nous aimons les arts.
2. Albert habite à Paris.
3. C'est un objet intéressant.
4. Sylvie est avec Anne.
5. Ils adorent les deux universités.

🔊 **Dictons** Practice reading these sayings aloud.

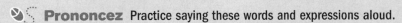

Un hôte non invité doit apporter son siège.[2]

Les amis de nos amis sont nos amis.[1]

[2] An uninvited guest must bring his own chair.

[1] Friends of our friends are our friends.

ROMAN-PHOTO

 Trop de devoirs! SUPERSITE

PERSONNAGES

Amina

Antoine

David

Rachid

Sandrine

Stéphane

ANTOINE Je déteste le cours de sciences po.

RACHID Oh? Mais pourquoi? Je n'aime pas tellement le prof, Monsieur Dupré, mais c'est un cours intéressant et utile!

ANTOINE Tu crois? Moi, je pense que c'est très difficile, et il y a beaucoup de devoirs. Avec Dupré, je travaille, mais je n'ai pas de bons résultats.

RACHID Si on est optimiste et si on travaille, on est reçu à l'examen.

ANTOINE Toi, oui, mais pas moi! Toi, tu es un étudiant brillant! Mais moi, les études, oh, là, là.

DAVID Eh! Rachid! Oh! Est-ce que tu oublies ton coloc?

RACHID Pas du tout, pas du tout. Antoine, voilà, je te présente David, mon colocataire américain.

DAVID Nous partageons un des appartements du P'tit Bistrot.

ANTOINE Le P'tit Bistrot? Sympa!

SANDRINE Salut! Alors, ça va l'université française?

DAVID Bien, oui. C'est différent de l'université américaine, mais c'est intéressant.

AMINA Tu aimes les cours?

DAVID J'aime bien les cours de littérature et d'histoire françaises. Demain on étudie *les Trois Mousquetaires* d'Alexandre Dumas.

SANDRINE J'adore Dumas. Mon livre préféré, c'est *le Comte de Monte-Cristo*.

RACHID Sandrine! S'il te plaît! *Le Comte de Monte-Cristo*?

SANDRINE Pourquoi pas? Je suis chanteuse, mais j'adore les classiques de la littérature.

DAVID Donne-moi le sac à dos, Sandrine.

Au P'tit Bistrot...

RACHID Moi, j'aime le cours de sciences po, mais Antoine n'aime pas Dupré. Il pense qu'il donne trop de devoirs.

A C T I V I T É S

1 **Vrai ou faux?** Choose whether each statement is **vrai** or **faux**.

1. Rachid et Antoine n'aiment pas le professeur Dupré.

2. Antoine aime bien le cours de sciences po.

3. Rachid et Antoine partagent (*share*) un appartement.

4. David et Rachid cherchent (*look for*) Amina et Sandrine après (*after*) les cours.

5. Le livre préféré de Sandrine est *le Comte de Monte-Cristo*.

6. L'université française est très différente de l'université américaine.

7. Stéphane aime la chimie.

8. Monsieur Dupré est professeur de maths.

9. Antoine a (*has*) beaucoup de devoirs.

10. Stéphane adore l'anglais.

Antoine, David, Rachid et Stéphane parlent (*talk*)
de leurs (*their*) cours.

RACHID Ah... on a rendez-vous avec Amina et Sandrine. On y va?

DAVID Ah, oui, bon, ben, salut, Antoine!

ANTOINE Salut, David. À demain, Rachid!

SANDRINE Bon, Pascal, au revoir, chéri.

RACHID Bonjour, chérie. Comme j'adore parler avec toi au téléphone! Comme j'adore penser à toi!

STÉPHANE Dupré? Ha! C'est Madame Richard, mon prof de français. Elle, elle donne trop de devoirs.

AMINA Bonjour, comment ça va?

STÉPHANE Plutôt mal. Je n'aime pas Madame Richard. Je déteste les maths. La chimie n'est pas intéressante. L'histoire-géo, c'est l'horreur. Les études, c'est le désastre!

DAVID Le français, les maths, la chimie, l'histoire-géo... mais on n'étudie pas les langues étrangères au lycée en France?

STÉPHANE Si, malheureusement! Moi, j'étudie l'anglais. C'est une langue très désagréable! Oh, non, non, ha, ha, c'est une blague, ha, ha. L'anglais, j'adore l'anglais. C'est une langue charmante....

2 **Complétez** Match the people in the second column with the verbs in the first. Refer to a dictionary, the dialogue, and the video stills as necessary. Use each option once.

1. _____ travailler
2. _____ partager
3. _____ oublier
4. _____ étudier
5. _____ donner

a. Sandrine is very forgetful.
b. Rachid is very studious.
c. David can't afford his own apartment.
d. Amina is very generous.
e. Stéphane needs to get good grades.

3 **Conversez** In this episode, Rachid, Antoine, David, and Stéphane talk about the subjects they are studying. Get together with a partner. Do any of the characters' complaints or preferences remind you of your own? Whose opinions do you agree with? Whom do you disagree with?

A C T I V I T É S

LECTURE CULTURELLE

CULTURE À LA LOUPE

À l'université

FONDATION NATIONALE DES SCIENCES POLITIQUES — SCIENCES PO

French students who pass le bac° may continue on to study in a university. By American standards, university tuition is low. In 1999, 29 European countries, including France, decided to reform their university systems in order to create a more uniform European system. France began implementing these reforms in 2005. As a result, French students' degrees (**diplômes**) are now accepted in most European countries. It is also easier for French students to study in other European countries for a semester, and for other European students to study in France, because studies are now organized by semesters. Students are awarded a **Licence°** after six semesters (usually three years). If they continue their studies, they can earn a **Master°** after the fifth year and then proceed to a **Doctorat°**. If students choose technical studies, they receive a **BTS** (**Brevet de Technicien Supérieur**) after two years.

In addition to universities, France has an extremely competitive, elite branch of higher education called **les grandes écoles°**. These schools train most of the high-level administrators, scientists, businesspeople, and engineers in the country. There are about 300 of them, including **ENA** (**École Nationale d'Administration**), **HEC** (**Hautes° Études Commerciales**), and **IEP** (**Institut d'Études Politiques**, «Sciences Po»).

Some French universities are city-based, lacking campuses and offering few extra-curricular activities like organized sports or fraternities and sororities. Others boast both a more defined campus and a great number of student **associations**. Many students live with their families, in a **résidence universitaire,** or in an apartment.

Les étudiants en France	
Universités	64,5%
Sections de Techniciens Supérieurs	11,1%
Autres Écoles ou Formations	6,6%
Instituts Universitaires de Technologie	5,2%
Écoles Paramédicales et Sociales	5,1%
Formation d'Ingénieurs	4,6%
Instituts Universitaires de Formation de Maîtres°	4,0%
Classes Préparatoires aux grandes écoles	3,4%
Écoles de Commerce°	2,2%

bac *exit exam taken after high school* **Licence** *the equivalent of a Bachelor's degree* **Master** *Master's degree* **Doctorat** *Ph.D.* **grandes écoles** *competitive, prestigious university-level schools* **Hautes** *High* **Formation de Maîtres** *teacher training* **Écoles de Commerce** *business schools*

A C T I V I T É S

1 **Vrai ou faux?** Indicate whether each statement is **vrai** or **faux**.

1. French university students can earn a **Licence** after only three years of study.
2. It takes five years to earn a **BTS**.
3. Entry into the **grandes écoles** is not competitive.
4. The **grandes écoles** train high-level engineers.
5. Some French universities lack campuses.

6. Extra-curricular activities are uncommon in some French universities.
7. All French students live at home with their families.
8. About 5% of French students are in business school.
9. More French students study business than engineering.
10. About 4% of French students are studying for a teaching degree.

A
C
T
I
V
I
T
É
S

STRATÉGIE

Personal experiences

New words and concepts in French won't catch you off guard if you associate them with something you've experienced personally. Use what you inferred about a reading's topic from studying the photos, titles, and captions on the page, and consider your own experiences in that area. Later, as you read the selection carefully and understand the topic better, continue making associations drawn from personal experiences.

LE MONDE FRANCOPHONE

Des universités francophones

Voici quelques-unes° des universités du monde francophone où vous pouvez étudier°.

En Belgique Université Libre de Bruxelles

En Côte d'Ivoire Université d'Abobo-Adjamé

En France Université de Paris

Au Maroc Université Mohammed V Souissi à Rabat

En Polynésie française Université de la Polynésie française, à Faa'a, à Tahiti

Au Québec Université de Montréal

Au Sénégal Université Cheikh Anta Diop de Dakar

En Suisse Université de Genève

En Tunisie Université Libre de Tunis

quelques-unes some **où vous pouvez étudier** where you can study

PORTRAIT

L'Université Laval

Un cours de français au Québec, ça vous dit?° Avec le programme «Français pour non-francophones», les étudiants étrangers peuvent apprendre° le français. Fondée° au XVIIᵉ (dix-septième) siècle° à Québec, l'Université Laval est l'université francophone la plus ancienne° du continent américain. Les études offertes sont diverses et d'excellente qualité: les sciences humaines, la littérature, la musique, la foresterie, les technologies, les sciences. Laval est célèbre°

pour être un grand centre universitaire canadien pour la recherche° scientifique. Il existe même° un astéroïde dans le système solaire qui porte le nom de° l'université!

ça vous dit? what do you think? **peuvent apprendre** can learn **Fondée** Founded **siècle** century **la plus ancienne** the oldest **célèbre** famous **recherche** research **même** even **porte le nom de** is named after

Coup de main

In French, a superscript ⁻ᵉ following a numeral tells you that it is an ordinal number. It is the equivalent of a -th after a numeral in English: $4^e = 4^{th}$.

SUR INTERNET

Quelles (*What*) sont les caractéristiques d'un campus universitaire en France?

Go to promenades.vhlcentral.com to find more cultural information related to this **LECTURE CULTURELLE.** Then watch the corresponding **Flash culture.**

---

2 Vrai ou faux? Indicate whether each statement is **vrai** or **faux**.

1. Les étudiants étrangers peuvent étudier le français à l'Université Laval.

2. L'Université Laval est l'université francophone la plus ancienne du monde (*world*).

3. Laval offre une grande diversité de cours.

4. Laval est un grand centre universitaire de recherche artistique.

5. Une planète porte le nom de l'université.

3 Les cours Research two of the universities mentioned in **Le monde francophone** and, in French, make a list of at least five courses taught at each. You may search in your library or online.

ressources

VM pp. 241–242	promenades.vhlcentral.com Leçon 3

STRUCTURES

3.1 Present tense of regular *-er* verbs

- The infinitives of most French verbs end in **-er**. To form the present tense of regular **-er** verbs, drop the **-er** from the infinitive and add the corresponding endings for the different subject pronouns. This chart demonstrates how to conjugate regular **-er** verbs.

parler (to speak)			
je parle	*I speak*	**nous parlons**	*we speak*
tu parles	*you speak*	**vous parlez**	*you speak*
il/elle parle	*he/she/it speaks*	**ils/elles parlent**	*they speak*

- Here are some other verbs that are conjugated the same way as **parler**.

Common *-er* verbs			
adorer	*to love*	**habiter (à)**	*to live (in)*
aimer	*to like; to love*	**manger**	*to eat*
aimer mieux	*to prefer (to like better)*	**oublier**	*to forget*
		partager	*to share*
arriver	*to arrive*	**penser (que/qu'...)**	*to think (that...)*
chercher	*to look for*	**regarder**	*to look (at)*
commencer	*to begin, to start*	**rencontrer**	*to meet*
dessiner	*to draw; to design*	**retrouver**	*to meet up with; to find (again)*
détester	*to hate*		
donner	*to give*	**travailler**	*to work*
étudier	*to study*	**voyager**	*to travel*

- Note that **je** becomes **j'** when it appears before a verb that begins with a vowel sound.

  J'habite à Bruxelles.   **J'étudie** la psychologie.
  I live in Brussels.   *I study psychology.*

- With the verbs **adorer**, **aimer**, and **détester**, use the definite article before a noun to tell what someone loves, what someone likes, or what someone hates.

  J'aime mieux **l'**art.   Marine déteste **les** devoirs.
  I prefer art.   *Marine hates homework.*

- Use infinitive forms after the verbs **adorer**, **aimer**, and **détester** to say that you like (or hate, etc.) to do something. Only the first verb should be conjugated.

  Ils **adorent travailler** ici.   Ils **détestent étudier** ensemble.
  They love to work here.   *They hate to study together.*

 MISE EN PRATIQUE

1 **Complétez** Complete the conversation with the correct forms of the verbs.

ARTHUR Tu (1) _____ (parler) bien français!

OLIVIER Mon colocataire Marc et moi, nous (2) _____ (retrouver) un professeur de français et nous (3) _____ (étudier) ensemble. Et toi, tu (4) _____ (travailler)?

ARTHUR Non, j' (5) _____ (étudier) l'art et l'économie. Je (6) _____ (dessiner) bien et j' (7) _____ (aimer) beaucoup l'art moderne. Marc et toi, vous (8) _____ (habiter) à Paris?

2 **Phrases** Form sentences using the words provided. Conjugate the verbs and add any necessary words.

1. je / oublier / devoir de littérature
2. nous / commencer / études supérieures
3. vous / rencontrer / amis / à / fac
4. Hélène / détester / travailler
5. tu / chercher / cours / facile
6. élèves / arriver / avec / dictionnaires

3 **Après l'école** Say what Stéphanie and her friends are doing after (**après**) school.

MODÈLE

Nathalie cherche un livre.

1. André _____ à la bibliothèque.

4. Julien et Audrey _____ avec Simon.

2. Édouard _____ Caroline au café.

5. Robin et toi, vous _____ avec la classe.

3. Jérôme et moi, nous _____.

6. Je _____.

COMMUNICATION

4 **Activités** In pairs, say which of these activities you and your roommate both do. Be prepared to share your partner's answers with the class. Then, get together with another partner and report to the class again.

MODÈLE

Étudiant(e) 1: *Nous parlons au téléphone, nous...*
Étudiant(e) 2: *Ils/Elles parlent au téléphone, ils/elles...*

manger au resto U	étudier une langue
partager	étrangère
un appartement	commencer
retrouver des	les devoirs
amis au café	arriver en classe
travailler	voyager

5 **Les études** In pairs, take turns asking your partner if he or she likes one academic subject or another. If you don't like a subject, mention one you do like. Then, use **tous les deux** (*both of us*) to tell the class what subjects both of you like or hate.

MODÈLE

Étudiant(e) 1: *Tu aimes la chimie?*
Étudiant(e) 2: *Non, je déteste la chimie. J'aime mieux les langues.*
Étudiant(e) 1: *Moi aussi... Nous adorons tous les deux les langues.*

6 **Adorer, aimer, détester** In groups of four, ask each other if you like to do these activities. Then, use an adjective to tell why you like them or not and say whether you do them often (**souvent**), sometimes (**parfois**), or rarely (**rarement**).

MODÈLE

Étudiant(e) 1: *Tu aimes voyager?*
Étudiant(e) 2: *Oui, j'adore voyager. C'est amusant! Je voyage souvent.*
Étudiant(e) 3: *Moi, je n'aime pas tellement voyager. C'est désagréable! Je voyage rarement.*

dessiner	partager
étudier le week-end	un appartement
manger au restaurant	retrouver des amis
oublier les devoirs	travailler à
parler avec	la bibliothèque
les professeurs	voyager

- The present tense in French can be translated in different ways in English. The English equivalent for a sentence depends on its context.

Éric et Nadine **étudient** le droit.
Éric and Nadine study law.

Éric and Nadine are studying law.

Éric and Nadine do study law.

Nous **travaillons** à Paris demain.
We work in Paris tomorrow.

We are working in Paris tomorrow.

We will work in Paris tomorrow.

- Verbs ending in **-ger** (**manger**, **partager**, **voyager**) and **-cer** (**commencer**) have a spelling change in the **nous** form.

manger ▶ **nous mangeons**

commencer ▶ **nous commençons**

Nous **voyageons** avec une amie.
We are traveling with a friend.

Nous **commençons** les devoirs.
We are starting the homework.

- Unlike the English *to look for,* the French **chercher** requires no preposition before the noun that follows it.

Nous **cherchons les stylos**.
We are looking for the pens.

Vous **cherchez la montre**?
Are you looking for the watch?

Est-ce que tu oublies ton coloc?

Nous partageons un des appartements du P'tit Bistrot.

🏃 **BOÎTE À OUTILS**
To express yourself with greater accuracy, use these adverbs: **assez** (*enough*), **d'habitude** (*usually*), **de temps en temps** (*from time to time*), **parfois** (*sometimes*), **rarement** (*rarely*), **souvent** (*often*), **toujours** (*always*).

Essayez! Complete the sentences with the correct present tense forms of the verbs.

1. Je ___parle___ (parler) français en classe.
2. Nous _____ (habiter) près de (*near*) l'université.
3. Ils _____ (aimer) le cours de sciences politiques.
4. Vous _____ (manger) en classe?!
5. Le cours _____ (commencer) à huit heures (*at eight o'clock*).
6. Marie-Claire _____ (chercher) un stylo.
7. Nous _____ (partager) un crayon en cours de maths.
8. Tu _____ (étudier) l'économie.

3.2 Forming questions and expressing negation

Point de départ You have learned how to make affirmative and declarative statements in French. Now you will learn how to form questions and make negative statements.

Forming questions

- There are several ways to ask a question in French. The simplest way is to use the same wording as for a statement but with rising intonation (when speaking) or setting a question mark at the end (when writing). This method is considered informal.

  Vous habitez à Bordeaux?
  You live in Bordeaux?

  Tu aimes le cours de français?
  You like French class?

- A second way is to place the phrase **Est-ce que...** directly before a statement. If the next word begins with a vowel sound, use **Est-ce qu'**. Questions with **est-ce que** are somewhat formal.

  Est-ce que vous parlez français?
  Do you speak French?

  Est-ce qu'il aime dessiner?
  Does he like to draw?

- A third way is to place a tag question at the end of a statement. This method can be formal or informal.

  On commence à deux heures, **d'accord**?
  We're starting at two o'clock, OK?

  Nous mangeons à midi, **n'est-ce pas**?
  We eat at noon, don't we?

- A fourth way is to invert the order of the subject pronoun and the verb and hyphenate them. If the verb ends in a vowel and the subject pronoun is **il** or **elle**, **-t-** is inserted between the verb and the pronoun. Inversion is considered more formal.

  Parlez-vous français?
  Do you speak French?

  Mange-t-il à midi?
  Does he eat at noon?

  Est-elle étudiante?
  Is she a student?

- If the subject is a noun rather than a pronoun, invert the pronoun and the verb, and place the noun before them.

  Le professeur parle-t-il français?
  Does the professor speak French?

  Nina arrive-t-elle demain?
  Does Nina arrive tomorrow?

- The inverted form of **il y a** is **y a-t-il**. **C'est** becomes **est-ce**.

  Y a-t-il une horloge dans la classe?
  Is there a clock in the class?

  Est-ce le professeur de lettres?
  Is he the humanities professor?

- Use **pourquoi** to ask *why?* Use **parce que** (**parce qu'** before a vowel sound) in the answer to express *because*.

  Pourquoi retrouves-tu Sophie ici?
  Why are you meeting Sophie here?

  Parce qu'elle habite près d'ici.
  Because she lives near here.

MISE EN PRATIQUE

1 **L'inversion** Restate the questions using inversion.

1. Est-ce que vous parlez espagnol?
2. Est-ce qu'il étudie à Paris?
3. Est-ce qu'ils voyagent avec des amis?
4. Est-ce que tu aimes les cours de langues?
5. Est-ce que le professeur parle anglais?
6. Est-ce que les étudiants aiment dessiner?

2 **Les questions** Ask the questions that correspond to the answers. Use **est-ce que/qu'** and inversion for each item.

MODÈLE

Nous habitons sur le campus.
Est-ce que vous habitez sur le campus? / Habitez-vous sur le campus?

1. Il mange au resto U.
2. J'oublie les examens.
3. François déteste les maths.
4. Nous adorons voyager.
5. Les cours ne commencent pas demain.
6. Les étudiantes arrivent en classe.

3 **Complétez** Complete the conversation with the correct questions for the answers given. Act it out with a partner.

MYLÈNE Salut, Arnaud. Ça va?

ARNAUD Oui, ça va. Alors (So)... (1) _____

MYLÈNE J'adore le cours de sciences po, mais je déteste l'informatique.

ARNAUD (2) _____

MYLÈNE Parce que le prof est très strict.

ARNAUD (3) _____

MYLÈNE Oui, il y a des étudiants sympathiques... Et demain? (4) _____

ARNAUD Peut-être, mais demain je retrouve aussi Dominique.

MYLÈNE (5) _____

ARNAUD Pas du tout!

COMMUNICATION

4 **Au café** In pairs, take turns asking each other questions about the drawing. Use verbs from the list.

MODÈLE

Étudiant(e) 1: Monsieur Laurent parle à Madame Martin, n'est-ce pas?
Étudiant(e) 2: Mais non. Il déteste parler!

arriver	dessiner	manger	partager
chercher	étudier	oublier	rencontrer

Anne et Sylvie   Didier   André

Madame Martin   Monsieur Laurent

5 **Questions** You and your partner want to know each other better. Take turns asking each other questions. Modify or add elements as needed.

MODÈLE aimer / l'art

Étudiant(e) 1: Est-ce que tu aimes l'art?
Étudiant(e) 2: Oui, j'adore l'art.

1. habiter / à l'université
2. étudier / avec / amis
3. penser qu'il y a / cours / intéressant / à la fac
4. cours de sciences / être / facile
5. aimer mieux / biologie / ou / physique
6. retrouver / copains / au resto U

6 **Confirmez** In groups of three, confirm whether the statements are true of your school. Correct any untrue statements by making them negative.

MODÈLE

Les profs sont désagréables.
Pas du tout, les profs ne sont pas désagréables.

1. Les cours d'informatique sont inutiles.
2. Il y a des étudiants de nationalité allemande.
3. Nous mangeons une cuisine excellente au resto U.
4. Tous (*All*) les étudiants habitent sur le campus.
5. Les cours de chimie sont faciles.
6. Nous travaillons pour obtenir un diplôme.

Expressing negation

- To make a sentence negative in French, place **ne** (**n'** before a vowel sound) before the conjugated verb and **pas** after it.

  Je **ne dessine pas** bien.   Elles **n'étudient pas** la chimie.
  I don't draw well.   *They don't study chemistry.*

- In the construction [*conjugated verb + infinitive*], **ne** (**n'**) comes before the conjugated verb and **pas** after it.

  Abdel **n'aime pas étudier**.   Vous **ne détestez pas travailler**?
  Abdel doesn't like to study.   *You don't hate to work?*

- In questions with inversion, place **ne** before the inversion and **pas** after it.

  Abdel **n'aime-t-il pas** étudier?   **Ne détestez-vous pas** travailler?
  Doesn't Abdel like to study?   *Don't you hate to work?*

- Use these expressions to respond to a statement or a question that requires a *yes* or *no* answer.

Expressions of agreement and disagreement			
oui	*yes*	(mais) non	*no (but of course not)*
bien sûr	*of course*	pas du tout	*not at all*
moi/toi non plus	*me/you neither*	peut-être	*maybe, perhaps*

Vous mangez souvent au resto U?   **Non, pas du tout.**
Do you eat often in the cafeteria?   *No, not at all.*

- Use **si** instead of **oui** to contradict a negative question.

  Il **ne cherche pas** le sac à dos?   **Si**. Il cherche aussi les crayons.
  Isn't he looking for the backpack?   *Yes. He's looking for the pencils too.*

Essayez! Make questions out of these statements. Use **est-ce que/qu'** in items 1–6 and inversion in 7–12.

	Statement	Question
1.	Vous mangez au resto U.	*Est-ce que vous mangez au resto U?*
2.	Ils adorent les devoirs.	_____
3.	La biologie est difficile.	_____
4.	Tu travailles.	_____
5.	Elles cherchent le prof.	_____
6.	Aude voyage beaucoup.	_____
7.	Vous arrivez demain.	*Arrivez-vous demain?*
8.	L'étudiante oublie.	_____
9.	La physique est utile.	_____
10.	Il y a deux salles de classe.	_____
11.	Ils n'habitent pas à Québec.	_____
12.	C'est le professeur de gestion.	_____

SYNTHÈSE

Révision

1 **Des styles différents** In pairs, compare these two very different classes. Then, tell your partner which class you prefer and why.

2 **Les activités** In pairs, discuss whether these expressions apply to both of you. React to every answer you hear.

MODÈLE

Étudiant(e) 1: *Est-ce que tu étudies le week-end?*
Étudiant(e) 2: *Non! Je n'aime pas travailler le week-end.*
Étudiant(e) 1: *Moi non plus. J'aime mieux travailler le soir.*

1. adorer le resto U
2. être reçu à un examen difficile
3. étudier au café
4. manger souvent (*often*) des sushis
5. oublier les devoirs
6. parler espagnol
7. travailler le soir à la bibliothèque
8. voyager souvent

3 **Le campus** In pairs, prepare ten questions inspired by the list and what you know about your campus. Together, survey as many classmates as possible to find out what they like and dislike on campus.

MODÈLE

Étudiant(e) 1: *Est-ce que tu aimes travailler à la bibliothèque?*
Étudiant(e) 2: *Non, pas trop. Je travaille plutôt au café.*

bibliothèque	étudiant	resto U
bureau	gymnase	salle de classe
cours	librairie	salle d'ordinateurs

ressources

WB pp. 17–20	LM pp. 11–12	**SUPERSITE** promenadee.vhlcentral.com Leçon 3

4 **Pourquoi?** Survey as many classmates as possible to find out what adjectives they would pick to describe these academic subjects. Ask if they like them and why. Tally the most popular answers for each subject.

MODÈLE

Étudiant(e) 1: *Est-ce que tu aimes la philosophie?*
Étudiant(e) 2: *Pas tellement.*
Étudiant(e) 1: *Pourquoi?*
Étudiant(e) 2: *Parce que c'est trop difficile.*

1. la biologie
2. la chimie
3. l'histoire de l'art
4. l'économie
5. la gestion
6. les langues
7. les mathématiques
8. la psychologie

a. agréable
b. amusant
c. désagréable
d. difficile
e. facile
f. important
g. inutile
h. utile

5 **Les conversations** In pairs, act out a short conversation between the people shown in each drawing. They should greet each other, describe what they are doing, and discuss their likes or dislikes. Choose your favorite skit and role-play it for another pair.

MODÈLE

Étudiant(e) 1: *Bonjour, Aurélie.*
Étudiant(e) 2: *Salut! Tu travailles, n'est-ce pas?*

6 **Les portraits** Your instructor will give you and a partner a set of drawings showing the likes and dislikes of eight people. Discuss each person's tastes. Do not look at each other's worksheet.

MODÈLE

Étudiant(e) 1: *Sarah n'aime pas travailler.*
Étudiant(e) 2: *Mais elle adore manger.*

Clairefontaine: l'écrit du cœur

In 1858, Jean-Baptiste Bichelberger founded a paper factory in eastern France. Soon the company became Clairefontaine and started making envelopes and notebooks. In 1950, Charles Nusse took over the company, offering schoolchildren notebooks made of high-quality paper. He was the creator of the Clairefontaine logo, which became famous. Today, the company has branches all over Europe and even in the United States. It manufactures school supplies, accounting ledgers, and stationery.

—C'est pas vrai...!

—Je suis votre nouveau prof d'histoire.

Compréhension Answer these questions.

1. What school-related vocabulary did you understand?
2. Why did one of the girls throw the notebook on the ground?

Discussion In pairs, discuss the answers to these questions.

1. If the commercial were to continue, what would the characters say next?
2. Do you know of any TV commercials advertising stationery?

SUR INTERNET

Go to **promenades.vhlcentral.com** to watch the TV clip featured in this **Le zapping**.

Leçon 4

You will learn how to...
- say when things happen
- discuss your schedule

Une semaine à la fac

Vocabulaire

demander	to ask
échouer	to fail
écouter	to listen (to)
enseigner	to teach
expliquer	to explain
trouver	to find; to think
Quel jour sommes-nous?	What day is it?
un an	year
une/cette année	one/this year
après	after
après-demain	day after tomorrow
un/cet après-midi	a/this afternoon
aujourd'hui	today
demain (matin/ après-midi/soir)	tomorrow (morning/ afternoon/evening)
un jour	day
une journée	day
un/ce matin	a/this morning
la matinée	morning
un mois/ce mois-ci	month/this month
une/cette nuit	a/this night
une/cette semaine	a/this week
un/ce soir	an/this evening
une soirée	evening
un/le/ce week-end	a/the/this weekend
dernier/dernière	last
premier/première	first
prochain(e)	next

ressources

WB pp. 21–22

LM p. 13

SUPERSITE
promenades.vhlcentral.com
Leçon 4

semaine

lundi | mardi | mercredi | jeudi | vendredi

matin

après-midi

soir

assister au cours d'économie

passer l'examen de maths

préparer l'examen de maths

téléphoner à Marc

dîner avec Annette

Mise en pratique

1 **Écoutez** 🎧 You will hear Lorraine describing her schedule. Listen carefully and indicate whether the statements are **vrai** or **faux**.

	Vrai	Faux
1. Lorraine étudie à l'université le soir.	☐	☐
2. Elle trouve le cours de mathématiques facile.	☐	☐
3. Elle étudie le week-end.	☐	☐
4. Lorraine étudie la chimie le mardi et le jeudi matin.	☐	☐
5. Le professeur de mathématiques explique bien.	☐	☐
6. Lorraine regarde la télévision, écoute de la musique ou téléphone à Claire et Anne le soir.	☐	☐
7. Lorraine travaille dans (*in*) une librairie.	☐	☐
8. Elle étudie l'histoire le mardi et le jeudi matin.	☐	☐
9. Lorraine adore dîner avec sa famille le week-end.	☐	☐
10. Lorraine rentre à la maison le soir.	☐	☐

2 **La classe de Mme Arnaud** Complete this paragraph by selecting the correct verb from the list below. Make sure to conjugate the verb. Some verbs will not be used.

demander	expliquer	rentrer
écouter	passer un examen	travailler
enseigner	préparer	trouver
étudier	regarder	visiter

Madame Arnaud (1) _____ à l'université. Elle (2) _____ un cours de français. Elle (3) _____ les verbes et la grammaire aux étudiants. Le vendredi, en classe, les étudiants (4) _____ une vidéo en français ou (*or*) (5) _____ de la musique française. Ce week-end, ils (6) _____ pour (*for*) (7) _____ un examen très difficile lundi matin. Je (8) _____ beaucoup pour ce cours, mais mes (*my*) amis et moi, nous (9) _____ la classe sympa.

3 **Quel jour sommes-nous?** Complete each statement with the correct day of the week.

1. Aujourd'hui, c'est _____.
2. Demain, c'est _____.
3. Après-demain, c'est _____.
4. Le week-end, c'est le _____.
5. Le premier jour de la semaine en France, c'est le _____.
6. Les jours du cours de français sont _____.
7. Mon (*My*) jour préféré de la semaine, c'est le _____.
8. Je travaille à la bibliothèque le _____.

samedi | dimanche

visiter Paris avec Annette

rentrer à la maison

Communication

4 **Conversez** Interview a classmate.

1. Quel jour sommes-nous?
2. Quand est le prochain cours de français?
3. Quand rentres-tu à la maison? Demain soir? Après-demain?
4. Est-ce que tu prépares un examen cette année?
5. Est-ce que tu écoutes la radio? Quel genre de musique?
6. Quand téléphones-tu à des amis?
7. Est-ce que tu regardes la télévision le matin, l'après-midi ou (or) le soir?
8. Est-ce que tu dînes dans un restaurant ce mois-ci?

5 **Le premier jour à la fac** You make a new friend in your French class and want to know what his or her class schedule is like this semester. With a partner, prepare a conversation to perform for the class where you:

- ask his or her name
- ask what classes he or she is taking
- ask on which days of the week he or she has class
- ask at which times of day (morning or afternoon) he or she has class

6 **Le week-end** Write your schedule for a typical weekend where you show the activities you do. Use the verbs you know. Compare your schedule with a classmate's, and talk about the different activities that you do and when. Be prepared to discuss your results with the class.

	Moi	Nom
Le vendredi soir 🌙		
Le samedi matin 🌅		
Le samedi après-midi ☀️		
Le samedi soir 🌙		
Le dimanche matin 🌅		
Le dimanche après-midi ☀️		
Le dimanche soir 🌙		

7 **Bataille navale** Your instructor will give you a worksheet. Choose four spaces on your chart and mark them with a battleship. Work with a partner and formulate questions by using the subjects in the first column and the verbs in the first row to find out where he or she has placed his or her battleships. Whoever "sinks" the most battleships wins.

MODÈLE

Étudiant(e) 1: Est-ce que Luc et Sabine travaillent le week-end?
Étudiant(e) 2: Oui, ils travaillent le week-end.
(if you marked that square.)
Non, ils ne travaillent pas le week-end.
(if you didn't mark that square.)

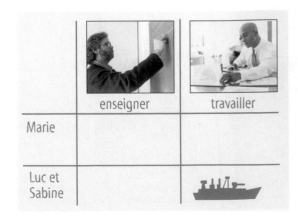

	enseigner	travailler
Marie		
Luc et Sabine		🚢

Les sons et les lettres

 The letter r

> The French **r** is very different from the English *r*. In English, an *r* is pronounced in the middle and toward the front of the mouth. The French **r** is pronounced in the throat.
>
> You have seen that an **-er** at the end of a word is usually pronounced **-ay**, as in the English word *way*, but without the glide sound.
>
> | chanter | manger | expliquer | aimer |
> |---------|--------|-----------|-------|
>
> In most other circumstances, the French **r** has a very different sound. Pronunciation of the French **r** varies according to its position in a word. Note the different ways the **r** is pronounced in these words.
>
> | rivière | littérature | ordinateur | devoir |
> |---------|-------------|------------|--------|
>
> If an **r** falls between two vowels or before a vowel, it is pronounced with slightly more friction.
>
> | rare | garage | Europe | rose |
> |------|--------|--------|------|
>
> An **r** sound before a consonant or at the end of a word is pronounced with slightly less friction.
>
> | porte | bourse | adore | jour |
> |-------|--------|-------|------|

 Prononcez Practice saying the following words aloud.

1. crayon
2. professeur
3. plaisir
4. différent
5. terrible
6. architecture
7. trouver
8. restaurant
9. rentrer
10. regarder
11. lettres
12. réservé
13. être
14. dernière
15. arriver
16. après

Articulez Practice saying the following sentences aloud.

1. Au revoir, Professeur Colbert!
2. Rose arrive en retard mardi.
3. Mercredi, c'est le dernier jour des cours.
4. Robert et Roger adorent écouter la radio.
5. La corbeille à papier, c'est quarante-quatre euros!
6. Les parents de Richard sont brillants et très agréables.

Dictons Practice reading these sayings aloud.

> Quand le renard prêche, gare aux oies.[2]

> Qui ne risque rien n'a rien.[1]

[1] Nothing ventured, nothing gained.
[2] When the fox preaches, watch your geese.

ressources

LM
p. 14

SUPERSITE
promenades.vhlcentral.com
Leçon 4

ROMAN-PHOTO

On trouve une solution.

PERSONNAGES

Amina

Astrid

David

Rachid

Sandrine

Stéphane

À la terrasse du café...

RACHID Alors, on a rendez-vous avec David demain à cinq heures moins le quart, pour rentrer chez nous.

SANDRINE Aujourd'hui, c'est mercredi. Demain... jeudi. Le mardi et le jeudi j'ai cours de chant de trois heures vingt à quatre heures et demie. C'est parfait!

AMINA Pas de problème. J'ai cours de stylisme...

AMINA Salut, Astrid!

ASTRID Bonjour.

RACHID Astrid, je te présente David, mon (*my*) coloc américain.

DAVID Alors, cette année, tu as des cours très difficiles, n'est-ce pas?

ASTRID Oui? Pourquoi?

DAVID Ben, Stéphane pense que les cours sont très difficiles.

ASTRID Ouais, Stéphane, il assiste au cours mais... il ne fait pas ses (*his*) devoirs et il n'écoute pas les profs. Cette année est très importante, parce que nous avons le bac...

DAVID Ah, le bac...

Au parc...

ASTRID Stéphane! Quelle heure est-il? Tu n'as pas de montre?

STÉPHANE Oh, Astrid, excuse-moi! Le mercredi, je travaille avec Astrid au café sur le cours de maths...

ASTRID Et le mercredi après-midi, il oublie! Tu n'as pas peur du bac, toi!

STÉPHANE Tu as tort, j'ai très peur du bac! Mais je n'ai pas envie de passer mes (*my*) journées, mes soirées et mes week-ends avec des livres!

ASTRID Je suis d'accord avec toi, Stéphane! J'ai envie de passer les week-ends avec mes copains... des copains qui n'oublient pas les rendez-vous!

RACHID Écoute, Stéphane, tu as des problèmes avec ta (*your*) mère, avec Astrid aussi.

STÉPHANE Oui, et j'ai d'énormes problèmes au lycée. Je déteste le bac.

RACHID Il n'est pas tard pour commencer à travailler pour être reçu au bac.

STÉPHANE Tu crois, Rachid?

A C T I V I T É S

1 Vrai ou faux? Choose whether each statement is **vrai** or **faux**.

1. Le mardi et le mercredi, Sandrine a (*has*) cours de chant.

2. Le jeudi, Amina a cours de stylisme.

3. Astrid pense que le bac est impossible.

4. La famille de David est allemande.

5. Le mercredi, Stéphane travaille avec Astrid au café sur le cours de maths.

6. Stéphane a beaucoup de problèmes.

7. Rachid est optimiste.

8. Stéphane dîne chez Rachid le samedi.

9. Le sport est très important pour Stéphane.

10. Astrid est fâchée (*angry*) contre Stéphane.

Les amis organisent des rendez-vous.

RACHID C'est un examen très important que les élèves français passent la dernière année de lycée pour continuer en études supérieures.

DAVID Euh, n'oublie pas, je suis de famille française.

ASTRID Oui, et c'est difficile, mais ce n'est pas impossible. Stéphane trouve que les études ne sont pas intéressantes. Le sport, oui, mais pas les études.

RACHID Le sport? Tu cherches Stéphane, n'est-ce pas? On trouve Stéphane au parc! Allons-y, Astrid.

ASTRID D'accord. À demain!

RACHID Oui. Mais le sport, c'est la dernière des priorités. Écoute, dimanche prochain, tu dînes chez moi et on trouve une solution.

STÉPHANE Rachid, tu n'as pas envie de donner des cours à un lycéen nul comme moi!

RACHID Mais si, j'ai très envie d'enseigner les maths...

STÉPHANE Bon, j'accepte. Merci, Rachid. C'est sympa.

RACHID De rien. À plus tard!

---

2 **Répondez** Answer these questions. Refer to the video scenes and a dictionary as necessary. You do not have to answer in complete sentences.

1. Où est-ce que tu as envie de voyager?
2. Est-ce que tu as peur de quelque chose? De quoi?
3. Qu'est-ce que tu dis (*say*) quand tu as tort?

3 **À vous!** With a partner, describe someone you know whose personality, likes, or dislikes resemble those of Rachid or Stéphane.

MODÈLE

Paul est comme (like) Rachid... il est sérieux.

A C T I V I T É S

LECTURE CULTURELLE

CULTURE À LA LOUPE

Les cours universitaires

French university courses often consist of lectures in large halls called amphithéâtres. Some also include discussion-based sessions with fewer students. Other than in the **grandes écoles** and specialized schools, class attendance is not mandatory in most universities. Students are motivated to attend by their desire to pass. Course grades may be based upon only one or two exams or term papers, so students generally take their studies seriously. They often form study groups to discuss the lectures and share class notes. This practice encourages open exchange of ideas and debate, a tradition that continues well past university life in France.

The start of classes each year is known as the **rentrée universitaire** and takes place at the beginning of October. The academic year is divided into two semesters. Four to six classes each semester is typical.

Students take exams throughout the semester, a practice known as **contrôle continu°**. At final exams in May or June, they can retake other exams they might have failed during that year or the preceding year. French grades range from 0–20, rather than from 0–100. Scores over 17 or 18 are rare and even the best students do not expect to score consistently in the near-perfect range. A grade of 10 is a passing grade, and is therefore not the equivalent of a 50 in the American system. If you plan to study abroad for credit, ask the foreign institution to provide your school with grade equivalents.

contrôle continu *continuous assessment*

Système français de notation

NOTE FRANÇAISE	NOTE AMÉRICAINE	%	NOTE FRANÇAISE	NOTE AMÉRICAINE	%
0	F	0	11	A-	85
2	F	3	12	A	90
3	F	8	13	A	93
4	F	18	14	A+	96
5	F	28	15	A+	99
6	F	38	16	A+	99.5
7	D-	50	17	A+	99.7
8	C-	60	18	A+	99.9
9	B-	70	19	A+	99.99
10	B	78	20	A+	over 99.99

Coup de main

To read decimal places in French, use the French word **virgule** (*comma*) where you would normally say *point* in English. To say *percent*, use **pour cent.**

60,4% soixante **virgule** quatre **pour cent**
sixty point four percent

A C T I V I T É S

1 **Vrai ou faux?** Indicate whether each statement is **vrai** or **faux**. Correct the false statements.

1. Class attendance is optional in some French universities.
2. Final course grades are usually based on several exam grades and class participation.
3. The French university system discourages note sharing.
4. The French grading system is similar to the American system.
5. The **rentrée universitaire** happens each year in June.
6. A grade of 11 is not a passing grade.
7. The academic year in France is typically divided into trimesters.
8. Scores of 18 or 19 are very rare.
9. French students typically take three classes each semester.
10. The final exams in May or June are called the **contrôle continu**.

SUPERSITE

STRATÉGIE

False cognates

In **Leçon 2**, you learned that cognates can help you read French. However, beware of false cognates (**les faux amis**). For example, **librairie** means *bookstore*, not *library*. **Coin** means *corner*, not *coin*. In the **Portrait** selection, you'll find several instances of the verb **passer**. Although **passer** can mean *to pass*, it is a false cognate in the context of this reading. In pairs, guess what **passer** means in this context.

LE MONDE FRANCOPHONE

Le français langue étrangère

Voici quelques° écoles du monde francophone où vous pouvez aller° pour étudier le français.

En Belgique Université de Liège

En France Université de Franche-Comté–Centre de linguistique appliquée, Université de Grenoble, Université de Paris IV–Sorbonne

À la Martinique Institut Supérieur d'Études Francophones, à Schoelcher

En Nouvelle-Calédonie Centre de Rencontres et d'Échanges Internationaux du Pacifique, à Nouméa

Au Québec Université Laval, Université de Montréal

Aux îles Saint-Pierre et Miquelon Le FrancoForum, à Saint-Pierre

En Suisse Université Populaire de Lausanne, Université de Neuchâtel

quelques *some* **pouvez aller** *can go*

PORTRAIT

Le bac

Au lycée, les élèves ont des cours communs, comme le français, l'histoire et les maths, et aussi un choix° de spécialisation. À la fin° du lycée, à l'âge de dix-sept ou dix-huit ans, les jeunes Français passent un examen très important: le baccalauréat. Le bac est nécessaire pour continuer des études supérieures.

Les lycéens° passent des bacs différents: le bac L (littéraire), le bac ES (économique et social) et le bac S (scientifique) sont des bacs généraux. Il y a aussi des bacs techniques et des bacs technologiques, comme° le bac STI (sciences et technologies industrielles) ou le bac SMS (sciences et techniques médico-sociales). Il y a même° un bac technique de la musique et de la danse et un bac hôtellerie°! Entre 70 (soixante-dix) et 80 (quatre-vingts) pour cent des élèves passent le bac avec succès.

choix *choice* **À la fin** *At the end* **lycéens** *high school students* **comme** *such as* **même** *even* **hôtellerie** *hotel trade*

SUR INTERNET

Où avez-vous envie d'étudier?

Go to promenades.vhlcentral.com to find more cultural information related to this **LECTURE CULTURELLE.**

---

2 **Quel bac?** Which bac best fits the following interests?

1. le ballet
2. la littérature
3. la médicine
4. le tourisme
5. la technologie
6. le piano et la flûte

3 **Et les cours?** In French, name two courses you might take in preparation for each of these baccalauréat exams.

1. un bac L
2. un bac SMS
3. un bac ES
4. un bac STI

ACTIVITÉS

S T R U C T U R E S

4.1 Present tense of *avoir*

Point de départ The verb **avoir** (*to have*) is used frequently. You will have to memorize each of its present tense forms because they are irregular.

Present tense of *avoir*			
j'ai	*I have*	**nous avons**	*we have*
tu as	*you have*	**vous avez**	*you have*
il/elle a	*he/she/it has*	**ils/elles ont**	*they have*

On a rendez-vous avec David demain.

Cette année, nous avons le bac.

- Liaison is required between the final consonants of **on**, **nous**, **vous**, **ils**, and **elles** and the forms of **avoir** that follow them. When the final consonant is an **-s**, pronounce it as a *z* before the verb forms.

On‿a un prof sympa.
We have a nice professor.

Nous‿avons un cours d'art.
We have an art class.

- Keep in mind that an indefinite article, whether singular or plural, usually becomes **de/d'** after a negation.

J'ai **un** cours difficile.
I have a difficult class.

Je n'ai pas **de** cours difficile.
I do not have a difficult class.

Il a **des** examens.
He has exams.

Il n'a pas **d'**examens.
He does not have exams.

SUPERSITE **MISE EN PRATIQUE**

1 On a... Use the correct forms of **avoir** to form questions from these elements. Use inversion and provide an affirmative or negative answer as cued.

MODÈLE

tu / bourse (oui)
As-tu une bourse? Oui, j'ai une bourse.

1. nous / dictionnaire (oui)
2. Luc / diplôme (non)
3. elles / montres (non)
4. vous / copains (oui)
5. Thérèse / téléphone (oui)
6. Charles et Jacques / calculatrice (non)

2 C'est évident Describe these people using expressions with **avoir**.

1. J' _____ étudier.   3. Vous _____.

2. Tu _____.   4. Elles _____.

3 Assemblez Use the verb **avoir** and combine elements from the two columns to create sentences about yourself, your class, and your school. Make any necessary changes or additions.

A	B
Je	cours utiles
L'université	bourses importantes
Les profs	professeurs brillants
Mon (*My*) petit ami	ami(e) mexicain(e)
Ma (*My*) petite amie	/ anglais(e)
Nous	/ canadien(ne)
	/ vietnamien(ne)
	étudiants intéressants
	resto U agréable
	école de droit

COMMUNICATION

4 **C'est vrai?** Interview a classmate by transforming each of these statements into a question. Be prepared to report the results of your interview to the class.

MODÈLE J'ai deux ordinateurs.

Étudiant(e) 1: *Tu as deux ordinateurs?*
Étudiant(e) 2: *Non, je n'ai pas deux ordinateurs.*

1. J'ai peur des examens.
2. J'ai vingt et un ans.
3. J'ai envie de visiter Montréal.
4. J'ai un cours de biologie.
5. J'ai sommeil le lundi matin.
6. J'ai un(e) petit(e) ami(e) égoïste.

5 **Besoins** Your instructor will give you a worksheet. Ask different classmates if they need to do these activities. Find at least one person to answer **Oui** and at least one to answer **Non** for each item.

MODÈLE regarder la télé

Étudiant(e) 1: *Tu as besoin de regarder la télé?*
Étudiant(e) 2: *Oui, j'ai besoin de regarder la télé.*
Étudiant(e) 3: *Non, je n'ai pas besoin de regarder la télé.*

Activités	Oui	Non
1. regarder la télé	Anne	Louis
2. étudier ce soir		
3. passer un examen cette semaine		
4. trouver un cours d'informatique		
5. travailler à la bibliothèque		
6. commencer un devoir important		
7. téléphoner à un(e) copain/copine ce week-end		
8. parler avec le professeur		

6 **Interview** You are talking to the campus housing advisor. Answer his or her questions. In pairs, practice the scene and role-play it for the class.

1. Qu'est-ce que (*What*) vous étudiez?
2. Est-ce que vous avez d'excellentes notes?
3. Est-ce que vous avez envie de partager la chambre?
4. Est-ce que vous mangez au resto U?
5. Est-ce que vous avez un ordinateur?
6. Est-ce que vous retrouvez des amis à la fac?
7. Est-ce que vous écoutez de la musique?
8. Est-ce que vous avez des cours le matin?

• The verb **avoir** is used in certain idiomatic or set expressions where English generally uses *to be* or *to feel*.

Expressions with *avoir*

avoir... ans	*to be... years old*	avoir froid	*to be cold*
avoir besoin (de)	*to need*	avoir honte (de)	*to be ashamed (of)*
avoir de la chance	*to be lucky*	avoir l'air	*to look like*
		avoir peur (de)	*to be afraid (of)*
avoir chaud	*to be hot*	avoir raison	*to be right*
avoir envie (de)	*to feel like*	avoir sommeil	*to be sleepy*
		avoir tort	*to be wrong*

Il a chaud.

Ils ont froid.

Elle a sommeil.

Il a de la chance.

Essayez! Complete the sentences with the correct forms of **avoir**.

1. La température est de 35 degrés Celsius. Nous _avons_ chaud.
2. En Alaska, en décembre, vous _____ froid.
3. Martine écoute la radio et elle _____ envie de danser.
4. Ils _____ besoin d'une calculatrice pour le devoir.
5. Est-ce que tu _____ peur des insectes?
6. Sébastien pense que je travaille aujourd'hui. Il _____ raison.
7. J'_____ cours d'économie le lundi et le mercredi.
8. Mes amis voyagent beaucoup. Ils _____ de la chance.
9. Mohammed _____ deux cousins à Marseille.
10. Vous _____ un grand appartement.

4.2 Telling time

Point de départ Use the verb **être** with numbers to tell time.

- There are two ways to ask what time it is.

  Quelle heure est-il? **Quelle heure avez-vous?**
  What time is it? *What time do you have?*

- Use **heures** by itself to express time on the hour. Use **heure** for one o'clock.

Il est **six heures**. Il est **une heure**.

- Express time from the hour to the half-hour by adding minutes.

Il est quatre heures **cinq**. Il est onze heures **vingt**.

- Use **et quart** to say that it is fifteen minutes past the hour. Use **et demie** to say that it is thirty minutes past the hour.

Il est une heure **et quart**. Il est sept heures **et demie**.

- To express time from the half hour to the hour, subtract minutes or a portion of an hour from the next hour.

Il est trois heures **moins dix**. Il est une heure **moins le quart**.

- To express at what time something happens, use the preposition **à**.

  Céline travaille **à sept**   On passe un examen
   heures moins vingt.   **à une heure**.
  Céline works at 6:40.   *We take a test at one o'clock.*

MISE EN PRATIQUE

1 **Quelle heure est-il?** Give the time shown on each clock or watch.

MODÈLE

Il est quatre heures et quart de l'après-midi.

1. _____ 2. _____ 3. _____ 4. _____

5. _____ 6. _____ 7. _____ 8. _____

2 **À quelle heure?** Find out when you and your friends are going to do certain things.

MODÈLE

À quelle heure est-ce qu'on étudie? (about 8 p.m.)
On étudie vers huit heures du soir.

À quelle heure...
1. ... est-ce qu'on arrive au café? (at 10:30 a.m.)
2. ... est-ce que vous parlez avec le professeur? (at noon)
3. ... est-ce que tu rentres? (late, at 11:15 p.m.)
4. ... est-ce qu'on regarde la télé? (at 9:00 p.m.)
5. ... est-ce que Marlène et Nadine mangent? (around 1:45 p.m.)
6. ... est-ce que le cours commence? (very early, at 8:20 a.m.)

3 **Départ à...** Tell what each of these times would be on a 24-hour clock.

MODÈLE

Il est trois heures vingt de l'après-midi.
Il est quinze heures vingt.

1. Il est dix heures et demie du soir.
2. Il est deux heures de l'après-midi.
3. Il est huit heures et quart du soir.
4. Il est minuit moins le quart.
5. Il est six heures vingt-cinq du soir.
6. Il est trois heures moins cinq du matin.

COMMUNICATION

 Télémonde Look at this French TV guide. In pairs, ask questions about program start times.

MODÈLE

Étudiant(e) 1: *À quelle heure commence Télé-ciné?*
Étudiant(e) 2: *Télé-ciné commence à dix heures dix du soir.*

dessins animés	*cartoons*
feuilleton télévisé	*soap opera*
film policier	*detective film*
informations	*news*
jeu télévisé	*game show*

VENDREDI

Antenne 2	Antenne 4	Antenne 5
15h30 Pomme d'Api (dessins animés)	**14h00** Football: match France-Italie	**18h25** Montréal: une ville à visiter
17h35 Reportage spécial: le sport dans les lycées	**19h45** Les informations	**19h30** Des chiffres et des lettres (jeu télévisé)
20h15 La famille Menet (feuilleton télévisé)	**20h30** Concert: Orchestre de Nice	**21h05** Reportage spécial: les Sénégalais
21h35 Télé-ciné: L'inspecteur Duval (film policier)	**22h10** Télé-ciné: Une chose difficile (comédie dramatique)	**22h05** Les informations

5 **Où es-tu?** In pairs, take turns asking where (**où**) your partner usually is on these days at these times. Choose from the places listed.

au lit (*bed*)	chez mes (*at my*) parents
au resto U	
à la bibliothèque	chez mes copains
en ville (*town*)	chez mon (*my*) petit ami
au parc	
en cours	chez ma (*my*) petite amie

1. Le samedi: à 8h00 du matin; à midi; à minuit

2. En semaine: à 9h00 du matin; à 3h00 de l'après-midi; à 7h00 du soir

3. Le dimanche: à 4h00 de l'après-midi; à 6h30 du soir; à 10h00 du soir

4. Le vendredi: à 11h00 du matin; à 5h00 de l'après-midi; à 11h00 du soir

6 **Le suspect** A student on campus is a suspect in a crime. You and a partner are detectives. Keeping a log of the student's activities, use the 24-hour clock to say what he or she is doing when.

MODÈLE

À vingt-deux heures trente-trois, il parle au téléphone.

- **Liaison** occurs between numbers and the word **heure(s)**. Final **-s** and **-x** in **deux**, **trois**, **six**, and **dix** are pronounced like a *z*. The final **-f** of **neuf** is pronounced like a *v*.

  Il est **deux heures**. Il est **neuf heures** et quart.
  It's two o'clock. *It's 9:15.*

- You do not usually make a **liaison** between the verb form **est** and a following number that starts with a vowel sound.

  Il est **onze** heures. Il est **une** heure vingt Il est **huit** heures et demie.
  It's eleven o'clock. *It's 1:20.* *It's 8:30.*

Expressions for telling time

À quelle heure?	*(At) what time/ when?*	**midi**	*noon*
		minuit	*midnight*
de l'après-midi	*in the afternoon*	**presque**	*almost*
du matin	*in the morning*	**tard**	*late*
du soir	*in the evening*	**tôt**	*early*
en avance	*early*	**vers**	*about*
en retard	*late*		

Il est **minuit** à Paris. Il est six heures **du soir** à New York.
It's midnight in Paris. *It's six o'clock in the evening in New York.*

- The 24-hour clock is often used to express official time. Departure times, movie times, and store hours are expressed in this fashion. Only numbers are used to tell time this way. Expressions like **et demie**, **moins le quart**, etc. are not used.

Le train arrive à **dix-sept heures six**. Le film est à **vingt-deux heures trente sept**.
The train arrives at 5:06 p.m. *The film is at 10:37 p.m.*

J'ai cours de trois heures vingt à quatre heures et demie.

Stéphane! Quelle heure est-il?

Essayez! Complete the sentences by writing out the correct times according to the cues.

1. (1:00 a.m.) Il est <u>*une heure*</u> du matin.

2. (2:50 a.m.) Il est _____ du matin.

3. (8:30 p.m.) Il est _____ du soir.

4. (12:00 p.m.) Il est _____.

5. (4:05 p.m.) Il est _____ de l'après-midi.

6. (4:45 a.m.) Il est _____ du matin.

SYNTHÈSE

Révision

1 **J'ai besoin de...** In pairs, take turns saying which items you need. Your partner will guess why you need them. How many times did each of you guess correctly?

MODÈLE

Étudiant(e) 1: *J'ai besoin d'un cahier et d'un dictionnaire pour demain.*
Étudiant(e) 2: *Est-ce que tu as un cours de français?*
Étudiant(e) 1: *Non. J'ai un examen d'anglais.*

un cahier	un livre de physique
une calculatrice	une montre
une carte	un ordinateur
un dictionnaire	un stylo
une feuille de papier	un téléphone

2 **À l'université française** To complete your degree, you need two language classes, a science class, and an elective of your choice. Take turns deciding what classes you need or want to take. Your partner will tell you the days and times so you can set up your schedule.

MODÈLE

Étudiant(e) 1: *J'ai besoin d'un cours de maths, peut-être «Initiation aux maths».*
Étudiant(e) 2: *C'est le mardi et le jeudi après-midi, de deux heures à trois heures et demie.*
Étudiant(e) 1: *J'ai aussi besoin d'un cours de langue...*

Les cours	Jours et heures
Allemand	mardi, jeudi; 14h00-15h30
Biologie II	mardi, jeudi; 9h00-10h30
Chimie générale	lundi, mercredi; 11h00-12h30
Espagnol	lundi, mercredi; 11h00-12h30
Gestion	mercredi; 13h00-14h30
Histoire des États-Unis	jeudi; 12h15-14h15
Initiation à la physique	lundi, mercredi; 12h00-13h30
Initiation aux maths	mardi, jeudi; 14h00-15h30
Italien	lundi, mercredi; 12h00-13h30
Japonais	mardi, jeudi; 9h00-10h30
Les philosophes grecs	lundi; 15h15-16h45
Littérature moderne	mardi; 10h15-11h15

3 **Les cours** Your partner will tell you what classes he or she is currently taking. Make a list, including the times and days of week. Then, talk to as many classmates as you can, and find at least two students who take at least two of the same classes as your partner.

4 **On y va?** Walk around the room and find at least one classmate who feels like doing each of these activities with you. For every affirmative answer, record the name of your classmate and agree on a time and date. Do not speak to the same classmate twice.

MODÈLE

Étudiant(e) 1: *Tu as envie de retrouver des amis avec moi?*
Étudiant(e) 2: *Oui, pourquoi pas? Samedi, à huit heures du soir, peut-être?*
Étudiant(e) 1: *D'accord!*

chercher un café sympa	regarder la télé française
dîner au resto U	retrouver des amis
écouter des CD	travailler à la bibliothèque
étudier le français cette semaine	visiter un musée

5 **Au téléphone** Two high school friends are attending different universities. In pairs, imagine a conversation where they discuss the time, their classes, and likes or dislikes about campus life. Then, role-play the conversation for the class and vote for the best skit.

MODÈLE

Étudiant(e) 1: *J'ai cours de chimie à dix heures et demie.*
Étudiant(e) 2: *Je n'ai pas de cours de chimie cette année.*
Étudiant(e) 1: *N'aimes-tu pas les sciences?*
Étudiant(e) 2: *Si, mais...*

6 **La semaine de Patrick** Your instructor will give you and a partner different incomplete pages from Patrick's day planner. Do not look at each other's worksheet.

MODÈLE

Étudiant(e) 1: *Lundi matin Patrick a cours de géographie à dix heures et demie.*
Étudiant(e) 2: *Lundi il a cours de sciences po à deux heures de l'après-midi.*

ressources		
WB pp. 23–26	LM pp. 15–16	promenades.vhlcentral.com Leçon 4

Écriture

Brainstorming

In the early stages of writing, brainstorming can help you generate ideas on a specific topic. You should spend ten to fifteen minutes brainstorming and jotting down any ideas about the topic that occur to you. Whenever possible, try to write down your ideas in French. Express your ideas in single words or phrases, and jot them down in any order. While brainstorming, do not worry about whether your ideas are good or bad. Selecting and organizing ideas should be the second stage of your writing. Remember that the more ideas you write down while you are brainstorming, the more options you will have to choose from later when you start to organize your ideas.

Thème

Une description personnelle

Write a description of yourself to post on a web site in order to find a francophone e-pal. Your description should include:

- your name and where you are from
- the name of your university and where it is located
- the courses you are currently taking and your opinion of each one
- some of your likes and dislikes
- where you work if you have a job
- any other information you would like to include

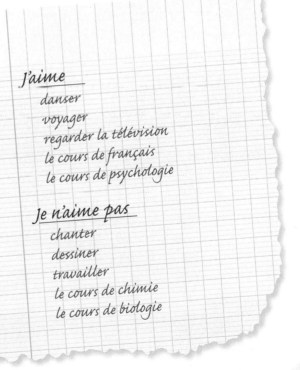

J'aime
danser
voyager
regarder la télévision
le cours de français
le cours de psychologie

Je n'aime pas
chanter
dessiner
travailler
le cours de chimie
le cours de biologie

Bonjour!

Je m'appelle Xavier Dupré. Je suis québécois, mais j'étudie le droit à l'université de Lyon, en France. J'aime...

Panorama

SUPERSITE

LA FRANCE

un bateau-mouche sur la Seine

La France

Le pays en chiffres

▶ **Superficie:** *549.000 km²*
(cinq cent quarante-neuf mille kilomètres carrés°)

▶ **Population:** *61.203.000 (soixante et un millions deux cent trois mille)*
SOURCE: Population Division, UN Secrétariat

▶ **Industries principales:** *agro-alimentaires°, assurance°, banques, énergie, produits pharmaceutiques, produits de luxe, télécommunications, tourisme, transports*

La France est le pays° le plus° visité du monde° avec plus de° 60 millions de touristes chaque° année. Son histoire, sa culture et ses monuments– plus de 12.000 (douze mille)–et musées–plus de 1.200 (mille deux cents)–attirent° des touristes d'Europe et de partout° dans le monde.

▶ **Villes principales:** *Paris, Lille, Lyon, Marseille, Toulouse*

▶ **Monnaie°:** *l'euro*
La France est un pays membre de l'Union européenne et, en 2002, l'euro a remplacé° le franc français comme° monnaie nationale.

Français célèbres

▶ **Jeanne d'Arc,** *héroïne française (1412–1431)*

▶ **Émile Zola,** *écrivain° (1840–1902)*

▶ **Auguste Renoir,** *peintre° (1841–1919)*

▶ **Claude Debussy,** *compositeur et musicien (1862–1918)*

▶ **Camille Claudel,** *femme sculpteur (1864–1943)*

▶ **Claudie André-Deshays,** *médecin, première astronaute française (1957–)*

carrés *square* agro-alimentaires *food processing* assurance *insurance* pays *country* le plus *the most* monde *world* plus de *more than* chaque *each* attirent *attract* partout *everywhere* Monnaie *Currency* a remplacé *replaced* comme *as* écrivain *writer* peintre *painter* élus à vie *elected for life* Depuis *Since* mots *words* courrier *mail* pont *bridge*

LE ROYAUME-UNI
LA MER DU NORD
LA MANCHE
LA BELGIQUE
L'ALLEMAGNE
Lille
Rouen
Le Havre
la Seine
la Marne
LES ARDENNES
LE LUXEMBOURG
Caen
Versailles ★ **Paris**
Strasbourg
le Mont-St-Michel
LES VOSGES
le Rhin
Rennes
Nantes
la Loire
Bourges
la Saône
LE JURA
LA SUISSE
L'OCÉAN ATLANTIQUE
Poitiers
Limoges
Lyon
L'ITALIE
Clermont-Ferrand
LES ALPES
Bordeaux
la Garonne
LE MASSIF CENTRAL
le Rhône
Aix-en-Provence
Toulouse
Nîmes
MONACO
Marseille
LES PYRÉNÉES
LA CORSE
ANDORRE
LA MER MÉDITERRANÉE
L'ESPAGNE

le château de Chenonceau

0   100 milles
0   100 kilomètres

le pont° du Gard

Incroyable mais vrai!

Être «immortel», c'est réguler et défendre le bon usage du français! Les Académiciens de l'Académie française sont élus à vie° et s'appellent les «Immortels». Depuis° 1635 (mille six cent trente-cinq), ils décident de l'orthographe correcte des mots° et publient un dictionnaire. Attention, c'est «courrier° électronique», pas «e-mail»!

La géographie
L'Hexagone

Surnommé l'Hexagone à cause de° sa forme géométrique, le territoire français a trois fronts maritimes: l'océan Atlantique, la mer° Méditerranée et la Manche°; et trois frontières° naturelles: les Pyrénées, les Ardennes et les Alpes et le Jura. À l'intérieur du pays°, le Massif central et les Vosges ponctuent° un relief composé de vastes plaines et de forêts. La Loire, la Seine, la Garonne, le Rhin et le Rhône sont les fleuves° principaux de l'Hexagone.

La technologie
Le Train à Grande Vitesse

Le chemin de fer° existe en France depuis° 1827 (mille huit cent vingt-sept). Aujourd'hui, la SNCF (Société Nationale des Chemins de Fer) offre la possibilité aux voyageurs de se déplacer° dans tout° le pays et propose des tarifs° avantageux aux étudiants et aux moins de 25 ans°. Le TGV (Train à Grande Vitesse°) roule° à plus de 300 (trois cent) km/h (kilomètres/heure) et emmène° même° les voyageurs jusqu'à° Londres et Bruxelles.

Les arts
Le cinéma, le 7ᵉ art!

L'invention du cinématographe par les frères° Lumière en 1895 (mille huit cent quatre-vingt-quinze) marque le début° du «7ᵉ (septième) art». Le cinéma français donne naissance° aux prestigieux Césars° en 1976 (mille neuf cent soixante-seize), à des cinéastes talentueux comme° Jean Renoir, François Truffaut et Luc Besson, et à des acteurs mémorables comme Brigitte Bardot, Catherine Deneuve, Olivier Martinez et Audrey Tautou.

L'économie
L'industrie

Avec la richesse de la culture française, il est facile d'oublier que l'économie en France n'est pas limitée à l'artisanat°, à la gastronomic ou à la haute couture°. En fait°, la France est une véritable puissance° industrielle et se classe° parmi° les économies les plus° importantes du monde. Ses° activités dans des secteurs comme la construction automobile (e.g. Peugeot, Citroën, Renault), l'industrie aérospatiale (e.g. Airbus) et l'énergie nucléaire (e.g. Électricité de France) sont considérables.

Qu'est-ce que vous avez appris? Complete these sentences.

1. _____ est une femme sculpteur française.
2. Les Académiciens sont élus _____.
3. Le mot correct en français pour «e-mail», c'est _____.
4. À cause de sa forme, la France s'appelle aussi _____.
5. La _____ offre la possibilité de voyager dans tout le pays.
6. Avec le _____, on voyage de Paris à Londres.
7. Les _____ sont les inventeurs du cinéma.
8. _____ est un grand cinéaste français.
9. La France est une grande puissance _____.
10. Électricité de France produit (*produces*) _____.

SUR INTERNET

Go to **promenades.vhlcentral.com** to find more cultural information related to this **PANORAMA**.

1. Cherchez des informations sur l'Académie française. Faites (*Make*) une liste de mots ajoutés à la dernière édition du dictionnaire de l'Académie française.

2. Cherchez des informations sur l'actrice Catherine Deneuve. Quand a-t-elle commencé (*did she begin*) sa (*her*) carrière? Trouvez ses (*her*) trois derniers films.

à cause de *because of* **mer** *sea* **Manche** *English Channel* **frontières** *borders* **pays** *country* **ponctuent** *punctuate* **fleuves** *rivers* **chemin de fer** *railroad* **depuis** *since* **se déplacer** *travel* **dans tout** *throughout* **tarifs** *fares* **moins de 25 ans** *people under 25* **Train à Grande Vitesse** *high speed train* **roule** *rolls, travels* **emmène** *takes* **même** *even* **jusqu'à** *to* **frères** *brothers* **début** *beginning* **donne naissance** *gives birth* **Césars** *equivalent of the Oscars in France* **comme** *such as* **artisanat** *craft industry* **haute couture** *high fashion* **En fait** *In fact* **puissance** *power* **se classe** *ranks* **parmi** *among* **les plus** *the most* **Ses** *Its*

Verbes

adorer	to love
aimer	to like; to love
aimer mieux	to prefer
arriver	to arrive
chercher	to look for
commencer	to begin, to start
dessiner	to draw; to design
détester	to hate
donner	to give
étudier	to study
habiter (à)	to live (in)
manger	to eat
oublier	to forget
parler (au téléphone)	to speak (on the phone)
partager	to share
penser (que/qu')	to think (that)
regarder	to look (at), to watch
rencontrer	to meet
retrouver	to meet up with; to find (again)
travailler	to work
voyager	to travel

Vocabulaire supplémentaire

J'adore...	I love...
J'aime bien...	I like...
Je n'aime pas tellement...	I don't like... very much.
Je déteste...	I hate...
être reçu(e) à un examen	to pass an exam

Des questions et des opinions

bien sûr	of course
d'accord	OK, all right
Est-ce que/qu'...?	question phrase
(mais) non	no (but of course not)
moi/toi non plus	me/you neither
ne... pas	no, not
n'est-ce pas?	isn't that right?
oui/si	yes
parce que	because
pas du tout	not at all
peut-être	maybe, perhaps
pourquoi?	why?

L'université

assister	to attend
demander	to ask
dîner	to have dinner
échouer	to fail
écouter	to listen (to)
enseigner	to teach
expliquer	to explain
passer un examen	to take an exam
préparer	to prepare (for)
rentrer (à la maison)	to return (home)
téléphoner à	to telephone
trouver	to find; to think
visiter	to visit (a place)
l'architecture (f.)	architecture
l'art (m.)	art
la biologie	biology
la chimie	chemistry
le droit	law
l'économie (f.)	economics
l'éducation physique (f.)	physical education
la géographie	geography
la gestion	business administration
l'histoire (f.)	history
l'informatique (f.)	computer science
les langues (étrangères) (f.)	(foreign) languages
les lettres (f.)	humanities
les mathématiques (maths) (f.)	mathematics
la philosophie	philosophy
la physique	physics
la psychologie	psychology
les sciences (politiques/po) (f.)	(political) science
le stylisme de mode (m.)	fashion design
une bourse	scholarship, grant
un cours	class, course
un devoir	homework
un diplôme	diploma, degree
l'école (f.)	school
les études (supérieures) (f.)	(higher) education; studies
le gymnase	gymnasium
une note	grade
un restaurant universitaire (un resto U)	university cafeteria

Expressions utiles	See pp. 39 and 53.
Telling time	See pp. 58–59.

Expressions de temps

Quel jour sommes-nous?	What day is it?
un an	year
une/cette année	one/this year
après	after
après-demain	day after tomorrow
un/cet après-midi	an/this afternoon
aujourd'hui	today
demain (matin/ après-midi/soir)	tomorrow (morning/ afternoon/evening)
un jour	day
une journée	day
(le) lundi, mardi, mercredi, jeudi, vendredi, samedi, dimanche	(on) Monday(s), Tuesday(s), Wednesday(s), Thursday(s), Friday(s), Saturday(s), Sunday(s)
un/ce matin	a/this morning
la matinée	morning
un mois/ce mois-ci	a month/this month
une/cette nuit	a/this night
une/cette semaine	a/this week
un/ce soir	an/this evening
une soirée	evening
un/le/ce week-end	a/the/this weekend
dernier/dernière	last
premier/première	first
prochain(e)	next

Adjectifs et adverbes

difficile	difficult
facile	easy
inutile	useless
utile	useful
surtout	especially; above all

Expressions avec avoir

avoir	to have
avoir... ans	to be... years old
avoir besoin (de)	to need
avoir chaud	to be hot
avoir de la chance	to be lucky
avoir envie (de)	to feel like
avoir froid	to be cold
avoir honte (de)	to be ashamed (of)
avoir l'air	to look like
avoir peur (de)	to be afraid (of)
avoir raison	to be right
avoir sommeil	to be sleepy
avoir tort	to be wrong

La famille et les copains

Pour commencer

- Combien de personnes y a-t-il?
- Où sont ces personnes?
- Que font-elles?
- Ont-elles l'air agréables ou désagréables?

Leçon 5

You will learn how to...
- discuss family, friends, and pets
- express ownership

La famille de Marie Laval

Luc Garneau

mon grand-père
(*my grandfather*)

Vocabulaire

divorcer	*to divorce*
épouser	*to marry*
aîné(e)	*elder*
cadet(te)	*younger*
un beau-frère	*brother-in-law*
un beau-père	*father-in-law; stepfather*
une belle-mère	*mother-in-law; stepmother*
un demi-frère	*half-brother; stepbrother*
une demi-sœur	*half-sister; stepsister*
les enfants (*m., f.*)	*children*
un(e) époux/épouse	*husband/wife*
une famille	*family*
une femme	*wife; woman*
une fille	*daughter; girl*
les grands-parents (*m.*)	*grandparents*
les parents (*m.*)	*parents*
un(e) voisin(e)	*neighbor*
un chat	*cat*
un oiseau	*bird*
un poisson	*fish*
célibataire	*single*
divorcé(e)	*divorced*
fiancé(e)	*engaged*
marié(e)	*married*
séparé(e)	*separated*
veuf/veuve	*widowed*

Sophie Garneau

**ma tante (*aunt*),
femme (*wife*)
de Marc**

Marc Garneau

**mon oncle (*uncle*),
fils (*son*) de Luc
et d'Hélène**

Jean Garneau

**mon cousin,
petit-fils (*grandson*)
de Luc et d'Hélène**

Isabelle Garneau

**ma cousine,
sœur (*sister*)
de Jean et de
Virginie, petite-fille
(*granddaughter*) de
Luc et d'Hélène**

Virginie Garneau

**ma cousine,
sœur de Jean
et d'Isabelle,
petite-fille de Luc
et d'Hélène**

Bambou

**le chien (*dog*) de
mes (*my*) cousins**

ressources

WB pp. 29–30	LM p. 17	promenades.vhlcentral.com Leçon 5

Hélène Garneau

ma grand-mère
(*my grandmother*)

Juliette Laval

ma mère (*mother*),
fille (*daughter*) de
Luc et d'Hélène

Robert Laval

mon père (*father*),
mari (*husband*)
de Juliette

Véronique Laval

ma belle-sœur
(*sister-in-law*)

Guillaume Laval

mon frère
(*brother*)

Marie Laval

Marie Laval,
fille de Juliette
et de Robert

Matthieu Laval

mon neveu
(*nephew*)

Émilie Laval

ma nièce
(*niece*)

petits-enfants (*grandchildren*)
de mes parents

Mise en pratique

1 Écoutez 🎧 Listen to each statement made by Marie Laval, then indicate whether it is **vrai** or **faux**, based on her family tree.

	Vrai	Faux		Vrai	Faux
1	☐	☐	6.	☐	☐
2.	☐	☐	7.	☐	☐
3.	☐	☐	8.	☐	☐
4.	☐	☐	9.	☐	☐
5.	☐	☐	10.	☐	☐

2 Qui est-ce? Match the definition in the first list with the correct item from the second list. Not all the items will be used.

1. _____ le frère de ma cousine
2. _____ le père de mon cousin
3. _____ le mari de ma grand-mère
4. _____ le fils de mon frère
5. _____ la fille de mon grand-père
6. _____ le fils de ma mère
7. _____ la fille de mon fils
8. _____ le fils de ma belle-mère

a. mon grand-père   f. mon demi-frère
b. ma sœur   g. mon oncle
c. ma tante   h. ma petite-fille
d. mon cousin   i. mon frère
e. mon neveu

3 Choisissez Fill in the blank by selecting the most appropriate answer.

1. Voici le frère de mon père. C'est mon _____ (oncle, neveu, fiancé).
2. Voici la mère de ma cousine. C'est ma _____ (grand-mère, voisine, tante).
3. Voici la petite-fille de ma grand-mère. C'est ma _____ (cousine, nièce, épouse).
4. Voici le père de ma mère. C'est mon _____ (grand-père, oncle, cousin).
5. Voici le fils de mon père, mais ce n'est pas le fils de ma mère. C'est mon _____ (petit-fils, demi-frère, voisin).
6. Voici ma nièce. C'est la _____ (cousine, fille, petite-fille) de ma mère.
7. Voici la mère de ma tante. C'est ma _____ (cousine, grand-mère, nièce).
8. Voici la sœur de mon oncle. C'est ma _____ (tante, belle-mère, belle-sœur).
9. Voici la fille de mon père, mais pas de ma mère. C'est ma _____ (belle-sœur, demi-sœur, sœur).
10. Voici le mari de ma mère, mais ce n'est pas mon père. C'est mon _____ (beau-frère, grand-père, beau-père).

Communication

4 **L'arbre généalogique** With a classmate, identify the members of the family by asking questions about how each member is related to Anne Durand.

> **MODÈLE**
>
> **Étudiant(e) 1:** *Qui est Louis Durand?*
> **Étudiant(e) 2:** *C'est le grand-père d'Anne.*

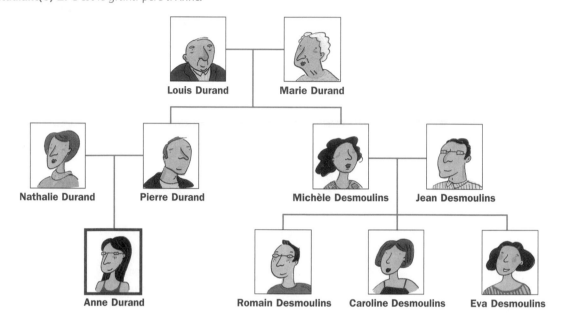

5 **Entrevue** With a classmate, take turns asking each other these questions.

1. Combien de personnes y a-t-il dans ta famille?
2. Comment s'appellent les parents?
3. As-tu des frères ou des sœurs?
4. Combien de cousins/cousines as-tu? Comment s'appellent-ils/elles? Où habitent-ils/elles?
5. Quel(le) (*Which*) est ton cousin préféré/ta cousine préférée?
6. As-tu des neveux/des nièces?
7. Comment s'appellent tes grands-parents? Où habitent-ils?
8. Combien de petits-enfants ont tes grands-parents?

Coup de main

Use these words to help you complete this activity.

ton *your (m.)*	→	**mon** *my (m.)*
ta *your (f.)*	→	**ma** *my (f.)*
tes *your (pl.)*	→	**mes** *my (pl.)*

6 **Qui suis-je?** Your instructor will give you a worksheet. Walk around the class and ask your classmates questions about their families. When a classmate gives one of the answers on the worksheet, write his or her name in the corresponding space. Be prepared to discuss the results with the class.

> **MODÈLE** Je suis marié(e).
>
> **Paul:** *Est-ce que tu es mariée?*
> **Jacqueline:** *Oui, je suis mariée. (You write "Jacqueline".)/*
> *Non, je ne suis pas mariée. (You ask another classmate.)*

Les sons et les lettres

🎧 L'accent aigu and l'accent grave

In French, diacritical marks (*accents*) are an essential part of a word's spelling. They indicate how vowels are pronounced or distinguish between words with similar spellings but different meanings. **L'accent aigu** (´) appears only over the vowel **e**. It indicates that the **e** is pronounced similarly to the vowel *a* in the English word *cake*, but shorter and crisper. The French **é** lacks the *y* glide heard in English words like *day* and *late*.

étudier	**réservé**	**élégant**	**téléphone**

L'accent aigu also signals some similarities between French words and English words. Often, an **e** with **l'accent aigu** at the beginning of a French word marks the place where the letter *s* would appear at the beginning of the English equivalent.

éponge	**épouse**	**état**	**étudiante**
sponge	*spouse*	*state*	*student*

L'accent grave (`) over the vowel **e** indicates that the **e** is pronounced like the vowel *e* in the English word *pet*.

très	**après**	**mère**	**nièce**

Although **l'accent grave** does not change the pronunciation of the vowels **a** or **u**, it distinguishes words that have a similar spelling but different meanings.

la	**là**	**ou**	**où**
the	*there*	*or*	*where*

🎾 Prononcez Practice saying these words aloud.

1. agréable
2. sincère
3. voilà
4. faculté
5. frère
6. à
7. déjà
8. éléphant
9. lycée
10. poème
11. là
12. élève

🎾 Articulez Practice saying these sentences aloud.

1. À tout à l'heure!
2. Thérèse, je te présente Michèle.
3. Hélène est très sérieuse et réservée.
4. Voilà mon père, Frédéric et ma mère, Ségolène.
5. Tu préfères étudier à la fac demain après-midi?

🎾 Dictons Practice reading these sayings aloud.

Tel *père*, tel *fils*.[1]

À vieille mule, frein doré.[2]

[1] Like father, like son.
[2] For an old mule, a golden bit.

ressources

LM
p. 18

promenades.vhlcentral.com
Leçon 5

ROMAN-PHOTO

L'album de photos

PERSONNAGES

Amina

Michèle

Stéphane

Valérie

MICHÈLE Mais, qui c'est? C'est ta sœur? Tes parents?

AMINA C'est mon ami Cyberhomme.

MICHÈLE Comment est-il? Est-ce qu'il est beau? Il a les yeux de quelle couleur? Marron ou bleue? Et ses cheveux? Ils sont blonds ou châtains?

AMINA Je ne sais pas.

MICHÈLE Toi, tu es timide.

VALÉRIE Stéphane, tu as dix-sept ans. Cette année, tu passes le bac, mais tu ne travailles pas!

STÉPHANE Écoute, ce n'est pas vrai, je déteste mes cours, mais je travaille beaucoup. Regarde, mon cahier de chimie, mes livres de français, ma calculatrice pour le cours de maths, mon dictionnaire anglais-français...

STÉPHANE Oh, et qu'est-ce que c'est? Ah, oui, les photos de tante Françoise.

VALÉRIE Des photos? Mais où?

STÉPHANE Ici! Amina, on peut regarder des photos de ma tante sur ton ordinateur, s'il te plaît?

AMINA Ah, et ça, c'est toute la famille, n'est-ce pas?

VALÉRIE Oui, ça c'est Henri, sa femme Françoise et leurs enfants: le fils aîné Bernard, et puis son frère Charles, sa sœur Sophie et leur chien Socrate.

STÉPHANE J'aime bien Socrate. Il est vieux, mais il est amusant!

VALÉRIE Ah! Et Bernard, il a son bac aussi et sa mère est très heureuse.

STÉPHANE Moi, j'ai envie d'habiter avec oncle Henri et tante Françoise. Comme ça, pas de problème pour le bac!

STÉPHANE Pardon, maman. Je suis très heureux ici avec toi. Ah, au fait, Rachid travaille avec moi pour préparer le bac.

VALÉRIE Ah, bon? Rachid est très intelligent... un étudiant sérieux.

A C T I V I T É S

1 **Vrai ou faux?** Are the sentences **vrai** or **faux**?

1. Amina communique avec sa (*her*) tante par ordinateur.
2. Stéphane n'aime pas ses (*his*) cours au lycée.
3. Ils regardent des photos de vacances.
4. Henri est le frère aîné de Valérie.
5. Bernard est le cousin de Stéphane.
6. Charles a déjà son bac.
7. La tante de Stéphane s'appelle Françoise.
8. Stéphane travaille avec Amina pour préparer le bac.
9. Socrate est le fils d'Henri et de Françoise.
10. Rachid n'est pas un bon étudiant.

Stéphane et Valérie regardent des photos de famille avec Amina.

À la table d'Amina...

AMINA Alors, voilà vos photos. Qui est-ce?

VALÉRIE Oh, c'est Henri, mon frère aîné!

AMINA Quel âge a-t-il?

VALÉRIE Il a cinquante ans. Il est très sociable et c'est un très bon père.

VALÉRIE Ah! Et ça c'est ma nièce Sophie et mon neveu Charles! Regarde, Stéphane, tes cousins!

STÉPHANE Je n'aime pas Charles. Il est tellement sérieux.

VALÉRIE Il est peut-être trop sérieux, mais, lui, il a son bac!

AMINA Et Sophie, qu'elle est jolie!

VALÉRIE ... et elle a déjà son bac.

AMINA Ça oui, préparer le bac avec Rachid, c'est une idée géniale!

VALÉRIE Oui, c'est vrai. En théorie, c'est une excellente idée. Mais tu prépares le bac avec Rachid, hein? Pas le prochain match de foot!

Expressions utiles

Talking about your family

- **C'est ta sœur? Tes parents?**
  Is that your sister? Your parents?
- **C'est mon ami.**
  That's my friend.
- **Ça c'est Henri, sa femme Françoise et leurs enfants.**
  That's Henri, his wife Françoise, and their kids.

Describing people

- **Il a les yeux de quelle couleur? Marron ou bleue?**
  What color are his eyes? Brown or blue?
- **Il a les yeux bleus.**
  He has blue eyes.
- **Et ses cheveux? Ils sont blonds ou châtains? Frisés ou raides?**
  And his hair? Is it blond or brown? Curly or straight?
- **Il a les cheveux châtains et frisés.**
  He has curly brown hair.

Additional vocabulary

- **On peut regarder des photos de ma tante sur ton ordinateur?**
  Can/May we look at some photos from my aunt on your computer?
- **C'est toute la famille, n'est-ce pas?**
  That's the whole family, right?
- **Je ne sais pas (encore).**
  I (still) don't know.
- **Alors...**
  So...
- **vrai**
  true
- **une photo(graphie)**
  a photograph
- **une idée**
  an idea
- **peut-être**
  maybe
- **au fait**
  by the way
- **Hein?**
  Right?
- **déjà**
  already

---

2 **Vocabulaire** Describe how Stéphane would be on the occasions listed. Refer to a dictionary as necessary.

1. on his 87ᵗʰ birthday _____
2. after finding 20€ _____
3. while taking the **bac** _____
4. after getting a good grade _____
5. after dressing for a party _____

> beau
> heureux
> sérieux
> vieux

3 **Conversez** In pairs, describe which member of your family is most like Stéphane. How are they alike? Do they both like sports? Do they take similar subjects? How do they like school? How are their personalities? Be prepared to describe your partner's "Stéphane" to the class.

ACTIVITÉS

LECTURE CULTURELLE

La famille en France

Comment est la famille française? Est-elle différente de la famille américaine? La majorité des Français sont-ils mariés, divorcés ou célibataires?

Il n'y a pas de réponse simple à ces questions. Les familles françaises sont très diverses. Le mariage est toujours° très populaire: la majorité des hommes et des femmes sont mariés. Mais attention! Les nombres° de personnes divorcées et de personnes célibataires augmentent chaque° année.

La structure familiale traditionnelle existe toujours en France, mais il y a des structures moins traditionnelles, comme les familles monoparentales, où° l'unique parent est divorcé, séparé ou veuf. Il y a aussi des familles qui combinent deux familles, avec un beau-père, une belle-mère, des demi-frères et des demi-sœurs. Certains couples choisissent° le Pacte Civil de Solidarité (PACS), qui offre certains droits° et protections aux couples non-mariés.

Géographiquement, les membres d'une famille d'immigrés peuvent° habiter près ou loin° les uns des autres°. Mais en général, ils préfèrent habiter les uns près des autres parce que l'intégration est parfois° difficile. Il existe aussi des familles d'immigrés séparées entre° la France et le pays d'origine.

Alors, oubliez les stéréotypes des familles en France. Elles sont grandes et petites, traditionnelles et non-conventionnelles; elles changent et sont toujours les mêmes°.

Coup de main

Remember to read decimal places in **French** using the French word **virgule** (*comma*) where you would normally say *point* in English. To say *percent*, use **pour cent**.

64,3% soixante-quatre virgule trois pour cent

sixty-four point three percent

La situation familiale des Français
(par tranche° d'âge)

ÂGE	CÉLIBATAIRE	EN COUPLE SANS ENFANTS	EN COUPLE AVEC ENFANTS	PARENT D'UNE FAMILLE MONOPARENTALE
< 25 ans	3,6%	2,8%	1%	0,3%
25–29 ans	16,7%	26,5%	26,2%	2,6%
30–44 ans	10,9%	9,8%	64,3%	6,2%
45–59 ans	11,7%	29,9%	47,2%	5,9%
> 60 ans	20,3%	59,2%	11,7%	2,9%

toujours *still* **nombres** *numbers* **chaque** *each* **où** *where* **choisissent** *choose* **droits** *rights* **ensemble** *together* **peuvent** *can* **près ou loin** *near or far from* **les uns des autres** *from one another* **parfois** *sometimes* **entre** *between* **mêmes** *same* **tranche** *bracket*

ACTIVITÉS

1 Complétez Provide logical answers.

1. Si on regarde la population française d'aujourd'hui, on observe que les familles françaises sont très _____.

2. Le _____ est toujours très populaire en France.

3. La majorité des hommes et des femmes sont _____.

4. Le nombre de Français qui sont _____ augmente.

5. Dans les familles _____, l'unique parent est divorcé, séparé ou veuf.

6. Il y a des familles qui combinent _____ familles.

7. Le _____ offre certains droits et protections aux couples qui ne sont pas mariés.

8. Les immigrés aiment _____ les uns près des autres.

9. Oubliez les _____ des familles en France.

10. Les familles changent et sont toujours _____.

LE MONDE FRANCOPHONE

Les fêtes et la famille

Les États-Unis ont quelques fêtes° en commun avec le monde francophone, mais les dates et les traditions de ces fêtes diffèrent d'un pays° à l'autre°. Voici deux fêtes associées à la famille.

La Fête des mères

En France le dernier° dimanche de mai ou le premier° dimanche de juin
En Belgique le deuxième° dimanche de mai
À l'île Maurice le dernier dimanche de mai
Au Canada le deuxième dimanche de mai

La Fête des pères

En France le troisième° dimanche de juin
En Belgique le deuxième dimanche de juin
Au Canada le troisième dimanche de juin

quelques fêtes *some holidays* **pays** *country* **autre** *other* **dernier** *last* **premier** *first* **deuxième** *second* **troisième** *third*

PORTRAIT

Les Noah

Dans° la famille Noah, le sport est héréditaire. À chacun son° sport: pour° Yannick, né en France, c'est le tennis; pour son père, Zacharie, né à Yaoundé, au Cameroun, c'est le football°; pour son fils, Joakim, né aux États-Unis, c'est le basket-ball. Yannick est champion junior à Wimbledon en 1977 et participe aux championnats° du Grand Chelem° dans les années 1980.

Son fils, Joakim, est un joueur° de basket-ball aux États-Unis. Il gagne° la finale du *Final Four NCAA* en 2006 et en 2007 avec les Florida Gators. Il est aujourd'hui joueur professionnel avec les Chicago Bulls. Le sport est dans le sang° chez les Noah!

Dans *In* **À chacun son** *To everybody his* **pour** *for* **né** *born* **football** *soccer* **championnats** *championships* **Chelem** *Slam* **joueur** *player* **gagne** *wins* **sang** *blood*

SUR INTERNET

Yannick Noah: célébrité du tennis et... de la chanson?°

Tennis star and singing sensation?

Go to promenades.vhlcentral.com to find more cultural information related to this **LECTURE CULTURELLE**. Then watch the corresponding **Flash culture**.

2 Vrai ou faux? Indicate if these statements are **vrai** or **faux**.

1. Le tennis est héréditaire chez les Noah.
2. Zacharie Noah est né au Cameroun.
3. Zacharie Noah était (*was*) un joueur de basket-ball.
4. Yannick gagne à l'US Open.
5. Joakim joue (*plays*) pour les Lakers.
6. Le deuxième dimanche de mai, c'est la Fête des mères en Belgique et au Canada.

3 À vous... With a partner, write six sentences describing another celebrity family whose members all share a common field or profession. Be prepared to share them with your classmates.

ressources | VM pp. 243–244 | promenades.vhlcentral.com Leçon 5

ACTIVITÉS

STRUCTURES

5.1 Descriptive adjectives

Point de départ As you learned in **Leçon 2**, adjectives describe people, places, and things. In French, most adjectives agree in gender and number with the nouns or pronouns they modify.

| SINGULAR MASCULINE NOUN | ⟷ | SINGULAR MASCULINE ADJECTIVE | | PLURAL MASCULINE NOUN | ⟷ | PLURAL MASCULINE ADJECTIVE |

Le **père** est **américain**.
The father is American.

As-tu des **cours faciles**?
Do you have easy classes?

- You've already learned several adjectives of nationality and some adjectives to describe your classes. Here are some adjectives used to describe physical characteristics.

Adjectives of physical description

bleu(e)	blue	joli(e)	pretty
blond(e)	blond	laid(e)	ugly
brun(e)	dark (hair)	marron	brown (not for hair)
châtain	brown (hair)	noir(e)	black
court(e)	short	petit(e)	small, short (stature)
grand(e)	tall, big	raide	straight
jeune	young	vert(e)	green

- Notice that, in the examples below, the adjectives agree in gender and number with the subjects.

Elles sont **blondes** et **petites**.
They are blond and short.

L'examen est **long**.
The exam is long.

- Use the expression **de taille moyenne** to describe someone or something of medium size.

Victor est un homme
de taille moyenne.
*Victor is a man
of medium height.*

C'est une université
de taille moyenne.
*It's a medium-sized
university.*

- The adjective **marron** is invariable; that is, it does not agree in gender and number with the noun it modifies. The adjective **châtain** is almost exclusively used to describe hair color.

Mon neveu a les **yeux marron**.
My nephew has brown eyes.

Ma nièce a les **cheveux châtains**.
My niece has brown hair.

MISE EN PRATIQUE

1 **Ressemblances** Family members often look and behave alike. Describe them.

MODÈLE

Caroline est intelligente. Elle a un frère.
Il est intelligent aussi.

1. Jean est curieux. Il a une sœur.
2. Carole est blonde. Elle a un cousin.
3. Albert est gros. Il a trois tantes.
4. Sylvie est fière et heureuse. Elle a un fils.
5. Christophe est vieux. Il a une demi-sœur.
6. Martin est laid. Il a une petite-fille.
7. Sophie est intellectuelle. Elle a deux grands-pères.
8. Céline est naïve. Elle a deux frères.
9. Anne est belle. Elle a cinq neveux.
10. Anissa est rousse. Elle a un mari.

2 **Une femme heureuse** Christine has a happy life. To know why, complete these sentences.

MODÈLE

Christine / avoir / trois enfants (beau)
Christine a trois beaux enfants.

1. Elle / avoir / des amis (sympathique)

   _____

2. Elle / habiter / dans un appartement (nouveau)

   _____

3. Son (*Her*) mari / avoir / un travail (bon)

   _____

4. Ses (*Her*) filles / être / des étudiantes (sérieux)

   _____

5. Christine / être / une femme (heureux)

   _____

6. Son mari / être / un homme (beau)

   _____

7. Elle / avoir / des collègues (amusant)

   _____

8. Sa (*Her*) secrétaire / être / une fille (jeune/intellectuel)

   _____

9. Elle / avoir / des chiens (bon)

   _____

10. Ses voisins / être (poli)

    _____

COMMUNICATION

3 **Comparaisons** In pairs, take turns comparing these brothers and their sister. Make as many comparisons as possible, then share them with the class to see which pair is most perceptive.

Jean-Paul **Tristan** **Géraldine**

MODÈLE

Géraldine et Jean-Paul sont grands mais Tristan est petit.

4 **Qui est-ce?** Choose the name of a classmate. Your partner must guess the person by asking up to 10 **oui** or **non** questions. Then, switch roles.

MODÈLE

Étudiant(e) 1: *C'est un homme?*
Étudiant(e) 2: *Oui.*
Étudiant(e) 1: *Il est de taille moyenne?*
Étudiant(e) 2: *Non.*

5 **Les bons copains** Interview two classmates to learn about one of their friends, using these questions and descriptive adjectives. Be prepared to report to the class what you learned.

- Est-ce que tu as un(e) bon(ne) copain/copine?
- Comment est-ce qu'il/elle s'appelle?
- Quel âge est-ce qu'il/elle a?
- Comment est-ce qu'il/elle est?
- Il/Elle est de quelle origine?
- Quels cours est-ce qu'il/elle aime?
- Quels cours est-ce qu'il/elle déteste?

Some irregular adjectives

masculine singular	feminine singular	masculine plural	feminine plural	
beau	belle	beaux	belles	*beautiful; handsome*
bon	bonne	bons	bonnes	*good; kind*
fier	fière	fiers	fières	*proud*
gros	grosse	gros	grosses	*fat*
heureux	heureuse	heureux	heureuses	*happy*
intellectuel	intellectuelle	intellectuels	intellectuelles	*intellectual*
long	longue	longs	longues	*long*
naïf	naïve	naïfs	naïves	*naïve*
roux	rousse	roux	rousses	*red-haired*
vieux	vieille	vieux	vieilles	*old*

- The forms of the adjective **nouveau** (*new*) follow the same pattern as those of **beau**.

- Other adjectives that follow the pattern of **heureux** are **curieux** (*curious*), **malheureux** (*unhappy*), **nerveux** (*nervous*), and **sérieux** (*serious*).

Position of adjectives

- These adjectives are usually placed before the noun they modify: **beau, bon, grand, gros, jeune, joli, long, nouveau, petit,** and **vieux**.

> J'aime bien les **grandes familles**.
> *I like large families.*

> Joël est un **vieux copain**.
> *Joël is an old friend.*

- These adjectives arc also generally placed before a noun: **mauvais(e)** (*bad*), **pauvre** (*poor, unfortunate*), **vrai(e)** (*true, real*).

- These forms are used before masculine singular nouns that begin with a vowel sound.

beau	bel	un **bel** appartement
vieux	vieil	un **vieil** homme
nouveau	nouvel	un **nouvel** ami

- The plural indefinite article **des** changes to **de** before an adjective followed by a noun.

> J'habite avec **des amis sympathiques**.
> *I live with nice friends.*

> J'habite avec **de bons amis**.
> *I live with good friends.*

Essayez!	Provide all four forms of the adjectives.

1. grand *grand, grande, grands, grandes*
2. nerveux _____
3. roux _____
4. bleu _____
5. naïf _____
6. gros _____
7. long _____
8. fier _____

5.2 Possessive adjectives

Point de départ In both English and French, possessive adjectives express ownership or possession.

> **BOÎTE À OUTILS**
> In CONTEXTES, you learned a few possessive adjectives with family vocabulary: **mon grand-père**, **ma sœur**, **mes cousins**.

Possessive adjectives

masculine singular	feminine singular	plural	
mon	ma	mes	*my*
ton	ta	tes	*your* (fam. and sing.)
son	sa	ses	*his, her, its*
notre	notre	nos	*our*
votre	votre	vos	*your* (form. or pl.)
leur	leur	leurs	*their*

> *C'est ta sœur? Tes parents?*

> *Voilà vos photos.*

- Possessive adjectives are always placed before the nouns they modify.

C'est **ton** père?	Non, c'est **mon** oncle.
Is that your father?	*No, that's my uncle.*

- In French, unlike English, possessive adjectives agree in gender and number with the nouns they modify.

mon frère	**ma** sœur	**mes** grands-parents
my brother	*my sister*	*my grandparents*

- Note that **notre**, **votre**, and **leur** agree in number only.

notre neveu	**notre** famille	**nos** enfants
our nephew	*our family*	*our children*
leur cousin	**leur** cousine	**leurs** cousins
their cousin	*their cousin*	*their cousins*

- The masculine singular forms **mon**, **ton**, and **son** are used with feminine singular nouns that begin with a vowel sound.

mon amie	**ton** étudiante	**son** histoire
my friend	*your student*	*his story*

 MISE EN PRATIQUE

1 **Complétez** Complete the sentences with the correct possessive adjectives.

1. _____ (*My*) sœur est très patiente.
2. Marc et Julien adorent _____ (*their*) cours de philosophie et de maths.
3. Nadine et Gisèle, qui est _____ (*your*) amie?
4. C'est une belle photo de _____ (*their*) grand-mère.
5. Est-ce que tu as _____ (*your*) montre?
6. Nous voyageons en France avec _____ (*our*) enfants.
7. Est-ce que tu travailles beaucoup sur _____ (*your*) ordinateur?
8. _____ (*Her*) cousins habitent à Paris.
9. J'aime bien _____ (*his*) livre, il est très intéressant.
10. Bonjour, M. Martin. Comment sont _____ (*your*) étudiants cette année?

2 **Identifiez** Identify the owner(s) of each object.

> **MODÈLE**
> *Ce sont les cahiers de Sophie.*

Sophie

Christophe

Georgette

1. _____

4. _____

Paul

Jacqueline

2. _____

5. _____

Stéphanie

Christine

3. _____

6. _____

COMMUNICATION

3 **Ma famille** Use these cues to interview as many classmates as you can to learn about their family members. Then, tell the class what you found out.

MODÈLE

mère / parler / espagnol
Étudiant(e) 1: *Est-ce que ta mère parle espagnol?*
Étudiant(e) 2: *Oui, ma mère parle espagnol.*

1. sœur / travailler / en Californie

   _____

2. frère / être / célibataire

   _____

3. voisins / avoir / un chien

   _____

4. cousin / voyager / beaucoup

   _____

5. père / adorer / les ordinateurs

   _____

6. parents / être / divorcés

   _____

7. tante / avoir / les yeux marron

   _____

8. grands-parents / habiter / en Floride

   _____

4 **Portrait de famille** In groups of three, take turns describing your family. Listen carefully to your partners' descriptions without taking notes. After everyone has spoken, two of you describe the other's family to see how well you remember.

MODÈLE

Étudiant(e) 1: *Sa mère est sociable.*
Étudiant(e) 2: *Sa mère est blonde.*
Étudiant(e) 3: *Mais non! Ma mère est timide et elle a les cheveux châtains.*

- The choice of **son**, **sa**, and **ses** depends on the gender and number of the noun possessed, not the gender and number of the owner. Context usually makes the meaning clear.

  son frère = *his/her brother*
  sa sœur = *his/her sister*
  ses parents = *his/her parents*

Possession with *de*

- In English, you use *'s* to express relationships or ownership. In French, use **de (d')** + [*the noun or proper name*] instead.

  C'est le petit ami **d'Élisabeth**.　　C'est le petit ami **de ma sœur**.
  That's Élisabeth's boyfriend.　　*That's my sister's boyfriend.*

- When the preposition **de** is followed by the definite articles **le** and **les**, they contract to form **du** and **des**, respectively. There is no contraction when **de** is followed by **la** and **l'**.

  de + le ▶ du　　　　de + les ▶ des

  L'opinion **du** grand-père est importante.
  The grandfather's opinion is important.

  La fille **des** voisins a les cheveux châtains.
  The neighbors' daughter has brown hair.

On peut regarder des photos de ma tante?

Elle a déjà son bac.

Essayez! Provide the appropriate form of each possessive adjective.

mon, ma, mes		notre, nos	
1. *mon* livre		10. _____ cahier	
2. _____ librairie		11. _____ études	
3. _____ professeurs		12. _____ bourse	

ton, ta, tes		votre, vos	
4. _____ ordinateurs		13. _____ soirées	
5. _____ télévision		14. _____ resto U	
6. _____ stylo		15. _____ devoirs	

son, sa, ses		leur, leurs	
7. _____ table		16. _____ résultat	
8. _____ problèmes		17. _____ classe	
9. _____ école		18. _____ notes	

SYNTHÈSE

Révision

1 **Expliquez** In pairs, take turns randomly calling out one person from column A and one from column B. Your partner will explain how they are related.

> **MODÈLE**
>
> **Étudiant(e) 1:** *ta sœur et ta mère*
> **Étudiant(e) 2:** *Ma sœur est la fille de ma mère.*

A	B
1. sœur	a. cousine
2. tante	b. mère
3. cousins	c. grand-père
4. demi-frère	d. neveu
5. père	e. oncle

2 **Les yeux de ma mère** List five physical (hair, eyes, and height) or personality traits that you share with other members of your family. Be specific. Then, in pairs, compare your lists and be ready to present your partner's list to the class.

> **MODÈLE**
>
> **Étudiant(e) 1:** *J'ai les yeux bleus de mon père et je suis fier/fière comme mon grand-père.*
> **Étudiant(e) 2:** *Moi, je suis impatient(e) comme ma mère.*

3 **Les familles célèbres** In groups of four, play a guessing game. Imagine that you belong to one of these famous families or a famous family of your choice. Start describing your new family to your partners. The first person who guesses which family you are describing and where you fit in is the winner. He or she should decribe another family.

> La famille Adams
> La famille Griswold
> La famille Kennedy
> La famille Osborne
> La famille Simpson

4 **La famille idéale** Survey your classmates. Ask them to describe their ideal family. Record their answers. Then, in pairs, compare your results.

> **MODÈLE**
>
> **Étudiant(e) 1:** *Comment est ta famille idéale?*
> **Étudiant(e) 2:** *Ma famille idéale est petite, avec deux enfants et beaucoup de chiens et de chats.*

5 **Le casting** A casting director is on the phone with an agent to find actors for a new comedy about a strange family. In pairs, act out their conversation and find an actor to play each character.

> **MODÈLE**
>
> **Étudiant(e) 1:** *Pour la mère, il y a Émilie. Elle est rousse et elle a les cheveux courts.*
> **Étudiant(e) 2:** *Ah, non. La mère est brune et elle a les cheveux longs. Avez-vous une actrice brune?*

La famille

le fils   la fille   le père   la mère   le cousin

Les acteurs et les actrices

Julie   Annick   Michelle   Patrick   Laurent   Émilie   Stéphane   Robert

6 **Les différences** Your instructor will give you and a partner each a drawing of a family. Find the six differences between your picture and your partner's.

> **MODÈLE**
>
> **Étudiant(e) 1:** *La mère est blonde.*
> **Étudiant(e) 2:** *Non, la mère est brune.*

Le Zapping

Pages d'Or

The **Pages d'Or** (*Golden Pages*) of Belgium comprise a range of services whose objective is to connect businesses with potential customers. Technology is the principal means by which the **Pages d'Or** are today reaching a wider customer base, as the traditional printed telephone book is no longer their only product. The **Pages d'Or** also offer a range of technology products for allowing consumers to find quickly the businesses available for the services they need. These products include the **Pages d'Or** website, as well as listings on CD-ROM, DVD-ROM, and via digital television.

Pages d'Or®
www.pagesdor.be

—Papa, combien tu m'aimes?

—Pour toi, je décrocherais° la Lune°.

Compréhension Answer these questions.

1. Qui (*Who*) sont les deux personnes dans la publicité (*ad*)?
2. Pourquoi l'homme téléphone-t-il pour obtenir une grue (*crane*)?
3. Comment trouve-t-il le numéro de téléphone?

Discussion In groups of three, discuss the answers to these questions.

1. Pourquoi est-il facile de trouver un numéro de téléphone aujourd'hui? Comment le faites-vous?
2. Employez le vocabulaire de cette leçon pour décrire les parents idéaux.

décrocherais *would take down* **Lune** *moon*

SUR INTERNET

Go to **promenades.vhlcentral.com** to watch the TV clip featured in this **Le zapping**.

Leçon 6

You will learn how to...
- describe people
- describe locations

Comment sont-ils?

Il est fort.

Il est rapide.

Il est travailleur.

Ils sont paresseux.

le propriétaire

discrète (discret *m.*)

fatiguée (fatigué *m.*)

jaloux (jalouse *f.*)

inquiète (inquiet *m.*)

triste

Vocabulaire

actif/active	*active*
antipathique	*unpleasant*
courageux/courageuse	*courageous, brave*
cruel(le)	*cruel*
doux/douce	*sweet; soft*
ennuyeux/ennuyeuse	*boring*
étranger/étrangère	*foreign*
faible	*weak*
favori(te)	*favorite*
fou/folle	*crazy*
généreux/généreuse	*generous*
génial(e) (géniaux *pl.*)	*great*
gentil(le)	*nice*
lent(e)	*slow*
méchant(e)	*mean*
modeste	*modest, humble*
pénible	*tiresome*
prêt(e)	*ready*
sportif/sportive	*athletic*
un(e) architecte	*architect*
un(e) artiste	*artist*
un(e) athlète	*athlete*
un(e) avocat(e)	*lawyer*
un(e) dentiste	*dentist*
un homme/une femme d'affaires	*businessman/woman*
un ingénieur	*engineer*
un(e) journaliste	*journalist*
un médecin	*doctor*

ressources

WB pp. 35–36	LM p. 21	SUPERSITE promenades.vhlcentral.com Leçon 6

Mise en pratique

1 **Écoutez** 🎧 You will hear descriptions of three people. Listen carefully and indicate whether the statements about them are **vrai** or **faux**.

Nora   **Ahmed**   **Françoise**

	Vrai	Faux
1. L'architecte aime le sport.	☐	☐
2. L'artiste est paresseuse.	☐	☐
3. L'artiste aime son travail.	☐	☐
4. Ahmed est médecin.	☐	☐
5. Françoise est gentille.	☐	☐
6. Nora est avocate.	☐	☐
7. Nora habite au Québec.	☐	☐
8. Ahmed est travailleur.	☐	☐
9. Françoise est mère de famille.	☐	☐
10. Ahmed habite avec sa femme.	☐	☐

2 **Les contraires** Complete each sentence with the opposite adjective.

1. Ma grand-mère n'est pas cruelle, elle est _____.
2. Mon frère n'est pas travailleur, il est _____.
3. Mes cousines ne sont pas faibles, elles sont _____.
4. Ma tante n'est pas drôle, elle est _____.
5. Mon oncle est athlète. Il n'est pas lent, il est _____.
6. Ma famille et moi, nous ne sommes pas antipathiques, nous sommes _____.
7. Mes parents ne sont pas méchants, ils sont _____.
8. Mon oncle n'est pas heureux, il est _____.

3 **Les célébrités** Match these famous people with their professions. Not all of the professions will be used.

_____ 1. Donald Trump	a. médecin
_____ 2. Claude Monet	b. journaliste
_____ 3. Paul Mitchell	c. musicien(ne)
_____ 4. Dr. Phil C. McGraw	d. coiffeur/coiffeuse
_____ 5. Serena Williams	e. artiste
_____ 6. Maria Shriver	f. architecte
_____ 7. Beethoven	g. avocat(e)
_____ 8. Johnny Cochran	h. homme/femme d'affaires
	i. athlète
	j. dentiste

la coiffeuse (coiffeur *m.*)

Il est drôle.

un musicien (musicienne *f.*)

Communication

4 **Les professions** In pairs, say what the true professions of these people are. Alternate reading and answering the questions.

MODÈLE

Étudiant(e) 1: *Est-ce que Sabine et Sarah sont femmes d'affaires?*
Étudiant(e) 2: *Non, elles sont avocates.*

1. Est-ce que Louis est athlète?

2. Est-ce que Jean est professeur?

3. Est-ce que Juliette est ingénieur?

4. Est-ce que Charles est médecin?

5. Est-ce que Pauline est musicienne?

6. Est-ce que Jacques et Brigitte sont avocats?

7. Est-ce qu'Édouard est dentiste?

8. Est-ce que Martine et Sophie sont propriétaires?

5 **Conversez** Interview a classmate. When asked **pourquoi**, answer with **parce que** (*because*).

1. Quel âge ont tes parents? Comment sont-ils?
2. Y a-t-il un(e) avocat(e) dans ta famille? Qui (*Who*)?
3. Qui est ton/ta cousin(e) préféré(e)? Pourquoi?
4. Qui n'est pas ton/ta cousin(e) préféré(e)? Pourquoi?
5. As-tu des animaux familiers (*pets*)? Quel est ton animal familier favori? Pourquoi?
6. Qui est ton professeur préféré? Pourquoi?
7. Qui est gentil dans la classe? Pourquoi?
8. Quelles professions aimes-tu? Pourquoi?

6 **Quelle surprise!** You run into your French instructor ten years after you graduated and want to know what his or her life is like today. With a partner, prepare a conversation where you:

- greet each other
- ask each other's ages
- ask what each other's professions are
- ask about marital status and for a description of your significant others
- ask if either of you have children, and if so, for a description of them

7 **Les petites annonces** Write a **petite annonce** (*personal ad*) where you describe yourself and your ideal boyfriend or girlfriend. Include details such as profession, age, physical characteristics, and personality, both for yourself and for the person you hope reads the ad. Your instructor will post the ads. In groups, take turns reading them and guessing who wrote them.

Les sons et les lettres

🎧 **L'accent circonflexe, la cédille, and le tréma**

L'accent circonflexe (^) can appear over any vowel.

aîné	drôle	diplôme	pâté

L'accent circonflexe indicates that a letter, frequently an **s**, has been dropped from an older spelling. For this reason, **l'accent circonflexe** can be used to identify similarities between French and English words.

hospital → hôpital   forest → forêt

L'accent circonflexe is also used to distinguish between words with similar spellings but different meanings.

mûr	**mur**	**sûr**	**sur**
ripe	*wall*	*sure*	*on*

La cédille (¸) is only used with the letter **c**. It is always pronounced with a soft **c** sound, like the *s* in the English word *yes*. Use a **cédille** to retain the soft **c** sound before an **a**, **o**, or **u**. Before an **e** or an **i**, the letter **c** is always soft, so a **cédille** is not necessary.

garçon	français	ça	leçon

Le tréma (¨) is used to indicate that two vowel sounds are pronounced separately. It is always placed over the second vowel.

égoïste	naïve	Noël	Haïti

🔊 **Prononcez** Practice saying these words aloud.

1. naïf
2. reçu
3. châtain
4. âge
5. français
6. fenêtre
7. théâtre
8. garçon
9. égoïste
10. château

🔊 **Articulez** Practice saying these sentences aloud.

1. Comment ça va?
2. Comme ci, comme ça.
3. Vous êtes française, Madame?
4. C'est un garçon cruel et égoïste.
5. J'ai besoin d'être reçu à l'examen.
6. Caroline, ma sœur aînée, est très drôle.

🔊 **Dictons** Practice reading these sayings aloud.

> Plus ça change, plus c'est la même chose.[2]

> Impossible n'est pas français.[1]

[1] There's no such thing as "can't". (lit. *Impossible is not French*.)
[2] The more things change, the more they stay the same.

ROMAN-PHOTO

On travaille chez moi! SUPERSITE

PERSONNAGES

Amina

David

Rachid

Sandrine

Stéphane

Valérie

SANDRINE Alors, Rachid, où est David?

Un téléphone portable sonne (a cell phone rings)...

VALÉRIE Allô.

RACHID Allô.

AMINA Allô.

SANDRINE C'est Pascal! Je ne trouve pas mon téléphone!

AMINA Il n'est pas dans ton sac à dos?

SANDRINE Non!

RACHID Ben, il est sous tes cahiers.

SANDRINE Non plus!

AMINA Il est peut-être derrière ton livre... ou à gauche.

SANDRINE Mais non! Pas derrière! Pas à gauche! Pas à droite! Et pas devant!

RACHID Non! Il est là... sur la table. Mais non! La table à côté de la porte.

SANDRINE Ce n'est pas vrai! Ce n'est pas Pascal! Numéro de téléphone 06.62.70.94.87. Mais qui est-ce?

DAVID Sandrine? Elle est au café?

RACHID Oui... pourquoi?

DAVID Ben, j'ai besoin d'un bon café, oui, d'un café très fort. D'un espresso! À plus tard!

RACHID Tu sais, David, lui aussi, est pénible. Il parle de Sandrine. Sandrine, Sandrine, Sandrine.

RACHID ET STÉPHANE C'est barbant!

STÉPHANE C'est ta famille? C'est où?

RACHID En Algérie, l'année dernière chez mes grands-parents. Le reste de ma famille — mes parents, mes sœurs et mon frère, habitent à Marseille.

STÉPHANE C'est ton père, là?

RACHID Oui. Il est médecin. Il travaille beaucoup.

RACHID Et là, c'est ma mère. Elle, elle est avocate. Elle est très active... et très travailleuse aussi.

A C T I V I T É S

1 Identifiez Indicate which character would make each statement. The names may be used more than once. Write **D** for David, **R** for Rachid, **S** for Sandrine, and **St** for Stéphane.

1. J'ai envie d'être architecte. _____

2. Numéro de téléphone 06.62.70.94.87. _____

3. David est un colocataire pénible. _____

4. Stéphane! Tu n'es pas drôle! _____

5. Que c'est ennuyeux! _____

6. On travaille chez moi! _____

7. Sandrine, elle est tellement pénible. _____

8. Sandrine? Elle est au café? _____

9. J'ai besoin d'un café très fort. _____

10. C'est pour ça qu'on prépare le bac. _____

Sandrine perd (*loses*) son téléphone.
Rachid aide Stéphane à préparer le bac.

STÉPHANE Qui est-ce? C'est moi!

SANDRINE Stéphane! Tu n'es pas drôle!

AMINA Oui, Stéphane. C'est cruel.

STÉPHANE C'est génial...

RACHID Bon, tu es prêt? On travaille chez moi!

À l'appartement de Rachid et de David...

STÉPHANE Sandrine, elle est tellement pénible. Elle parle de Pascal, elle téléphone à Pascal... Pascal, Pascal, Pascal! Que c'est ennuyeux!

RACHID Moi aussi, j'en ai marre.

STÉPHANE Avocate? Moi, j'ai envie d'être architecte.

RACHID Architecte? Alors, c'est pour ça qu'on prépare le bac.

Rachid et Stéphane au travail...

RACHID Allez, si *x* égale 83 et *y* égale 90, la réponse c'est...

STÉPHANE Euh... 100?

RACHID Oui! Bravo!

Expressions utiles

Making complaints

- **Sandrine, elle est tellement pénible.**
  Sandrine, she is so tiresome.
- **J'en ai marre.**
  I'm fed up
- **Tu sais, David, lui aussi, est pénible.**
  You know, David, he too, he's tiresome.
- **C'est barbant!/C'est la barbe!**
  What a drag!

Reading numbers

- **Numéro de téléphone 06.62.70.94.87 (zéro six, soixante-deux, soixante-dix, quatre-vingt-quatorze, quatre-vingt-sept).**
  Phone number 06.62.70.94.87.
- **Si *x* égale 83 (quatre-vingt-trois) et *y* égale 90 (quatre-vingt-dix)...**
  If x equals 83 and y equals 90...
- **La réponse, c'est 100 (cent).**
  The answer is 100.

Expressing location

- **Où est le téléphone de Sandrine?**
  Where is Sandrine's telephone?
- **Il n'est pas dans son sac à dos.**
  It's not in her backpack.
- **Il est sous ses cahiers.**
  It's under her notebooks.
- **Il est derrière son livre, pas devant.**
  It's behind her book, not in front.
- **Il est à droite ou à gauche?**
  Is it to the right or to the left?
- **Il est sur la table à côté de la porte.**
  It's on the table next to the door.

---

2 **Vocabulaire** Refer to the video stills and dialogues to match these people and objects with their locations.

____ 1. sur la table

____ 2. pas sous les cahiers

____ 3. devant Rachid

____ 4. au café

____ 5. à côté de la porte

____ 6. en Algérie

a. le téléphone de Sandrine

b. Sandrine

c. l'ordinateur de Rachid

d. la famille de Rachid

e. le café de Rachid

f. la table

3 **Écrivez** In pairs, write a brief description in French of one of the video characters. Do not mention the character's name. Describe his or her personality traits, physical characteristics, and career path. Be prepared to read your description aloud to your classmates, who will guess the identity of the character.

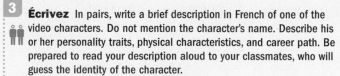

ressources		
VM pp. 197–198	DVD Leçon 6	promenades.vhlcentral.com Leçon 6

A C T I V I T É S

CULTURE À LA LOUPE

L'amitié

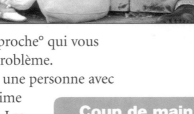

Quelle est la différence entre un copain et un ami? Un petit ami, qu'est-ce que c'est? Avoir plus de copains que° d'amis, c'est normal. Des copains sont des personnes qu'on voit assez souvent°, comme° des gens de l'université ou du travail°, et avec qui on parle de sujets ordinaires. L'amitié° entre copains est souvent éphémère et n'est pas très profonde. D'habitude°, ils ne parlent pas de problèmes très personnels.

Par contre°, des amis parlent de choses plus importantes et plus intimes. L'amitié est plus profonde, solide et stable, même si° on ne voit pas ses amis très souvent. Un ami, c'est une personne très proche° qui vous écoute quand vous avez un problème.

Un(e) petit(e) ami(e) est une personne avec qui on a une relation très intime et établie°, basée sur l'amour. Les jeunes couples français sortent° souvent en groupe avec d'autres° couples plutôt que° seuls; même si un jeune homme et une jeune femme sortent ensemble°, normalement chaque personne paie sa part.

plus de... que *more... than*   voit assez souvent *sees rather often*   comme *such as*   du travail *from work*
L'amitié *Friendship*   D'habitude *Usually*   Par contre *On the other hand*   même si *even if*   proche *close*
établie *established*   sortent *go out*   d'autres *other*   plutôt que *rather than*   ensemble *together*

> ### Coup de main
>
> To ask *what is* or *what are*, you can use **quel** and a form of the verb **être**. The different forms of **quel** agree in gender and number with the nouns to which they refer:
>
> **Quel / Quelle est...?**
> *What is...?*
>
> **Quels / Quelles sont...?**
> *What are...?*

1 **Vrai ou faux?** Are these statements **vrai** or **faux**?

1. Un copain est un très bon ami.
2. D'habitude, on a plus d'amis que de copains.
3. Un copain est une personne qu'on ne voit pas souvent.
4. Un ami est une personne avec qui on a une relation très solide.
5. Normalement, on ne parle pas de ses problèmes personnels avec ses copains.

6. Un ami vous écoute quand vous avez un problème.
7. L'amitié entre amis est plus profonde que l'amitié entre copains.
8. En général, les jeunes couples français vont au café ou au cinéma en groupe.
9. Un petit ami est comme un copain.
10. En France, les femmes ne paient pas quand elles sortent.

STRATÉGIE

Reading once through without stopping

While you might read something once in your native language and understand most of it, you might not achieve the same result from one read-through of a text in a foreign language. Reading a selection in French once through without stopping is still important, because it familiarizes you with the text's structure, introduces you to its vocabulary, and helps you get the gist of the reading. Instead of focusing on what you're missing, keep reading until you reach the end.

LE MONDE FRANCOPHONE

Le mariage et les traditions

Voici des objets et traditions associés au mariage dans le monde francophone.

En France Les jeunes mariés boivent° dans une coupe de mariage°, un objet de famille°.

En Belgique Une femme, à l'occasion de son mariage, porte° le mouchoir° familial où son nom et le nom de toutes les femmes mariées de sa famille sont brodés°.

Au Maroc Les amies de la mariée appliquent° du henné sur les mains° de la mariée.

Au Québec Les jeunes mariés et leurs invités boivent le caribou°.

boivent *drink* dans une coupe de mariage *from an engraved, double-handled wedding goblet* objet de famille *family heirloom* porte *carries* mouchoir *handkerchief* brodés *embroidered* appliquent *apply* henné sur les mains *henna to the hands* caribou *red wine with whisky*

PORTRAIT

Les Depardieu

Gérard

Les Depardieu sont une famille d'acteurs français. Gérard, le père, est l'acteur le plus célèbre° de France. Lauréat° de deux Césars°, un pour *Le Dernier Métro°* et l'autre° pour *Cyrano de Bergerac*, et d'un Golden Globe pour le film américain *Green Card*, il joue depuis trente ans° et a tourné° dans plus de 120 (cent vingt) films. Ses enfants ont aussi du succès dans la profession: Guillaume, son fils, a joué° dans beaucoup de films, y compris° *Tous les matins du monde°* avec son père; Julie, sa fille, a déjà° deux Césars et a joué avec son père dans *Le Comte de Monte-Cristo*.

Guillaume

Julie

le plus célèbre *most famous* Lauréat *Winner* Césars *César awards (the equivalent of the Oscars in France)* Le Dernier Métro *The Last Metro* l'autre *the other* il joue depuis trente ans *he has been acting for thirty years* a tourné dans *has been in* a joué *has acted* y compris *including* Tous les matins du monde *All the Mornings of the World* déjà *already*

SUPERSITE

SUR INTERNET

Quand ils sortent (*go out*), où vont (*go*) les jeunes couples français?

Go to promenades.vhlcentral.com to find more cultural information related to this **LECTURE CULTURELLE**.

2 Les Depardieu Complete these statements with the correct information.

1. Gérard Depardieu a joué dans plus de _____ films.
2. Guillaume est _____ de Gérard Depardieu.
3. Julie est _____ de Gérard Depardieu.
4. Julie joue avec Gérard dans _____.
5. Guillaume joue avec Gérard dans _____.
6. Julie a déjà _____ Césars.

3 Comment sont-ils? Look at the photos of the Depardieu family. With a partner, take turns describing each person in detail in French. How old do you think they are? What do you think their personalities are like? Do you see any family resemblances?

ressources
SUPERSITE
promenades.vhlcentral.com
Leçon 6

ACTIVITÉS

STRUCTURES

6.1 Numbers 61–100

Numbers 61–100

61–69		80–89	
61 soixante et un		**80** quatre-vingts	
62 soixante-deux		**81** quatre-vingt-un	
63 soixante-trois		**82** quatre-vingt-deux	
64 soixante-quatre		**83** quatre-vingt-trois	
65 soixante-cinq		**84** quatre-vingt-quatre	
66 soixante-six		**85** quatre-vingt-cinq	
67 soixante-sept		**86** quatre-vingt-six	
68 soixante-huit		**87** quatre-vingt-sept	
69 soixante-neuf		**88** quatre-vingt-huit	
		89 quatre-vingt-neuf	

70–79		90–100	
70 soixante-dix		**90** quatre-vingt-dix	
71 soixante et onze		**91** quatre-vingt-onze	
72 soixante-douze		**92** quatre-vingt-douze	
73 soixante-treize		**93** quatre-vingt-treize	
74 soixante-quatorze		**94** quatre-vingt-quatorze	
75 soixante-quinze		**95** quatre-vingt-quinze	
76 soixante-seize		**96** quatre-vingt-seize	
77 soixante-dix-sept		**97** quatre-vingt-dix-sept	
78 soixante-dix-huit		**98** quatre-vingt-dix-huit	
79 soixante-dix-neuf		**99** quatre-vingt-dix-neuf	
		100 cent	

BOÎTE À OUTILS

STUDY TIP: To say numbers **70–99**, remember the arithmetic behind them. For example, **quatre-vingt-douze (92)** is **4 (quatre)** x **20 (vingt)** + **12 (douze)**.

- Numbers that end in the digit **1** are not usually hyphenated. They use the conjunction **et** instead.

  trente et un **cinquante et un** **soixante et un**

- Note that **81** and **91** are exceptions:

  quatre-vingt-un **quatre-vingt-onze**

- The number **quatre-vingts** ends in **-s**, but there is no **-s** when it is followed by another number.

  quatre-vingts **quatre-vingt-cinq** **quatre-vingt-dix-huit**

Essayez! What are these numbers in French?

1. 67 _soixante-sept_
2. 75 _____
3. 99 _____
4. 70 _____
5. 82 _____
6. 91 _____
7. 66 _____
8. 87 _____
9. 52 _____
10. 60 _____

 MISE EN PRATIQUE

1 **Les numéros de téléphone** Write down these phone numbers, then read them aloud in French.

MODÈLE

C'est le zéro un, quarante-trois, soixante-quinze, quatre-vingt-trois, seize.
01.43.75.83.16

1. C'est le zéro deux, soixante-cinq, trente-trois, quatre-vingt-quinze, zéro six.

   _____

2. C'est le zéro un, quatre-vingt-dix-neuf, soixante-quatorze, quinze, vingt-cinq.

   _____

3. C'est le zéro cinq, soixante-cinq, onze, zéro huit, quatre-vingts.

   _____

4. C'est le zéro trois, quatre-vingt-dix-sept, soixante-dix-neuf, cinquante-quatre, vingt-sept.

   _____

5. C'est le zéro quatre, quatre-vingt-cinq, soixante-neuf, quatre-vingt-dix-neuf, quatre-vingt-onze.

   _____

6. C'est le zéro un, vingt-quatre, quatre-vingt-trois, zéro un, quatre-vingt-neuf.

   _____

2 **Les maths** Read these math problems aloud, then write out each answer in words.

MODÈLE

$65 + 3 =$ _soixante-huit_
Soixante-cinq plus trois font (equals) soixante-huit.

1. $70 + 15 =$ _____
2. $82 + 10 =$ _____
3. $76 + 3 \ \ =$ _____
4. $88 + 12 =$ _____
5. $40 + 27 =$ _____
6. $67 + 6 \ \ =$ _____
7. $43 + 54 =$ _____
8. $78 + 5 \ \ =$ _____
9. $70 + 20 =$ _____
10. $64 + 16 =$ _____

3 **Comptez** Read the following numbers aloud in French, then follow the pattern to provide the missing numbers.

1. 60, 62, 64, ... 80
2. 76, 80, 84, ... 100
3. 100, 95, 90, ... 60
4. 99, 96, 93, ... 69

COMMUNICATION

4 Questions indiscrètes With a partner, take turns asking how old these people are.

M. Hubert   Mme Hubert   M. Moreau   Mme Moreau

M. Durand   Mme Durand

MODÈLE

Étudiant(e) 1: *Madame Hubert a quel âge?*
Étudiant(e) 2: *Elle a 70 ans.*

5 Qui est-ce? Interview as many classmates as you can in five minutes to find out the name, relationship, and age of their oldest family member. Identify the student with the oldest family member to the class.

MODÈLE

Étudiant(e) 1: *Qui est le plus vieux (the oldest) dans ta famille?*
Étudiant(e) 2: *C'est ma tante Julie. Elle a soixante-dix ans.*

6 Les pourcentages Tally your classmates' responses to the questions below, then calculate the percentages for each affirmative answer. (To figure percentages, divide the number of affirmative answers by the number of people in your class.)

MODÈLE

Soixante-seize pour cent des étudiants ont un chien.

1. Tu as un chien?
2. Tu as un chat?
3. Tu as un frère ou des frères?
4. Tu as une sœur ou des sœurs?
5. Tu as des cousins?
6. Tu as des oncles et des tantes?

Le français vivant

As-tu envie d'être

• ingénieur,
• musicien,
• architecte,
• professeur?

la calculatrice
61€

le sac à dos
70€

la chaise
82€

le bureau
96€

Tu as besoin d'une calculatrice intelligente, d'un beau bureau, d'une chaise confortable et d'un bon sac à dos.

Tu trouves tout dans le
Catalogue VPC!

Identifiez Scan this catalogue page, and identify the instances where the numbers 61–100 are used.

Questions

1. Qui sont les personnes sur la photo?
2. Où est-ce qu'ils habitent?
3. Qu'est-ce qu'ils ont dans leur maison?
4. Quels autres (*other*) objets trouve-t-on dans le Catalogue VPC? (Imaginez.)
5. Quels sont leurs prix (*prices*)?

STRUCTURES

6.2 Prepositions of location

Point de départ You have already learned expressions in French containing prepositions like **à**, **de**, and **en**. Prepositions of location describe the location of something or someone in relation to something or someone else.

- Use the preposition **à** before the name of any city to express *in, to*. The preposition that accompanies the name of a country varies, but you can use **en** in many cases. In **Leçon 13**, you will learn more names of countries and their corresponding prepositions.

Il étudie **à Nice**.
He studies in Nice.

Je voyage **en France** et **en Belgique**.
I'm traveling in France and Belgium.

Prepositions of location

à côté de	next to	en face de	facing, across from
à droite de	to the right of	entre	between
à gauche de	to the left of	loin de	far from
dans	in	par	by
derrière	behind	près de	close to, near
devant	in front of	sous	under
en	in	sur	on

- Use the contractions **du** and **des** in prepositional expressions when they are appropriate.

Le resto U est **à côté du** gymnase.
The cafeteria is next to the gym.

Notre chien aime manger **près des** enfants.
Our dog likes to eat close to the children.

- You can further modify prepositions of location by using intensifiers such as **tout** (*very, really*) and **juste** (*just, right*).

Ma sœur habite **juste à côté de** l'université.
My sister lives right next to the university.

Jules et Alain travaillent **tout près de** la fac.
Jules and Alain work really close to campus.

- You may use prepositions without the word **de** when they are not followed by a noun.

Ma sœur habite **juste à côté**.
My sister lives right next door.

Elle travaille **tout près**.
She works really close by.

Il n'est pas sous les cahiers.

Pas derrière! Pas à droite!

MISE EN PRATIQUE

1 **Où est ma montre?** Claude has lost her watch. Choose the appropriate prepositions to complete her friend Pauline's questions.

1. Elle est (sur / entre) le bureau?
2. Elle est (par / derrière) la télévision?
3. Elle est (entre / dans) le lit et la table?
4. Elle est (en / sous) la chaise?
5. Elle est (sur / à côté de) la fenêtre?
6. Elle est (près du / entre le) sac à dos?
7. Elle est (devant / sur) la porte?
8. Elle est (dans / sous) la corbeille?

2 **Complétez** Complete these sentences with the appropriate prepositions.

MODÈLE

Nous sommes *chez* nos cousins.

1. Nous sommes _____ la maison de notre tante.
2. Michel est _____ Béatrice.
3. _____ Jasmine et Laure, il y a le petit cousin, Adrien.
4. Béatrice est _____ Jasmine.
5. Jasmine est tout _____ Béatrice.
6. Michel est _____ Laure.
7. Un oiseau est _____ la maison.
8. Laure est _____ Adrien.

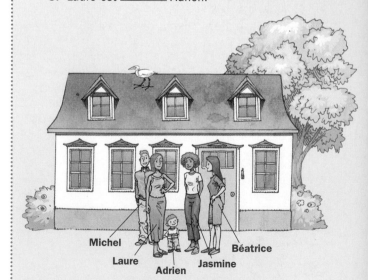

Michel Laure Adrien Jasmine Béatrice

COMMUNICATION

3 **Où est l'objet?** In pairs, take turns asking where these items are in the classroom. Use prepositions of location.

MODÈLE la carte
Étudiant(e) 1: *Où est la carte?*
Étudiant(e) 2: *Elle est devant la classe.*

1. l'horloge	5. le bureau du professeur
2. l'ordinateur	6. ton livre de français
3. le tableau	7. la corbeille
4. la fenêtre	8. la porte

4 **Qui est-ce?** Choose someone in the room. The rest of the class will guess whom you chose by asking yes/no questions that use prepositions of location.

MODÈLE

Est-ce qu'il/elle est derrière Dominique?
Est-ce qu'il/elle est entre Jean-Pierre et Suzanne?

5 **S'il vous plaît…?** A tourist stops someone on the street to ask where certain places are located. In pairs, play these roles using the map to locate the places.

MODÈLE la Banque Nationale de Paris (BNP)
Étudiant(e) 1: *La BNP, s'il vous plaît?*
Étudiant(e) 2: *Elle est en face de l'hôpital.*

1. le cinéma Ambassadeur
2. le restaurant Chez Marlène
3. la librairie Antoine
4. le lycée Camus
5. l'hôtel Royal
6. le café de la Place

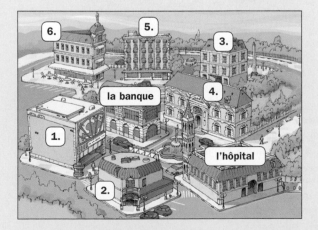

- The preposition **chez** has no exact English equivalent. It expresses the idea of *at* or *to someone's house* or *place*.

> Louise n'aime pas étudier **chez** Arnaud parce qu'il parle beaucoup.
> *Louise doesn't like studying at Arnaud's because he talks a lot.*

> Ce matin, elle n'étudie pas parce qu'elle est **chez** sa cousine.
> *This morning she's not studying because she's at her cousin's.*

- The preposition **chez** is also used to express the idea of *at* or *to a professional's office* or *business*.

chez le docteur	**chez** la coiffeuse
at the doctor's	*to the hairdresser's*

On travaille chez moi!

Stéphane est chez Rachid.

- Use disjunctive pronouns after prepositions instead of subject pronouns:

singular		plural	
je	moi	nous	nous
tu	toi	vous	vous
il	lui	ils	eux
elle	elle	elles	elles

Maryse travaille **à côté de moi**.	J'aime mieux dîner **chez eux**.	Nous pensons **à lui**.
Maryse is working next to me.	*I prefer to dine at their house.*	*We're thinking about him.*

Essayez! **Provide the preposition indicated in parentheses.**

1. La librairie est _derrière_ (*behind*) le resto U.
2. J'habite _____ (*close to*) leur lycée.
3. Le laboratoire est _____ (*next to*) ma résidence.
4. Tu retournes _____ (*to the house of*) tes parents ce week-end?
5. La fenêtre est _____ (*across from*) la porte.
6. Mon sac à dos est _____ (*under*) la chaise.
7. Ses crayons sont _____ (*on*) la table.
8. Votre ordinateur est _____ (*in*) la corbeille!
9. Il n'y a pas de secrets _____ (*between*) amis.
10. Le professeur est _____ (*in front of*) les étudiants.

SYNTHÈSE

Révision

1 **Le basket** These basketball rivals are competing for the title. In pairs, predict the missing playoff scores. Then, compare your predictions with those of another pair. Be prepared to share your predictions with the class.

1. Ohio State 76, Michigan _____
2. Florida _____, Florida State 84
3. Stanford _____, UCLA 79
4. Purdue 81, Indiana _____
5. Duke 100, Virginia _____
6. Kansas 95, Colorado _____
7. Texas _____, Oklahoma 88
8. Kentucky 98, Tennessee _____

2 **La famille d'Édouard** In pairs, take turns guessing how the members of Édouard's family are related to him and to each other by describing their locations in the photo. Compare your answers with those of another pair.

Édouard

MODÈLE

Son père est derrière sa mère.

3 **À la fac** In pairs, take turns describing the location of a building (**un bâtiment**) on your campus. Your partner must guess which building you are describing in three tries. Keep score to determine the winner after several rounds.

MODÈLE

Étudiant(e) 1: *C'est un bâtiment entre la bibliothèque et Sherman Hall.*
Étudiant(e) 2: *C'est le resto U?*
Étudiant(e) 1: *C'est ça!*

ressources		
WB pp. 37–40	LM pp. 23–24	promenades.vhlcentral.com Leçon 6

4 **C'est quel numéro?** What courses would you take if you were studying at a French university? Take turns deciding and having your partner give you the phone number for enrollment information.

MODÈLE

Étudiant(e) 1: *Je cherche un cours de philosophie.*
Étudiant(e) 2: *C'est le zéro quatre...*

Département	Numéro de téléphone
Architecture	04.76.65.74.92
Biologie	04.76.72.63.85
Chimie	04.76.84.79.64
Littérature anglaise	04.76.99.90.82
Mathématiques	04.76.86.66.93
Philosophie	04.76.75.99.80
Psychologie	04.76.61.88.91
Sciences politiques	04.76.68.96.81
Sociologie	04.76.70.83.97

5 **À la librairie** In pairs, role-play a customer at a campus bookstore and a clerk who points out where supplies are located. Then, switch roles. Each turn, the customer picks four items from the list. Use the drawing to find the supplies.

MODÈLE

Étudiant(e) 1:
Je cherche des stylos.
Étudiant(e) 2: *Ils sont à côté des cahiers.*

des cahiers	un dictionnaire
une calculatrice	un iPhone®
une carte	du papier
des crayons	un sac à dos

6 **Trouvez** Your instructor will give you and your partner each a drawing of a family picnic. Ask each other questions to find out where all of the family members are located.

MODÈLE

Étudiant(e) 1: *Qui est à côté du père?*
Étudiant(e) 2: *Le neveu est à côté du père.*

Écriture

STRATÉGIE

Using idea maps

How do you organize ideas for a first draft? Often, the organization of ideas represents the most challenging part of the writing process. Idea maps are useful for organizing pertinent information. Here is an example of an idea map you can use when writing.

SCHÉMA D'IDÉES

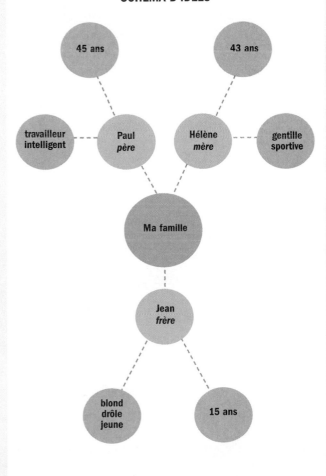

Thème

Écrivez une lettre

A friend you met in a chat room for French speakers wants to know about your family. Using some of the verbs and adjectives you learned in this lesson, write a brief letter describing your family or an imaginary family, including:

- Names and relationships
- Physical characteristics
- Hobbies and interests

Here are some useful expressions for letter writing in French:

Salutations	
Cher Fabien,	Dear Fabien,
Chère Joëlle,	Dear Joëlle,

Asking for a response	
Réponds-moi vite.	Write back soon.
Donne-moi de tes nouvelles.	Tell me all your news.

Closings	
Grosses bises!	Big kisses!
Je t'embrasse!	Kisses!
Bisous!	Kisses!
À bientôt!	See you soon!
Amitiés,	In friendship,
Cordialement,	Cordially,
À plus (tard),	Until later,

SUPERSITE

Panorama

l'Arc de Triomphe

Paris

La ville en chiffres

▶ **Superficie:** *105 km² (cent cinq kilomètres carrés°)*

▶ **Population:** *plus de° 9.828.000 (neuf millions huit cent vingt-huit mille)*

SOURCE: Population Division, UN Secretariat

Paris est la capitale de la France. On a l'impression que Paris est une grande ville—et c'est vrai si on compte° ses environs°. Néanmoins°, elle mesure moins de° 10 kilomètres de l'est à l'ouest°, ainsi° on peut visiter la ville très facilement à pied°. Paris est divisée en 20 arrondissements°. Chaque° arrondissement a son propre maire° et son propre caractère.

▶ **Industries principales:** *haute couture, finances, transports, technologie, tourisme*

▶ **Musées:** *plus de 150 (cent cinquante): le musée du Louvre, le musée d'Orsay, le centre Georges Pompidou et le musée Rodin*

Parisiens célèbres

▶ **Victor Hugo,** *écrivain° et activiste (1802–1885)*

▶ **Charles Baudelaire,** *poète (1821–1867)*

▶ **Auguste Rodin,** *sculpteur (1840–1917)*

▶ **Jean-Paul Sartre,** *philosophe (1905–1980)*

▶ **Simone de Beauvoir,** *écrivain (1908–1986)*

▶ **Édith Piaf,** *chanteuse (1915–1963)*

▶ **Emmanuelle Béart,** *actrice (1965–)*

Paris ★
LA FRANCE

l'Arc de Triomphe
Basilique du Sacré-Cœur
Place du Tertre
Le Moulin Rouge
18
19
Parc Monceau
9
17
BOULEVARD HAUSSMANN
Arc de Triomphe
8
Opéra Garnier
BLVD. DES ITALIENS
10
AVENUE DES CHAMPS-ÉLYSÉES
La Madeleine
BLVD. DES CAPUCINES
AVE. DE L'OPÉRA
2
16
Bois de Boulogne
Grand Palais
Jeu de Paume
Place de la Concorde
RUE DE RIVOLI
1
Les Halles
3
20
BOULEVARD DE SÉBASTOPOL
Jardins du Trocadéro
Seine
Jardin des Tuileries
Beaubourg/Centre Georges Pompidou-Centre National d'Art et de Culture
11
QUAI D'ORSAY
Orangerie
Musée du Louvre
RUE DE RIVOLI
Assemblée Nationale
Musée d'Orsay
BLVD. ST. GERMAIN
Hôtel de Ville
Place des Vosges
Tour Eiffel
7
Conciergerie
Île de la Cité
4
Opéra de Paris Bastille
Parc du Champ de Mars
Hôtel des Invalides
Musée d'Orsay
Cathédrale Notre-Dame
Île St.-Louis
12
École Militaire
6
BOULEVARD ST. GERMAIN
BOULEVARD RASPAIL
Sorbonne
Seine
Jardin du Luxembourg
BOULEVARD SAINT-MICHEL
Panthéon
14
Tour Montparnasse
5
13

l'opéra Garnier

0   0.5 mille
0   0.5 kilomètre

une terrasse de café

Incroyable mais vrai!

Sous les rues° de Paris, il y a une autre ville: les catacombes. Ici reposent° les squelettes d'environ 7.000.000 (sept millions) de personnes provenant° d'anciens cimetières de Paris et de ses environs. Plus de 100.000 (cent mille) touristes par an visitent cette ville de repos° éternel.

carrés *square* **plus de** *more than* **si l'on compte** *if one counts*
environs *surrounding areas* **Néanmoins** *Nevertheless* **moins de** *less than*
de l'est à l'ouest *from east to west* **ainsi** *in this way* **à pied** *on foot*
arrondissements *districts* **Chaque** *Each* **son propre maire** *its own mayor*
musée *museum* **écrivain** *writer* **rues** *streets* **reposent** *lie; rest*
provenant *from* **repos** *rest*

Les monuments

La tour Eiffel

La tour Eiffel a été construite° en 1889 (mille huit cent quatre-vingt-neuf) pour l'Exposition universelle, à l'occasion du centenaire° de la Révolution française. Elle mesure 324 (trois cent vingt-quatre) mètres de haut et pèse° 10.100 (dix mille cent) tonnes. La tour attire plus de° 6.000.000 (six millions) de visiteurs par an°.

Les gens

Paris-Plages

Pour les Parisiens qui ne voyagent pas pendant l'été°, la ville de Paris a créé° Paris-Plages pour apporter la plage° aux Parisiens! Inauguré en 2001 et installé sur les quais° de la Seine, Paris-Plages consiste en trois kilomètres de sable et d'herbe°, plein° d'activités comme la natation° et le volley. Ouvert en° juillet et en août, plus de 3.000.000 (trois millions) de personnes visitent Paris-Plages chaque° année.

Les musées

Le musée du Louvre

Ancien° palais royal, le musée du Louvre est aujourd'hui un des plus grands musées du monde° avec sa vaste collection de peintures°, de sculptures et d'antiquités orientales, égyptiennes, grecques et romaines. L'œuvre° la plus célèbre de la collection est *La Joconde°* de Léonard de Vinci. La pyramide de verre°, créée par l'architecte américain I.M. Pei, marque l'entrée° principale du musée.

Les transports

Le métro

L'architecte Hector Guimard a commencé à réaliser° des entrées du métro de Paris en 1898 (mille huit cent quatre-vingt-dix-huit). Ces entrées sont construites dans le style Art Nouveau: en forme de plantes et de fleurs°. Le métro est aujourd'hui un système très efficace° qui permet aux passagers de traverser° Paris rapidement.

Qu'est-ce que vous avez appris? Complétez les phrases.

1. La ville de Paris est divisée en vingt _____.
2. Chaque arrondissement a ses propres _____ et _____.
3. Charles Baudelaire est le nom d'un _____ français.
4. Édith Piaf est une _____ française.
5. Plus de 100.000 personnes par an visitent _____ sous les rues de Paris.
6. La tour Eiffel mesure _____ mètres de haut.
7. En 2001, la ville de Paris a créé _____ au bord de (*banks*) la Seine.
8. Le musée du Louvre est un ancien _____.
9. _____ est une création de I.M. Pei.
10. Certaines entrées du métro sont de style _____.

ressources

WB pp. 41–42

promenades.vhlcentral.com Unité 3

SUR INTERNET

Go to **promenades.vhlcentral.com** to find more cultural information related to this **PANORAMA**.

1. Quels sont les monuments les plus importants à Paris? Qu'est-ce qu'on peut faire (*can do*) dans la ville?
2. Trouvez des informations sur un des musées de Paris.
3. Recherchez la vie (*Research the life*) d'un(e) Parisien(ne) célèbre.
4. Cherchez un plan du métro de Paris et trouvez comment voyager du Louvre à la tour Eiffel.

construite *built* **centenaire** *100-year anniversary* **pèse** *weighs* **attire plus de** *attracts more than* **par an** *per year* **pendant l'été** *during the summer* **a créé** *created* **apporter la plage** *bring the beach* **quais** *banks* **de sable et d'herbe** *of sand and grass* **plein** *full* **natation** *swimming* **Ouvert en** *Open in* **chaque** *each* **Ancien** *Former* **monde** *world* **peintures** *paintings* **L'œuvre** *The work (of art)* **La Joconde** *The Mona Lisa* **verre** *glass* **entrée** *entrance* **a commencé à réaliser** *began to create* **fleurs** *flowers* **efficace** *efficient* **traverser** *to cross*

VOCABULAIRE

La famille

aîné(e)	elder
cadet(te)	younger
un beau-frère	brother-in-law
un beau-père	father-in-law; stepfather
une belle-mère	mother-in-law; stepmother
une belle-sœur	sister-in-law
un(e) cousin(e)	cousin
un demi-frère	half-brother; stepbrother
une demi-sœur	half-sister; stepsister
les enfants (m., f.)	children
un époux/ une épouse	spouse
une famille	family
une femme	wife; woman
une fille	daughter; girl
un fils	son
un frère	brother
une grand-mère	grandmother
un grand-père	grandfather
les grands-parents (m.)	grandparents
un mari	husband
une mère	mother
un neveu	nephew
une nièce	niece
un oncle	uncle
les parents (m.)	parents
un père	father
une petite-fille	granddaughter
un petit-fils	grandson
les petits-enfants (m.)	grandchildren
une sœur	sister
une tante	aunt
un chat	cat
un chien	dog
un oiseau	bird
un poisson	fish

Adjectifs descriptifs

antipathique	unpleasant
bleu(e)	blue
blond(e)	blond
brun(e)	dark (hair)
court(e)	short
drôle	funny
faible	weak
fatigué(e)	tired
fort(e)	strong
frisé(e)	curly
génial(e) (géniaux pl.)	great
grand(e)	big; tall
jeune	young
joli(e)	pretty
laid(e)	ugly
lent(e)	slow
mauvais(e)	bad
méchant(e)	mean
modeste	modest, humble
noir(e)	black
pauvre	poor, unfortunate
pénible	tiresome
petit(e)	small, short (stature)
prêt(e)	ready
raide	straight
rapide	fast
triste	sad
vert(e)	green
vrai(e)	true; real

Vocabulaire supplémentaire

divorcer	to divorce
épouser	to marry
célibataire	single
divorcé(e)	divorced
fiancé(e)	engaged
marié(e)	married
séparé(e)	separated
veuf/veuve	widowed
un(e) voisin(e)	neighbor

Expressions utiles	See pp. 71 and 85.
Possessive adjectives	See p. 76.
Numbers 61–100	See p. 88.
Prepositions of location	See p. 90.

Professions et occupations

un(e) architecte	architect
un(e) artiste	artist
un(e) athlète	athlete
un(e) avocat(e)	lawyer
un coiffeur/ une coiffeuse	hairdresser
un(e) dentiste	dentist
un homme/une femme d'affaires	businessman/ woman
un ingénieur	engineer
un(e) journaliste	journalist
un médecin	doctor
un(e) musicien(ne)	musician
un(e) propriétaire	owner; landlord/lady

Adjectifs irréguliers

actif/active	active
beau/belle	beautiful; handsome
bon(ne)	kind; good
châtain	brown (hair)
courageux/ courageuse	courageous, brave
cruel(le)	cruel
curieux/curieuse	curious
discret/discrète	discreet; unassuming
doux/douce	sweet; soft
ennuyeux/ennuyeuse	boring
étranger/étrangère	foreign
favori(te)	favorite
fier/fière	proud
fou/folle	crazy
généreux/généreuse	generous
gentil(le)	nice
gros(se)	fat
inquiet/inquiète	worried
intellectuel(le)	intellectual
jaloux/jalouse	jealous
long(ue)	long
(mal)heureux/ (mal)heureuse	(un)happy
marron	brown
naïf/naïve	naïve
nerveux/nerveuse	nervous
nouveau/nouvelle	new
paresseux/paresseuse	lazy
roux/rousse	red-haired
sérieux/sérieuse	serious
sportif/sportive	athletic
travailleur/ travailleuse	hard-working
vieux/vieille	old

Au café

Pour commencer
- Quelle heure est-il?
  a. 7h00 du matin   b. midi   c. minuit
- Qu'est-ce qu'il y a sur la table?
  a. une soupe   b. une limonade
  c. des sandwichs
- Qu'est-ce que Sandrine et David ont envie de faire (do)?
  a. manger   b. partager   c. échouer

Leçon 7

You will learn how to...
- say where you are going
- say what you are going to do

Où allons-nous?

une montagne

une maison

Il passe chez quelqu'un. (passer)

Elle quitte la maison. (quitter)

Ils déjeunent. (déjeuner)

une place

une terrasse de café

Elles bavardent. (bavarder)

Vocabulaire

danser	to dance
explorer	to explore
fréquenter	to frequent; to visit
inviter	to invite
nager	to swim
patiner	to skate
une banlieue	suburbs
une boîte (de nuit)	nightclub
un bureau	office; desk
un centre commercial	shopping center, mall
un centre-ville	city/town center, downtown
un cinéma (ciné)	movie theater, movies
un endroit	place
un grand magasin	department store
un gymnase	gym
un hôpital	hospital
un lieu	place
un magasin	store
un marché	market
un musée	museum
un parc	park
une piscine	pool
un restaurant	restaurant
une ville	city, town

ressources

WB
pp. 43–44

LM
p. 25

SUPERSITE
promenades.vhlcentral.com
Leçon 7

Attention!

Remember that nouns that end in –al have an irregular plural. Replace –al with –aux.

un hôpital → deux hôpitaux

À (*to, at*) before le or les makes these contractions:

à + le = au   à + les = aux

À does NOT contract with l' or la.

une église

une épicerie

euromarché

JOURNAUX

un kiosque

Il dépense de l'argent (*m.*).
(dépenser)

Mise en pratique

1 **Écoutez** 🎧 Jamila parle de sa journée à son amie Samira. Écoutez la conversation et mettez (*put*) les lieux listés dans l'ordre chronologique. Il y a deux lieux en trop (*extra*).

____ a. à l'hôpital
____ b. à la maison
____ c. à la piscine
____ d. au centre commercial
____ e. au cinéma
____ f. à l'église
____ g. au musée
____ h. au bureau
____ i. au parc
____ j. au restaurant

Coup de main

Note that the French Je vais à... is the equivalent of the English *I am going to...*

2 **Associez** Quels lieux associez-vous à ces activités?

1. nager _____
2. danser _____
3. dîner _____
4. travailler _____
5. habiter _____
6. épouser _____
7. voir (*to see*) un film _____
8. acheter (*to buy*) des fruits _____

3 **Logique ou illogique** Lisez chaque phrase et déterminez si l'action est logique ou illogique. Corrigez si nécessaire.

	logique	illogique
1. Maurice invite Delphine à une épicerie.	☐	☐
2. Caroline et Aurélie bavardent au marché.	☐	☐
3. Nous déjeunons à l'épicerie.	☐	☐
4. Ils dépensent beaucoup d'argent au centre commercial.	☐	☐
5. Vous explorez une ville.	☐	☐
6. Vous escaladez (*climb*) une montagne.	☐	☐
7. J'habite en banlieue.	☐	☐
8. Tu danses dans un marché.	☐	☐

Communication

4 **Conversez** Avec un(e) partenaire, échangez vos opinions sur ces activités. Utilisez un élément de chaque colonne dans vos réponses.

> **MODÈLE**
>
> **Étudiant(e) 1:** Moi, j'adore bavarder au restaurant, mais je déteste parler au musée.
> **Étudiant(e) 2:** Moi aussi, j'adore bavarder au restaurant. Je ne déteste pas parler au musée, mais j'aime mieux bavarder au parc.

Opinion	Activité	Lieu
adorer	bavarder	au bureau
aimer (mieux)	danser	au centre commercial
ne pas tellement aimer	déjeuner	au centre-ville
détester	dépenser de l'argent	au cinéma
	étudier	au gymnase
	inviter	au musée
	nager	au parc
	parler	à la piscine
	patiner	au restaurant

5 **La journée d'Anne** Votre professeur va vous donner, à vous et à votre partenaire, une feuille d'activités partiellement illustrée. À tour de rôle, posez-vous des questions pour compléter vos feuilles respectives. Utilisez le vocabulaire de la leçon. Attention! Ne regardez pas la feuille de votre partenaire.

> **MODÈLE**
>
> **Étudiant(e) 1:** À 7h30, Anne quitte la maison. Qu'est-ce qu'elle fait ensuite (do next)?
> **Étudiant(e) 2:** À 8h00, elle…

Anne

6 **Une lettre** Écrivez une lettre à un(e) ami(e) dans laquelle (*in which*) vous décrivez vos activités de la semaine. Utilisez les expressions de la boîte.

bavarder	passer chez quelqu'un
déjeuner	travailler
dépenser de l'argent	quitter la maison
étudier	un centre commercial
manger au restaurant	une boîte de nuit

Cher Paul,

Comment vas-tu? Moi, tout va bien. Je suis très actif/active à l'université. Je travaille beaucoup et j'ai beaucoup d'amis. En général, le samedi à midi, je déjeune au restaurant Le Lion d'Or avec mes copains. L'après-midi, je bavarde avec mes amis…

Les sons et les lettres

🎧 **Oral vowels**

French has two basic kinds of vowel sounds: oral vowels, the subject of this discussion, and nasal vowels, presented in **Leçon 8**. Oral vowels are produced by releasing air through the mouth. The pronunciation of French vowels is consistent and predictable.

In short words (usually two-letter words), **e** is pronounced similarly to the *a* in the English word *about*.

| le | que | ce | de |

The letter **a** alone is pronounced like the *a* in *father*.

| la | ça | ma | ta |

The letter **i** by itself and the letter **y** are pronounced like the vowel sound in the word *bee*.

| ici | livre | stylo | lycée |

The letter combination **ou** sounds like the vowel sound in the English word *who*.

| vous | nous | oublier | écouter |

The French **u** sound does not exist in English. To produce this sound, say *ee* with your lips rounded.

| tu | du | une | étudier |

Prononcez Répétez les mots suivants à voix haute.

1. je
2. chat
3. fou
4. ville
5. utile
6. place
7. jour
8. triste
9. mari
10. active
11. Sylvie
12. rapide
13. gymnase
14. antipathique
15. calculatrice
16. piscine

Articulez Répétez les phrases suivantes à voix haute.

1. Salut, Luc. Ça va?
2. La philosophie est difficile.
3. Brigitte est une actrice fantastique.
4. Suzanne va à son cours de physique.
5. Tu trouves le cours de maths facile?
6. Viviane a une bourse universitaire.

Dictons Répétez les dictons à voix haute.

Plus on est de fous, plus on rit.[2]

Qui va à la chasse perd sa place.[1]

[1] He who steps out of line loses his place.

[2] The more the merrier.

ROMAN-PHOTO

Star du cinéma

PERSONNAGES

Amina

David

Pascal

Sandrine

À l'épicerie...
DAVID Juliette Binoche? Pas possible! Je vais chercher Sandrine!

Au café...
PASCAL Alors chérie, tu vas faire quoi de ton week-end?
SANDRINE Euh, demain je vais déjeuner au centre-ville.
PASCAL Bon... et quand est-ce que tu vas rentrer?
SANDRINE Euh, je ne sais pas. Pourquoi?

PASCAL Pour rien. Et demain soir, tu vas danser?
SANDRINE Ça dépend. Je vais passer chez Amina pour bavarder avec elle.
PASCAL Combien d'amis as-tu à Aix-en-Provence?
SANDRINE Oh, Pascal...
PASCAL Bon, moi, je vais continuer à penser à toi jour et nuit.

DAVID Mais l'actrice! Juliette Binoche!
SANDRINE Allons-y! Vite! C'est une de mes actrices préférées! J'adore le film *Chocolat*!
AMINA Et comme elle est chic! C'est une vraie star!
DAVID Elle est à l'épicerie! Ce n'est pas loin d'ici!

Dans la rue...
AMINA Mais elle est où, cette épicerie? Nous allons explorer toute la ville pour rencontrer Juliette Binoche?
SANDRINE C'est là, l'épicerie Pierre Dubois à côté du cinéma?
DAVID Mais non, elle n'est pas à l'épicerie Pierre Dubois, elle est à l'épicerie près de l'église, en face du parc.

AMINA Et combien d'églises est-ce qu'il y a à Aix?
SANDRINE Il n'y a pas d'église en face du parc!
DAVID Bon, hum, l'église sur la place.
AMINA D'accord, et ton église sur la place, elle est ici au centre-ville ou en banlieue?

1 Vrai ou faux? Indiquez pour chaque phrase si l'affirmation est vraie ou fausse et corrigez si nécessaire.

1. David va chercher Pascal.
2. Sandrine va déjeuner au centre-ville.
3. Pascal va passer chez Amina.
4. Pascal va continuer à penser à Sandrine jour et nuit.
5. Pascal va bien.
6. Juliette Binoche est l'actrice préférée de Sandrine.
7. L'épicerie est loin du café.
8. L'épicerie Pierre Dubois est à côté de l'église.
9. Il n'y a pas d'église en face du parc.
10. Juliette Binoche fréquente le P'tit Bistrot.

David et les filles à la recherche de (*in search of*) leur actrice préférée.

SANDRINE Oui. Génial.
Au revoir, Pascal.
AMINA Salut Sandrine. Comment
va Pascal?
SANDRINE Il va bien mais il
adore bavarder.

DAVID Elle est là, elle est là!
SANDRINE Mais, qui est là?
AMINA Et c'est où, «là»?
DAVID Juliette Binoche! Mais non,
pas ici!
SANDRINE ET AMINA Quoi? Qui? Où?

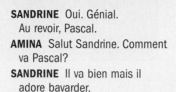

Devant l'épicerie...
DAVID C'est elle, là! Hé, JULIETTE!
AMINA Oh, elle est belle!
SANDRINE Elle est jolie, élégante!
AMINA Elle est... petite?
DAVID Elle, elle... est... vieille?!?

AMINA Ce n'est pas du tout
Juliette Binoche!
SANDRINE David, tu es complètement
fou! Juliette Binoche, au
centre-ville d'Aix?
AMINA Pourquoi est-ce qu'elle ne
fréquente pas le P'tit Bistrot?

Expressions utiles

Talking about your plans

- **Tu vas faire quoi de ton week-end?**
  What are you doing this weekend?
- **Je vais déjeuner au centre-ville.**
  I'm going to have lunch downtown.
- **Quand est-ce que tu vas rentrer?**
  When are you coming back?
- **Je ne sais pas.**
  I don't know.
- **Je vais passer chez Amina.**
  I am going to Amina's (house).
- **Nous allons explorer toute la ville.**
  We're going to explore the whole city.

Additional vocabulary

- **C'est une de mes actrices préférées.**
  She's one of my favorite actresses.
- **Comme elle est chic!**
  She is so chic!
- **Ce n'est pas loin d'ici!**
  It's not far from here!
- **Ce n'est pas du tout...**
  It's not... at all.
- **Ça dépend.**
  It depends.
- **Pour rien.**
  No reason.
- **Vite!**
  Quick!, Hurry!

2 **Questions** À l'aide (*the help*) d'un dictionnaire, choisissez le bon mot pour chaque question.

1. (Avec qui, Quoi) Sandrine parle-t-elle au téléphone?
2. (Où, Parce que) Sandrine va-t-elle déjeuner?
3. (Qui, Pourquoi) Pascal demande-t-il à Sandrine quand elle va rentrer?
4. (Combien, Comment) d'amis Sandrine a-t-elle?
5 (Combien, À qui) Amina demande-t-elle comment va Pascal?
6. (Quand, Où) est Juliette Binoche?

3 **Écrivez** Pensez à votre acteur ou actrice préféré(e) et préparez un paragraphe où vous décrivez son apparence, sa personnalité et sa carrière. Comment est-il/elle? Dans quel(s) (*which*) film(s) joue-t-il/elle? Si un jour vous rencontrez cet acteur/cette actrice, qu'est-ce que vous allez lui dire (*say to him or her*)?

ressources

| VM pp. 199–200 | DVD Leçon 7 | SUPERSITE promenades.vhlcentral.com Leçon 7 |

ACTIVITÉS

SUPERSITE

CULTURE À LA LOUPE

Les passe-temps des jeunes Français

Comment est-ce que les jeunes occupent leur temps libre° en France?
Les jeunes de 15 à 25 ans passent beaucoup de temps à regarder la
télévision: environ° 14 heures par° semaine. Ils écoutent aussi beaucoup
de musique: environ 16 heures par semaine, et surfent souvent° sur
Internet (11 heures). Les jeux° vidéo sont aussi très populaires: les jeunes
jouent° en moyenne° 12 heures par semaine.

En France, les jeunes aiment également° les activités
culturelles, en particulier le cinéma: en moyenne, ils y° vont
une fois° par semaine. Ils aiment aussi la littérature et l'art:
presque° 50% (pour cent) visitent des musées ou des monuments
historiques chaque année et plus de° 40% vont au théâtre ou à des
concerts. Un jeune sur cinq° joue d'un instrument de musique
ou chante°, et environ 20% d'entre eux° pratiquent une activité
artistique, comme la danse, le
théâtre, la sculpture, le dessin° ou
la peinture°. La photographie et la
vidéo sont aussi très appréciées.

Il ne faut pas° oublier de
mentionner que les jeunes Français
sont aussi très sportifs. Bien sûr,
comme tous les jeunes, ils préfèrent
parfois° simplement se détendre° et
bavarder avec des amis.

Finalement, les passe-temps des
jeunes Français sont similaires aux
activités des jeunes Américains!

Les activités culturelles des Français	
(% des Français qui les° pratiquent)	
le dessin	7%
l'écriture°	4%
la peinture	4%
le piano	3%
autre instrument de musique	3%
la danse	2%
la guitare	2%
la sculpture	1%
le théâtre	1%

temps libre *free time* environ *around* par *per* souvent *often* jeux *games* jouent *play* en moyenne
on average également *also* y *there* fois *time* presque *almost* plus de *more than* un... sur cinq *one... in
five* chante *sings* d'entre eux *of them* dessin *drawing* peinture *painting* Il ne faut pas *One must not*
parfois *sometimes* se détendre *relax* les *them* écriture *writing*

A C T I V I T É S

1 **Vrai ou faux?** Indiquez si les phrases sont **vraies** ou **fausses**.

 1. Les jeunes Français n'écoutent pas de musique.

2. Les jeunes Français n'utilisent pas Internet.

3. Les jeunes Français aiment aller au musée.

4. Les jeunes Français n'aiment pas beaucoup les livres.

5. Les jeunes Français n'aiment pas pratiquer d'activités artistiques.

6. Les Français entre 15 et 25 ans ne font pas de sport.

7. Les passe-temps des jeunes Américains sont similaires aux passe-temps des jeunes Français.

8. L'instrument de musique le plus (*the most*) populaire en France est le piano.

9. Plus de (*More*) gens pratiquent la peinture que la sculpture.

10. Environ 10% des Français pratiquent la sculpture.

Scanning

Scanning involves glancing over a text in search of specific information. For example, you can scan a document to identify its format, to find cognates, to locate visual clues about its content, or to find specific facts. Scanning allows you to learn a great deal about a text without having to read it word for word. Scan the **Portrait** selection and, in pairs, make a list of the cognates you find.

Où passer le temps

Voici quelques endroits typiques où les jeunes francophones aiment se restaurer° et passer du temps.

En Afrique de l'ouest

Le maquis Commun dans beaucoup de pays° d'Afrique de l'ouest°, le maquis est un restaurant où on peut manger à bas prix°. Situé en ville ou en bord de route°, le maquis est typiquement en plein air°.

Au Sénégal

Le tangana Le terme «tang» signifie «chaud» en wolof, une des langues nationales du Sénégal. Le tangana est un lieu populaire pour se restaurer. On trouve souvent les tanganas au coin de la rue°, en plein air, avec des tables et des bancs°.

se restaurer *have something to eat* **pays** *countries* **ouest** *west* **à bas prix** *inexpensively* **en bord de route** *on the side of the road* **en plein air** *outdoors* **coin de la rue** *street corner* **bancs** *benches*

Le parc Astérix

Situé° à 30 kilomètres de Paris, en Picardie, le parc Astérix est le premier parc à thème français. Le parc d'attractions°, ouvert° en 1989, est basé sur la bande dessinée° française, *Astérix le Gaulois*. Création de René Goscinny et d'**Albert Uderzo**, Astérix est un guerrier gaulois° qui lutte° contre l'invasion des Romains. Au parc Astérix, il y a des montagnes russes°, des petits trains et des spectacles, tous° basés sur les aventures d'Astérix et de son meilleur ami, Obélix. Une des attractions, *le Tonnerre° de Zeus*, est la plus grande° montagne russe en bois° d'Europe.

Situé *Located* **parc d'attractions** *amusement park* **ouvert** *opened* **bande dessinée** *comic strip* **guerrier gaulois** *Gallic warrior* **lutte** *fights* **montagnes russes** *roller coasters* **tous** *all* **Tonnerre** *Thunder* **la plus grande** *the largest* **en bois** *wooden*

SUPERSITE

S U R   I N T E R N E T

Comment sont les parcs d'attractions dans les autres pays francophones?

Go to **promenades.vhlcentral.com** to find more cultural information related to this **LECTURE CULTURELLE**.

---

2 **Compréhension** Complétez les phrases.

1. Le parc Astérix est basé sur *Astérix le Gaulois*, une _____.
2. Astérix le Gaulois est une _____ de René Goscinny et d'Albert Uderzo.
3. Le parc Astérix est près de la ville de _____.
4. Astérix est un _____ gaulois.
5. On mange à bas prix dans un _____.
6. Au Sénégal, on parle aussi le _____.

3 **Vos activités préférées** Posez des questions à trois ou quatre de vos camarades de classe à propos de leurs activités favorites. Comparez vos résultats avec ceux (*those*) d'un autre groupe.

A C T I V I T É S

7.1 The verb *aller*

Point de départ In **Leçon 1**, you saw a form of the verb **aller** (*to go*) in the expression **ça va**. Now you will use this verb to talk about going places and to express actions that take place in the immediate future.

aller			
je vais	*I go*	**nous allons**	*we go*
tu vas	*you go*	**vous allez**	*you go*
il/elle va	*he/she/it goes*	**ils/elles vont**	*they go*

- Note that **aller** is irregular. Only the **nous** and **vous** forms resemble the infinitive.

  Tu **vas** souvent au cinéma?
  Do you go often to the movies?

  Nous **allons** au marché le samedi.
  We go to the market on Saturdays.

  Je **vais** à la piscine.
  I'm going to the pool.

  Vous **allez** au parc aussi?
  Are you going to the park too?

- **Aller** can also be used with another verb to tell what is going to happen. This construction is called **le futur proche** (*immediate future*). Conjugate **aller** in the present tense and place the other verb's infinitive form directly after it.

  Nous **allons déjeuner** sur la terrasse.
  We're going to eat lunch on the terrace.

  Marc et Julie **vont explorer** le centre-ville.
  Marc and Julie are going to explore downtown.

Demain, je vais déjeuner au centre-ville.

Et quand est-ce que tu vas rentrer?

- To negate an expression in **le futur proche**, place **ne/n'** before the conjugated form of **aller** and **pas** after it.

  Je **ne vais pas** faire mes devoirs.
  I'm not going to do my homework.

  Nous **n'allons pas** quitter la maison.
  We're not going to leave the house.

- Note that this construction can be used with the infinitive of **aller** to mean *going to go (somewhere)*.

  Elle **va aller** à la piscine.
  She's going to go to the pool.

  Vous **allez aller** au gymnase ce soir?
  You're going to go to the gym tonight?

SUPERSITE

MISE EN PRATIQUE

1 **Questions parentales** Votre père est très curieux. Trouvez les questions qu'il pose.

MODÈLE

tes frères / piscine *Tes frères vont à la piscine?*

1. tu / cinéma / ce soir
2. tes amis et toi, vous / boîte
3. ta mère et moi, nous / ville / vendredi
4. ta petite amie / souvent / marché
5. je / musée / avec toi / demain
6. tes amis / parc

2 **Samedi prochain** Voici ce que (*what*) vous et vos amis faites (*are doing*) aujourd'hui. Indiquez que vous allez faire les mêmes (*same*) choses samedi prochain.

MODÈLE

Je nage. *Samedi prochain aussi, je vais nager.*

1. Paul bavarde avec ses copains.
2. Nous dansons.
3. Je dépense de l'argent dans un magasin.
4. Luc et Sylvie déjeunent au restaurant.
5. Vous explorez le centre-ville.
6. Tu patines.

3 **Où vont-ils?** Avec un(e) partenaire, regardez les images et indiquez où vont les personnages.

MODÈLE

Henri va au cinéma.

Henri

1. je

3. Paul et Luc

2. nous

4. vous

COMMUNICATION

4 Activités du week-end Avec un(e) partenaire, assemblez les éléments des colonnes pour poser des questions. Rajoutez (*Add*) d'autres éléments utiles.

MODÈLE

Étudiant(e) 1: Est-ce que tu vas déjeuner avec tes copains?
Étudiant(e) 2: Oui, je vais déjeuner avec mes copains.

A	B	C	D
ta sœur	aller	voyager	professeur
vous		aller	cinéma
tes copains		déjeuner	boîte de nuit
nous		bavarder	piscine
tu		nager	centre commercial
ton petit ami		danser	café
ta petite amie		parler	parents
tes grands-parents			copains
			petit(e) ami(e)

5 Le grand voyage Vous avez gagné (*have won*) un voyage dans un lieu de votre choix. Par groupes de trois, expliquez à vos camarades ce que vous allez faire pendant (*during*) le voyage. Vos camarades vont deviner (*to guess*) où vous allez.

MODÈLE

Étudiant(e) 1: Je vais visiter le musée du Louvre.
Étudiant(e) 2: Est-ce que tu vas aller à Paris?

6 À Deauville Votre professeur va vous donner, à vous et à votre partenaire, un plan (*map*) de Deauville. Attention! Ne regardez pas la feuille de votre partenaire.

MODÈLE

Étudiant(e) 1: Où va Simon?
Étudiant(e) 2: Il va au kiosque.

The preposition *à*

- The preposition **à** contracts with the definite articles **le** and **les**. It does not contract with **la** or **l'**.

à + le ▸ **au**

Nous allons **au** magasin.
We're going to the store.

Je rentre **à la** maison.
I'm going back home.

à + les ▸ **aux**

Ils parlent **aux** profs.
They speak to the professors.

Il va **à l'**épicerie.
He's going to the grocery store.

- The preposition **à** can be translated in various ways in English: *to, in, at.* It often indicates a physical location, as with **aller à** and **habiter à**. However, it can have other meanings depending on the verb used.

Verbs with the preposition *à*

commencer à [+ *infinitive*]	to start (doing something)	penser à	to think about
parler à	to talk to	téléphoner à	to phone (someone)

Elle va **parler au** professeur.
She's going to talk to the professor.

Il **commence à travailler** demain.
He starts working tomorrow.

- In general, **à** is used to mean *at* or *in,* whereas **dans** is used to mean *inside.* When learning a place name in French, learn the preposition that accompanies it.

Prepositions with place names

à la maison	*at home*	dans la maison	*inside the house*
à Paris	*in Paris*	dans Paris	*inside Paris*
en ville	*in town*	dans la ville	*inside the town*
sur la place	*in the square*	à/sur la terrasse	*on the terrace*

Tu travailles **à la maison**?
Are you working at home?

On mange **dans la maison**.
We'll eat inside the house.

Essayez! Utilisez la forme correcte du verbe **aller**.

1. Comment ça ___*va*___?
2. Tu _____ à la piscine pour nager.
3. Ils _____ au centre-ville.
4. Nous _____ bavarder au café.
5. Vous _____ aller au restaurant ce soir?
6. Elle _____ aller à l'église dimanche matin.
7. Ce soir, je _____ danser en boîte.
8. On ne _____ pas passer par l'épicerie cet après-midi.

7.2 Interrogative words

Point de départ In **Leçon 3**, you learned four ways to formulate yes or no questions in French. However, many questions seek information that can't be provided by a simple yes or no answer.

- Use these words with **est-ce que** or inversion.

Interrogative words			
à quelle heure?	*at what time?*	quand?	*when?*
combien (de)?	*how many?;* *how much?*	que/qu'...?	*what?*
		quel(le)(s)?	*which?; what?*
comment?	*how?; what?*	(à/avec/pour)	*(to/with/for)*
où?	*where?*	qui?	*who(m)?*
pourquoi?	*why?*	quoi?	*what?*

À qui le professeur parle-t-il ce matin?
Whom is the professor talking to this morning?

Pourquoi est-ce que tu danses?
Why are you dancing?

Combien de villes **y a-t-il** en Suisse?
How many cities are there in Switzerland?

Que vas-tu manger?
What are you going to eat?

- Although **quand?** and **à quelle heure?** can be translated as *when?* in English, they are not interchangeable. Use **quand** to talk about a day or date, and **à quelle heure** to talk about a particular time of day.

Quand est-ce que le cours commence?
When does the class start?

Il commence **le lundi 28 août**.
It starts Monday, August 28.

À quelle heure est-ce qu'il commence?
At what time does it begin?

Il commence **à dix heures et demie**.
It starts at 10:30.

- Another way to formulate questions with most interrogative words is by placing them after a verb. This kind of formulation is very informal but very common.

Tu t'appelles **comment**?
What's your name?

Tu habites **où**?
Where do you live?

- Note that **quoi?** (*what?*) must immediately follow a preposition in order to be used with **est-ce que** or inversion. If no preposition is necessary, place **quoi** after the verb.

À quoi pensez-vous?
What are you thinking about?

De quoi est-ce qu'il parle?
What is he talking about?

Elle étudie **quoi**?
What does she study?

Tu regardes **quoi**?
What are you looking at?

  MISE EN PRATIQUE

1 **Le français familier** Utilisez l'inversion pour refaire les questions.

MODÈLE

Tu t'appelles comment?
Comment t'appelles-tu?

1. Tu habites où?
2. Le film commence à quelle heure?
3. Il est quelle heure?
4. Tu as combien de frères?
5. Le prof parle quand?
6. Vous aimez quoi?
7. Elle téléphone à qui?
8. Il étudie comment?

2 **La paire** Trouvez la paire et formez des phrases complètes. Utilisez chaque (*each*) phrase une fois (*once*).

1. À quelle heure
2. Comment
3. Combien de
4. Avec qui
5. Où
6. Pourquoi
7. Qu'
8. Quelle

a. est-ce que tu regardes?
b. habitent-ils?
c. est-ce que tu habites dans le centre-ville?
d. est-ce que le cours commence?
e. heure est-il?
f. vous appelez-vous?
g. villes est-ce qu'il y a aux États-Unis?
h. parlez-vous?

3 **La question** Vous avez les réponses. Quelles sont les questions?

MODÈLE

Il est midi.
Quelle heure est-il?

1. Les cours commencent à huit heures.
2. Stéphanie habite à Paris.
3. Julien danse avec Caroline.
4. Elle s'appelle Julie.
5. Laetitia a deux chiens.
6. Elle déjeune dans ce restaurant parce qu'il est à côté de son bureau.
7. Nous allons bien, merci.
8. Je vais au marché mardi.

COMMUNICATION

4 **Questions et réponses** À tour de rôle, posez une question à un(e) partenaire au sujet de chaque (*each*) thème de la liste. Posez une deuxième (*second*) question basée sur sa réponse.

MODÈLE

Étudiant(e) 1: *Où est-ce que tu habites?*
Étudiant(e) 2: *J'habite chez mes parents.*
Étudiant(e) 1: *Pourquoi est-ce que tu habites chez tes parents?*

Thèmes

- où vous habitez
- ce que vous faites (*do*) le week-end
- à qui vous téléphonez
- combien de frères et sœurs vous avez
- les endroits que vous fréquentez avec vos copains

5 **La montagne** Par groupes de quatre, lisez (*read*) avec attention la lettre de Céline. Fermez votre livre. Une personne du groupe va poser une question basée sur l'information donnée. La personne qui répond pose une autre question au groupe, etc.

Bonjour. Je m'appelle Céline. J'ai 20 ans. Je suis grande, mince et sportive. J'habite à Grenoble dans une maison agréable. Je suis étudiante à l'université. J'adore la montagne.

Tous les week-ends, je vais skier à Chamrousse avec mes trois amis Alain, Catherine et Pascal. Nous skions de midi à cinq heures. À six heures, nous prenons un chocolat chaud à la terrasse d'un café ou nous allons manger des crêpes dans un restaurant. Nous rencontrons souvent d'autres étudiants et nous allons en boîte tous ensemble.

- To answer a question formulated with **pourquoi**, use **parce que/qu'** (*because*).

Pourquoi habites-tu la banlieue?	**Parce que** je n'aime pas le centre-ville.
Why do you live in the suburbs?	*Because I don't like downtown.*

- It's impolite to use **Quoi?** to indicate that you don't understand what's being said. Use **Comment?** or **Pardon?** instead.

Vous allez voyager cette année?	**Comment?**
Are you going to travel this year?	*I beg your pardon?*

- Note that when **qui?** is used as a subject, the verb that follows is always singular.

Qui fréquente le café?	Nora et Angélique fréquentent le café.
Who goes to the café?	*Nora and Angélique go to the café.*

- **Quel(le)(s)** agrees in gender and number with the noun it modifies.

The interrogative adjective *quel(le)(s)*

	singular		plural	
masculine	**quel** hôpital?	*which hospital?*	**quels** restaurants?	*which restaurants?*
feminine	**quelle** place?	*which public square?*	**quelles** montagnes?	*which mountains?*

- **Quel(le)(s)?** can be placed before a form of the verb **être**.

Quels problèmes as-tu?	*but*	**Quels sont** tes problèmes?
What problems do you have?		*What are your problems?*

Tu es de quelle origine?

Quel jour sommes-nous?

Essayez! Donnez les mots (*words*) interrogatifs.

1. <u>Comment</u> allez-vous?
2. _____ est-ce que vous allez faire (*do*) après le cours?
3. Le cours de français commence à _____ heure?
4. _____ est-ce que tu ne travailles pas?
5. Avec _____ est-ce qu'on va au cinéma ce soir?
6. _____ d'étudiants y a-t-il dans la salle de classe?

1 **En ville** Par groupes de trois, interviewez vos camarades. Où allez-vous en ville? Quand ils mentionnent un endroit de la liste, demandez des détails (quand? avec qui? pourquoi? etc.). Présentez les réponses à la classe.

le café	le musée
le centre commercial	le parc
le cinéma	la piscine
le marché	le restaurant

2 **La semaine prochaine** Voici votre agenda (*day planner*). Parlez de votre semaine avec un(e) partenaire. Mentionnez trois activités associées au travail et trois activités d'un autre type. Deux des activités doivent (*must*) être des activités de groupe.

MODÈLE

Lundi je vais préparer un examen, mais samedi je vais danser en boîte.

	L	M	M	J	V	S	D
8h30							
9h00							
9h30							
10h00							
10h30							
11h00							
11h30							
12h00							
12h30							

3 **Le week-end** Par groupes de trois, posez-vous des questions sur vos projets (*plans*) pour le week-end prochain. Donnez des détails. Mentionnez aussi des activités faites (*made*) pour deux personnes.

MODÈLE

Étudiant(e) 1: *Quels projets avez-vous pour ce week-end?*
Étudiant(e) 2: *Nous allons au marché samedi.*
Étudiant(e) 3: *Et nous allons au café dimanche.*

4 **Ma ville** À tour de rôle, vous invitez votre partenaire dans votre ville d'origine pour une visite d'une semaine. Proposez des activités variées et préparez une liste. Ensuite (*Then*), comparez vos villes et vos projets (*plans*) avec ceux (*those*) d'un autre groupe.

MODÈLE

Étudiant(e) 1: *Samedi, on va au centre-ville.*
Étudiant(e) 2: *Nous allons dépenser de l'argent!*

5 **Où passer un long week-end?** Vous et votre partenaire avez la possibilité de passer un long week-end à Montréal ou à La Nouvelle-Orléans, mais vous préférez chacun(e) (*each one*) une ville différente. Jouez la conversation pour la classe.

MODÈLE

Étudiant(e) 1: *À Montréal, on va visiter les librairies!*
Étudiant(e) 2: *Oui, mais à La Nouvelle-Orléans, je vais danser dans les boîtes cajuns!*

Montréal
- le jardin botanique
- le musée des Beaux-Arts
- le parc du Mont-Royal
- le Vieux-Montréal

La Nouvelle-Orléans
- le Café du Monde
- la cathédrale Saint-Louis
- la route des plantations
- le vieux carré (quartier français)

6 **La semaine de Martine** Votre professeur va vous donner, à vous et à votre partenaire, des informations sur la semaine de Martine. Attention! Ne regardez pas la feuille de votre partenaire.

MODÈLE

Lundi matin, Martine va dessiner au parc.

ressources		
WB pp. 45–48	LM pp. 27–28	promenades.vhlcentral.com Leçon 7

Le Zapping

SWISS made

La compagnie Swiss International Air Lines offre à ses passagers une alternative aux compagnies aériennes° contemporaines. En général, le public a des impressions négatives des compagnies: les gens° se plaignent° constamment du mauvais service et de la mauvaise cuisine. Voilà pourquoi Swiss International Air Lines propose à ses clients l'élégance et le confort. Sa stratégie de marketing bénéficie de l'excellente réputation des produits et des services suisses, dont° la qualité supérieure est reconnue° dans le monde entier.

—Le ventilateur doucement° murmure... —Au micro° parle le copilote...

Compréhension Répondez aux questions.

1. Quels endroits d'une ville trouve-t-on dans la publicité (*ad*)?
2. Quels types de personnes y a-t-il dans la publicité? Pourquoi est-ce important?

Discussion Par groupes de quatre, répondez aux questions.

1. Avez-vous un produit fabriqué en Suisse? Si oui, quel produit? Décrivez sa qualité. Si non, quel produit suisse avez-vous envie de posséder? Pourquoi?
2. Vous allez fonder une compagnie aérienne différente des autres (*from the others*). Comment est-elle différente? Quelles destinations va-t-elle proposer?

SUR INTERNET

compagnies aériennes *airlines* **souvent** *often* **les gens** *people* **se plaignent** *complain* **dont** *whose* **reconnue** *recognized* **avion** *plane* **Le ventilateur doucement** *The fan gently* **micro** *microphone*

Go to **promenades.vhlcentral.com** to watch the TV clip featured in this **Le zapping**.

Leçon 8

J'ai faim!

You will learn how to...
- order food and beverages
- ask for your check

Vocabulaire

apporter l'addition	to bring the check/bill
coûter	to cost
Combien coûte(nt)...?	How much is/are...?
une baguette	baguette (long, thin loaf of bread)
le beurre	butter
des frites (f.)	French fries
un fromage	cheese
le jambon	ham
un pain (de campagne)	(country-style) bread
un sandwich	sandwich
une boisson (gazeuse)	(soft) (carbonated) drink/beverage
un chocolat (chaud)	(hot) chocolate
une eau (minérale)	(mineral) water
un jus (d'orange, de pomme, etc.)	(orange, apple, etc.) juice
le lait	milk
une limonade	lemon soda
un thé (glacé)	(iced) tea
(pas) assez (de)	(not) enough (of)
beaucoup (de)	a lot (of)
d'autres	others
un morceau (de)	piece, bit (of)
un peu (plus/moins) (de)	a little (more/less) (of)
plusieurs	several
quelque chose	something; anything
quelques	some
tous (m. pl.)	all
tout (m. sing.)	all
tout (tous) le/les (m.)	all the
toute(s) la/les (f.)	all the
trop (de)	too many/much (of)
un verre (de)	glass (of)

menu
du jour
soupe du
jour
3.50€
plat du
jour
12€

le prix

un serveur
(serveuse f.)

une bouteille
d'eau

l'addition (f.)

une soupe

les croissants (m.)

Elle laisse
un pourboire.
(laisser)

Il a faim.

ressources

WB
pp. 49–50

LM
p. 29

SUPERSITE
promenades.vhlcentral.com
Leçon 8

112 *cent douze*

Mise en pratique

1 Écoutez 🎧 Écoutez la conversation entre André et le serveur du café Gide, et décidez si les phrases sont **vraies** ou **fausses**.

	Vrai	Faux
1. André n'a pas très soif.	☐	☐
2. André n'a pas faim.	☐	☐
3. Au café, on peut commander (*one may order*) un jus d'orange, une limonade, un café ou une boisson gazeuse.	☐	☐
4. André commande un sandwich au jambon avec du fromage.	☐	☐
5. André commande une tasse de chocolat.	☐	☐
6. André déteste le lait et le sucre.	☐	☐
7. André n'a pas beaucoup d'argent.	☐	☐
8. André ne laisse pas de pourboire.	☐	☐

2 Chassez l'intrus Trouvez le mot qui ne va pas avec les autres.

1. un croissant, le pain, le fromage, une baguette
2. une limonade, un jus de pomme, un jus d'orange, le beurre
3. des frites, un sandwich, le sucre, le jambon
4. le jambon, un éclair, un croissant, une baguette
5. l'eau, la boisson, l'eau minérale, la soupe
6. l'addition, un chocolat, le pourboire, coûter
7. apporter, d'autres, plusieurs, quelques
8. un morceau, une bouteille, un verre, une tasse

3 Reliez Reliez (*Connect*) correctement les expressions de quantité suivantes aux produits de la liste.

un morceau de	une bouteille de
un verre de	une tasse de

MODÈLE

un morceau de baguette

1. _____ eau
2. _____ sandwich
3. _____ fromage
4. _____ chocolat
5. _____ café
6. _____ jus de pomme
7. _____ thé
8. _____ limonade

Attention!

To read prices in French, say the number of euros (**euros**) followed by the number of cents (**centimes**). French decimals are marked with a comma, not a period.

8,10€ = huit euros dix (**centimes**)

CONTEXTES

Communication

4 **Combien coûte...?** Regardez la carte et, à tour de rôle, demandez à votre partenaire combien coûte chaque élément. Répondez par des phrases complètes.

> **MODÈLE**
>
> **Étudiant(e) 1:** *Combien coûte un sandwich?*
> **Étudiant(e) 2:** *Un sandwich coûte 3,50€.*

1. _____
2. _____
3. _____
4. _____
5. _____
6. _____
7. _____
8. _____

5 **Conversez** Interviewez un(e) camarade de classe.

1. Qu'est-ce que tu aimes boire (*drink*) quand tu as soif? Quand tu as froid? Quand tu as chaud?
2. Quand tu as faim, est-ce que tu manges au resto U? Qu'est-ce que tu aimes manger?
3. Est-ce que tu aimes le café ou le thé? Combien de tasses est-ce que tu aimes boire par jour?
4. Comment est-ce que tu aimes le café? Avec du lait? Avec du sucre? Noir (*black*)?
5. Comment est-ce que tu aimes le thé? Avec du lait? Avec du sucre? Nature (*black*)?
6. Dans ta famille, qui aime le thé? Et le café?
7. Quand tu manges dans un restaurant, est-ce que tu laisses un pourboire au serveur/à la serveuse?
8. Quand tu manges avec ta famille ou avec tes amis dans un restaurant, qui paie (*pays*) l'addition?

6 **Au café** Choisissez deux partenaires et écrivez une conversation entre deux client(e)s de café et leur serveur/serveuse. Préparez-vous à jouer (*perform*) la scène devant la classe.

Client(e)s

- Demandez des détails sur le menu et les prix.
- Choisissez des boissons et des plats (*dishes*).
- Demandez l'addition.

Serveur/Serveuse

- Parlez du menu et répondez aux questions.
- Apportez les plats et l'addition.

> **Coup de main**
>
> **Vous désirez?**
> *What can I get you?*
>
> **Je voudrais...**
> *I would like...*
>
> **C'est combien?**
> *How much is it/this/that?*

7 **Sept différences** Votre professeur va vous donner, à vous et à votre partenaire, deux feuilles d'activités différentes. Attention! Ne regardez pas la feuille de votre partenaire.

> **MODÈLE**
>
> **Étudiant(e) 1:** *J'ai deux tasses de café.*
> **Étudiant(e) 2:** *Oh, j'ai une tasse de thé!*

Les sons et les lettres

🎧 Nasal vowels

When vowels are followed by an **m** or an **n** in a single syllable, they usually become nasal vowels. Nasal vowels are produced by pushing air through both the mouth and the nose.

The nasal vowel sound you hear in **français** is usually spelled **an** or **en**.

an	français	enchanté	enfant

The nasal vowel sound you hear in **bien** may be spelled **en**, **in**, **im**, **ain**, or **aim**. The nasal vowel sound you hear in **brun** may be spelled **un** or **um**.

examen	américain	lundi	parfum

The nasal vowel sound you hear in **bon** is spelled **on** or **om**.

ton	allons	combien	oncle

When **m** or **n** is followed by a vowel sound, the preceding vowel is not nasal.

image	inutile	ami	amour

Prononcez Répétez les mots suivants à voix haute.

1. blond
2. dans
3. faim
4. entre
5. garçon
6. avant
7. maison
8. cinéma
9. quelqu'un
10. différent
11. amusant
12. télévision
13. impatient
14. rencontrer
15. informatique
16. comment

Articulez Répétez les phrases suivantes à voix haute.

1. Mes parents ont cinquante ans.
2. Tu prends une limonade, Martin?
3. Le Printemps est un grand magasin.
4. Lucien va prendre le train à Montauban.
5. Pardon, Monsieur, l'addition s'il vous plaît!
6. Jean-François a les cheveux bruns et les yeux marron.

Dictons Répétez les dictons à voix haute.

N'allonge pas ton bras au-delà de ta manche.[2]

L'appétit vient en mangeant.[1]

[2] Don't bite off more than you can chew. (lit. Don't stretch your arm out farther than your sleeve.)

[1] Appétite comes from eating.

ROMAN-PHOTO

L'heure du déjeuner SUPERSITE

PERSONNAGES

Amina

David

Michèle

Rachid

Sandrine

Valérie

Près du café...

AMINA J'ai très faim. J'ai envie de manger un sandwich.

SANDRINE Moi aussi, j'ai faim, et puis j'ai soif. J'ai envie d'une bonne boisson. Eh, les garçons, on va au café?

RACHID Moi, je rentre à l'appartement étudier pour un examen de sciences po. David, tu vas au café avec les filles?

DAVID Non, je rentre avec toi. J'ai envie de dessiner un peu.

AMINA Bon, alors, à tout à l'heure.

Au café...

VALÉRIE Bonjour, les filles! Alors, ça va, les études?

AMINA Bof, ça va. Qu'est-ce qu'il y a de bon à manger aujourd'hui?

VALÉRIE Et bien, j'ai une soupe de poisson maison délicieuse! Il y a aussi des sandwichs jambon-fromage, des frites... Et, comme d'habitude, j'ai des éclairs, euh...

VALÉRIE Et pour toi, Amina?

AMINA Hmm... Pour moi, un sandwich jambon-fromage avec des frites.

VALÉRIE Très bien, et je vous apporte du pain tout de suite.

SANDRINE ET AMINA Merci!

Au bar...

VALÉRIE Alors, pour la table d'Amina et Sandrine, une soupe du jour, un sandwich au fromage... Pour la table sept, une limonade, un café, un jus d'orange et trois croissants.

MICHÈLE D'accord! Je prépare ça tout de suite. Mais Madame Forestier, j'ai un problème avec l'addition de la table huit.

VALÉRIE Ah, bon?

MICHÈLE Le monsieur ne comprend pas pourquoi ça coûte onze euros cinquante. Je ne comprends pas non plus. Regardez.

VALÉRIE Ah, non! Avec tout le travail que nous avons cet après-midi, des problèmes d'addition aussi?!

A C T I V I T É S

1 Identifiez Trouvez à qui correspond chacune (*each*) des phrases suivantes. Écrivez **A** pour Amina, **D** pour David, **M** pour Michèle, **R** pour Rachid, **S** pour Sandrine et **V** pour Valérie.

1. _____ Je ne comprends pas non plus.

2. _____ Vous prenez du jus d'orange uniquement le matin.

3. _____ Tu bois de l'eau aussi?

4. _____ Je prépare ça tout de suite.

5. _____ Je ne bois pas de limonade.

6. _____ Je vais apprendre à préparer des éclairs.

7. _____ J'ai envie de dessiner un peu.

8. _____ Je vous apporte du pain tout de suite.

9. _____ Moi, je rentre à l'appartement étudier pour un examen de sciences po.

10. _____ Qu'est-ce qu'il y a de bon à manger aujourd'hui?

Amina et Sandrine déjeunent au café.

SANDRINE Oh, Madame Forestier, j'adore! Un jour, je vais apprendre à préparer des éclairs. Et une bonne soupe maison. Et beaucoup d'autres choses.

AMINA Mais pas aujourd'hui. J'ai trop faim!

SANDRINE Alors, je prends la soupe et un sandwich au fromage.

VALÉRIE Et comme boisson?

SANDRINE Une bouteille d'eau minérale, s'il vous plaît. Tu bois de l'eau aussi? Avec deux verres, alors.

VALÉRIE Ah, ça y est! Je comprends! La boisson gazeuse coûte un euro vingt-cinq, pas un euro soixante-quinze. C'est noté, Michèle?

MICHÈLE Merci, Madame Forestier. Excusez-moi. Je vais expliquer ça au monsieur. Et voilà, tout est prêt pour la table d'Amina et Sandrine.

VALÉRIE Merci, Michèle.

À la table des filles...

VALÉRIE Voilà, une limonade, un café, un jus d'orange et trois croissants.

AMINA Oh? Mais Madame Forestier, je ne bois pas de limonade!

VALÉRIE Et vous prenez du jus d'orange uniquement le matin, n'est-ce pas? Ah! Excusez-moi, les filles!

Expressions utiles

Talking about food

- **Moi aussi, j'ai faim, et puis j'ai soif.**
  Me too, I am hungry, and I am thirsty as well.
- **J'ai envie d'une bonne boisson.**
  I feel like having a nice drink.
- **Qu'est-ce qu'il y a de bon à manger aujourd'hui?**
  What looks good on the menu today?
- **Une soupe de poisson maison délicieuse.**
  A delicious homemade fish soup.
- **Je vais apprendre à préparer des éclairs.**
  I am going to learn (how) to prepare éclairs.
- **Je prends la soupe.**
  I'll have the soup.
- **Tu bois de l'eau aussi?**
  Are you drinking water too?
- **Vous prenez du jus d'orange uniquement le matin.**
  You only have orange juice in the morning.

Additional vocabulary

- **On va au café?**
  Shall we go to the café?
- **Bof, ça va.**
  So-so.
- **comme d'habitude**
  as usual
- **Le monsieur ne comprend pas pourquoi ça coûte onze euros cinquante.**
  The gentleman doesn't understand why this costs 11,50€.
- **Je ne comprends pas non plus.**
  I don't understand either.
- **Je prépare ça tout de suite.**
  I am going to prepare this right away.
- **Ça y est! Je comprends!**
  That's it! I get it!
- **C'est noté?**
  Understood?/Got it?
- **Tout est prêt.**
  Everything is ready.

---

2 **Mettez dans l'ordre** Numérotez les phrases suivantes dans l'ordre correspondant à l'histoire.

a. _____ Michèle a un problème avec l'addition.

b. _____ Amina prend (*gets*) un sandwich jambon-fromage.

c. _____ Sandrine dit qu'elle (*says that she*) a soif.

d. _____ Rachid rentre à l'appartement.

e. _____ Valérie va chercher du pain.

f. _____ Tout est prêt pour la table d'Amina et Sandrine.

3 **Conversez** Au moment où Valérie apporte le plateau (*tray*) de la table sept à Sandrine et Amina, Michèle apporte le plateau de Sandrine et Amina à la table sept. Avec trois partenaires, écrivez la conversation entre Michèle et les client(e)s et jouez-la devant la classe.

ACTIVITÉS

LECTURE CULTURELLE

CULTURE À LA LOUPE

Le café français

Les Deux Magots

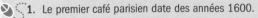

À Toute Heure

Quiches	3,50€
Pâtisseries	3,50€
Omelettes	5,25€
Thé	1,50€
Glaces	5,50€
Café	1,50€
Cappuccino	2,00€
Chocolat chaud	2,30€

Le premier café français, le Procope, a ouvert° ses portes à Paris en 1686. Depuis°, passer du temps° au café est une tradition. C'est un lieu de rendez-vous pour beaucoup de personnes: le matin, on y° va pour un café et un croissant; à midi, on y déjeune pour le plaisir ou pour des rendez-vous d'affaires, parce que c'est moins cher° et plus rapide qu'°au restaurant. Après le travail, les gens y vont pour prendre l'apéritif°. Les étudiants ont souvent «leur» café où ils vont déjeuner, étudier ou se détendre° avec des amis.

Les cafés servent une grande variété de boissons: café, thé, chocolat chaud, eau minérale, sodas, jus de fruit, etc. En général, les cafés proposent aussi un menu: sandwichs, omelettes, quiches, soupes, salades, hot-dogs et, pour le dessert, des pâtisseries° et des glaces°. La terrasse d'un café est l'endroit° idéal pour se détendre, lire° ou pour observer la vie° de tous les jours et regarder passer les gens. Benjamin Franklin et Napoléon Bonaparte fréquentaient° le Procope. Alors, qui sait° sur qui vous allez tomber°!

a ouvert *opened* Depuis *Since* passer du temps *spending time* gens *people* y *there* moins cher *less expensive* plus rapide qu' *faster than* apéritif *before-dinner drink* se détendre *relax* pâtisseries *pastries* glaces *ice cream* endroit *place* lire *read* vie *life* fréquentaient *used to frequent* sait *knows* allez tomber *are going to run into*

A C T I V I T É S

1 **Vrai ou faux?** Indiquez si les phrases sont **vraies** ou **fausses**.

1. Le premier café parisien date des années 1600.
2. Les Français vont au café uniquement aux grandes occasions.
3. Le matin, les Français prennent du jambon et du fromage.
4. En général, les cafés en France coûtent plus chers que les restaurants.
5. Les étudiants ont souvent un café où ils vont tous les jours (*every day*).
6. Au café, on trouve des sandwichs et des salades, mais pas de desserts.
7. En France, on mange rarement (*rarely*) dans les cafés.
8. Les cafés ont une grande variété de boissons.
9. On peut se détendre au café et observer la vie de tous les jours.
10. Napoléon Bonaparte et Benjamin Franklin sont d'anciens clients du Procope.

Key words

Key words are important words that give you a good idea of the reading's focus, which can help you understand subtler points. Always look out for key words, no matter how many times you've read a selection, because your interpretation of the text's meaning can change over time. A word or expression that occurs several times in a reading is almost certainly a key word. So are words that appear in the title or a photo caption, especially if you see them again in the text.

LE MONDE FRANCOPHONE

Des spécialités à grignoter°

Voici quelques spécialités à grignoter dans les pays et régions francophones.

En Afrique du Nord la merguez (saucisse épicée°) et le makroud (pâtisserie° au miel° et aux dattes)

En Côte d'Ivoire l'aloco (bananes plantains frites°)

En France le pan-bagnat (sandwich avec de la salade, des tomates, des œufs durs° et du thon°) et les crêpes (pâte° cuite° composée de farine° et de lait, de forme ronde)

À la Martinique les accras de morue° (beignets° à la morue)

Au Québec la poutine (frites avec du fromage fondu° et de la sauce)

Au Sénégal le chawarma (de la viande°, des oignons et des tomates dans du pain pita)

grignoter *snack on* saucisse épicée *spicy sausage* pâtisserie *pastry* miel *honey* frites *fried* œufs durs *hard-boiled eggs* thon *tuna* pâte *batter* cuite *cooked* farine *flour* morue *cod* beignets *fritters* fondu *melted* viande *meat*

PORTRAIT

Les cafés nord-africains

Comme en France, les cafés ont une grande importance culturelle en Afrique du Nord. C'est *le* lieu où les amis se rencontrent pour discuter° ou pour jouer aux cartes° ou aux dominos. Les cafés ont une variété de boissons, mais ils n'offrent pas d'alcool. La boisson typique, au café comme à la maison, est le

thé à la menthe°. Il a peu de caféine, mais il a des vertus énergisantes et il favorise la digestion. En général, ce sont les hommes qui le° préparent. C'est la boisson qu'on vous sert° quand vous êtes invité, et ce n'est pas poli de refuser!

pour discuter *to chat* **jouer aux cartes** *play cards* **offrent** *offer* **menthe** *mint* **le** *it* **on vous sert** *you are served*

SUPERSITE

SUR INTERNET

Comment prépare-t-on le thé à la menthe au Maghreb?

Go to **promenades.vhlcentral.com** to find more cultural information related to this **LECTURE CULTURELLE**. Then watch the corresponding **Flash culture.**

---

2 Compréhension Complétez les phrases.

1. Jouer aux _____ dans les cafés d'Afrique du Nord est une chose normale.
2. On ne peut pas y boire de/d' _____.
3. Les hommes préparent _____ dans les pays d'Afrique du Nord.
4. Il n'est pas poli de _____ une tasse de thé en Afrique du Nord.
5. Si vous aimez les frites, vous allez aimer _____ au Québec.

3 Un café francophone Un(e) ami(e) a envie de créer un café francophone. Par groupes de quatre, préparez une liste de suggestions pour aider votre ami(e): noms pour le café, idées (*ideas*) pour le menu, prix, heures, etc. Indiquez où le café va être situé et qui va fréquenter ce café.

ressources

VM pp. 245–246

SUPERSITE
promenades.vhlcentral.com
Leçon 8

ACTIVITÉS

8.1 The verbs *prendre* and *boire*

Point de départ The verbs **prendre** (*to take, to have*) and **boire** (*to drink*), like **être**, **avoir**, and **aller**, are irregular.

Je prends la soupe et un sandwich au fromage.

Je ne bois pas de limonade.

prendre

je prends	I take	nous prenons	we take
tu prends	you take	vous prenez	you take
il/elle prend	he/she/it takes	ils/elles prennent	they take

Brigitte **prend** le métro le soir.
Brigitte takes the subway in the evening.

Nous **prenons** un café chez moi.
We are having a coffee at my house.

- The forms of the verbs **apprendre** (*to learn*) and **comprendre** (*to understand*) follow the same pattern as that of **prendre**.

Tu ne **comprends** pas l'espagnol?
Don't you understand Spanish?

Elles **apprennent** beaucoup.
They're learning a lot.

boire

je bois	I drink	nous buvons	we drink
tu bois	you drink	vous buvez	you drink
il/elle boit	he/she/it drinks	ils/elles boivent	they drink

Ton père **boit** un jus d'orange.
Your father is drinking an orange juice.

Vous **buvez** un chocolat, M. Dion?
Are you drinking hot chocolate, Mr. Dion?

Essayez! Utilisez la forme correcte du verbe entre parenthèses.

1. Ma sœur _____prend_____ (prendre) une salade au déjeuner.
2. Tes parents _____ (prendre) un taxi ce soir?
3. Tu _____ (boire) une eau minérale?
4. Si vous êtes fatigués, vous _____ (boire) un café.
5. Je vais _____ (apprendre) à parler japonais.
6. Vous _____ (apprendre) très vite (*fast*) les leçons.

1 À la bibliothèque Un groupe d'amis parle des livres qu'ils cherchent à la bibliothèque. Complétez leurs phrases.

MODÈLE

je / livre de sciences po
Je prends un livre de sciences po.

1. nous / livre de psychologie
2. moi, je / livres d'histoire
3. Micheline / deux livres d'art
4. vous / romans (*novels*) de Stendhal
5. tu / ne / pas / livre
6. Marc et Abdel / livres sur le sport

2 Au restaurant Alain est au restaurant avec toute sa famille. Il note les préférences de tout le monde. Complétez ses phrases.

MODÈLE

Oncle Lucien aime bien le café. (prendre) *Il prend un café.*

1. Marie-Hélène et papa adorent le thé. (prendre)
2. Tu adores le chocolat chaud. (boire)
3. Vous aimez bien le jus de pomme. (prendre)
4. Mes nièces aiment la limonade. (boire)
5. Tu aimes les boissons gazeuses. (prendre)
6. Vous adorez le café. (boire)

3 Les langues étrangères Avec un(e) partenaire, regardez les images et indiquez les langues étrangères parlées par (*spoken by*) les étudiants.

MODÈLE

Étudiant(e) 1: Julie apprend l'espagnol?
Étudiant(e) 2: Non, mais elle comprend l'anglais.

Julie / espagnol

1. vous / français

3. Nicole / italien

2. tes cousins / anglais

4. nous / japonais

COMMUNICATION

4 Questions Avec un(e) partenaire, posez-vous des questions en utilisant un élément de chaque (*each*) colonne. Si vous donnez une réponse négative, elle doit (*must*) correspondre à la réalité.

MODÈLE

Étudiant(e) 1: *Est-ce que tu apprends l'italien cette année?*
Étudiant(e) 2: *Non, mais j'apprends le français.*

A	B	C
apprendre	dessiner	aujourd'hui
boire	parler japonais	cette année
comprendre	un café	cette semaine
prendre	un cahier	en classe
	les devoirs	à la fac
	l'italien	à la librairie
	un Orangina	au resto U
	les femmes	
	les hommes	
	le professeur	

5 Échanges Posez les questions à un(e) partenaire.

1. Qu'est-ce que tu bois quand tu as très soif?
2. Qu'est-ce que tu apprends à la fac?
3. Quelles langues est-ce que tes parents comprennent?
4. Est-ce que tu bois beaucoup de café? Pourquoi?
5. Qu'est-ce que tu prends pour aller en cours?
6. Quelle langue est-ce que ton/ta camarade de chambre apprend?
7. Où est-ce que tu prends tes repas (*meals*)?
8. Qu'est-ce que tu bois le matin? À midi? Le soir?

6 Un ami et sa famille Un ami va passer le week-end chez vous, et vous êtes au supermarché. Il va arriver avec sa femme, ses deux fils (âgés de deux et cinq ans) et sa belle-mère. Avec un(e) partenaire, imaginez ce qu'ils vont boire et prendre.

Au supermarché, j'ai besoin de...
—deux bouteilles d'eau minérale

Buvez de l'eau.

Pure, claire, fraîche, elle arrive de la montagne. Vous avez soif, vous prenez un verre, vous buvez de l'eau et vous allez boire toute la bouteille!

Questions Avec un(e) partenaire, regardez la publicité (*ad*) et répondez aux questions.

1. Quelles formes des verbes **prendre** et **boire** trouvez-vous dans la pub?
2. Selon (*According to*) la pub, pourquoi l'eau minérale est-elle bonne?
3. Buvez-vous de l'eau minérale? Pourquoi? Achetez-vous (*Do you buy*) une des eaux mentionnées dans la pub?
4. Avez-vous soif quand vous regardez la pub? Que buvez-vous quand vous avez soif?
5. Trouve-t-on toutes ces marques (*these brands*) d'eau minérale dans les supermarchés américains? Quelles autres marques trouve-t-on?

STRUCTURES

8.2 Partitives

- Use partitive articles in French to express *some* or *any*. To form the partitive, use the preposition **de** followed by a definite article. Although the words *some* and *any* are often omitted in English, the partitive must always be used in French.

Je bois **du** thé chaud.	Tu bois **de la** limonade?	Elle prend **de l'**eau?
I drink (some) hot tea.	*Are you drinking (any) lemon soda?*	*Is she having (some) water?*

- Note that partitive articles are only used with non-count nouns (nouns whose quantity cannot be expressed by a number).

PARTITIVE NON-COUNT
ARTICLE NOUN

Tu prends **de la** soupe tous les jours.
You have (some) soup every day.

INDEFINITE COUNT
ARTICLE NOUN

Tu prends **une** banane, aussi.
You have a banana, too.

- The article **des** also means *some*, but it is the plural form of the indefinite article, not the partitive.

PARTITIVE
ARTICLE

Vous prenez **de la limonade**.
You're having (some) lemon soda.

INDEFINITE
ARTICLE

Nous prenons **des croissants**.
We're having (some) croissants.

- To give a negative response to a question asked using the partitive structure, as with indefinite articles, always use **pas de**.

Est-ce qu'il y a **du** lait?	Non, il n'y a **pas de** lait.
Is there (any) milk?	*No, there isn't (any) milk.*
Prends-tu **de la** soupe?	Non, je ne prends **pas de** soupe.
Will you have (some) soup?	*No, I'm not having (any) soup.*

Essayez!

Complétez les phrases. Choisissez le partitif, l'article indéfini ou **pas de/d'**.

1. Samira boit ___*de l'*___ eau minérale tous les soirs.
2. Son frère mange _____ éclairs.
3. Est-ce qu'il y a _____ sucre pour le café?
4. Il y a _____ kilo de sucre sur la table.
5. Non, merci, je ne prends _____ frites.
6. Nous buvons _____ limonade.

 MISE EN PRATIQUE

1 **Au café** Indiquez l'article correct.

MODÈLE

Prenez-vous ___*du*___ thé glacé?

1. Avez-vous _____ lait froid?
2. Je voudrais _____ baguette, s'il vous plaît.
3. Elle prend _____ croissant.
4. Nous ne prenons pas _____ sucre dans le café.
5. Thérèse ne laisse pas _____ pourboire.
6. Vous mangez _____ frites.
7. Zeina commande _____ boisson gazeuse.
8. Voici _____ eau minérale.
9. Nous mangeons _____ pain.
10. Je ne prends pas _____ fromage.

2 **Des suggestions** Laurent est au café avec des amis et il fait (*makes*) des suggestions. Que suggère-t-il?

MODÈLE

On prend du jus d'orange?

1. _____ 3. _____

2. _____ 4. _____

3 **Mauvais appétit** Gérard est difficile. Sa petite amie prépare le dîner, mais il refuse toutes ses suggestions. Avec un(e) partenaire, jouez (*play*) les deux rôles.

MODÈLE

Étudiant(e) 1: *Je vais préparer du jambon.*
Étudiant(e) 2: *Mais, je ne mange pas de jambon!*

dessert	fromage	pain	sandwich
frites	hamburgers	pizza	soupe

COMMUNICATION

4 **Au menu** Vous allez dans un petit café où il y a peu de choix. Vous demandez au serveur/à la serveuse s'il/si elle a d'autres options. Avec un(e) partenaire, jouez (*play*) les deux rôles.

CAFÉ "LE BON PRIX"

Soupe à l'oignon ....3,50€

Sandwich fromage ....4€

Frites maison ....2,75€

Eau minérale ....2€

Jus de pomme ....2,50€

MODÈLE

Étudiant(e) 1: *Vous avez du chocolat chaud?*
Étudiant(e) 2: *Non, je n'ai pas de chocolat chaud, mais j'ai...*

5 **Je bois, je prends** Votre professeur va vous donner une feuille d'activités. Circulez dans la classe pour demander à vos camarades s'ils prennent rarement, une fois (*once*) par semaine ou tous les jours la boisson ou le plat (*dish*) indiqués. Écrivez (*Write*) les noms sur la feuille, puis présentez vos réponses à la classe.

MODÈLE

Étudiant(e) 1: *Est-ce que tu bois du café?*
Étudiant(e) 2: *Oui, je bois du café une fois par semaine. Et toi?*

Boisson ou plat	rarement	une fois par semaine	tous les jours
1. café		Didier	
2. fromage			
3. thé			
4. soupe			
5. chocolat chaud			
6. jambon			

6 **Après les cours** Vous retrouvez des amis au café. Par groupes de quatre, jouez (*play*) les rôles d'un(e) serveur/serveuse et de trois clients. Utilisez les mots de la liste et présentez la scène à la classe.

addition	chocolat chaud	frites
avoir faim	coûter	prix
avoir soif	croissant	sandwich
boisson	eau minérale	soupe

Le français vivant

Mangez du pain.

Prenez une baguette et du beurre. Le matin, du pain avec du café ou du chocolat chaud. À midi, un morceau de pain pour un sandwich, avec du jambon et du fromage. Le soir, du pain avec de la soupe. Vive le pain!

Savourez le pain. C'est si bon!

Identifiez Regardez la publicité (*ad*) et trouvez les articles partitifs et les articles indéfinis.

Questions Avec un(e) partenaire, répondez aux questions.

1. Selon (*According to*) la pub, de quelles façons (*ways*) mange-t-on du pain?

2. Mangez-vous souvent (*often*) du pain? À quelle heure? À quelles occasions?

3. Quand vous regardez la pub, avez-vous envie de manger du pain? Pourquoi?

Révision

1 **Ils aiment apprendre** Vous demandez à Sylvie et à Jérôme pourquoi ils aiment apprendre. Un(e) partenaire va poser des questions et l'autre partenaire va jouer les rôles de Jérôme et de Sylvie.

> **MODÈLE**
>
> **Étudiant(e) 1:** *Pourquoi est-ce que tu apprends à travailler sur l'ordinateur?*
> **Étudiant(e) 2:** *J'apprends parce que j'aime les ordinateurs.*

1.

2.

4.

5.

3.

6.

2 **Quelle boisson?** Interviewez un(e) partenaire. Que boit-on dans ces circonstances? Ensuite (*Then*), posez les questions à un(e) partenaire différent(e). Présentez la comparaison à la classe.

1. au café
2. au cinéma
3. en classe
4. le dimanche matin
5. le matin très tôt
6. quand il/elle passe des examens
7. quand il/elle a très soif
8. quand il/elle étudie toute la nuit

3 **Notre café** Vous et votre partenaire allez créer un café français. Sélectionnez le nom du café et huit boissons. Pour chaque (*each*) boisson, inventez deux prix, un pour le comptoir (*bar*) et un pour la terrasse. Comparez votre café au café d'un autre groupe.

4 **La terrasse du café** Avec un(e) partenaire, observez les deux dessins et trouvez au minimum quatre différences. Comparez votre liste à la liste d'un autre groupe.

> **MODÈLE**
>
> **Étudiant(e) 1:** *Mylène prend une limonade.*
> **Étudiant(e) 2:** *Mylène prend de la soupe.*

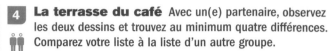

5 **Elle prend...** Vous êtes dans un café avec cinq membres de votre famille. Quelles boissons et quels plats (*dishes*) de la liste prennent-ils? Parlez avec un(e) partenaire. Les membres de sa famille prennent-ils les mêmes (*same*) choses?

boisson gazeuse	frites	limonade
café	fromage	pain
chocolat chaud	jambon	sandwich au...
croissant	jus de...	soupe
eau minérale	lait	thé

6 **La famille Arnal au café** Votre professeur va vous donner, à vous et à votre partenaire, des photos de la famille Arnal. Attention! Ne regardez pas la feuille de votre partenaire.

> **MODÈLE**
>
> **Étudiant(e) 1:** *Qui prend un sandwich?*
> **Étudiant(e) 2:** *La grand-mère prend un sandwich.*

ressources		
WB pp. 51–54	LM pp. 31–32	promenades.vhlcentral.com Leçon 8

Écriture

STRATÉGIE

Adding details

How can you make your writing more informative or more interesting? You can add details by answering the "W" questions: Who? What? When? Where? Why? The answers to these questions will provide useful and interesting details that can be incorporated into your writing. You can use the same strategy when writing in French. Here are some useful question words that you have already learned:

(À/Avec) Qui?	À quelle heure?
Quoi?	Où?
Quand?	Pourquoi?

Compare these two sentences.

> *Je vais aller nager.*

> *Aujourd'hui, à quatre heures, je vais aller nager à la piscine du parc avec mon ami Paul, parce que nous avons chaud.*

While both sentences give the same basic information (the writer is going to go swimming), the second, with its detail, is much more informative.

Thème

Un petit mot

Vous passez un an en France et vous vivez (*are living*) dans une famille d'accueil (*host family*). C'est samedi, et vous allez passer la journée en ville avec des amis. Écrivez un petit mot (*note*) pour informer votre famille de vos projets (*plans*) pour la journée. Listez cinq activités et répondez aux pronoms interrogatifs (**qui? quoi? quand? où? pourquoi?**) pour détailler votre description.

> *Chère famille,*
> *Aujourd'hui, je vais visiter la ville avec Xavier et Laurent, deux étudiants belges de l'université.*

Panorama

SUPERSITE

LE ROYAUME-UNI

LA FRANCE

LA MANCHE

Cherbourg

Dieppe

Le Havre
Deauville
la Seine
Rouen

HAUTE-
NORMANDIE

Caen

Évreux

BASSE-
NORMANDIE

Brest · St-Brieuc · Le Mont-
St-Michel

Alençon

Quimper · BRETAGNE

Rennes

Lorient

Vannes

Belle Île en Mer

L'OCÉAN
ATLANTIQUE

les falaises° d'Étretat

La Normandie

La région en chiffres

▶ **Superficie:** 29.906 km² (vingt-neuf mille neuf cent six kilomètres carrés°)

▶ **Population:** 3.248.000 (trois millions deux cent quarante-huit mille)
SOURCE: Institut National de la Statistique et des Études Économiques (INSEE)

▶ **Industries principales:** élevage bovin°, énergie nucléaire, raffinage° du pétrole

▶ **Villes principales:** Alençon, Caen, Évreux, Le Havre, Rouen

Personnages célèbres

▶ **la comtesse de Ségur,** écrivain (1799–1874)

▶ **Guy de Maupassant,** écrivain (1850–1893)

▶ **Christian Dior,** couturier° (1905–1957)

La Bretagne

La région en chiffres

▶ **Superficie:** 27.208 km² (vingt-sept mille deux cent huit kilomètres carrés)

▶ **Population:** 3.011.000 (trois millions onze mille)

▶ **Industries principales:** agriculture, élevage°, pêche°, tourisme

▶ **Villes principales:** Brest, Quimper, Rennes, Saint-Brieuc, Vannes

Personnages célèbres

un moulin° en Bretagne

l'art de faire° les crêpes

0 ———— 50 milles
0 ———— 50 kilomètres

▶ **Anne de Bretagne,** reine° de France (1477–1514)

▶ **Jacques Cartier,** explorateur (1491–1557)

▶ **Bernard Hinault,** cycliste (1954–)

carrés *squared* élevage bovin *cattle raising* raffinage *refining* couturier
fashion designer élevage *livestock raising* pêche *fishing* reine *queen*
les plus grandes marées *the highest tides* presqu'île *peninsula* entourée
de sables mouvants *surrounded by quicksand* basse *low* île *island* haute
high chaque *each* onzième siècle *11th century* pèlerinage *pilgrimage*
falaises *cliffs* faire *make* moulin *mill*

Incroyable mais vrai!

C'est au Mont-Saint-Michel qu'il y a les plus grandes marées° d'Europe. Une presqu'île° entourée de sables mouvants° à marée basse°, le Mont-Saint-Michel est transformé en île° à marée haute°. Trois millions de touristes visitent chaque° année l'église du onzième siècle°, centre de pèlerinage° depuis 1000 (mille) ans.

La gastronomie

Les crêpes bretonnes et le camembert normand

Les crêpes sont une des spécialités culinaires de Bretagne; en Normandie, c'est le camembert. Les crêpes sont appréciées sucrées, salées°, flambées... Dans les crêperies°, le menu est complètement composé de crêpes! Le camembert normand est un des grands symboles gastronomiques de la France. Il est vendu° dans la fameuse boîte en bois ronde° pour une bonne conservation.

Les arts

Giverny et les impressionnistes

La maison° de Claude Monet, maître du mouvement impressionniste, est à Giverny, en Normandie. Après des rénovations, la résidence et les deux jardins° ont aujourd'hui leur ancienne° splendeur. Le légendaire jardin d'eau est la source d'inspiration pour les peintures° célèbres, «Les Nymphéas°» et «Le pont japonais°». Depuis la fin° du dix-neuvième siècle°, beaucoup d'artistes américains, influencés par les techniques impressionnistes, font de la peinture à Giverny.

Les monuments

Les menhirs et les dolmens

À Carnac, en Bretagne, il y a 3.000 (trois milles) menhirs et dolmens. Les menhirs sont d'énormes pierres° verticales. Alignés ou en cercle, ils ont une fonction rituelle associée au culte de la fécondité ou à des cérémonies en

l'honneur du soleil°. Les plus anciens° datent de 4.500 (quatre mille cinq cents) ans avant J.-C.° Les dolmens servent de° sépultures° collectives et ont une fonction culturelle comme° le rite funéraire du passage de la vie° à la mort°.

Les destinations

Deauville: station balnéaire de réputation internationale

Deauville, en Normandie, est une station balnéaire° de luxe et un centre de thalassothérapie°. La ville est célèbre pour sa marina, ses courses hippiques°, son casino, ses grands hôtels et son festival du film américain. La clientèle internationale apprécie beaucoup la plage°, le polo et le golf. L'hôtel le Royal Barrière est un palace° du début° du vingtième° siècle.

 Compréhension Complétez ces phrases.

1. _____ est un explorateur breton.
2. Le Mont-Saint-Michel est une _____ à marée haute.
3. _____ sont une spécialité bretonne.
4. Dans _____, on mange uniquement des crêpes.
5. _____ est vendu dans une boîte en bois ronde.
6. Le _____ de Monet est la source d'inspiration de beaucoup de peintures.
7. Beaucoup d'artistes _____ font de la peinture à Giverny.
8. Les menhirs ont une fonction _____.
9. Les dolmens servent de _____.
10. Deauville est une _____ de luxe.

ressources

WB pp. 55–56

promenades.vhlcentral.com
Unité 4

SUPERSITE **SUR INTERNET**

Go to **promenades.vhlcentral.com** to find more cultural information related to this **PANORAMA**.

1. Cherchez des informations sur les marées du Mont-Saint-Michel. À quelle heure est la marée haute aujourd'hui?
2. Cherchez des informations sur deux autres impressionnistes. Trouvez deux peintures que vous aimez et dites (say) pourquoi.

salées salty **crêperies** crêpes restaurants **vendu** sold **boîte en bois ronde** round, wooden box **maison** house **jardins** gardens **ancienne** former **peintures** paintings **Nymphéas** Waterlilies **pont japonais** Japanese Bridge **Depuis la fin** Since the end **dix-neuvième siècle** 19th century **pierres** stones **soleil** sun **Les plus anciens** The oldest **avant J.-C.** B.C. **servent de** serve as **sépultures** graves **comme** such as **vie** life **mort** death **station balnéaire** seaside resort **thalassothérapie** seawater therapy **courses hippiques** horse races **plage** beach **palace** luxury hotel **début** beginning **vingtième** twentieth

Dans la ville

une boîte (de nuit)	nightclub
un bureau	office; desk
un centre commercial	shopping center, mall
un cinéma (ciné)	movie theater, movies
une église	church
une épicerie	grocery store
un grand magasin	department store
un gymnase	gym
un hôpital	hospital
un kiosque	kiosk
un magasin	store
une maison	house
un marché	market
un musée	museum
un parc	park
une piscine	pool
une place	square; place
un restaurant	restaurant
une terrasse de café	café terrace
une banlieue	suburbs
un centre-ville	city/town center, downtown
un endroit	place
un lieu	place
une montagne	mountain
une ville	city, town

Les questions

à quelle heure?	at what time?
à qui?	to whom?
avec qui?	with whom?
combien (de)?	how many?; how much?
comment?	how?; what?
où?	where?
parce que	because
pour qui?	for whom?
pourquoi?	why?
quand?	when?
quel(le)(s)?	which?; what?
que/qu'...?	what?
qui?	who?; whom?
quoi?	what?

À table

avoir faim	to be hungry
avoir soif	to be thirsty
manger quelque chose	to eat something
une baguette	baguette (long, thin loaf of bread)
le beurre	butter
un croissant	croissant (flaky, crescent-shaped roll)
un éclair	éclair (pastry filled with cream)
des frites (f.)	French fries
un fromage	cheese
le jambon	ham
un pain (de campagne)	(country-style) bread
un sandwich	sandwich
une soupe	soup
le sucre	sugar
une boisson (gazeuse)	(soft) (carbonated) drink/beverage
un café	coffee
un chocolat (chaud)	(hot) chocolate
une eau (minérale)	(mineral) water
un jus (d'orange, de pomme, etc.)	(orange, apple, etc.) juice
le lait	milk
une limonade	lemon soda
un thé (glacé)	(iced) tea

Activités

bavarder	to chat
danser	to dance
déjeuner	to eat lunch
dépenser de l'argent (m.)	to spend money
explorer	to explore
fréquenter	to frequent; to visit
inviter	to invite
nager	to swim
passer chez quelqu'un	to stop by someone's house
patiner	to skate
quitter la maison	to leave the house

Expressions de quantité

(pas) assez (de)	(not) enough (of)
beaucoup (de)	a lot (of)
d'autres	others
une bouteille (de)	bottle (of)
un morceau (de)	piece, bit (of)
un peu (plus/moins) (de)	little (more/less) (of)
plusieurs	several
quelque chose	something; anything
quelques	some
une tasse (de)	cup (of)
tous (m. pl.)	all
tout (m. sing.)	all
tout (tous) le/les (m.)	all the
toute(s) la/les (f.)	all the
trop (de)	too many/much (of)
un verre (de)	glass (of)

Au café

apporter l'addition (f.)	to bring the check/bill
coûter	to cost
laisser un pourboire	to leave a tip
Combien coûte(nt)...?	How much is/are...?
un prix	price
un serveur/une serveuse	server

Verbes

aller	to go
apprendre	to learn
boire	to drink
comprendre	to understand
prendre	to take; to have

Expressions utiles	See pp. 103 and 117.
Prepositions	See p. 107.
Partitives	See p. 122.

Les loisirs

Pour commencer

- Où est Stéphane?
- A-t-il froid?
- Pensez-vous qu'il aime le sport?
- Quel sport pratique-t-il, le football ou le basket-ball?
- Quel mois sommes-nous? En septembre ou en décembre?

Savoir-faire

Leçon 9

You will learn how to...
- talk about activities
- tell how often and how well you do things

Vocabulaire

aller à la pêche	to go fishing
bricoler	to tinker; to do odd jobs
désirer	to want
jouer (à/de)	to play
pratiquer	to practice
skier	to ski
le baseball	baseball
le cinéma	movies
le foot(ball)	soccer
le football américain	football
le golf	golf
un jeu	game
un loisir	leisure activity
un passe-temps	pastime, hobby
un spectacle	show
un stade	stadium
le temps libre	free time
le volley(-ball)	volleyball
une/deux fois	one/two time(s)
par jour, semaine, mois, an, etc.	per day, week, month, year, etc.
déjà	already
encore	again; still
jamais	never
longtemps	long time
maintenant	now
parfois	sometimes
rarement	rarely
souvent	often

ressources

WB pp. 57–58	LM p. 33	SUPERSITE promenades.vhlcentral.com Leçon 9

les joueuses (f.)

un match de tennis (m.)

Elle marche. (marcher)

le sport

une équipe

les joueurs (m.)

Il joue au foot. (jouer)

Il gagne. (gagner)

les cartes (f.)

une bande dessinée (B.D.)

Attention!

Use **jouer à** with games and sports.

Elle **joue aux cartes/ au baseball.**
She plays cards/baseball.

Use **jouer de** with musical instruments.

Vous **jouez de la guitare/ du piano.**
You play the guitar/piano.

Mise en pratique

1 **Écoutez** 🎧 Écoutez Sabine et Marc parler de leurs passe-temps préférés. Dans le tableau suivant, écrivez un **S** pour Sabine et un **M** pour Marc pour indiquer s'ils pratiquent ces activités **souvent, parfois, rarement** ou **jamais**. Attention, toutes les activités ne sont pas utilisées.

Activité	Souvent	Parfois	Rarement	Jamais
1. chanter	_____	_____	_____	_____
2. le basket	_____	_____	_____	_____
3. les cartes	_____	_____	_____	_____
4. le tennis	_____	_____	_____	_____
5. aller à la pêche	_____	_____	_____	_____
6. le golf	_____	_____	_____	_____
7. le cinéma	_____	_____	_____	_____
8. le spectacle	_____	_____	_____	_____

2 **Remplissez** Choisissez dans la liste le mot qui convient (*thc word that fits*) et remplissez (*fill*) les espaces. N'oubliez pas de conjuguer les verbes.

aider	jeu	pratiquer
bande dessinée	jouer	skier
bricoler	marcher	sport
équipe		

1. Notre _____ joue un match cet après-midi.
2. Le _____ de cette équipe n'est pas très bon.
3. Mon livre préféré, c'est une _____ de Tintin, *Le sceptre d'Ottokar*.
4. J'aime _____ aux cartes avec ma grand-mère.
5. Pour devenir (*To become*) champion de volley, je _____ tous les jours.
6. Le dimanche, nous _____ beaucoup, environ (*about*) cinq kilomètres.
7. Mon _____ préféré, c'est le foot.
8. Mon père _____ mon frère à préparer son match de tennis.
9. J'aime mieux _____ dans les Alpes que dans le Colorado.
10. Il faut réparer la table, mais je n'aime pas _____.

3 **Les loisirs** Utilisez un élément de chaque colonne pour former huit phrases au sujet des loisirs de ces personnes. N'oubliez pas les accords (*agreements*).

Personnes	Activités	Fréquence
Je	jouer aux échecs	maintenant
Ma sœur	chanter	parfois
Mes parents	jouer au tennis	rarement
Christian	gagner le match	souvent
Sandrine et Cédric	skier	déjà
Les étudiants	regarder un spectacle	une fois par semaine
Élise	jouer au basket	une fois par mois
Mon ami(e)	aller à la pêche	encore

le basket(-ball)

Il aide le joueur. (aider)

Il chante. (chanter)

Il indique. (indiquer)

les échecs (*m.*)

CONTEXTES

Communication

4 **Répondez** Avec un(e) partenaire, posez-vous (*ask each other*) les questions suivantes et répondez (*answer*) à tour de rôle.

1. Quel est votre loisir préféré?
2. Quel est votre sport préféré à la télévision?
3. Êtes-vous sportif/sportive? Si oui, quel sport pratiquez-vous?
4. Qu'est-ce que vous désirez faire (*to do*) ce week-end?
5. Combien de fois par mois allez-vous au cinéma?
6. Que faites-vous (*do you do*) quand vous avez du temps libre?
7. Est-ce que vous aidez quelqu'un? Qui? À faire quoi? Comment?
8. Quel est votre jeu de société (*board game*) préféré? Pourquoi?

5 **Conversez** Avec un(e) partenaire, utilisez les expressions de la liste et les mots de la section **CONTEXTES** et écrivez une conversation au sujet de vos loisirs. Présentez votre travail au reste de la classe.

Avec qui?	Pourquoi?
Combien de fois par...?	Quand?
Comment?	Quel(le)(s)?
Où?	Quoi?

MODÈLE

Jacques: *Que fais-tu (do you do) comme sport?*
Clothilde: *Je joue au volley.*
Jacques: *Tu joues souvent?*
Clothilde: *Oui, trois fois par semaine, avec mon amie Julie.*
C'est un sport que j'adore. Et toi, quel est ton passe-temps préféré?

6 **Sondage** Avec la feuille d'activités que votre professeur va vous donner, circulez dans la classe et demandez à vos camarades s'ils pratiquent ces activités et si oui (*if so*), à quelle fréquence. Quelle est l'activité la plus pratiquée (*the most practiced*) de la classe?

MODÈLE

aller à la pêche
Simone: *Est-ce que tu vas à la pêche?*
François: *Oui, je vais parfois à la pêche.*

Activité	Nom	Fréquence
1. aller à la pêche	François	parfois
2. jouer au tennis	___	___
3. jouer au foot	___	___
4. skier	___	___

7 **La lettre** Écrivez une lettre à un(e) ami(e). Dites ce que vous faites (*do*) pendant vos loisirs, quand, avec qui et avec quelle fréquence.

Cher Marc,

Pendant (during) mon temps libre, j'aime bien jouer au basket et au tennis. J'aime gagner, mais ce n'est pas souvent! Je joue au tennis avec mes amis deux fois par semaine, le mardi et le vendredi, et au basket le samedi. J'adore les films et je vais souvent au cinéma avec ma sœur ou mes amis. Le soir...

Les sons et les lettres

 Intonation

In short, declarative sentences, the pitch of your voice, or intonation, falls on the final word or syllable.

Nathalie est française.   **Hector joue au football.**

In longer, declarative sentences, intonation rises, then falls.

À trois heures et demie, j'ai sciences politiques.

In sentences containing lists, intonation rises for each item in the list and falls on the last syllable of the last one.

Martine est jeune, blonde et jolie.

In long, declarative sentences, such as those containing clauses, intonation may rise several times, falling on the final syllable.

Le samedi, à dix heures du matin, je vais au centre commercial.

Questions that require a yes or no answer have rising intonation. Information questions have falling intonation.

C'est ta mère?   **Est-ce qu'elle joue au tennis?**

Quelle heure est-il?   **Quand est-ce que tu arrives?**

Prononcez Répétez les phrases suivantes à voix haute.

1. J'ai dix-neuf ans.
2. Tu fais du sport?
3. Quel jour sommes-nous?
4. Sandrine n'habite pas à Paris.
5. Quand est-ce que Marc arrive?
6. Charlotte est sérieuse et intellectuelle.

Articulez Répétez les dialogues à voix haute.

1. —Qu'est-ce que c'est?
   —C'est un ordinateur.
2. —Tu es américaine?
   —Non, je suis canadienne.
3. —Qu'est-ce que Christine étudie?
   —Elle étudie l'anglais et l'espagnol.
4. —Où est le musée?
   —Il est en face de l'église.

Dictons Répétez les dictons à voix haute.

> Petit à petit, l'oiseau fait son nid.[2]

> Si le renard court, le poulet a des ailes.[1]

 [1] Though the fox runs, the chicken has wings.
[2] Little by little, a bird builds its nest.

ressources

LM
p. 34

SUPERSITE
promenades.vhlcentral.com
Leçon 9

ROMAN-PHOTO

Au parc

PERSONNAGES

David

Rachid

Sandrine

Stéphane

DAVID Oh, là, là... On fait du sport aujourd'hui!

RACHID C'est normal! On est dimanche. Tous les week-ends à Aix, on fait du vélo, on joue au foot...

SANDRINE Oh, quelle belle journée! Faisons une promenade!

DAVID D'accord.

DAVID Moi, le week-end, je sors souvent. Mon passe-temps favori, c'est de dessiner la nature et les belles femmes. Mais Rachid, lui, c'est un grand sportif.

RACHID Oui, je joue au foot très souvent et j'adore.

RACHID Tiens, Stéphane! Déjà? Il est en avance.

SANDRINE Salut.

STÉPHANE Salut. Ça va?

DAVID Ça va.

STÉPHANE Salut.

RACHID Salut.

STÉPHANE Pfft! Je n'aime pas l'histoire-géo.

RACHID Mais, qu'est-ce que tu aimes alors, à part le foot?

STÉPHANE Moi? J'aime presque tous les sports. Je fais du ski, de la planche à voile, du vélo... et j'adore nager.

RACHID Oui, mais tu sais, le sport ne joue pas un grand rôle au bac.

RACHID Et puis les études, c'est comme le sport. Pour être bon, il faut travailler!

STÉPHANE Ouais, ouais.

RACHID Allez, commençons. En quelle année Napoléon a-t-il...

SANDRINE Dis-moi David, c'est comment chez toi, aux États-Unis? Quels sont les sports favoris des Américains?

DAVID Euh... chez moi? Beaucoup pratiquent le baseball ou le basket et surtout, on adore regarder le football américain. Mais toi, Sandrine, qu'est-ce que tu fais de tes loisirs? Tu aimes le sport? Tu sors?

A C T I V I T É S

1 **Les événements** Mettez les événements suivants dans l'ordre chronologique.

a. _____ David dessine un portrait de Sandrine.

b. _____ Stéphane se plaint (*complains*) de ses cours.

c. _____ Rachid parle du match de foot.

d. _____ David complimente Sandrine.

e. _____ David mentionne une activité que Rachid aime faire.

f. _____ Sandrine est curieuse de savoir (*to know*) quels sont les sports favoris des Américains.

g. _____ Stéphane dit (*says*) qu'il ne sait (*knows*) pas s'il va gagner son prochain match.

h. _____ Stéphane arrive.

i. _____ David parle de son passe-temps favori.

j. _____ Sandrine parle de sa passion.

Les amis parlent de leurs loisirs.

RACHID Alors, Stéphane, tu crois que tu vas gagner ton prochain match?

STÉPHANE Hmm, ce n'est pas garanti! L'équipe de Marseille est très forte.

RACHID C'est vrai, mais tu es très motivé, n'est-ce pas?

STÉPHANE Bien sûr.

RACHID Et, pour les études, tu es motivé? Qu'est-ce que vous faites en histoire-géo en ce moment?

STÉPHANE Oh, on étudie Napoléon.

RACHID C'est intéressant! Les cent jours, la bataille de Waterloo...

SANDRINE Bof, je n'aime pas tellement le sport, mais j'aime bien sortir le week-end. Je vais au cinéma ou à des concerts avec mes amis. Ma vraie passion, c'est la musique. Je désire être chanteuse professionnelle.

DAVID Mais tu es déjà une chanteuse extraordinaire! Eh! J'ai une idée. Je peux faire un portrait de toi?

SANDRINE De moi? Vraiment? Oui, si tu insistes!

Expressions utiles

Talking about your activities

- **Qu'est-ce que tu fais de tes loisirs? Tu sors?**
  What do you do in your free time? Do you go out?

- **Le week-end, je sors souvent.**
  On weekends I often go out.

- **J'aime bien sortir.**
  I like to go out.

- **Tous les week-ends, on/tout le monde fait du sport.**
  Every weekend, people play/everyone plays sports.

- **Qu'est-ce que tu aimes alors, à part le foot?**
  What else do you like then, besides soccer?

- **J'aime presque tous les sports.**
  I like almost all sports.

- **Je peux faire un portrait de toi?**
  Can/May I do a portrait of you?

- **Qu'est-ce que vous faites en histoire-géo en ce moment?**
  What are you doing in history-geography at this moment?

- **Les études, c'est comme le sport. Pour être bon, il faut travailler!**
  Studies are like sports. To be good, you have to work!

- **Faisons une promenade!**
  Let's take a walk!

Additional vocabulary

- **Dis-moi.**
  Tell me.

- **Bien sûr.**
  Of course.

- **Tu sais.**
  You know.

- **Tiens.**
  Hold on./Here you are.

- **Ce n'est pas garanti!**
  It's not guaranteed!

- **Vraiment?**
  Really?

---

2 **Questions** Choisissez la traduction (*translation*) qui convient pour chaque activité. Essayez de ne pas utiliser de dictionnaire. Combien de traductions y a-t-il pour le verbe **faire**?

1. _____ faire du ski
2. _____ faire une promenade
3. _____ faire du vélo
4. _____ faire du sport

a. to play sports
b. to go biking
c. to ski
d. to take a walk

3 **À vous!** David et Rachid parlent de faire des projets (*plans*) pour le week-end, mais les loisirs qu'ils aiment sont très différents. Ils discutent de leurs préférences et finalement choisissent (*choose*) une activité qu'ils vont pratiquer ensemble (*together*). Avec un(e) partenaire, écrivez la conversation et jouez la scène devant la classe.

A C T I V I T É S

LECTURE CULTURELLE

CULTURE À LA LOUPE

Le football

Le football est le sport le plus° populaire dans la majorité° des pays francophones. Tous les quatre ans°, des centaines de milliers de° fans, ou «supporters», regardent la Coupe du Monde°: le championnat de foot(ball) le plus important du monde. En 1998 (mille neuf cent quatre-vingt-dix-huit), l'équipe de France gagne la Coupe du Monde et en 2000 (deux mille), elle gagne la Coupe d'Europe, autre championnat important.

Le Cameroun a aussi une grande équipe de football. «Les Lions Indomptables°» gagnent la médaille d'or° aux Jeux Olympiques de Sydney en 2000. En 2007, l'équipe camerounaise est la première équipe africaine à être dans le classement mondial° de la FIFA (Fédération Internationale de Football Association). Certains «Lions» jouent dans les clubs français et européens.

les Lions Indomptables

En France, il y a deux ligues professionnelles de vingt équipes chacune°. Ça fait° quarante équipes professionnelles de football pour un pays plus petit que° le Texas! Certaines équipes, comme le Paris Saint-Germain («le P.S.G.») ou l'Olympique de Marseille («l'O.M.»), ont beaucoup de supporters.

Les Français, comme les Camerounais, adorent regarder le football, mais ils sont aussi des joueurs très sérieux: aujourd'hui en France, il y a plus de 19.000 (dix-neuf mille) clubs amateurs de football et plus de deux millions de joueurs.

Nombre° de membres des fédérations sportives en France	
Football	2.066.000
Tennis	1.068.000
Judo-jujitsu	577.000
Basket-ball	427.000
Golf	325.000
Rugby	253.000
Natation°	214.000
Ski	152.000
Escrime°	116.000
Vélo°	99.000

le plus *the most* pays *countries* Tous les quatre ans *Every four years* centaines de milliers de *hundreds of thousands of* Coupe du Monde *World Cup* Indomptables *Untamable* or *gold* classement mondial *world ranking* chacune *each* Ça fait *That makes* un pays plus petit que *a country smaller than* Nombre *Number* Natation *Swimming* Escrime *Fencing* Vélo *Cycling*

A C T I V I T É S

1 **Vrai ou faux?** Indiquez si ces phrases sont **vraies** ou **fausses**.

1. Le football est le sport le plus populaire en France.
2. La Coupe du Monde a lieu (*takes place*) tous les deux ans.
3. En 2000, l'équipe de France gagne la Coupe du Monde.
4. Le Cameroun gagne le tournoi de football aux Jeux Olympiques de Sydney.
5. Le Cameroun est la première équipe européenne à être au classement mondial de la FIFA.

6. Certains «Tigres Indomptables» jouent dans des clubs français et européens.
7. En France, il y a vingt équipes professionnelles de football.
8. La France est plus petite que le Texas.
9. L'Olympique de Marseille est un stade de football célèbre.
10. Les Français aiment jouer au football.

Familiarizing yourself with activities

The activities associated with a reading were written specifically to help you discover the writer's intentions as well as form your own opinions. Before you read the selections on these two pages, familiarize yourself with the activity items. You don't need to provide answers at this stage, but the activities will give you clues about the selections' content to keep in mind as you read them. This will help you make better sense of the readings.

Des champions

Voici quelques champions olympiques récents.

Algérie Nouria Merah-Benida, athlétisme°, or°, Sydney, 2000

Burundi Venuste Niyongabo, athlétisme, or, Atlanta, 1996

Cameroun Patrick Mboma Dem, football, or, Sydney, 2000

Canada Jamie Salé et David Pelletier, patinage artistique°, or, Salt Lake City, 2002

France Laure Manaudou, natation, or, Athènes, 2004

Maroc Hicham El Guerrouj, athlétisme, or, Athènes, 2004

Suisse Simon Ammann, saut à skis°, or, Salt Lake City, 2002

Tunisie Fathi Missaoui, boxe°, bronze, Atlanta, 1996

athlétisme *track and field* **or** *gold* **patinage artistique** *figure skating*
saut à skis *ski jumping* **boxe** *boxing*

Zinédine Zidane et Laura Flessel

Zinédine Zidane, ou «Zizou», est un footballeur français. Né° à Marseille de parents algériens, il joue dans différentes équipes françaises. Nommé trois fois «Joueur de l'année» par la FIFA (la Fédération Internationale de Football Association), il gagne la Coupe du Monde avec l'équipe de France en 1998 (mille neuf cent quatre-vingt-dix-huit). Pendant° sa carrière, il joue aussi pour une équipe italienne et pour le Real Madrid, en Espagne°.

Née à la Guadeloupe, **Laura Flessel** commence l'escrime à l'âge de sept ans. Après plusieurs titres° de championne de Guadeloupe, elle va en France pour continuer sa carrière. En 1991 (mille neuf cent quatre-vingt-onze), à 20 ans, elle est championne de France et cinq ans plus tard, elle est double championne olympique à Atlanta en 1996.

Né *Born* **Pendant** *During* **Espagne** *Spain* **plusieurs
titres** *several titles*

SUPER**SITE**

SUR INTERNET

Qu'est-ce que le «free-running»?

Go to **promenades.vhlcentral.com** to find more cultural information related to this **LECTURE CULTURELLE**. Then watch the corresponding **Flash culture.**

---

2 **Zinédine ou Laura?** Indiquez de qui on parle.

1. _____ est de France métropolitaine.
2. _____ est née à la Guadeloupe.
3. _____ gagne la Coupe du Monde pour la France en 1998.
4. _____ est championne de Guadeloupe en 1991.
5. _____ est double championne olympique en 1996.
6. _____ a été trois fois joueur de l'année.

3 **Une interview** Avec un(e) partenaire, préparez une interview entre un(e) journaliste et un(e) athlète que vous aimez. Jouez la scène devant la classe. Est-ce que vos camarades peuvent deviner (*can guess*) le nom de l'athlète?

ressources	
VM pp. 247–248	SUPER**SITE** promenades.vhlcentral.com Leçon 9

A C T I V I T É S

STRUCTURES

9.1 The verb *faire*

Point de départ Like other commonly used verbs, the verb **faire** (*to do, to make*) is irregular in the present tense.

faire (to do, to make)	
je fais	nous faisons
tu fais	vous faites
il/elle fait	ils/elles font

Il ne **fait** pas ses devoirs.
He's not doing his homework.

Qu'est-ce que vous **faites** ce soir?
What are you doing this evening?

On fait du sport aujourd'hui!

Qu'est-ce que vous faites en histoire-géo?

- Use the verb **faire** in these idiomatic expressions. Note that it is not always translated into English as *to do* or *to make*.

Expressions with *faire*			
faire de l'aérobic	to do aerobics	faire de la planche à voile	to go wind-surfing
faire attention (à)	to pay attention (to)	faire une promenade	to go for a walk
faire du camping	to go camping		
faire du cheval	to go horseback riding	faire une randonnée	to go for a hike
faire la connaissance de...	to meet (someone)	faire du ski	to go skiing
		faire du sport	to do sports
faire la cuisine	to cook	faire un tour (en voiture)	to go for a walk (drive)
faire de la gym	to work out		
faire du jogging	to go jogging	faire du vélo	to go bike riding

Tu **fais** souvent **du sport**?
Do you do sports often?

Elles **font du camping**.
They go camping.

Je **fais de la gym**.
I'm working out.

Nous **faisons attention** en classe.
We pay attention in class.

Yves **fait la cuisine**.
Yves is cooking.

Faites-vous **une promenade**?
Are you going for a walk?

 SUPERSITE

MISE EN PRATIQUE

1 **Que font-ils?** Regardez les dessins. Que font les personnages?

 MODÈLE

Julien fait du jogging.

Julien

1. je

3. Anne

2. tu

4. Louis et Paul

2 **Chassez l'intrus** Quelle activité ne fait pas partie du groupe?

1. a. faire du jogging   b. faire une randonnée
   c. faire de la planche à voile
2. a. faire du vélo   b. faire du camping
   c. faire du jogging
3. a. faire une promenade   b. faire la cuisine
   c. faire un tour
4. a. faire du sport   b. faire du vélo
   c. faire la connaissance
5. a. faire ses devoirs   b. faire du ski
   c. faire du camping
6. a. faire la cuisine   b. faire du sport
   c. faire de la planche à voile

3 **La paire** Faites correspondre (*Match*) les éléments des deux colonnes et rajoutez (*add*) la forme correcte du verbe **faire**.

1. Elle aime courir (*to run*), alors elle...
2. Ils adorent les animaux. Ils...
3. Quand j'ai faim, je...
4. L'hiver, vous...
5. Pour marcher, nous...
6. Tiger Woods...

a. du golf.
b. la cuisine.
c. les devoirs.
d. du cheval.
e. du jogging.
f. une promenade.
g. du ski.
h. de l'aérobic.

COMMUNICATION

 4 **Ce week-end** Que faites-vous ce week-end? Avec un(e) partenaire, posez les questions à tour de rôle.

MODÈLE

tu / jogging
Étudiant(e) 1: Est-ce que tu fais du jogging ce week-end?
Étudiant(e) 2: Non, je ne fais pas de jogging. Je fais un tour en voiture.

1. tu / le vélo
2. tes amis / la cuisine
3. ton/ta petit(e) ami(e) et toi, vous / le jogging
4. toi et moi, nous / une randonnée
5. tu / la gym
6. ton/ta camarade de chambre / le sport

5 **De bons conseils** Avec un(e) partenaire, donnez de bons conseils (*advice*). À tour de rôle, posez des questions et utilisez les éléments de la liste. Présentez vos idées à la classe.

MODÈLE

Étudiant(e) 1: Qu'est-ce qu'il faut faire pour avoir de bonnes notes?
Étudiant(e) 2: Il faut étudier jour et nuit.

être en pleine forme (*great shape*)	avoir de bonnes notes
avoir de l'argent	gagner une course (*race*)
avoir beaucoup d'amis	bien manger
être champion de ski	réussir (*succeed*) aux examens

6 **Les sportifs** Votre professeur va vous donner une feuille d'activités. Faites une enquête sur le nombre d'étudiants qui pratiquent certains sports dans votre classe. Présentez les résultats à la classe.

MODÈLE

Étudiant(e) 1: Est-ce que tu fais du jogging?
Étudiant(e) 2: Oui, je fais du jogging.

Sport	Nom
1. jogging	Carole
2. vélo	
3. planche à voile	
4. cuisine	
5. camping	
6. cheval	

- Make sure to learn the correct article with each **faire** expression that calls for one. For **faire** expressions requiring a partitive or indefinite article, the article is replaced with **de** when the expression is negated.

Elles font **de la** gym trois fois par semaine.
They work out three times a week.

Elles ne font pas **de** gym le dimanche.
They don't work out on Sundays.

- Use **faire la connaissance de** before someone's name or another noun that identifies a person.

Je vais **faire la connaissance de Martin**.
I'm going to meet Martin.

Je vais **faire la connaissance des joueurs**.
I'm going to meet the players.

The expression *il faut*

Pour être bon, il faut travailler!

Il ne faut pas regarder la télé.

- When followed by a verb in the infinitive, the expression **il faut...** means *it is necessary to...* or *one must...*

Il faut faire attention en cours de maths.
It is necessary to pay attention in math class.

Il ne faut pas manger après dix heures.
One must not eat after 10 o'clock.

Faut-il laisser un pourboire?
Is it necessary to leave a tip?

Il faut gagner le match!
We must win the game!

Essayez! Complétez chaque phrase avec la forme correcte du verbe **faire** au présent.

1. Tu ___*fais*___ tes devoirs le samedi?
2. Vous ne _____ pas attention au professeur.
3. Nous _____ du camping.
4. Ils _____ du jogging.
5. On _____ une promenade au parc.
6. Il _____ du ski en montagne.
7. Je _____ de l'aérobic.
8. Elles _____ un tour en voiture.
9. Est-ce que vous _____ la cuisine?
10. Nous ne _____ pas de sport.

9.2 Irregular *-ir* verbs

Point de départ You are familiar with the class of French verbs whose infinitives end in **-er**. The infinitives of a second class of French verbs end in **-ir**. Some of the most commonly used verbs in this class are irregular.

- **Sortir** is used to express leaving a room or a building. It also expresses the idea of going out, as with friends or on a date. The preposition **de** is used after **sortir** when the place someone is leaving is expressed.

sortir	
je sors	nous sortons
tu sors	vous sortez
il/elle sort	ils/elles sortent

Tu **sors** souvent avec tes copains?
Do you go out often with your friends?

Pierre et moi **sortons de** la salle de classe.
Pierre and I leave the classroom.

Le week-end, je sors souvent.

Ils partent pour la fac.

- **Partir** is generally used to say someone is leaving a large place such as a city, country, or region. Often, a form of **partir** is accompanied by the preposition **pour** and a destination name to say *to leave for (a place)*.

partir	
je pars	nous partons
tu pars	vous partez
il/elle part	ils/elles partent

Je **pars pour** l'Algérie.
I'm leaving for Algeria.

Ils **partent pour** Genève demain.
They're leaving for Geneva tomorrow.

BOÎTE À OUTILS
As you learned in **Leçon 7**, **quitter** is used to say that someone leaves a place or another person: **Tu quittes la maison?** (*Are you leaving the house?*)

 MISE EN PRATIQUE

1 **Choisissez** Monique et ses amis aiment bien sortir. Choisissez la forme correcte des verbes **partir** ou **sortir** pour compléter la description de leurs activités.

1. Samedi soir, je _____ avec mes copains.
2. Mes copines Magali et Anissa _____ pour New York.
3. Nous _____ du cinéma.
4. Nicolas _____ pour Dakar vers 10 heures du soir.
5. À minuit, vous _____ pour la boîte.
6. Je _____ pour le Maroc dans une semaine.
7. Tu _____ avec ton petit ami ce week-end.
8. Olivier et Bernard _____ tard du bureau.

2 **Vos habitudes** Utilisez les éléments des colonnes pour décrire (*describe*) les habitudes de votre famille et de vos amis.

A	B	C
je	(ne pas) courir	jusqu'à (*until*) midi
mon frère	(ne pas) dormir	tous les week-ends
ma sœur	(ne pas) partir	tous les jours
mes parents	(ne pas) sortir	souvent
mes cousins		rarement
mon petit ami		jamais
ma petite amie		une (deux, etc.) fois par jour/ semaine
mes copains		?
?		

3 **La question** Vincent parle au téléphone avec sa mère. Vous entendez (*hear*) ses réponses, mais pas les questions. Avec un(e) partenaire, reconstruisez la conversation.

MODÈLE
Comment vas-tu? Ça va bien, merci.

1. _____ Oui, je sors avec mes amis ce soir.
2. _____ Nous partons à six heures.
3. _____ Oui, nous allons jouer au tennis.
4. _____ Après, nous allons au restaurant.
5. _____ Nous sortons du restaurant à neuf heures.
6. _____ Marc et Audrey partent pour Nice le week-end prochain.

COMMUNICATION

4 Descriptions Avec un(e) partenaire, complétez les phrases avec la forme correcte d'un verbe de la liste.

| courir | dormir | partir | sentir | servir | sortir |

1. Véronique / / tard

2. je / / sandwichs

3. les enfants / / le chocolat chaud

4. nous / / souvent

5. tu / / de l'hôpital

6. vous / / pour la France demain

5 Indiscrétions Votre partenaire est curieux/curieuse et désire savoir (*to know*) ce que vous faites chez vous. Répondez à ses questions.

1. Jusqu'à (*Until*) quelle heure dors-tu le week-end?
2. Dors-tu pendant (*during*) les cours à la fac? Pendant quels cours? Pourquoi?
3. À quelle heure sors-tu le samedi soir?
4. Avec qui sors-tu le samedi soir?
5. Que sers-tu quand tu as des invités à la maison?
6. Pars-tu bientôt en vacances (*vacation*)? Où?

6 Dispute Laëtitia est très active. Son petit ami Bertrand ne sort pas beaucoup, alors ils ont souvent des disputes. Avec un(e) partenaire, jouez les deux rôles. Utilisez les mots et les expressions de la liste.

dormir	partir
faire des promenades	un passe-temps
	sentir
faire un tour (en voiture)	sortir
	rarement
par semaine	souvent

Other irregular *-ir* verbs

	dormir *(to sleep)*	servir *(to serve)*	sentir *(to feel)*	courir *(to run)*
je	dors	sers	sens	cours
tu	dors	sers	sens	cours
il/elle	dort	sert	sent	court
nous	dormons	servons	sentons	courons
vous	dormez	servez	sentez	courez
ils/elles	dorment	servent	sentent	courent

Rachid dort.

Nous courons.

Elles **dorment** jusqu'à midi.
They sleep until noon.

Vous **courez** vite!
You run fast!

Je **sers** du fromage à la fête.
I'm serving cheese at the party.

Nous **servons** du thé glacé.
We are serving iced tea.

- **Sentir** can mean *to feel, to smell,* or *to sense.*

Je **sens** qu'il arrive.
I sense that he's arriving.

Ça **sent** bon!
That smells good!

Vous **sentez** le café?
Do you smell the coffee?

Ils **sentent** sa présence.
They feel his presence.

Essayez! Complétez les phrases avec la forme correcte du verbe.

1. Nous ___sortons___ (sortir) vers neuf heures.
2. Je _____ (servir) des boissons gazeuses aux invités.
3. Tu _____ (partir) quand pour le Canada?
4. Nous ne _____ (dormir) pas en cours.
5. Ils _____ (courir) pour attraper (*to catch*) le bus.
6. Tu manges des oignons? Ça _____ (sentir) mauvais.
7. Vous _____ (sortir) avec des copains ce soir.
8. Elle _____ (partir) pour Dijon ce week-end.

1 **Au parc** C'est dimanche au parc. Avec un(e) partenaire, décrivez les activités de tous les personnages. Comparez vos observations avec les observations d'un autre groupe pour compléter votre description.

2 **Mes habitudes** Avec un(e) partenaire, parlez de vos habitudes de la semaine. Que faites-vous régulièrement? Utilisez tous les mots de la liste.

MODÈLE

Étudiant(e) 1: Je fais de la gym parfois le lundi. Et toi?
Étudiant(e) 2: Moi, je fais la cuisine parfois le lundi.

parfois le lundi	souvent à midi
le mercredi à midi	toujours le vendredi
le jeudi soir	tous les jours
le vendredi matin	trois fois par semaine
rarement le matin	une fois par semaine

3 **Mes vacances** Parlez de vos prochaines vacances (*vacation*) avec un(e) partenaire. Mentionnez cinq de vos passe-temps habituels en vacances et cinq nouvelles activités que vous allez essayer (*to try*). Comparez votre liste avec la liste de votre partenaire puis présentez les réponses à la classe.

4 **Que faire ici?** Avec un(e) partenaire, trouvez au minimum quatre choses à faire dans chaque (*each*) endroit. Quel endroit préférez-vous et pourquoi? Comparez votre liste avec un autre groupe et parlez de vos préférences avec la classe.

MODÈLE

Étudiant(e) 1: À la montagne, on fait des randonnées à cheval.
Étudiant(e) 2: Oui, et il faut marcher.

1. à la campagne

3. au parc

2. à la plage

4. au gymnase

5 **Le conseiller** Un(e) conseiller/conseillère à la fac suggère des stratégies à un(e) étudiant(e) pour l'aider (*help him or her*) à préparer les examens. Avec un(e) partenaire, jouez les deux rôles. Vos camarades vont sélectionner les meilleurs conseils (*best advice*).

MODÈLE

Il faut faire tous ses devoirs.

6 **Quelles activités?** Votre professeur va vous donner, à vous et à votre partenaire, deux feuilles d'activités différentes pour le week-end. Attention! Ne regardez pas la feuille de votre partenaire.

MODÈLE

Étudiant(e) 1: Est-ce que tu fais une randonnée dimanche après-midi?
Étudiant(e) 2: Oui, je fais une randonnée dimanche après-midi.

ressources		
WB pp. 59–62	LM pp. 35–36	promenades.vhlcentral.com Leçon 9

Le Zapping

Sponsors de demain

Fondée en 1857, SwissLife est la plus grande° compagnie d'assurance vie° de Suisse, avec des filiales° aussi dans d'autres pays européens. C'est une entreprise° consciente de l'importance de la vie culturelle et sportive des communautés. SwissLife sponsorise des associations et des programmes aux niveaux° national et communautaire parce qu'elle reconnaît° qu'ils ont un effet positif sur les générations futures. En 2004, SwissLife commence à soutenir° l'équipe nationale suisse de football et, en 2007, le Kids Festival, tournois de football pour les enfants de six à dix ans.

SwissLife
Prêts pour l'avenir.

Sponsor officiel des équipes nationales suisses de football

—Gagner la Ligue des Champions...

—Jouer en finale de la Coupe du Monde...

Compréhension Répondez aux questions.

1. Qui sont les personnes dans la publicité (*ad*)?
2. Quel âge le narrateur a-t-il à peu près (*approximately*)?
3. Qu'est-ce que le narrateur a envie de faire un jour?

Discussion Par groupes de trois, répondez aux questions.

1. Pourquoi est-ce un enfant qui parle dans la pub, et non les adultes? Quel est le rôle des adultes?
2. Quelle personne est un modèle pour vous? Que fait-elle?

la plus grande *the largest* **assurance vie** *life insurance* **filiales** *branches* **entreprise** *company* **niveaux** *levels* **reconnaît** *recognizes* **soutenir** *to support*

SUR INTERNET

Go to **promenades.vhlcentral.com** to watch the TV clip featured in this **Le zapping**.

Leçon 10

You will learn how to...
- talk about seasons and the date
- discuss the weather

Quel temps fait-il?

Vocabulaire

Il fait 18 degrés.	*It is 18 degrees.*
Il fait beau.	*The weather is nice.*
Il fait bon.	*The weather is good/warm.*
Il fait mauvais.	*The weather is bad.*
Il fait un temps épouvantable.	*The weather is dreadful.*
Le temps est orageux.	*It is stormy.*
Quel temps fait-il?	*What is the weather like?*
Quelle température fait-il?	*What is the temperature?*
une saison	*season*
à l'automne	*in the fall*
en été	*in the summer*
en hiver	*in the winter*
au printemps	*in the spring*
Quelle est la date?	*What's the date?*
C'est le 1er (premier) octobre.	*It's the first of October.*
C'est quand votre/ton anniversaire?	*When is your birthday?*
C'est le 2 mai.	*It's the second of May.*
C'est quand l'anniversaire de Paul?	*When is Paul's birthday?*
C'est le 15 mars.	*It's March 15th.*
un anniversaire	*birthday*

Il neige. (neiger)

Il fait froid.

L'hiver: décembre, janvier, février

Il fait (du) soleil.

Bal du 14 juillet

Il fait chaud.

Quelle est la date d'aujourd'hui? C'est le 14 juillet.

L'été: juin, juillet, août

Attention!

In France and in most of the francophone world, temperature is given in Celsius. Convert from Celsius to Fahrenheit with this formula: $F = (C \times 1.8) + 32$. Convert from Fahrenheit to Celsius with this formula: $C = (F - 32) \times 0.56$.
$11°C = 52°F$ $78°F = 26°C$

Il pleut.
(pleuvoir)

un parapluie

un imperméable

Le printemps: mars, avril, mai

Il fait frais.

Le temps est nuageux.

Il fait du vent.

L'automne: septembre, octobre, novembre

Mise en pratique SUPERSITE

1 **Écoutez** 🎧 Écoutez le bulletin météorologique et répondez aux questions suivantes.

	Vrai	Faux
1. C'est l'été.	☐	☐
2. Le printemps commence le 21 mars.	☐	☐
3. Il fait 11 degrés vendredi.	☐	☐
4. Il fait du vent vendredi.	☐	☐
5. Il va faire soleil samedi.	☐	☐
6. Il faut utiliser le parapluie et l'imperméable vendredi.	☐	☐
7. Il va faire un temps épouvantable dimanche.	☐	☐
8. Il ne va pas faire chaud samedi.	☐	☐

2 **Les fêtes et les jours fériés** Indiquez la date et la saison de chaque jour férié.

	Date	Saison
1. la fête nationale française	_____	_____
2. l'indépendance des États-Unis	_____	_____
3. la Saint-Patrick	_____	_____
4. Noël	_____	_____
5. la Saint-Valentin	_____	_____
6. le Nouvel An	_____	_____
7. Halloween	_____	_____
8. l'anniversaire de Washington	_____	_____

3 **Quel temps fait-il?** Répondez aux questions suivantes par des phrases complètes.

1. Quel temps fait-il en été?
2. Quel temps fait-il à l'automne?
3. Quel temps fait-il au printemps?
4. Quel temps fait-il en hiver?
5. Où est-ce qu'il neige?
6. Quel est votre mois préféré de l'année? Pourquoi?
7. Quand est-ce qu'il pleut où vous habitez?
8. Quand est-ce que le temps est orageux où vous habitez?

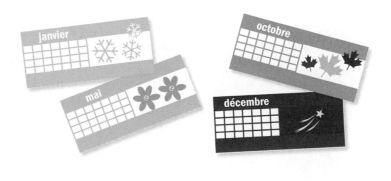

CONTEXTES

Communication

4 **Conversez** Interviewez un(e) camarade de classe.

1. C'est quand ton anniversaire? C'est quand l'anniversaire de ton père? Et de ta mère?
2. En quelle saison est ton anniversaire? Quel temps fait-il?
3. Quelle est ta saison préférée? Pourquoi? Quelles activités aimes-tu pratiquer?
4. En quelles saisons utilises-tu un parapluie et un imperméable? Pourquoi?
5. À quel moment de l'année es-tu en vacances? Précise les mois. Pendant (*During*) quels mois de l'année préfères-tu voyager? Pourquoi?
6. À quelle période de l'année étudies-tu? Précise les mois.
7. Quelle saison détestes-tu le plus (*the most*)? Pourquoi?
8. Quand tu vas au café en janvier, qu'est-ce que tu bois? En juillet? En septembre?

5 **Une lettre** Vous avez un correspondant (*pen pal*) en France qui veut (*wants*) vous rendre visite (*to visit you*). Écrivez une lettre à votre ami(e) où vous décrivez le temps qu'il fait à chaque saison et les activités que vous pouvez (*can*) pratiquer ensemble (*together*). Comparez votre lettre avec la lettre d'un(e) camarade de classe.

> Cher Thomas,
>
> Ici à Boston, il fait très froid en hiver et il neige souvent. Est-ce que tu aimes la neige? Moi, j'adore parce que je fais du ski tous les week-ends.
>
> Et toi, tu fais du ski? ...

6 **Quel temps fait-il en France?** Votre professeur va vous donner, à vous et à votre partenaire, deux feuilles d'activités différentes. Attention! Ne regardez pas la feuille de votre partenaire.

MODÈLE

Étudiant(e) 1: *Quel temps fait-il à Paris?*
Étudiant(e) 2: *À Paris, le temps est nuageux et la température est de dix degrés.*

7 **La météo** Préparez avec un(e) camarade de classe une présentation où vous:

- mentionnez le jour, la date et la saison.
- présentez la météo d'une ville francophone.
- présentez les prévisions météo (*weather forecasts*) pour le reste de la semaine.
- préparez une affiche pour illustrer votre présentation.

La météo d'Haïti en juillet — Port-au-Prince

samedi 23	dimanche 24	lundi 25
27°C	35°C	37°C
☀	⛅	⛈
soleil	nuageux	orageux

Aujourd'hui samedi, c'est le 23 juillet. C'est l'été et il fait soleil...

Les sons et les lettres

🎧 Open vs. closed vowels: Part 1

You have already learned that **é** is pronounced like the vowel *a* in the English word *cake*. This is a closed **e** sound.

étudiant	agr**é**able	nationalit**é**	enchant**é**

The letter combinations **–er** and **–ez** at the end of a word are pronounced the same way, as is the vowel sound in single-syllable words ending in **-es**.

travaill**er**	av**ez**	m**es**	l**es**

The vowels spelled **è** and **ê** are pronounced like the vowel in the English word *pet*, as is an **e** followed by a double consonant. These are open **e** sounds.

r**é**p**è**te	premi**è**re	p**ê**che	itali**e**nne

The vowel sound in *pet* may also be spelled **et**, **ai**, or **ei**.

secr**et**	fran**çai**s	f**ai**t	s**ei**ze

Compare these pairs of words. To make the vowel sound in *cake*, your mouth should be slightly more closed than when you make the vowel sound in *pet*.

m**es** m**ai**s	c**es** c**e**tte	th**é**âtre th**è**me

Prononcez Répétez les mots suivants à voix haute.

1. thé
2. lait
3. belle
4. été
5. neige
6. aider
7. degrés
8. anglais
9. cassette
10. discret
11. treize
12. mauvais

Articulez Répétez les phrases suivantes à voix haute.

1. Hélène est très discrète.
2. Céleste achète un vélo laid.
3. Il neige souvent en février et en décembre.
4. Désirée est canadienne; elle n'est pas française.

Dictons Répétez les dictons à voix haute.

Qui sème le vent récolte la tempête.[2]

Péché avoué est à demi pardonné.[1]

[1] An offense admitted is half pardoned.
[2] You reap what you sow. (lit. He who sows the wind reaps a storm.)

ressources

LM
p. 38

promenades.vhlcentral.com
Leçon 10

ROMAN-PHOTO

Quel temps!

PERSONNAGES

David

Rachid

Sandrine

Stéphane

Au parc...

RACHID Napoléon établit le Premier Empire en quelle année?

STÉPHANE Euh... mille huit cent quatre?

RACHID Exact! On est au mois de novembre et il fait toujours chaud.

STÉPHANE Oui, il fait bon!... dix-neuf, dix-huit degrés!

RACHID Et on a chaud aussi parce qu'on court.

STÉPHANE Bon, allez, je rentre faire mes devoirs d'histoire-géo.

RACHID Et moi, je rentre boire une grande bouteille d'eau.

RACHID À demain, Stéph! Et n'oublie pas: le cours du jeudi avec ton professeur, Monsieur Rachid Kahlid, commence à dix-huit heures, pas à dix-huit heures vingt!

STÉPHANE Pas de problème! Merci et à demain!

SANDRINE Et puis, en juillet, le Tour de France commence. J'aime bien regarder à la télévision. Et après, c'est mon anniversaire, le 20. Cette année, je fête mes vingt et un ans. Tous les ans, pour célébrer mon anniversaire, j'invite mes amis et je prépare une super soirée. J'adore faire la cuisine, c'est une vraie passion!

DAVID Ah, oui?

SANDRINE En parlant d'anniversaire, Stéphane célèbre ses dix-huit ans samedi prochain. C'est un anniversaire important. ...On organise une surprise. Tu es invité!

DAVID Hmm, c'est très gentil, mais... Tu essaies de ne pas parler deux minutes, s'il te plaît? Parfait!

SANDRINE Pascal! Qu'est-ce que tu fais aujourd'hui? Il fait beau à Paris?

DAVID Encore un peu de patience! Allez, encore dix secondes... Voilà!

1 Qui? Identifiez les personnages pour chaque phrase. Écrivez **S** pour Sandrine, **St** pour Stéphane, **R** pour Rachid et **D** pour David.

1. Cette personne aime faire la cuisine.
2. Cette personne sort quand il fait froid.
3. Cette personne aime le Tour de France.
4. Cette personne n'aime pas la pluie.
5. Cette personne va boire de l'eau.
6. Ces personnes ont rendez-vous tous les jeudis.
7. Cette personne fête son anniversaire en janvier.
8. Ces personnes célèbrent un joli portrait.
9. Cette personne fête ses dix-huit ans samedi prochain.
10. Cette personne prépare des crêpes pour le dîner.

Les anniversaires à travers (*through*) les saisons.

À l'appartement de David et de Rachid...

SANDRINE C'est quand, ton anniversaire?

DAVID Qui, moi? Oh, c'est le quinze janvier.

SANDRINE Il neige en janvier, à Washington?

DAVID Parfois... et il pleut souvent à l'automne et en hiver.

SANDRINE Je déteste la pluie. C'est pénible. Qu'est-ce que tu aimes faire quand il pleut, toi?

DAVID Oh, beaucoup de choses! Dessiner, écouter de la musique. J'aime tellement la nature, je sors même quand il fait très froid.

SANDRINE Moi, je préfère l'été. Il fait chaud. On fait des promenades.

RACHID Oh là, là, j'ai soif! Mais... qu'est-ce que vous faites, tous les deux?

DAVID Oh, rien! Je fais juste un portrait de Sandrine.

RACHID Bravo, c'est pas mal du tout! Hmm, mais quelque chose ne va pas, David. Sandrine n'a pas de téléphone dans la main!

SANDRINE Oh, Rachid, ça suffit! C'est vrai, tu as vraiment du talent, David. Pourquoi ne pas célébrer mon joli portrait? Vous avez faim, les garçons?

RACHID ET DAVID Oui!

SANDRINE Je prépare le dîner. Vous aimez les crêpes ou vous préférez une omelette?

RACHID ET DAVID Des crêpes... Miam!

Expressions utiles

Talking about birthdays

- **Cette année, je fête mes vingt et un ans.**
  This year, I celebrate my twenty-first birthday.

- **Pour célébrer mon anniversaire, je prépare une super soirée.**
  To celebrate my birthday, I plan a great party.

- **Stéphane célèbre ses dix-huit ans samedi prochain.**
  Stéphane celebrates his eighteenth birthday next Saturday.

- **On organise une surprise.**
  We are planning a surprise.

Talking about hopes and preferences

- **Tu essaies de ne pas parler deux minutes, s'il te plaît?**
  Could you try not to talk for two minutes, please?

- **J'aime tellement la nature, je sors même quand il fait très froid.**
  I like nature so much, I go out even when it's very cold.

- **Moi, je préfère l'été.**
  Me, I prefer summer.

- **Vous aimez les crêpes ou vous préférez une omelette?**
  Do you like crêpes or do you prefer an omelette?

Additional vocabulary

- **encore un peu**
  a little more

- **Quelque chose ne va pas.**
  Something's not right/working.

- **main**
  hand

- **Ça suffit!**
  That's enough!

- **Miam!**
  Yum!

---

2 **Faux!** Toutes ces phrases contiennent une information qui est fausse. Corrigez chaque phrase.

1. Stéphane a dix-huit ans.
2. David et Rachid préfèrent une omelette.
3. Il fait froid et il pleut.
4. On n'organise rien (*anything*) pour l'anniversaire de Stéphane.
5. L'anniversaire de Stéphane est au printemps.
6. Rachid et Stéphane ont froid.

3 **Conversez** Parlez avec vos camarades de classe pour découvrir (*find out*) qui a l'anniversaire le plus proche du vôtre (*closest to yours*). Qui est-ce? Quand est son anniversaire? En quelle saison? Quel mois? En général, quel temps fait-il le jour de son anniversaire?

ressources		
VM pp. 205–206	DVD Leçon 10	promenades.vhlcentral.com Leçon 10

A C T I V I T É S

CULTURE À LA LOUPE

Les jardins publics français

le jardin du Luxembourg

Dans toutes les villes françaises, la plupart° du temps au centre-ville, on trouve des jardins° publics. Ils sont en général entourés° d'une grille° et ouverts° au public pendant° la journée. Certains sont très petits et très simples; d'autres sont très grands avec d'immenses pelouses°, des plantes, des arbres° et de jolis parterres de fleurs°. Il y a aussi des sentiers° pour faire des promenades, des bancs°, des aires de jeux° pour les enfants, des statues, des fontaines ou des bassins°. On y° trouve des parents avec leurs enfants, des personnes qui font un pique-nique, qui jouent à la pétanque° ou au football, etc.

À Paris, le jardin des Tuileries et le jardin du Luxembourg sont deux jardins publics de style classique, très appréciés des Parisiens. Il y a aussi deux grands parcs à côté de Paris: le bois° de Vincennes, à l'est°, qui a un zoo, un jardin tropical et la foire° du Trône, la plus grande fête foraine° de France; et le bois de Boulogne, à l'ouest°, qui a un parc d'attractions° pour les enfants. Tous les deux ont aussi des cafés et des restaurants. Quand il fait beau, on peut faire du canotage° sur leurs lacs° ou pratiquer des activités sportives diverses.

Le bois de Vincennes et le bois de Boulogne	
VINCENNES	**BOULOGNE**
• une superficie° totale de 995 hectares	• une superficie totale de 863 hectares
• un zoo de 15 hectares	• cinq entrées°
• 19 km de sentiers pour les promenades à cheval et à vélo	• 95 km d'allées
• 32 km d'allées pour le jogging	• une cascade° de 10 mètres de large° et 14 mètres de haut°
• la Ferme° de Paris, une ferme de 5 hectares	• deux hippodromes°

la plupart most **jardins** gardens/parks **entourés** surrounded **grille** fence **ouverts** open **pendant** during **pelouses** lawns **arbres** trees **parterres de fleurs** flower beds **sentiers** paths **bancs** benches **aires de jeux** playgrounds **bassins** ponds **y** there **pétanque** a popular game similar to the Italian game of bocce **bois** forest/wooded park **est** east **foire** fair **fête foraine** carnival **ouest** west **parc d'attractions** amusement park **canotage** boating **lacs** lakes **superficie** area **Ferme** Farm **entrées** entrances **cascade** waterfall **de large** wide **de haut** high **hippodromes** horse racetracks

A C T I V I T É S

1 **Répondez** Répondez aux questions par des phrases complètes.

1. Où trouve-t-on, en général, des jardins publics?
2. Quel type de végétation y a-t-il dans les jardins publics français?
3. Qu'y a-t-il pour les enfants dans les jardins et les parcs français?
4. Où va-t-on, à Paris, si on a envie de voir des animaux?
5. Quel type de plantes, en particulier, peut-on trouver au bois de Vincennes?

6. Comment s'appelle la plus grande fête foraine de France?
7. Où les enfants peuvent-ils visiter un parc d'attractions?
8. Que peut-on faire au bois de Vincennes?
9. Citez deux activités que les Français aiment faire dans les jardins publics.
10. Est-il possible de manger dans les jardins et les parcs? Expliquez votre réponse.

STRATÉGIE

Skimming

Skimming involves quickly reading through a text to absorb its general meaning. Reading quickly in this way allows you to understand the main ideas without having to read word for word. You can skim a text as a preliminary step before an in-depth reading, as when reading once through without stopping. You can also skim an individual paragraph or section at any stage of the reading process to remind yourself of how it fits into the selection as a whole.

LE MONDE FRANCOPHONE

Des parcs publics

Voici quelques parcs publics du monde francophone.

Bruxelles, Belgique
le bois de la Cambre 123 hectares, un lac° avec une île° au centre

Casablanca, Maroc
le parc de la Ligue Arabe des palmiers°, un parc d'attractions pour enfants, des cafés et restaurants

Québec, Canada
le parc des Champs de Batailles («Plaines d'Abraham») 107 hectares, 6.000 arbres°

Tunis, Tunisie
le parc du Belvédère 110 hectares, un zoo de 13 hectares, 230.000 arbres (80 espèces° différentes), situé° sur une colline°

lac *lake* île *island* palmiers *palm trees* arbres *trees* espèces *species* situé *located* colline *hill*

PORTRAIT

Les Français et le vélo

Tous les étés, la course° cycliste du Tour de France attire° un grand nombre de spectateurs, Français et étrangers, surtout lors de° son arrivée sur les Champs-Élysées, à Paris. C'est le grand événement° sportif de l'année pour les amoureux du cyclisme. Les Français adorent aussi faire du vélo pendant° leur temps libre. Beaucoup de clubs organisent des randonnées en vélo de course° le week-end. Pour les personnes qui préfèrent le vélo tout terrain (VTT)°, il y a des sentiers° adaptés dans les parcs régionaux et nationaux. Certaines agences de voyages proposent aussi des vacances «vélo» en France ou à l'étranger°.

course *race* attire *attracts* lors de *at the time of* événement *event* pendant *during* vélo de course *road bike* vélo tout terrain (VTT) *mountain biking* sentiers *paths* à l'étranger *abroad*

le Tour de France sur les Champs-Élysées

SUR INTERNET

Qu'est-ce que Jacques Anquetil, Eddy Merckx et Bernard Hinault ont en commun?

Go to **promenades.vhlcentral.com** to find more cultural information related to this **LECTURE CULTURELLE**.

---

2 Vrai ou faux? Indiquez si les phrases sont **vraies** ou **fausses**. Corrigez les phrases fausses.

1. Les Français ne font pas de vélo.
2. Les membres de clubs de vélo font des promenades le week-end.
3. Les agences de voyages offrent des vacances «vélo».
4. On utilise un VTT quand on fait du vélo sur la route.
5. Le Tour de France arrive sur les Champs-Élysées à Paris.

3 Les parcs publics Avec un(e) partenaire, parlez des parcs publics du monde francophone. Quel temps fait-il dans les parcs pendant (*during*) les différentes saisons de l'année? Choisissez un parc et décrivez-le à vos camarades. Peuvent-ils deviner (*Can they guess*) de quel parc vous parlez?

ressources

promenades.vhlcentral.com
Leçon 10

ACTIVITÉS

STRUCTURES

10.1 Numbers 101 and higher

Numbers 101 and higher	
101 cent un	**800** huit cents
125 cent vingt-cinq	**900** neuf cents
198 cent quatre-vingt-dix-huit	**1.000** mille
200 deux cents	**1.100** mille cent
245 deux cent quarante-cinq	**2.000** deux mille
300 trois cents	**5.000** cinq mille
400 quatre cents	**100.000** cent mille
500 cinq cents	**550.000** cinq cent cinquante mille
600 six cents	**1.000.000** un million
700 sept cents	**8.000.000** huit millions

- Note that French uses a period, rather than a comma, to indicate thousands and millions.

- The word **cent** does not take a final **-s** when it is followed by the numbers **1–99**.

  Il y a **deux cent cinquante**   *but*   J'ai **quatre cents** bandes
  jours de soleil.   dessinées.
  There are 250 sunny days.   *I have 400 comic books.*

- The number **un** is not used before the word **mille** to mean *a/one thousand*. It is used, however, before **million** to say *a/one million*.

  Mille personnes habitent   *but*   **Un million** de personnes habitent
  le village.   la région.
  One thousand people live   *One million people live*
  in the village.   *in the region.*

- **Mille**, unlike **cent** and **million**, is invariable. It never takes an **-s**.

  Aimez-vous *les Mille et*   **Onze mille** étudiants
  Une Nuits?   sont inscrits.
  Do you like "The Thousand   *Eleven thousand students*
  and One Nights"?   *are registered.*

- Before a noun, **million** and **millions** are followed by **de/d'**.

  Deux millions de personnes   Il y a **onze millions d'habitants**
  sont en vacances.   dans la capitale.
  Two million people are   *There are 11,000,000 inhabitants*
  on vacation.   *in the capital.*

Essayez!   Donnez les équivalents en français.

1. 10.000 ___dix mille___
2. 620 _____
3. 365 _____
4. 42.000 _____
5. 200.000.000 _____
6. 480 _____
7. 1.789 _____
8. 400 _____

MISE EN PRATIQUE

1 **Quelle adresse?** Vous allez distribuer des journaux (*newspapers*) et vous téléphonez aux clients pour avoir leur adresse. Écrivez les adresses.

> **MODÈLE**
>
> cent deux, rue Lafayette
> *102, rue Lafayette*

1. deux cent cinquante-deux, rue de Bretagne
2. quatre cents, avenue Malbon
3. cent soixante-dix-sept, rue Jeanne d'Arc
4. cinq cent quarante-six, boulevard St. Marc
5. six cent quatre-vingt-huit, avenue des Gaulois
6. trois cent quatre-vingt-douze, boulevard Micheline
7. cent vingt-cinq, rue des Pierres
8. trois cent quatre, avenue St. Germain

2 **Faisons des calculs** Faites les additions et écrivez les réponses.

> **MODÈLE**
>
> 200 + 300 =
> *Deux cents plus trois cents font cinq cents.*

1. 5.000 + 3.000 =
2. 650 + 750 =
3. 2.000.000 + 3.000.000 =
4. 4.400 + 3.600 =
5. 155 + 310 =
6. 7.000 + 3.000 =
7. 9.000.000 + 2.000.000 =
8. 1.250 + 2.250 =

3 **Combien d'habitants?** À tour de rôle, demandez à votre partenaire combien d'habitants il y a dans chaque ville d'après (*according to*) les statistiques.

> **MODÈLE**
>
> Dijon: 153.813
> **Étudiant(e) 1:** *Combien d'habitants y a-t-il à Dijon?*
> **Étudiant(e) 2:** *Il y a cent cinquante-trois mille huit cent treize habitants.*

1. Toulouse: 398.423
2. Abidjan: 2.877.948
3. Lyon: 453.187
4. Québec: 510.559
5. Marseille: 807.071
6. Papeete: 26.181

4 **Quand?** Avec un(e) partenaire, regardez les dates et dites quand ces événements ont lieu (*take place*).

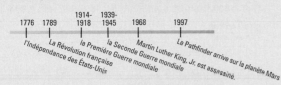

1. Le Pathfinder arrive sur la planète Mars.
2. La Première Guerre mondiale commence.
3. La Seconde Guerre mondiale prend fin (*ends*).
4. L'Amérique déclare son indépendance.
5. Martin Luther King, Jr. est assassiné.
6. La Première Guerre Mondiale prend fin.

5 **Combien ça coûte?** Vous regardez un catalogue avec un(e) ami(e). À tour de rôle, demandez à votre partenaire le prix des choses.

MODÈLE

Étudiant(e) 1: *Combien coûte l'ordinateur?*
Étudiant(e) 2: *Il coûte mille huit cents euros.*

1.

2.

3.

4.

6 **Dépensez de l'argent** Vous et votre partenaire avez 100.000€. Décidez quels articles de la liste vous allez prendre. Justifiez vos choix à la classe.

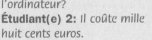
MODÈLE

Étudiant(e) 1: *On prend un rendez-vous avec Brad Pitt.*
Étudiant(e) 2: *Alors, nous n'avons pas assez d'argent pour la voiture!*

un ordinateur... 2.000€	des vacances à Tahiti... 7.000€
un rendez-vous avec Brad Pitt... 50.000€	un vélo... 1.000€
un rendez-vous avec Madonna... 50.000€	une voiture de luxe... 60.000€

Le français vivant

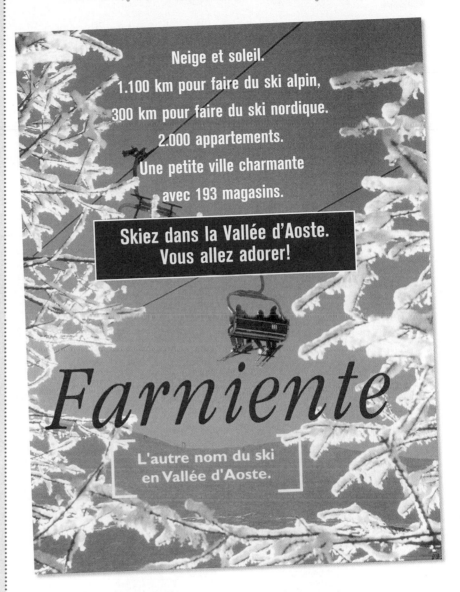

Neige et soleil.
1.100 km pour faire du ski alpin,
300 km pour faire du ski nordique.
2.000 appartements.
Une petite ville charmante
avec 193 magasins.

**Skiez dans la Vallée d'Aoste.
Vous allez adorer!**

Farniente

L'autre nom du ski
en Vallée d'Aoste.

Questions Avec un(e) partenaire, regardez la publicité (*ad*) et répondez aux questions. Écrivez les nombres en toutes lettres. (*Write out the numbers.*)

1. Combien de kilomètres y a-t-il pour faire du ski alpin? Pour faire du ski nordique?
2. Combien d'appartements y a-t-il dans la ville? Combien de magasins?
3. Quelles autres activités sportives sont possibles, à votre avis (*in your opinion*), dans la Vallée d'Aoste?
4. Faites-vous du ski? Avez-vous envie de faire du ski en Vallée d'Aoste? Pourquoi?
5. Quel temps fait-il en Vallée d'Aoste?

STRUCTURES

10.2 Spelling-change *-er* verbs

Point de départ Some **-er** verbs, though regular with respect to their verb endings, have spelling changes that occur in the verb stem (what remains after the **-er** is dropped).

- Most infinitives whose next-to-last syllable contains an **e** (no accent) change this letter to **è** in all forms except **nous** and **vous**.

acheter (to buy)	
j'achète	nous achetons
tu achètes	vous achetez
il/elle achète	ils/elles achètent

Où est-ce que tu **achètes** des skis?
Where do you buy skis?

Ils **achètent** beaucoup sur Internet.
They buy a lot on the Internet.

- Infinitives whose next-to-last syllable contains an **é** change this letter to **è** in all forms except **nous** and **vous**.

espérer (to hope)	
j'espère	nous espérons
tu espères	vous espérez
il/elle espère	ils/elles espèrent

Elle **espère** arriver tôt aujourd'hui.
She hopes to arrive early today.

Nos profs **espèrent** commencer les cours.
Our professors hope to start classes.

Elle achète quelque chose.

Ils répètent.

- Infinitives ending in **-yer** change **y** to **i** in all forms except **nous** and **vous**.

envoyer (to send)	
j'envoie	nous envoyons
tu envoies	vous envoyez
il/elle envoie	ils/elles envoient

J'**envoie** une lettre.
I'm sending a letter.

Tes amis **envoient** un e-mail.
Your friends send an e-mail.

MISE EN PRATIQUE

1 **Passe-temps** Chaque membre de la famille Desrosiers a son passe-temps préféré. Utilisez les éléments pour dire comment ils préparent leur week-end.

MODÈLE

Tante Manon fait une randonnée. (acheter / sandwichs)
Elle achète des sandwichs.

1. Nous faisons du vélo. (essayer / vélo)
2. Christiane aime chanter. (répéter)
3. Les filles jouent au foot. (espérer / gagner)
4. Vous allez à la pêche. (emmener / enfants)
5. Papa fait un tour en voiture. (nettoyer / voiture)
6. Mes frères font du camping. (préférer / partir tôt)

2 **Que font-ils?** Dites ce que font les personnages.

MODÈLE

Il achète une baguette.

acheter

1. envoyer

3. répéter

2. payer

4. nettoyer

3 **Invitation au cinéma** Avec un(e) partenaire, jouez les rôles de Halouk et de Thomas. Ensuite, présentez la scène à la classe.

THOMAS J'ai envie d'aller au cinéma.

HALOUK Bonne idée. Nous (1) _____ (emmener, protéger) Véronique avec nous?

THOMAS J' (2) _____ (acheter, espérer) qu'elle a du temps libre.

HALOUK Peut-être, mais j' (3) _____ (envoyer, payer) des e-mails tous les jours et elle ne répond pas.

THOMAS Parce que son ordinateur ne fonctionne pas. Elle (4) _____ (essayer, préférer) parler au téléphone.

HALOUK D'accord. Alors toi, tu (5) _____ (acheter, répéter) les tickets au cinéma et moi, je vais chercher Véronique.

COMMUNICATION

4 **Questions** À tour de rôle, posez les questions à un(e) partenaire.

1. Qu'est-ce que tu achètes tous les jours?
2. Qu'est-ce que tu achètes tous les mois?
3. Quand tu sors avec ton/ta petit(e) ami(e), qui paie?
4. Est-ce que toi et ton/ta camarade de chambre partagez les frais (*expenses*)? Qui paie quoi?
5. Est-ce que tu possèdes une voiture?
6. Qui nettoie ta chambre?
7. À qui est-ce que tu envoies des e-mails?
8. Qu'est-ce que tu espères faire cet été?

5 **Réponses affirmatives** Votre professeur va vous donner une feuille d'activités. Trouvez au moins deux camarades de classe qui répondent oui à chaque question. Et si vous aussi, vous répondez oui aux questions, écrivez votre nom.

MODÈLE

Étudiant(e) 1: Est-ce que tu achètes exclusivement sur Internet?
Étudiant(e) 2: Oui, j'achète exclusivement sur Internet.

Questions	Noms
1. acheter exclusivement sur Internet	Virginie, Éric
2. posséder un ordinateur	
3. envoyer des lettres à ses grands-parents	
4. célébrer une occasion spéciale demain	

6 **E-mail à l'oncle Marcel** Xavier va écrire un e-mail à son oncle pour raconter (*to tell*) ses activités de la semaine prochaine. Il prépare une liste des choses qu'il veut dire (*wants to say*). Avec un(e) partenaire, écrivez son e-mail.

- lundi: emmener maman chez le médecin
- mercredi: fac envoyer notes
- jeudi: répéter rôle Roméo et Juliette
- vendredi: célébrer anniversaire papa
- vendredi: essayer faire gym
- samedi: parents acheter voiture

- The change of **y** to **i** is optional in verbs whose infinitives end in **-ayer**.

Je **paie** avec une carte de crédit.
I pay with a credit card.

Comment est-ce que tu **payes**?
How do you pay?

Other spelling-change *-er* verbs

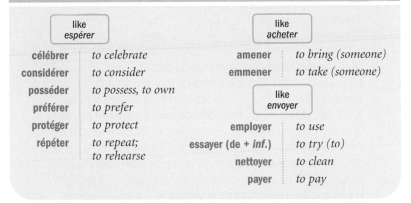

like *espérer*			like *acheter*	
célébrer	to celebrate		amener	to bring (someone)
considérer	to consider		emmener	to take (someone)
posséder	to possess, to own		**like *envoyer***	
préférer	to prefer			
protéger	to protect		employer	to use
répéter	to repeat; to rehearse		essayer (de + *inf.*)	to try (to)
			nettoyer	to clean
			payer	to pay

Je préfère l'été. Il fait chaud.

Tu essaies de ne pas parler?

- Note that the **nous** and **vous** forms of the verbs presented in this section have no spelling changes.

Vous **achetez** des sandwichs aussi.
You're buying sandwiches, too.

Nous **espérons** partir à huit heures.
We hope to leave at 8 o'clock.

Nous **envoyons** les enfants à l'école.
We're sending the children to school.

Vous **payez** avec une carte de crédit.
You pay with a credit card.

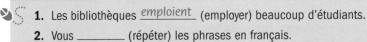

Essayez! Complétez les phrases avec la forme correcte du verbe.

1. Les bibliothèques _emploient_ (employer) beaucoup d'étudiants.
2. Vous _____ (répéter) les phrases en français.
3. Nous _____ (payer) assez pour les livres.
4. Mon camarade de chambre ne _____ (nettoyer) pas son bureau.
5. Est-ce que tu _____ (espérer) gagner?
6. Vous _____ (essayer) parfois d'arriver à l'heure.
7. Tu _____ (préférer) prendre du thé ou du café?
8. Elle _____ (emmener) sa mère au cinéma.
9. On _____ (célébrer) une occasion spéciale.
10. Les parents _____ (protéger) leurs enfants?

SYNTHÈSE

Révision

1 **Le basket** Avec un(e) partenaire, utilisez les verbes de la liste pour compléter le paragraphe.

acheter	considérer	envoyer	essayer	préférer
amener	employer	espérer	payer	répéter

Je m'appelle Stéphanie et je joue au basket. J' (1) _____ toujours (*always*) mes parents avec moi aux matchs le samedi. Ils (2) _____ que les filles sont de très bonnes joueuses. Mes parents font aussi du sport. Ma mère fait du vélo et mon père (3) _____ gagner son prochain match de foot! Le vendredi matin, j' (4) _____ un e-mail à ma mère pour lui rappeler (*remind her of*) le match. Mais elle n'oublie jamais! Ils n' (5) _____ pas de tickets pour les matchs, parce que les parents des joueurs ne (6) _____ pas. Nous (7) _____ toujours d'arriver une demi-heure avant le match, parce que maman et papa (8) _____ s'asseoir (*to sit*) tout près du terrain (*court*). Ils sont tellement fiers!

2 **Que font-ils?** Avec un(e) partenaire, parlez des activités des personnages et écrivez une phrase par illustration.

1. _____ 2. _____ 3. _____

4. _____ 5. _____ 6. _____

3 **Où partir?** Avec un(e) partenaire, choisissez cinq endroits intéressants à visiter où il fait le temps indiqué sur la liste. Ensuite, répondez aux questions.

Il fait chaud.	Il fait soleil.	Il fait du vent.	Il neige.	Il pleut.

1. Où essayez-vous d'aller cet été? Pourquoi?
2. Où préférez-vous partir cet hiver? Pourquoi?
3. Quelle est la première destination que vous espérez visiter? La dernière? Pourquoi?
4. Qui emmenez-vous avec vous? Pourquoi?

4 **J'achète** Vous allez payer un voyage aux membres de votre famille et à vos amis. À tour de rôle, choisissez un voyage et donnez à votre partenaire la liste des personnes qui partent. Votre partenaire va vous donner le prix à payer.

MODÈLE

Étudiant(e) 1: *J'achète un voyage de dix jours dans les Pays de la Loire à ma cousine Pauline et à mon frère Alexandre.*
Étudiant(e) 2: *D'accord. Tu paies deux mille cinq cent soixante-deux euros.*

Voyages	Prix par personne	Commission
Dix jours dans les Pays de la Loire	1.250	62
Deux semaines de camping	660	35
Sept jours au soleil en hiver	2.100	78
Trois jours à Paris en avril	500	55
Trois mois en Europe en été	10.400	47
Un week-end à Nice en septembre	350	80
Une semaine à la montagne en juin	990	66
Une semaine à la neige	1.800	73

5 **La vente aux enchères** Par groupes de quatre, organisez une vente aux enchères (*auction*) pour vendre les affaires (*things*) du professeur. À tour de rôle, un(e) étudiant(e) joue le rôle du/de la vendeur/vendeuse et les autres étudiants jouent le rôle des enchérisseurs (*bidders*). Vous avez 5.000 euros et toutes les enchères (*bids*) commencent à cent euros.

MODÈLE

Étudiant(e) 1: *J'ai le cahier du professeur. Qui paie cent euros?*
Étudiant(e) 2: *Moi, je paie cent euros.*
Étudiant(e) 1: *Qui paie cent cinquante euros?*

6 **À la bibliothèque** Votre professeur va vous donner, à vous et à votre partenaire, deux feuilles d'activités différentes. Attention! Ne regardez pas la feuille de votre partenaire.

MODÈLE

Étudiant(e) 1: *Est-ce que tu as le livre «Candide»?*
Étudiant(e) 2: *Oui, son numéro de référence est P, Q, deux cent soixante-six, cent quarante-sept, cent dix.*

ressources

WB pp. 65–68	LM pp. 39–40	SUPERSITE promenades.vhlcentral.com Leçon 10

Écriture

Using a dictionary

A common mistake made by beginning language learners is to embrace the dictionary as the ultimate resource for reading, writing, and speaking. While it is true that the dictionary is a useful tool that can provide valuable information about vocabulary, using the dictionary correctly requires that you understand the elements of each entry.

If you glance at a French-English dictionary, you will notice that its format is similar to that of an English dictionary. The word is listed first, usually followed by its pronunciation. Then come the definitions, organized by parts of speech. Sometimes, the most frequently used meanings are listed first.

To find the best word for your needs, you should refer to the abbreviations and the explanatory notes that appear next to the entries. For example, imagine that you are writing about your pastimes. You want to write *I want to buy a new racket for my match tomorrow*, but you don't know the French word for *racket*.

In the dictionary, you might find an entry like this one:

> **racket** n 1. boucan; 2. raquette (sport)

The abbreviation key at the front of the dictionary says that *n* corresponds to **nom** (*noun*). Then, the first word you see is **boucan**. The definition of **boucan** is *noise* or *racket,* so **boucan** is probably not the word you want. The second word is **raquette**, followed by the word *sport*, which indicates that it is related to **sports**. This detail indicates that the word **raquette** is the best choice for your needs.

Thème

Écrire une brochure

Choisissez un sujet:

1. Vous travaillez à la Chambre de Commerce de votre région pour l'été. Des hommes et des femmes d'affaires québécois vont visiter votre région cette année, mais ils n'ont pas encore décidé (*have not yet decided*) quand. La Chambre de Commerce vous demande de créer (*asks you to create*) une petite brochure sur le temps qu'il fait dans votre région aux différentes saisons de l'année. Dites quelle saison, à votre avis (*in your opinion*), est idéale pour visiter votre région et expliquez pourquoi.

2. Vous avez une réunion familiale pour décider où aller en vacances cette année, mais chaque membre de la famille suggère un endroit différent. Choisissez un lieu de vacances où vous avez envie d'aller et créez une brochure pour montrer à votre famille pourquoi vous devriez (*should*) tous y aller (*go there*). Décrivez la météo de l'endroit et indiquez les différentes activités culturelles et sportives qu'on peut y faire.

3. Vous passez un semestre/trimestre dans le pays francophone de votre choix (*of your choice*). Deux étudiants de votre cours de français ont aussi envie de visiter ce pays. Créez une petite brochure pour partager vos impressions du pays. Présentez le pays, donnez des informations météorologiques et décrivez vos activités préférées.

Panorama

 SUPERSITE

un pèlerinage° à la cathédrale de Chartres

Les Pays de la Loire

La région en chiffres

▶ **Superficie:** *32.082 km²°*

▶ **Population:** *3.344.000*
SOURCE: INSEE

▶ **Industries principales:** *aéronautique, agriculture, informatique, tourisme, viticulture°*

▶ **Villes principales:** *Angers, Laval, Le Mans, Nantes, Saint Nazaire*

Personnages célèbres

▶ **Claire Bretécher,** *dessinatrice de bandes dessinées (1940–)*

▶ **Léon Bollée,** *inventeur d'automobiles (1870–1913)*

▶ **Jules Verne,** *écrivain° (1828–1905)*

Le Centre

La région en chiffres

▶ **Superficie:** *39.152 km²*

▶ **Population:** *2.480.000*

▶ **Industrie principale:** *tourisme*

▶ **Villes principales:** *Bourges, Chartres, Orléans, Tours, Vierzon*

Personnages célèbres

▶ **Honoré de Balzac,** *écrivain (1799–1850)*

▶ **George Sand,** *écrivain (1804–1876)*

▶ **Gérard Depardieu,** *acteur (1948–)*

LA FRANCE

Chartres

Laval · Le Mans

la Mayenne · la Sarthe · le Loir

PAYS DE LA LOIRE

Orléans

la Loire · Chambord

St.-Nazaire · Angers · Tours · Chenonceaux · Vierzon

Nantes · Saumur · l'Indre · le Cher · CENTRE · Bourges

L'île de Noirmoutier · Cholet · la Loire

L'île d'Yeu · Châteauroux

Les Sables-d'Olonne · La Roche-sur-Yon · la Vienne

L'OCÉAN ATLANTIQUE

le Vendée Globe, course° nautique

la Loire

0 ——— 50 milles
0 ——— 50 kilomètres

km² (kilomètres carrés) *square kilometers* viticulture *wine-growing* écrivain *writer* Construit *Constructed* siècle *century* pièces *rooms* escaliers *staircases* chaque *each* logis *living area* hélice *helix* même *same* ne se croisent jamais *never cross* pèlerinage *pilgrimage* course *race*

Incroyable mais vrai!

Construit° au XVIᵉ (seizième) siècle°, l'architecture du château de Chambord est influencée par Léonard de Vinci. Le château a 440 pièces°, 84 escaliers° et 365 cheminées (une pour chaque° jour de l'année). Le logis° central a deux escaliers en forme de double hélice°. Les escaliers vont dans la même° direction, mais ne se croisent jamais°.

Les monuments
La vallée des rois

La vallée de la Loire, avec ses châteaux, est appelée la vallée des rois°. C'est au XVIe (seizième) siècle° que les Valois° quittent Paris pour habiter dans la région, où ils construisent° de nombreux° châteaux de style Renaissance. François Ier inaugure le siècle des «rois voyageurs»: ceux° qui vont d'un château à l'autre avec leur cour° et toutes leurs possessions. Chenonceau, Chambord et Amboise sont aujourd'hui les châteaux les plus° visités.

Les festivals
Le Printemps de Bourges

Le Printemps de Bourges est un festival de musique qui a lieu° chaque année, en avril. Pendant° une semaine, tous les styles de musique sont représentés: variété française, musiques du monde°, rock, musique électronique, reggae, hip-hop, etc... Il y a des dizaines° de spectacles, de nombreux artistes, des milliers de spectateurs et des noms légendaires comme Serge Gainsbourg, Yves Montand, Ray Charles et Johnny Clegg.

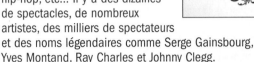

Les sports
Les 24 heures du Mans

Les 24 heures du Mans, c'est la course° d'endurance automobile la plus célèbre° du monde. Depuis° 1923, de prestigieuses marques° y° participent. C'est sur ce circuit de 13,6 km que Ferrari gagne neuf victoires et que Porsche détient° le record de 16 victoires avec une vitesse moyenne° de 222 km/h sur 5.335 km. Il existe aussi les 24 heures du Mans moto°.

Les destinations
La route des vins

La vallée de la Loire est réputée pour ses vignobles°, en particulier pour ses vins blancs°. Le Sauvignon et le Chardonnay, par exemple, constituent environ° 75% (pour cent) de la production. La vigne est cultivée dans la vallée depuis l'an 380. Aujourd'hui, les vignerons° de la région produisent 400 millions de bouteilles par an. Pour apprécier le vin, il est nécessaire de l'observer°, de le sentir, de le goûter° et de le déguster°. C'est tout un art!

 Qu'est-ce que vous avez appris? Répondez aux questions par des phrases complètes.

1. Quel événement peut-on voir aux Sables d'Olonne?
2. Au seizième siècle, qui influence le style de construction de Chambord?
3. Combien de cheminées y a-t-il à Chambord?
4. De quel style sont les châteaux de la Loire?
5. Pourquoi les Valois sont-ils «les rois voyageurs»?
6. Combien de spectateurs vont au Printemps de Bourges chaque année?
7. Qu'est-ce que les 24 heures du Mans?
8. Quel autre type de course existe-t-il au Mans?
9. Quels vins sont produits dans la vallée de la Loire?
10. Combien de bouteilles y sont produites chaque année?

ressources

WB pp. 69–70

promenades.vhlcentral.com Unité 5

SUPERSITE | **SUR INTERNET**

Go to **promenades.vhlcentral.com** to find more cultural information related to this **PANORAMA**.

1. Trouvez des informations sur le Vendée Globe. Quel est l'itinéraire de la course? Combien de bateaux (*boats*) y participent chaque année?
2. Qui étaient (*were*) les artistes invités au dernier Printemps de Bourges? En connaissez-vous quelques-uns? (*Do you know some of them?*)

rois *kings* **siècle** *century* **les Valois** *name of a royal dynasty* **construisent** *build* **de nombreux** *numerous* **ceux** *those* **cour** *court* **les plus** *the most* **a lieu** *takes place* **Pendant** *For* **monde** *world* **dizaines** *dozens* **course** *race* **célèbre** *famous* **Depuis** *Since* **marques** *brands* **y** *there* **détient** *holds* **vitesse moyenne** *average speed* **moto** *motorcycle* **vignobles** *vineyards* **vins blancs** *white wines* **environ** *around* **vignerons** *wine-growers* **l'observer** *observe it* **le goûter** *taste it* **le déguster** *savor it*

Activités sportives et loisirs

aider	to help
aller à la pêche	to go fishing
bricoler	to tinker; to do odd jobs
chanter	to sing
désirer	to want
gagner	to win
indiquer	to indicate
jouer (à/de)	to play
marcher	to walk (person); to work (thing)
pratiquer	to practice
skier	to ski
une bande dessinée (B.D.)	comic strip
le baseball	baseball
le basket(-ball)	basketball
les cartes (f.)	cards
le cinéma	movies
les échecs (m.)	chess
une équipe	team
le foot(ball)	soccer
le football américain	football
le golf	golf
un jeu	game
un joueur/une joueuse	player
un loisir	leisure activity
un match	game
un passe-temps	pastime, hobby
un spectacle	show
le sport	sport
un stade	stadium
le temps libre	free time
le tennis	tennis
le volley(-ball)	volleyball

Verbes irréguliers en –ir

courir	to run
dormir	to sleep
partir	to leave
sentir	to feel; to smell; to sense
servir	to serve
sortir	to go out, to leave

Le temps qu'il fait

Il fait 18 degrés.	It is 18 degrees.
Il fait beau.	The weather is nice.
Il fait bon.	The weather is good/warm.
Il fait chaud.	It is hot (out).
Il fait (du) soleil.	It is sunny.
Il fait du vent.	It is windy.
Il fait frais.	It is cool.
Il fait froid.	It is cold.
Il fait mauvais.	The weather is bad.
Il fait un temps épouvantable.	The weather is dreadful.
Il neige. (neiger)	It is snowing. (to snow)
Il pleut. (pleuvoir)	It is raining. (to rain)
Le temps est nuageux.	It is cloudy.
Le temps est orageux.	It is stormy.
Quel temps fait-il?	What is the weather like?
Quelle température fait-il?	What is the temperature?
un imperméable	rain jacket
un parapluie	umbrella

Verbes

acheter	to buy
amener	to bring (someone)
célébrer	to celebrate
considérer	to consider
emmener	to take (someone)
employer	to use
envoyer	to send
espérer	to hope
essayer (de + inf.)	to try (to)
nettoyer	to clean
payer	to pay
posséder	to possess, to own
préférer	to prefer
protéger	to protect
répéter	to repeat; to rehearse

La fréquence

une/deux fois	one/two time(s)
par jour, semaine, mois, an, etc.	per day, week, month, year, etc.
déjà	already
encore	again; still
jamais	never
longtemps	long time
maintenant	now
parfois	sometimes
rarement	rarely
souvent	often

Les saisons, les mois, les dates

une saison	season
l'automne (m.)/ à l'automne	fall/in the fall
l'été (m.)/en été	summer/in the summer
l'hiver (m.)/en hiver	winter/in the winter
le printemps (m.)/ au printemps	spring/in the spring
Quelle est la date?	What's the date?
C'est le 1er (premier) octobre.	It's the first of October.
C'est quand votre/ton anniversaire?	When is your birthday?
C'est le 2 mai.	It's the second of May.
C'est quand l'anniversaire de Paul?	When is Paul's birthday?
C'est le 15 mars.	It's March 15th.
un anniversaire	birthday
janvier	January
février	February
mars	March
avril	April
mai	May
juin	June
juillet	July
août	August
septembre	September
octobre	October
novembre	November
décembre	December

Expressions utiles	See pp. 135 and 149.
Expressions with *faire*	See p. 138.
faire	See p. 138.
Il faut...	See p. 139.
Numbers 101 and higher	See p. 152.

Les fêtes

Pour commencer

- Qui est la propriétaire sur la photo?
- Qu'est-ce qu'Amina et Valérie vont faire?
- Qu'est-ce qu'elles vont manger, du jambon ou un dessert?
- De quelle couleur est le tee-shirt d'Amina, orange ou violet?

Leçon **11**

You will learn how to...

- talk about celebrations
- talk about the stages of life

Surprise!

les invitées (f.)

les invités (m.)

l'hôte (m.)

l'hôtesse (f.)

le gâteau

la glace

les biscuits (m.)

les bonbons (m.)

le champagne

les desserts (m.)

les glaçons (m.)

Vocabulaire

faire la fête	to party
faire une surprise (à quelqu'un)	to surprise (someone)
fêter	to celebrate
organiser une fête	to organize a party
une fête	party; celebration
un jour férié	holiday
une bière	beer
le vin	wine
une amitié	friendship
un amour	love
le bonheur	happiness
un(e) fiancé(e)	fiancé
des jeunes mariés (m.)	newlyweds
un rendez-vous	date; appointment
l'adolescence (f.)	adolescence
l'âge adulte (m.)	adulthood
un divorce	divorce
l'enfance (f.)	childhood
une étape	stage
l'état civil (m.)	marital status
la jeunesse	youth
un mariage	marriage; wedding
la mort	death
la naissance	birth
la vie	life
la vieillesse	old age
prendre sa retraite	to retire
tomber amoureux/ amoureuse	to fall in love
ensemble	together

ressources

WB
pp. 71–72

LM
p. 41

SUPERSITE
promenades.vhlcentral.com
Leçon 11

Mise en pratique

1 Écoutez 🎧 Écoutez la conversation entre Anne et Nathalie. Indiquez si les affirmations sont **vraies** ou **fausses**.

		Vrai	Faux
1.	Jean-Marc va prendre sa retraite dans six mois.	☐	☐
2.	Nathalie a l'idée d'organiser une fête pour Jean-Marc.	☐	☐
3.	Anne et Nathalie essaient de trouver un cadeau original.	☐	☐
4.	Anne va acheter un gâteau.	☐	☐
5.	Nathalie va apporter de la glace.	☐	☐
6.	La fête est une surprise.	☐	☐
7.	Nathalie va envoyer les invitations par e-mail.	☐	☐
8.	La fête va avoir lieu (*take place*) dans le bureau d'Anne.	☐	☐
9.	Elles ont besoin de beaucoup de décorations.	☐	☐
10.	Tout le monde va donner des idées pour le cadeau.	☐	☐

2 Chassez l'intrus Indiquez le mot ou l'expression qui n'appartient pas (*doesn't belong*) à la liste.

1. l'amour, tomber amoureux, un fiancé, un divorce
2. un mariage, un couple, un jour férié, un fiancé
3. un biscuit, une bière, un dessert, un gâteau
4. une glace, une bière, le champagne, le vin
5. la vieillesse, la naissance, l'enfance, la jeunesse
6. faire la fête, un hôte, des invités, une étape
7. fêter, un cadeau, la vie, une surprise
8. l'état civil, la naissance, la mort, l'adolescence

3 Associez Faites correspondre les mots et expressions de la colonne de gauche avec les définitions de la colonne de droite. Notez que tous les éléments ne sont pas utilisés. Ensuite (*Then*), avec un(e) partenaire, donnez votre propre définition de quatre expressions de la première colonne. Votre partenaire doit deviner (*must guess*) de quoi vous parlez.

1. _____ la naissance
2. _____ l'enfance
3. _____ l'adolescence
4. _____ l'âge adulte
5. _____ tomber amoureux
6. _____ un jour férié
7. _____ le mariage
8. _____ le divorce
9. _____ prendre sa retraite
10. _____ la mort

a. C'est une date importante, comme le 4 juillet aux États-Unis.
b. C'est la fin de l'étape prénatale.
c. C'est l'étape de la vie pendant laquelle (*during which*) on va au lycée.
d. C'est un événement très triste.
e. C'est faire une rencontre romantique comme dans un conte de fées (*fairy tale*).
f. C'est le futur probable d'un couple qui se dispute (*fights*) tout le temps.
g. C'est un jour de bonheur et de célébration de l'amour.
h. C'est quand une personne décide de ne plus travailler.

BON ANNIVERSAIRE, MARC!

la surprise

le couple

le cadeau

CONTEXTES

Communication

4 **Le mot juste** Remplissez les espaces avec le mot illustré. Faites les accords nécessaires. Ensuite (*Then*), avec un(e) partenaire, créez (*create*) une phrase pour laquelle (*for which*) vous illustrez trois mots de **CONTEXTES**. Échangez votre phrase avec celle d'un autre groupe et résolvez le rébus.

1. Caroline est une amie d' _____ . Je vais lui faire _____ samedi.

   C'est son anniversaire.

2. Marc et Sophie sont inséparables. Ils sont toujours _____ . C'est le bonheur et

   le grand _____ .

3. Le _____ rouge va bien avec les viandes rouges alors que le _____ va

   mieux avec les _____ .

4. Les _____ ont beaucoup de _____ .

5. La _____ de ma sœur est un grand _____ pour mes parents.

5 **C'est la fête!** Vous avez terminé (*have finished*) les examens de fin d'année et vouz allez faire la fête! Avec un(e) partenaire, écrivez une conversation au sujet de la préparation de cette fête. N'oubliez pas de répondre aux questions suivantes. Ensuite (*Then*), jouez (*act out*) votre dialogue devant la classe.

1. Quand et où allez-vous organiser la fête?
2. Qui vont être les invités?
3. Qui est l'hôte?
4. Qu'allez-vous manger? Qu'allez-vous boire?
5. Qui va apporter quoi?
6. Qui est responsable de la musique? De la décoration?
7. Qu'allez-vous faire pendant (*during*) la fête?
8. Qui va nettoyer après la fête?

6 **Sept différences** Votre professeur va vous donner, à vous et à votre partenaire, deux feuilles d'activités différentes. À tour de rôle, posez-vous des questions pour trouver les sept différences entre les illustrations de l'anniversaire des jumeaux (*twins*) Boniface. Attention! Ne regardez pas la feuille de votre partenaire.

> **MODÈLE**
>
> **Étudiant(e) 1:** *Sur mon image, il y a trois cadeaux. Combien de cadeaux y a-t-il sur ton image?*
> **Étudiant(e) 2:** *Sur mon image, il y a quatre cadeaux.*

Les sons et les lettres

🎧 **Open vs. closed vowels: Part 2**

The letter combinations **au** and **eau** are pronounced like the vowel sound in the English word *coat*, but without the glide heard in English. These are closed **o** sounds.

chaud	**aussi**	**beaucoup**	**tableau**

When the letter **o** is followed by a consonant sound, it is usually pronounced like the vowel in the English word *raw*. This is an open **o** sound.

homme	**téléphone**	**ordinateur**	**orange**

When the letter **o** occurs as the last sound of a word or is followed by a *z* sound, such as a single **s** between two vowels, it is usually pronounced with the closed **o** sound.

trop	**héros**	**rose**	**chose**

When the letter **o** has an **accent circonflexe**, it is usually pronounced with the closed **o** sound.

drôle	**bientôt**	**pôle**	**côté**

Prononcez Répétez les mots suivants à voix haute.

1. rôle
2. porte
3. dos
4. chaud
5. prose
6. gros
7. oiseau
8. encore
9. mauvais
10. nouveau
11. restaurant
12. bibliothèque

Articulez Répétez les phrases suivantes à voix haute.

1. À l'automne, on n'a pas trop chaud.
2. Aurélie a une bonne note en biologie.
3. Votre colocataire est d'origine japonaise?
4. Sophie aime beaucoup l'informatique et la psychologie.
5. Nos copains mangent au restaurant marocain aujourd'hui.
6. Comme cadeau, Robert et Corinne vont préparer un gâteau.

Dictons Répétez les dictons à voix haute.

La fortune vient en dormant.[2]

Tout nouveau, tout beau.[1]

[1] Shiny and new.
[2] Fortune comes while you sleep.

ROMAN-PHOTO

Les cadeaux

PERSONNAGES

Amina

Astrid

Rachid

Sandrine

Valérie

Vendeuse

À l'appartement de Sandrine...

SANDRINE Allô, Pascal? Tu m'as téléphoné? Écoute, je suis très occupée là. Je prépare un gâteau d'anniversaire pour Stéphane... Il a dix-huit ans aujourd'hui... On organise une fête surprise au P'tit Bistrot.

SANDRINE J'ai fait une mousse au chocolat, comme pour ton anniversaire. Stéphane adore ça! J'ai aussi préparé des biscuits que David aime bien.

SANDRINE Quoi? David!... Mais non, il n'est pas marié. C'est un bon copain, c'est tout!... Désolée, je n'ai pas le temps de discuter. À bientôt.

RACHID Écoute, Astrid. Il faut trouver un cadeau... un *vrai* cadeau d'anniversaire.

ASTRID Excusez-moi, Madame. Combien coûte cette montre, s'il vous plaît?

VENDEUSE Quarante euros.

ASTRID Que penses-tu de cette montre, Rachid?

RACHID Bonne idée.

VENDEUSE Je fais un paquet cadeau?

ASTRID Oui, merci.

RACHID Eh, Astrid, il faut y aller!

VENDEUSE Et voilà dix euros. Merci, Mademoiselle, bonne fin de journée.

Au café...

VALÉRIE Ah, vous voilà! Astrid, aide-nous avec les décorations, s'il te plaît. La fête commence à six heures. Sandrine a tout préparé.

ASTRID Quelle heure est-il? Zut, déjà? En tout cas, on a trouvé des cadeaux.

RACHID Je vais chercher Stéphane.

A C T I V I T É S

1 Vrai ou faux? Indiquez si les affirmations suivantes sont **vraies** ou **fausses**.

1. Sandrine prépare un gâteau d'anniversaire pour Stéphane.

2. Sandrine est désolée parce qu'elle n'a pas le temps de discuter avec Rachid.

3. Rachid ne comprend pas la blague.

4. Pour aider Sandrine, Valérie va apporter les desserts.

5. Rachid et Astrid trouvent un cadeau pour Valérie.

6. Rachid n'aime pas l'idée de la montre pour Stéphane.

7. La fête d'anniversaire surprise pour Stéphane commence à huit heures.

8. Sandrine va chercher Stéphane.

9. Amina a apporté de la glace au chocolat.

10. Les parents d'Amina vont passer l'été à Aix-en-Provence.

Tout le monde prépare la surprise pour Stéphane.

VALÉRIE Oh là là! Tu as fait tout ça pour Stéphane?!

SANDRINE Oh, ce n'est pas grand-chose.

VALÉRIE Tu es un ange! Stéphane va bientôt arriver. Je t'aide à apporter ces desserts?

SANDRINE Oh, merci, c'est gentil.

Dans un magasin...

ASTRID Eh Rachid, j'ai eu une idée géniale... Des cadeaux parfaits pour Stéphane. Regarde! Ce matin, j'ai acheté cette calculatrice et ces livres.

RACHID Mais enfin, Astrid, Stéphane n'aime pas les livres.

ASTRID Oh Rachid, tu ne comprends rien, c'est une blague.

AMINA Bonjour! Désolée, je suis en retard!

VALÉRIE Ce n'est pas grave. Tu es toute belle ce soir!

AMINA Vous trouvez? J'ai acheté ce cadeau pour Stéphane. Et j'ai apporté de la glace au chocolat aussi.

VALÉRIE Oh, merci! Il faut aider Astrid avec les décorations.

ASTRID Salut, Amina. Ça va?

AMINA Oui, super. Mes parents ont téléphoné du Sénégal ce matin! Ils vont passer l'été ici. C'est le bonheur!

Expressions utiles

Talking about celebrations

- **J'ai fait une mousse au chocolat, comme pour ton anniversaire.**
  I made a chocolate mousse, (just) like for your birthday.
- **J'ai aussi préparé des biscuits que David aime bien.**
  I have also prepared cookies that David likes.
- **Je fais un paquet cadeau?**
  Shall I wrap the present?
- **En tout cas, on a trouvé des cadeaux.**
  In any case, we have found some presents.
- **Et j'ai apporté de la glace au chocolat.**
  And I brought some chocolate ice cream.

Talking about the past

- **Tu m'as téléphoné?**
  Did you call me?
- **Tu as fait tout ça pour Stéphane?!**
  You did all that for Stéphane?!
- **J'ai eu une idée géniale.**
  I had a great idea.
- **Sandrine a tout préparé.**
  Sandrine prepared everything.

Pointing out things

- **Je t'aide à apporter ces desserts?**
  Can I help you to bring these desserts?
- **J'ai acheté cette calculatrice et ces livres.**
  I bought this calculator and these books.
- **J'ai acheté ce cadeau pour Stéphane.**
  I bought this present for Stéphane.

Additional vocabulary

- **Ce n'est pas grave.**
  It's okay./No problem.
- **Tu ne comprends rien.**
  You don't understand a thing.
- **désolé(e)**
  sorry
- **discuter**
  to talk
- **zut**
  darn

---

2 **Le bon mot** Choisissez le bon mot entre **ce** (*m.*), **cette** (*f.*) et **ces** (*pl.*) pour compléter les phrases. Utilisez un dictionnaire. Attention, les phrases ne sont pas identiques aux dialogues!

1. Je t'aide à apporter _____ gâteau?
2. Ce matin, j'ai acheté _____ calculatrices et _____ livre.
3. Rachid ne comprend pas _____ blague.
4. Combien coûtent _____ montres?
5. À quelle heure commence _____ classe?

3 **Imaginez** Avec un(e) partenaire, imaginez qu'Amina est dans un grand magasin et qu'elle téléphone à Madame Forestier pour l'aider à choisir le cadeau idéal pour Stéphane. Amina propose et décrit plusieurs possibilités de cadeaux et Madame Forestier donne son avis (*opinion*) sur chacune d'entre elles (*each of them*).

ACTIVITÉS

SUPERSITE

le roi du carnaval de Nice

CULTURE À LA LOUPE

Le carnaval

Tous les ans, beaucoup de pays° et de régions francophones célèbrent le carnaval. Cette tradition est l'occasion de fêter la fin° de l'hiver et l'arrivée° du printemps. En général, la période de fête commence la semaine avant le Carême° et se termine° le jour du Mardi gras. Le carnaval demande très souvent des mois de préparation. La ville organise des défilés° de musique, de masques, de costumes et de chars fleuris°. La fête finit souvent par la crémation du roi° Carnaval, personnage de papier qui représente le carnaval et l'hiver.

Certaines villes et certaines régions sont réputées° pour leur carnaval: Nice, en France, la ville de Québec, au Canada, la Nouvelle-Orléans, aux États-Unis et la Martinique. Chaque ville a ses traditions particulières. La ville de Nice, lieu du plus grand carnaval français, organise une grande bataille de fleurs° où des jeunes, sur des chars, envoient des milliers° de fleurs aux spectateurs. À Québec, le climat intense transforme le carnaval en une célébration de l'hiver. Le symbole officiel de la fête est le «Bonhomme» (de neige°) et les gens font du ski, de la pêche sous la glace ou des courses de traîneaux à chiens°. À la Martinique, le carnaval continue jusqu'au° mercredi des Cendres°, à minuit: les gens, tout en noir° et blanc°,

le carnaval de Québec

regardent la crémation de Vaval, le roi Carnaval. Le carnaval de la Nouvelle-Orléans est célébré avec de nombreux bals° et défilés costumés. Ses couleurs officielles sont l'or°, le vert et le violet.

Le carnaval en chiffres

Martinique	Chaque ville choisit° une reine°.
Nice	La première bataille de fleurs a eu lieu° en 1876. On envoie entre 80.000 et 100.000 fleurs aux spectateurs.
la Nouvelle-Orléans	Il y a plus de 70 défilés pendant° le carnaval.
la ville de Québec	Le premier carnaval a eu lieu en 1894.

pays *countries* fin *end* arrivée *arrival* Carême *Lent* se termine *ends* défilés *parades* chars fleuris *floats decorated with flowers* roi *king* réputées *famous* bataille de fleurs *flower battle* milliers *thousands* «Bonhomme» (de neige) *snowman* courses de traîneaux à chiens *dogsled races* jusqu'au *until* mercredi des Cendres *Ash Wednesday* noir *black* blanc *white* bals *balls (dances)* or *gold* choisit *chooses* reine *queen* a eu lieu *took place* pendant *during*

A C T I V I T É S

1 Compréhension Répondez par des phrases complètes.

1. En général, quel est le dernier jour du carnaval?
2. Dans quelle ville des États-Unis est-ce qu'on célèbre le carnaval?
3. Où a lieu le plus grand carnaval français?
4. Qu'est-ce que les jeunes envoient aux spectateurs du carnaval de Nice?
5. Quel est le symbole officiel du carnaval de Québec?

6. Que fait-on pendant (*during*) le carnaval de Québec?
7. Qu'est-ce qui est différent au carnaval de la Martinique?
8. Qui est Vaval?
9. Comment est-ce qu'on célèbre le carnaval à la Nouvelle-Orléans?
10. Quelles sont les couleurs officielles du carnaval de la Nouvelle-Orléans?

SUPERSITE

STRATÉGIE

Recognizing word families

Recognizing how words are related to one another can help you guess their meaning, improving comprehension of a reading selection. The related words often belong to different parts of speech. For example, **fête** (*party*) is a noun, and **fêter** (*to celebrate*) is a verb. Both words in each pair are in the same word family. List at least two other pairs of related words from the selections in this **Lecture culturelle**.

LE MONDE FRANCOPHONE

Fêtes et festivals

Voici d'autres fêtes et festivals francophones.

En Côte d'Ivoire

La fête des Ignames (plusieurs dates) On célèbre la fin° de la récolte° des ignames°, une ressource très importante pour les Ivoiriens.

Au Maroc

La fête du Trône (le 30 juillet) Tout le pays honore le roi° avec des parades et des spectacles.

À la Martinique/À la Guadeloupe

La fête des Cuisinières (en août) Les femmes défilent° en costumes traditionnels et présentent des spécialités locales qu'elles ont préparées pour la fête.

Dans de nombreux pays

L'Aïd el-Fitr C'est la fête musulmane° de la rupture du jeûne° à la fin du Ramadan.

fin *end* **récolte** *harvest* **ignames** *yams* **roi** *king* **défilent** *parade* **musulmane** *Muslim* **jeûne** *fast*

PORTRAIT

Le 14 juillet

Le 14 juillet 1789, sous le règne° de Louis XVI, les Français se sont rebellés contre° la monarchie et ont pris° la Bastille, une forteresse utilisée comme prison. Cette date est très importante dans l'histoire de France parce qu'elle représente le début de la Révolution. Le 14 juillet symbolise la fondation de la République française et a donc° été sélectionné comme date de la Fête nationale. Tous les ans, il y a un grand défilé° militaire sur les Champs-Élysées, la plus grande° avenue parisienne. Partout° en France, les gens assistent à des défilés et à des fêtes dans les rues°. Le soir, il y a de nombreux bals populaires° où les Français dansent et célèbrent cette date historique. À minuit, on assiste aux feux d'artifices° traditionnels.

règne *reign* **se sont rebellés contre** *rebelled against* **ont pris** *stormed* **donc** *therefore* **défilé** *parade* **la plus grande** *the largest* **Partout** *Everywhere* **rues** *streets* **bals populaires** *street dances* **feux d'artifices** *fireworks*

SUR INTERNET

Qu'est-ce que c'est, la fête des Rois?

Go to **promenades.vhlcentral.com** to find more cultural information related to this **LECTURE CULTURELLE**. Then watch the corresponding **Flash culture**.

---

2 **Les fêtes** Complétez les phrases.

1. Le 14 juillet 1789, c'est la date _____.
2. Aujourd'hui, le 14 juillet, c'est la _____.
3. En France, le soir du 14 juillet, il y a _____.
4. À plusieurs dates, les Ivoiriens fêtent _____.
5. Au Maroc, il y a un festival au mois de _____.
6. Dans les pays musulmans, l'Aïd el-Fitr célèbre _____.

3 **Faisons la fête ensemble!** Vous êtes en vacances dans un pays francophone et vous invitez un(e) ami(e) à aller à une fête ou à un festival francophone avec vous. Expliquez à votre partenaire ce que vous allez faire. Votre partenaire va vous poser des questions.

ressources

VM
pp. 249–250

promenades.vhlcentral.com
Leçon 11

ACTIVITÉS

11.1 Demonstrative adjectives

Point de départ To identify or point out a noun with the French equivalent of *this/these* and *that/those*, you use a demonstrative adjective before the noun.

Demonstrative adjectives		
	singular	**plural**
	Before consonant Before vowel sound	
masculine	**ce** café **cet** éclair	**ces** cafés, **ces** éclairs
feminine	**cette** surprise **cette** amie	**ces** surprises, **ces** amies

Ce copain organise une fête.
This friend is organizing a party.

Cet hôpital est trop loin du centre-ville.
That hospital is too far from downtown.

Cette glace est excellente.
This ice cream is excellent.

Je préfère **ces** cadeaux.
I prefer those gifts.

Combien coûte cette montre?

J'ai ce cadeau pour Stéphane.

- Although the forms of **ce** can refer to a noun that is near (*this/these*) and one that is far (*that/those*), the meaning will usually be clear from context.

Ce dessert est délicieux.
This dessert is delicious.

Joël préfère **cet** éclair.
Joël prefers that éclair.

Ils vont aimer **cette** surprise.
They're going to like this surprise.

Ces glaçons sont pour la limonade.
Those ice cubes are for the lemon soda.

La maison Julien

Pour toutes ces occasions...
pour célébrer tout ce bonheur...
nous pensons à tous les détails.

 MISE EN PRATIQUE

1 **Remplacez** Remplacez les noms au singulier par des noms au pluriel et vice versa.

MODÈLE

J'aime mieux ce dessert.
J'aime mieux ces desserts.

1. Ces glaces au chocolat sont délicieuses.
2. Ce gâteau est énorme.
3. Ces biscuits ne sont pas bons.
4. Ces invitées sont gentilles.
5. Ces hôtes parlent japonais.
6. Cette bière est allemande.

2 **Monsieur Parfait** Juste avant la fête, l'hôte fait le tour de la salle et donne son opinion. Complétez ce texte avec **ce**, **cette** ou **ces**.

Mmm! (1) _____ champagne est parfait. Ah! (2) _____ gâteaux sont magnifiques, (3) _____ biscuits sont délicieux et j'adore (4) _____ glace. Beurk! (5) _____ bonbons sont originaux, mais pas très bons. Ouvrez (*Open*) (6) _____ bouteille. (7) _____ café sur (8) _____ table sent très bon. (9) _____ plante a besoin d'eau. (10) _____ tableau n'est pas droit (*straight*)! Oh là là! Arrangez (11) _____ chaises autour de (*around*) (12) _____ trois tables!

3 **Magazine** Vous regardez un vieux magazine. Complétez les phrases.

MODÈLE

Ce cheval est très grand.

1. _____ au chocolat et _____ sont délicieux.

3. _____ sont très heureux.

2. _____ aime beaucoup _____.

4. _____ va prendre sa retraite.

4 **Comparez** Avec un(e) partenaire, regardez les illustrations. À tour de rôle, comparez les personnages et les objets.

> **MODÈLE**
>
> **Étudiant(e) 1:** Comment sont ces hommes?
> **Étudiant(e) 2:** Cet homme-ci est petit et cet homme-là est grand.

1.   3.

2.   4.

5 **Préférences** Demandez à votre partenaire ses préférences, puis donnez votre opinion. Employez des adjectifs démonstratifs et présentez vos réponses à la classe.

> **MODÈLE**
>
> **Étudiant(e) 1:** Quel film est-ce que tu aimes?
> **Étudiant(e) 2:** J'aime bien Casablanca.
> **Étudiant(e) 1:** Moi, je n'aime pas du tout ce vieux film.

acteur/actrice	passe-temps
chanteur/chanteuse	restaurant
dessert	saison
film	sport
magasin	ville
?	?

6 **Invitation** Vous organisez une fête et vous êtes au supermarché avec un(e) ami(e). Vous n'êtes pas d'accord sur ce que (*what*) vous allez acheter. Avec un(e) partenaire, jouez les rôles.

> **MODÈLE**
>
> **Étudiant(e) 1:** On achète cette glace-ci?
> **Étudiant(e) 2:** Je n'aime pas cette glace-ci. Je préfère cette glace-là!
> **Étudiant(e) 1:** Mais cette glace-là coûte dix euros!
> **Étudiant(e) 2:** D'accord! On prend cette glace-ci.

- To make it especially clear that you're referring to something near versus something far, add **-ci** or **-là**, respectively, to the noun following the demonstrative adjective.

ce couple-**ci**	**ces** biscuits-**ci**
this couple (here)	*these cookies (here)*
cette invitée-**là**	**ces** bières-**là**
that guest (there)	*those beers (there)*

- Use **-ci** and **-là** in the same sentence to contrast similar items.

On prend **cette glace-ci**, pas **cette glace-là**.	Tu achètes **ce fromage-ci** ou **ce fromage-là**?
We'll have this ice cream, not that ice cream.	*Are you buying this cheese or that cheese?*

Ce gâteau-ci, s'il vous plaît.

Ce gâteau-là, s'il vous plaît.

Essayez!   Complétez les phrases avec la forme correcte de l'adjectif démonstratif.

1. __Cette__ glace au chocolat est très bonne!
2. Qu'est-ce que tu penses de _____ cadeau?
3. _____ homme-là est l'hôte de la fête.
4. Tu préfères _____ biscuits-ci ou _____ biscuits-là?
5. Vous aimez mieux _____ dessert-ci ou _____ dessert-là?
6. _____ année-ci, on va fêter l'anniversaire de mariage de nos parents en famille.
7. Tu achètes _____ éclair-là.
8. Vous achetez _____ montre?
9. _____ surprise va être géniale!
10. _____ invité-là est antipathique.

STRUCTURES

11.2 The *passé composé* with *avoir*

Point de départ In order to talk about events in the past, French uses two principal tenses: the **passé composé** and the imperfect. In this lesson, you will learn how to form the **passé composé**, which is used to express actions or states completed in the past. You will learn about the imperfect in **Leçon 15**.

- For most verbs, the **passé composé** is formed with a present-tense form of **avoir** (the auxiliary verb) followed by the past participle of the verb expressing the action.

PRESENT PAST
TENSE PARTICIPLE

Nous **avons fêté**.
We celebrated / have celebrated.

- The past participle of a regular **-er** verb is formed by replacing the **-er** ending of the infinitive with **-é**.

infinitive	past participle
fêt**er**	fêt**é**
oubli**er**	oubli**é**
cherch**er**	cherch**é**

- Most regular **-er** verbs are conjugated in the **passé composé** as shown below for the verb **parler**.

The *passé composé*

j'ai parlé	*I spoke/have spoken*	nous avons parlé	*we spoke/ have spoken*
tu as parlé	*you spoke/ have spoken*	vous avez parlé	*you spoke/ have spoken*
il/elle a parlé	*he/she/it spoke/ has spoken*	ils/elles ont parlé	*they spoke/ have spoken*

- To make a verb negative in the **passé composé**, place **ne/n'** and **pas** around the conjugated form of **avoir**.

On **n'**a **pas** fêté
mon anniversaire.
*We didn't celebrate
my birthday.*

Elles **n'**ont **pas** acheté
de biscuits hier?
*They didn't buy any cookies
yesterday?*

- To ask questions using inversion in the **passé composé**, invert the subject pronoun and the conjugated form of **avoir**. Note that this does not apply to other types of question formation.

Avez-vous fêté votre
anniversaire?
Did you celebrate your birthday?

Est-ce qu'elles **ont acheté**
des biscuits?
Did they buy any cookies?

SUPERSITE **MISE EN PRATIQUE**

1 Qu'est-ce qu'ils ont fait? Laurent parle de son week-end en ville avec sa famille. Complétez ses phrases avec le **passé composé** du verbe correct.

1. Nous _____ (nager, manger) des escargots.
2. Papa _____ (acheter, apprendre) une nouvelle montre.
3. J'_____ (prendre, oublier) une glace à la terrasse d'un café.
4. Vous _____ (enseigner, essayer) un nouveau restaurant.
5. Mes parents _____ (dessiner, célébrer) leur anniversaire de mariage.
6. Ils _____ (fréquenter, faire) une promenade.
7. Ma sœur _____ (boire, nettoyer) un chocolat chaud.
8. Le soir, nous _____ (écouter, avoir) sommeil.

2 Pas encore Un copain pose des questions pénibles. Écrivez ses questions puis donnez des réponses négatives.

MODÈLE

inviter vos amis (vous)
Vous avez déjà invité vos amis? Non, nous n'avons pas encore invité nos amis.

1. écouter mon CD (tu)
2. faire ses devoirs (Matthieu)
3. courir dans le parc (elles)
4. parler aux profs (tu)
5. apprendre les verbes irréguliers (Yassim)
6. être à la piscine (Marie et Lise)
7. emmener André au cinéma (vous)
8. avoir le temps d'étudier (tu)

3 Vendredi soir Vous et votre partenaire avez assisté à une fête vendredi soir. Parlez de la fête à tour de rôle. Qu'est-ce que les invités ont fait? Quelle a été l'occasion?

COMMUNICATION

4 **La semaine** À tour de rôle, assemblez les éléments des colonnes pour raconter (*to tell*) à votre partenaire ce que (*what*) tout le monde (*everyone*) a fait cette semaine.

A	B	C
je	acheter	bonbons
Luc	apprendre	café
mon prof	boire	cartes
Sylvie	enseigner	l'espagnol
mes parents	étudier	famille
mes copains et moi	faire	foot
tu	jouer	glace
vous	manger	jogging
?	parler	les maths
	prendre	promenade
	regarder	vélo
	?	?

5 **L'été dernier** Vous avez passé l'été dernier avec deux amis, mais vos souvenirs (*memories*) diffèrent. Par groupes de trois, utilisez les expressions de la liste et imaginez le dialogue.

MODÈLE

Étudiant(e) 1: *Nous avons fait du cheval tous les matins.*
Étudiant(e) 2: *Mais non! Moi, j'ai fait du cheval. Vous deux, vous avez fait du jogging.*
Étudiant(e) 3: *Je n'ai pas fait de jogging. J'ai dormi!*

acheter	essayer	faire une promenade
courir	faire du cheval	jouer aux cartes
dormir	faire du jogging	jouer au foot
emmener	faire la fête	manger

6 **Qu'est-ce que tu as fait?** Avec un(e) partenaire, posez-vous les questions à tour de rôle. Ensuite, présentez vos réponses à la classe.

1. As-tu fait la fête samedi dernier? Où? Avec qui?
2. Est-ce que tu as célébré une occasion importante cette année? Quelle occasion?
3. As-tu organisé une fête? Pour qui?
4. Qui est-ce que tu as invité à ta dernière fête?
5. Qu'est-ce que tu as fait pour fêter ton dernier anniversaire?
6. Est-ce que tu as préparé quelque chose à manger pour une fête ou un dîner? Quoi?

- The adverbs **hier** (*yesterday*) and **avant-hier** (*the day before yesterday*) are used often with the **passé composé**.

- Place the adverbs **déjà**, **encore**, **bien**, **mal**, and **beaucoup** between the auxiliary verb or **pas** and the past participle.

> Tu as **déjà** mangé ta part de gâteau.
> *You already ate your piece of cake.*

> Elle n'a pas **encore** visité notre ville.
> *She hasn't visited our town yet.*

- The past participles of spelling-change **-er** verbs have no spelling changes.

> Laurent a-t-il **acheté** le champagne?
> *Did Laurent buy the champagne?*

> Vous avez **envoyé** des bonbons.
> *You sent candy.*

- The past participle of most **-ir** verbs is formed by replacing the **-ir** ending with **-i**.

> Sylvie a **dormi** jusqu'à dix heures.
> *Sylvie slept until 10 o'clock.*

> On a **senti** leurs regards.
> *We felt their stares.*

Some irregular past participles

apprendre	appris	être	été
avoir	eu	faire	fait
boire	bu	pleuvoir	plu
comprendre	compris	prendre	pris
courir	couru	surprendre	surpris

> Nous avons **bu** du vin.
> *We drank wine.*

> Ils ont **été** très en retard.
> *They have been very late.*

- The **passé composé** of **il faut** is **il a fallu**; that of **il y a** is **il y a eu**.

> **Il a fallu** passer par le supermarché.
> *It was necessary to stop by the supermarket.*

> **Il y a eu** deux fêtes hier soir.
> *There were two parties last night.*

BOÎTE À OUTILS
Some verbs, like **aller**, use **être** instead of **avoir** to form the **passé composé**. You will learn more about these verbs in **Leçon 13**.

Essayez!   **Indiquez les formes du passé composé des verbes.**

1. j' *ai commencé, ai payé, ai bavardé* (commencer, payer, bavarder)
2. tu _____ (servir, comprendre, donner)
3. on _____ (parler, avoir, dormir)
4. nous _____ (adorer, faire, amener)
5. vous _____ (prendre, employer, courir)
6. elles _____ (espérer, boire, apprendre)

Révision

1 L'année dernière et cette année Décrivez vos dernières fêtes du jour d'Action de Grâces (*Thanksgiving*) à votre partenaire. Utilisez les verbes de la liste. Parlez aussi de vos projets (*plans*) pour le prochain jour d'Action de Grâces.

MODÈLE

Étudiant(e) 1: *L'année dernière, nous avons fêté le jour d'Action de Grâces chez mes grands-parents. Cette année, je vais manger au restaurant avec mes parents.*

Étudiant(e) 2: *Moi, j'ai fait la fête avec mes amis l'année dernière. Cette année, je vais visiter New York avec ma sœur.*

acheter	dormir	manger	regarder
boire	faire	prendre	téléphoner
donner	fêter	préparer	visiter

2 Ce musée, cette ville Faites par écrit (*Write*) une liste de cinq lieux (villes, musées, restaurants, etc.) que vous avez visités. Avec un(e) partenaire, comparez vos listes. Utilisez des adjectifs démonstratifs dans vos phrases.

MODÈLE

Étudiant(e) 1: *Ah, tu as visité Bruxelles. Moi aussi, j'ai visité cette ville. Elle est charmante.*

Étudiant(e) 2: *Tu as mangé au restaurant La Douce France. Je n'aime pas du tout ce restaurant!*

3 La fête Vous et votre partenaire avez préparé une fête avec vos amis. Vous avez acheté des cadeaux, des boissons et des snacks. À tour de rôle, parlez de ce qu'il y a sur l'illustration.

MODÈLE

Étudiant(e) 1: *J'aime bien ces biscuits-là.*

Étudiant(e) 2: *Moi, j'ai apporté cette glace-ci.*

4 Enquête Qu'est-ce que vos camarades ont fait de différent dans leur vie? Votre professeur va vous donner une feuille d'activités. Parlez à vos camarades pour trouver une personne différente pour chaque expérience, puis écrivez son nom.

MODÈLE

Étudiant(e) 1: *As-tu parlé à un acteur?*

Étudiant(e) 2: *Oui! Une fois, j'ai parlé à Bruce Willis!*

Expérience	Nom
1. parler à un(e) acteur/actrice	Julien
2. passer une nuit entière sans dormir	
3. dépenser plus de $100 pour des CD en une fois	
4. faire la fête un lundi soir	
5. courir cinq kilomètres ou plus	
6. surprendre un(e) ami(e) pour son anniversaire	

5 Conversez Avec un(e) partenaire, préparez une conversation où un(e) copain/copine demande à un(e) autre copain/copine les détails d'un dîner romantique du week-end dernier. N'oubliez pas de mentionner dans la conversation:

- où ils ont mangé
- les thèmes de la conversation
- qui a payé
- qui a parlé de quoi
- la date du prochain rendez-vous

6 Magali fait la fête Votre professeur va vous donner, à vous et à votre partenaire, deux feuilles d'activités différentes. Attention! Ne regardez pas la feuille de votre partenaire.

MODÈLE

Étudiant(e) 1: *Magali a parlé avec un homme. Cet homme n'a pas l'air intéressant du tout!*

Étudiant(e) 2: *Après,...*

ressources		
WB pp. 73–76	LM pp. 43–44	SUPERSITE promenades.vhlcentral.com Leçon 11

Le Zapping

La Poste

La Poste, le service postal belge, distribue les cartes de vœux° (et l'autre courrier°) chez ses clients tous les jours, comme la poste des États-Unis et du Canada. Pourtant°, en Belgique, La Poste offre aussi à ses clients une vaste gamme° de services pour la gestion° de leur argent. Par l'intermédiaire de° la Banque de La Poste, les Belges ont la possibilité d'ouvrir° des comptes° de chèques et de posséder des cartes de crédit comme avec une banque traditionnelle. Il existe aussi des prêts° variés pour les grandes dépenses, comme des vacances ou même une maison. Tout ça à La Poste!

Envoyez vos cartes de voeux.

—Une bonne année commence toujours°...

—... par quelqu'un qui vous la souhaite°.

Compréhension Répondez aux questions.

1. Qui est l'homme dans la publicité (*ad*)? Comment est son année?
2. Que fête-t-il cette année?
3. Pourquoi l'année commence-t-elle par la fin (*end*)?

Discussion Avec un(e) partenaire, répondez aux questions et discutez.

1. Quelles sortes d'événements fêtez-vous? Comment?
2. Envoyez-vous des cartes de vœux? Quel effet ont-elles sur le/la destinataire (*recipient*)?

SUPERSITE

SUR INTERNET

Go to **promenades.vhlcentral.com** to watch the TV clip featured in this **Le zapping**.

cartes de vœux *greeting cards* courrier *mail* Pourtant *However* gamme *range* gestion *management* Par l'intermédiaire de *Through* ouvrir *to open* comptes *accounts* prêts *loans* toujours *always* par quelqu'un qui vous la souhaite *with someone who wishes it for you*

Leçon **12**

You will learn how to...
- describe clothing
- offer and accept gifts

Très chic!

un chapeau
(chapeaux *pl.*)

un maillot de bain

cher
(chère *f.*)

une cravate

une ceinture

une robe

un short

un sac à main

Il porte un costume.
(porter)

des baskets (*f.*)

des chaussures (*f.*)

violet
(violette *f.*)

rose

gris
(grise *f.*)

jaune

vert
(verte *f.*)

noir
(noire *f.*)

orange

bleu (bleue *f.*)

marron

blanc
(blanche *f.*)

rouge

Vocabulaire

aller avec	*to go with*
un anorak	*ski jacket, parka*
une chaussette	*sock*
une chemise (à manches courtes/longues)	*shirt (short-/long-sleeved)*
un chemisier	*blouse*
un gant	*glove*
un jean	*jeans*
une jupe	*skirt*
un manteau	*coat*
un pantalon	*pants*
un pull	*sweater*
un sous-vêtement	*underwear*
une taille	*clothing size*
un tailleur	*(woman's) suit; tailor*
un tee-shirt	*tee shirt*
un vendeur/une vendeuse	*salesman/saleswoman*
des vêtements (*m.*)	*clothing*
De quelle couleur...?	*In what color...?*
des soldes (*m.*)	*sales*
chaque	*each*
large	*loose; big*
serré(e)	*tight*

ressources

| WB pp. 77–78 | LM p. 45 | promenades.vhlcentral.com Leçon 12 |

Mise en pratique

1 **Écoutez** 🎧 Guillaume prépare ses vacances d'hiver (*winter vacation*). Indiquez quels vêtements il va acheter pour son voyage.

	Oui	Non
1. des baskets	☐	☐
2. un maillot de bain	☐	☐
3. des chemises	☐	☐
4. un pantalon noir	☐	☐
5. un manteau	☐	☐
6. un anorak	☐	☐
7. un jean	☐	☐
8. un short	☐	☐
9. un pull	☐	☐
10. une robe	☐	☐

Guillaume

2 **Les vêtements** Chassez l'intrus et choisissez le mot qui ne va pas avec les autres.

1. des baskets, une cravate, une chaussure
2. un jean, un pantalon, une jupe
3. un tailleur, un costume, un short
4. des lunettes, un chemisier, une chemise
5. un tee-shirt, un pull, un anorak
6. une casquette, une ceinture, un chapeau
7. un sous-vêtement, une chaussette, un sac à main
8. une jupe, une robe, une écharpe

3 **De quelle couleur?** Indiquez de quelle(s) couleur(s) sont les choses suivantes.

MODÈLE

l'océan
Il est bleu.
la statue de la Liberté
Elle est grise.

1. le drapeau français _____
2. les dollars américains _____
3. les pommes (*apples*) _____
4. le soleil _____
5. la nuit _____
6. le zèbre _____
7. la neige _____
8. les oranges _____
9. le vin _____
10. les bananes _____

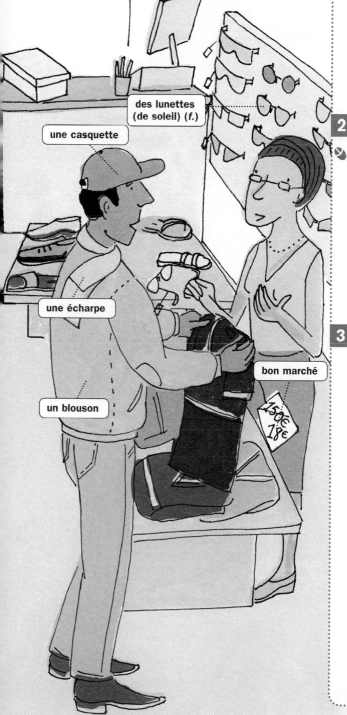

des lunettes (de soleil) (*f.*)

une casquette

une écharpe

un blouson

bon marché

Communication

4 **Qu'est-ce qu'ils portent?** Avec un(e) camarade de classe, regardez les images et à tour de rôle, décrivez ce que les personnages portent.

> **MODÈLE**
>
> *Elle porte un maillot de bain rouge.*

1.

2.

3.

4.

5 **On fait du shopping** Choisissez deux partenaires et préparez une conversation. Deux client(e)s et un vendeur/une vendeuse sont dans un grand magasin; les client(e)s sont invité(e)s à un événement très chic, mais ils ou elles ne veulent pas (*don't want*) dépenser beaucoup d'argent.

Client(e)s

- Décrivez l'événement auquel (*to which*) vous êtes invité(e)s.
- Parlez des vêtements que vous cherchez, de vos couleurs préférées, de votre taille. Trouvez-vous le vêtement trop large, trop serré, etc.?
- Demandez les prix et dites si vous trouvez que c'est cher, bon marché, etc.

Vendeur/Vendeuse

- Demandez les tailles, préférences, etc. des client(e)s.
- Répondez à toutes les questions de vos client(e)s.
- Suggérez des vêtements appropriés.

> **Coup de main**
>
> To compare French and American sizes, see the chart on p. 182.

6 **Conversez** Interviewez un(e) camarade de classe.

1. Qu'est-ce que tu portes l'hiver? Et l'été?
2. Qu'est-ce que tu portes pour aller à l'université?
3. Qu'est-ce que tu portes pour aller à la plage (*beach*)?
4. Qu'est-ce que tu portes pour faire une randonnée?
5. Qu'est-ce que tu portes pour aller en boîte de nuit?
6. Qu'est-ce que tu portes pour un entretien d'embauche (*job interview*)?
7. Quelle est ta couleur préférée? Pourquoi?
8. Qu'est-ce que tu portes pour aller dans un restaurant très élégant?
9. Où est-ce que tu achètes tes vêtements? Pourquoi?
10. Est-ce que tu prêtes (*lend*) tes vêtements à tes ami(e)s?

7 **Défilé de mode** Votre classe a organisé un défilé de mode (*fashion show*). Votre partenaire est mannequin (*model*) et vous représentez la marque (*brand*) de vêtements. Pendant que votre partenaire défile, vous décrivez à la classe les vêtements qu'il ou elle porte. Après, échangez les rôles.

> **MODÈLE**
>
> *Et voici la charmante Julie, qui porte les modèles de la dernière collection H&M: une chemise à manches courtes et un pantalon noir, ensemble idéal pour aller en boîte de nuit. Ses chaussures blanches vont parfaitement avec l'ensemble. Cette collection H&M est très à la mode et très bon marché.*

Les sons et les lettres

🎧 **Open vs. closed vowels: Part 3**

The letter combination **eu** can be pronounced two different ways, open and closed. Compare the pronunciation of the vowel sounds in these words.

h**eu**re	meill**eu**r	chev**eu**x	nev**eu**

When **eu** is the last sound of a syllable, it has a closed vowel sound, sort of like the vowel sound in the English word *full*. While this exact sound does not exist in English, you can make the closed **eu** sound by saying **é** with your lips rounded.

d**eu**x	bl**eu**	p**eu**	mi**eu**x

When **eu** is followed by a *z* sound, such as a single **s** between two vowels, it is usually pronounced with the closed **eu** sound.

chant**euse**	génér**euse**	séri**euse**	curi**euse**

When **eu** is followed by a pronounced consonant, it has a more open sound. The open **eu** sound does not exist in English. To pronounce it, say **è** with your lips only slightly rounded.

p**eu**r	j**eu**ne	chant**eu**r	b**eu**rre

The letter combination **œu** is usually pronounced with an open **eu** sound.

s**œu**r	b**œu**f	**œu**f	ch**œu**r

 Prononcez Répétez les mots suivants à voix haute.

1. leur		4. vieux		7. monsieur		10. tailleur
2. veuve		5. curieux		8. coiffeuse		11. vendeuse
3. neuf		6. acteur		9. ordinateur		12. couleur

Articulez Répétez les phrases suivantes à voix haute.

1. Le professeur Heudier a soixante-deux ans.
2. Est-ce que Matthieu est jeune ou vieux?
3. Monsieur Eustache est un chanteur fabuleux.
4. Eugène a les yeux bleus et les cheveux bruns.

Dictons Répétez les dictons à voix haute.

Les conseilleurs ne sont pas les payeurs.[2]

Qui vole un œuf, vole un bœuf.[1]

[2] Those who give advice are not the ones who pay the price.

[1] He who steals an egg would steal an ox.

ROMAN-PHOTO

L'anniversaire SUPERSITE

PERSONNAGES

Amina

Astrid

Rachid

Sandrine

Stéphane

Valérie

Au café...

VALÉRIE, SANDRINE, AMINA, ASTRID ET RACHID Surprise! Joyeux anniversaire, STÉPHANE!

STÉPHANE Alors là, je suis agréablement surpris!

VALÉRIE Bon anniversaire, mon chéri!

SANDRINE On a organisé cette surprise ensemble...

VALÉRIE Pas du tout! C'est Sandrine qui a presque tout préparé.

SANDRINE Oh, je n'ai fait que les desserts et ton gâteau d'anniversaire.

STÉPHANE Tu es un ange.

RACHID Bon anniversaire, Stéphane. Tu sais, à ton âge, il ne faut pas perdre son temps, alors cette année, tu travailles sérieusement, c'est promis?

STÉPHANE Oui, oui.

AMINA Rachid a raison. Dix-huit ans, c'est une étape importante dans la vie! Il faut fêter ça.

ASTRID Joyeux anniversaire, Stéphane.

STÉPHANE Oh, et en plus, vous m'avez apporté des cadeaux!

AMINA Oui. J'ai tout fait moi-même: ce t-shirt, cette jupe et j'ai acheté ces chaussures.

SANDRINE Tu es une véritable artiste, Amina! Ta jupe est très originale! J'adore!

AMINA J'ai une idée. Tu me prêtes ta robe grise samedi et je te prête ma jupe. D'accord?

SANDRINE Bonne idée!

STÉPHANE Eh! C'est super cool, ce blouson en cuir noir. Avec des gants en plus! Merci, maman!

AMINA Ces gants vont très bien avec le blouson! Très à la mode!

STÉPHANE Tu trouves?

RACHID Tiens, Stéphane.

STÉPHANE Mais qu'est-ce que c'est? Des livres?

RACHID Oui, la littérature, c'est important pour la culture générale!

VALÉRIE Tu as raison, Rachid.

STÉPHANE Euh oui... euh... c'est gentil... euh... merci, Rachid.

ACTIVITÉS

1 **Vrai ou faux?** Indiquez si les affirmations suivantes sont **vraies** ou **fausses**. Corrigez les phrases fausses.

1. David ne veut pas (*doesn't want*) aller à la fête.
2. Sandrine porte une jupe bleue.
3. Amina a fait sa jupe elle-même (*herself*).
4. La jupe d'Amina est en soie.
5. Valérie donne un blouson en cuir et une ceinture à Stéphane.
6. Sandrine n'aime pas partager ses vêtements.
7. Pour Amina, 18 ans, c'est une étape importante.
8. Sandrine n'a rien fait (*didn't do anything*) pour la fête.
9. Rachid donne des livres de littérature à Stéphane.
10. Stéphane pense que ses amis sont drôles.

Les amis fêtent l'anniversaire de Stéphane.

SANDRINE Ah au fait, David est désolé de ne pas être là. Ce week-end, il visite Paris avec ses parents. Mais il pense à toi.

STÉPHANE Je comprends tout à fait. Les parents de David sont de Washington, n'est-ce pas?

SANDRINE Oui, c'est ça.

AMINA Merci, Sandrine. Je trouve que tu es très élégante dans cette robe grise! La couleur te va très bien.

SANDRINE Vraiment? Et toi, tu es très chic. C'est du coton?

AMINA Non, de la soie.

SANDRINE Cet ensemble, c'est une de tes créations, n'est-ce pas?

STÉPHANE Une calculatrice rose... pour moi?

ASTRID Oui, c'est pour t'aider à répondre à toutes les questions en maths et avec le sourire.

STÉPHANE Euh, merci beaucoup! C'est très... utile.

ASTRID Attends! Il y a encore un cadeau pour toi...

STÉPHANE Ouah, cette montre est géniale, merci!

ASTRID Tu as aimé notre petite blague? Nous, on a bien ri.

RACHID Eh Stéphane! Tu as vraiment aimé tes livres et ta calculatrice?

STÉPHANE Ouais, vous deux, ce que vous êtes drôles.

Expressions utiles

Talking about your clothes

- **Et toi, tu es très chic. C'est du coton/ de la soie?**
  And you, you are very chic. Is it cotton/silk?
- **J'ai tout fait moi-même.**
  I did/made everything myself.
- **La couleur te va très bien.**
  The color suits you well.
- **Tu es une véritable artiste! Ta jupe est très originale!**
  You are a true artist! Your skirt is very original!
- **Tu me prêtes ta robe grise samedi et je te prête ma jupe.**
  You lend me your gray dress Saturday and I'll lend you my skirt.
- **C'est super cool, ce blouson en cuir/laine/ velours noir(e). Avec des gants en plus!**
  It's really cool, this black leather/wool/velvet jacket. With gloves as well!

Additional vocabulary

- **Vous m'avez apporté des cadeaux!**
  You brought me gifts!
- **Tu sais, à ton âge, il ne faut pas perdre son temps.**
  You know, at your age, one should not waste time.
- **C'est pour t'aider à répondre à toutes les questions en maths et avec le sourire.**
  It's to help you answer all math questions with a smile.

- **agréablement surpris(e)**
  pleasantly surprised
- **véritable**
  true, genuine
- **C'est promis?**
  Promise?
- **Pour moi?**
  For me?
- **Il pense à toi.**
  He's thinking of you.
- **Attends!**
  Wait!
- **tout à fait**
  absolutely
- **On a bien ri.**
  We had a good laugh.
- **Vraiment?**
  Really?

---

2 **Identifiez** Indiquez qui a dit (*said*) les phrases suivantes: Valérie (V), Sandrine (S), Amina (A), Astrid (As), Rachid (R) ou Stéphane (St).

_____ 1. Tu es une véritable artiste.

_____ 2. On a bien ri.

_____ 3. Très à la mode.

_____ 4. Je comprends tout à fait.

_____ 5. C'est Sandrine qui a presque tout préparé.

_____ 6. C'est promis?

3 **À vous!** Ce sont les soldes. Sandrine, David et Amina vont dans un magasin pour acheter des vêtements. Ils essaient différentes choses, donnent leurs avis (*opinions*) et parlent de leurs préférences, des prix et des matières (*fabrics*). Avec un(e) partenaire, écrivez la conversation et jouez la scène devant la classe.

ressources

VM pp. 209–210	DVD Leçon 12	promenades.vhlcentral.com Leçon 12

A C T I V I T É S

LECTURE CULTURELLE

La mode en France

Paris est la capitale de la mode et les maisons de haute couture° françaises, comme Chanel, Yves Saint Laurent, Dior ou Christian Lacroix, sont connues° dans le monde entier°. Pendant° une semaine, en été et en hiver, elles présentent leurs collections à la presse et à un public privilégié, au cours de° défilés de mode°. Les modèles° sont uniques et très chers. Certains couturiers° dessinent° aussi des modèles pour le prêt-à-porter°. Ils vendent° ces collections plus abordables° dans leurs boutiques et parfois dans les grands magasins, comme les Galeries Lafayette ou le Printemps à Paris.

Pour la majorité des Français, la mode est un moyen° d'expression. Beaucoup de jeunes, par exemple, personnalisent leurs vêtements «basiques», ce qu'on appelle «customiser». Les magasins préférés des Français sont les boutiques indépendantes et, pour les jeunes, les chaînes de magasins spécialisés, comme Naf Naf ou Kookaï. Les Français achètent également° des vêtements dans les hypermarchés° et les centres commerciaux, comme Auchan ou Carrefour. Des vêtements sont aussi vendus° sur les marchés aux puces°, et par correspondance, dans des catalogues et sur Internet.

maisons de haute couture *high fashion houses* **connues** *known* **monde entier** *entire world* **Pendant** *For* **au cours de** *during* **défilés de mode** *fashion shows* **modèles** *creations (clothing)* **couturiers** *fashion designers* **dessinent** *design* **prêt-à-porter** *ready-to-wear* **vendent** *sell* **plus abordables** *more affordable* **moyen** *means* **également** *also* **hypermarchés** *large supermarkets* **vendus** *sold* **marchés aux puces** *flea markets* **tailles** *sizes (clothing)*

Coup de main

Comparaison des tailles°

FEMMES

France	36	38	40	42	44	46
USA	6	8	10	12	14	16

HOMMES (PANTALONS)

France	36	38	40	42	44	46
USA	26	28	30	32	34	36

Évolution des dépenses des Français pour la mode (en % du budget)

ACTIVITÉS

1 **Vrai ou faux?** Indiquez si les phrases sont **vraies** ou **fausses**. Corrigez les phrases fausses.

1. Les grands couturiers français dessinent des modèles de haute couture.

2. Les défilés de haute couture ont lieu (*take place*) en mai.

3. Le prêt-à-porter est plus cher que (*more expensive than*) la haute couture.

4. Les vêtements de prêt-à-porter sont parfois vendus dans les grands magasins.

5. Les jeunes Français aiment personnaliser leurs vêtements.

6. En France, on vend des vêtements par correspondance.

7. Aujourd'hui, les Français dépensent plus (*more*) d'argent pour leurs vêtements qu'en (*than in*) 1980.

8. Naf Naf est une maison de haute couture française.

9. On vend des vêtements dans les hypermarchés en France.

10. Les Français n'achètent pas de vêtements sur Internet.

SUPERSITE

STRATÉGIE

Predicting content from titles

Predicting content from the title will help you increase your reading comprehension in French. We can usually predict the content of a newspaper article from its headline, for example. More often than not, we decide whether to read the article based on its headline. In pairs, read the titles of the selections in this **Lecture culturelle**, and try to guess what they are about.

LE MONDE FRANCOPHONE

Vêtements et tissus

Voici quelques vêtements et tissus traditionnels du monde francophone.

En Afrique centrale et de l'ouest

Le boubou tunique plus ou moins° longue et souvent très colorée portée par les hommes et les femmes

Les batiks tissus° traditionnels très colorés

En Afrique du Nord

La djellaba longue tunique à capuche° portée par les hommes et les femmes

Le kaftan sorte de djellaba portée à la maison

À la Martinique

Le madras tissu typique aux couleurs vives

À Tahiti

Le paréo morceau° de tissu attaché au-dessus de la poitrine° ou à la taille°

plus ou moins *more or less* **tissus** *fabrics* **à capuche** *hooded* **morceau** *piece* **poitrine** *chest* **taille** *waist*

PORTRAIT

Coco Chanel, styliste parisienne

«La mode se démode°, le style jamais.»
—Coco Chanel

Coco Chanel (1883–1971) est considérée comme étant° l'icône du parfum et de la mode du vingtième siècle°. Dans les années 1910, elle a l'idée audacieuse° d'intégrer la mode «à la garçonne» dans ses créations: les lignes féminines empruntent aux° éléments de la mode masculine. C'est la naissance du fameux tailleur Chanel.

Pour «Mademoiselle Chanel», l'important dans la mode, c'est que les vêtements permettent de bouger°; ils doivent° être simples et confortables. Son invention de «la petite robe noire» illustre l'esprit° classique et élégant de ses collections. De nombreuses célébrités ont immortalisé le nom de Chanel: Jacqueline Kennedy avec le tailleur et Marilyn Monroe avec le parfum No. 5 par exemple.

se démode *goes out of fashion* **étant** *being* **vingtième siècle** *twentieth century* **idée audacieuse** *daring idea* **empruntent aux** *borrow* **bouger** *move* **doivent** *have to* **esprit** *spirit*

SUR INTERNET

Combien de couturiers présentent leurs collections dans les défilés de mode, à Paris, chaque hiver?

Go to **promenades.vhlcentral.com** to find more cultural information related to this **LECTURE CULTURELLE.**

---

2 **Coco Chanel** Complétez les phrases.

1. Coco Chanel était (*was*) _____.
2. Le style Chanel est inspiré de _____.
3. Les vêtements Chanel sont _____.
4. Jacqueline Kennedy portait souvent des _____ Chanel.
5. D'après «Mademoiselle Chanel», il est très important de pouvoir (*to be able to*) _____ dans ses vêtements.
6. C'est Coco Chanel qui a inventé _____.

3 **Le «relookage»** Vous êtes conseillers/conseillères en image (*image counselors*), spécialisé(es) dans le «relookage». Votre nouveau (nouvelle) client(e), une célébrité, vous demande de l'aider à sélectionner un nouveau style. Discutez de ce nouveau look avec un(e) partenaire.

ACTIVITÉS

12.1 Indirect object pronouns

- An indirect object expresses *to whom* or *for whom* an action is done. In the example below, the indirect object answers this question: **À qui parle Gisèle?** (*To whom does Gisèle speak?*)

SUBJECT   VERB   INDIRECT OBJECT NOUN

Gisèle parle à sa mère.
Gisèle speaks to her mother.

Indirect object pronouns

singular			plural		
me	te	lui	nous	vous	leur

- Indirect object pronouns replace indirect object nouns.

Gisèle parle à **sa mère**. *Gisèle speaks to her mother.*	Gisèle **lui** parle. *Gisèle speaks to her.*
J'envoie des cadeaux à **mes nièces**. *I send gifts to my nieces.*	Je **leur** envoie des cadeaux. *I send them gifts.*

Vous m'avez apporté des cadeaux!

Je te prête ma jupe. D'accord?

- The indirect object pronoun usually precedes the conjugated verb.

Antoine, je **te** parle. *Antoine, I'm speaking to you.*	Notre père **nous** a envoyé un poème. *Our father sent us a poem.*

- In a negative statement, place the indirect object pronoun between **ne** and the conjugated verb.

Antoine, je **ne te parle** pas de ça. *Antoine, I'm not speaking to you about that.*	Notre père **ne nous a** pas envoyé de poème. *Our father didn't send us a poem.*

- When an infinitive follows a conjugated verb, the indirect object pronoun precedes the infinitive.

Nous allons **lui donner** la cravate. *We're going to give him the tie.*	Ils espèrent **vous prêter** le costume. *They hope to lend you the suit.*

 MISE EN PRATIQUE

1 Complétez Corinne fait du shopping avec sa copine Célia. Trouvez le bon pronom d'objet indirect pour compléter ses phrases.

1. Je _____ achète des baskets. (à mes cousins)
2. Je _____ prends une ceinture. (à toi, Célia)
3. Nous _____ achetons une jupe. (à notre copine Christelle)
4. Célia _____ prend des lunettes de soleil. (à ma mère et à moi)
5. Je _____ achète des gants. (à ta mère et à toi, Célia)
6. Célia _____ achète un pantalon. (à moi)

2 Dialogues Complétez les dialogues.

1. M. SAUNIER Tu m'as posé une question, chérie?
   MME SAUNIER Oui. Je _____ ai demandé l'heure.
2. CLIENT Je cherche un beau pull.
   VENDEUSE Je vais _____ montrer ce pull noir.
3. PROF 1 Mes étudiants ont passé l'examen.
   PROF 2 Tu _____ envoies les résultats?
4. MÈRE Qu'est-ce que vous allez faire?
   ENFANTS On va aller au cinéma. Tu _____ donnes de l'argent?
5. PIERRE Tu _____ téléphones ce soir?
   CHARLOTTE D'accord. Je te téléphone.
6. GÉRARD Christophe a oublié son pull. Il a froid!
   VALENTIN Je _____ prête mon blouson.

3 Assemblez Avec un(e) partenaire, assemblez les éléments pour comparer vos familles et vos amis.

MODÈLE

Étudiant(e) 1: *Mon père me prête souvent sa voiture.*
Étudiant(e) 2: *Mon père, lui, il nous prête de l'argent.*

A	B	C
je	acheter	argent
tu	apporter	biscuits
mon père	envoyer	cadeaux
ma mère	expliquer	devoirs
mon frère	faire	e-mails
ma sœur	montrer	problèmes
mon/ma petit(e) ami(e)	parler	vêtements
	payer	voiture
mes copains	prêter	?
?	?	

COMMUNICATION

4 **Qu'allez-vous faire?** Avec un(e) partenaire, dites ce que vous allez faire pour aider ces personnes. Employez les verbes de la liste et présentez vos réponses à la classe.

MODÈLE

Un ami a soif.
On va lui donner de l'eau.

apporter	parler
demander	poser des questions
donner	préparer
envoyer	prêter
faire	téléphoner

1. Une personne âgée a froid.
2. Des touristes sont perdus (*lost*).
3. Un homme est sans abri (*homeless*).
4. Votre professeur est à l'hôpital.
5. Des amis vous invitent à manger chez eux.
6. Vos nièces ont faim.
7. Votre petit(e) ami(e) fête son anniversaire.
8. Votre meilleur(e) (*best*) ami(e) a des problèmes.

5 **Les cadeaux de l'année dernière** Par groupes de trois, parlez des cadeaux que vous avez achetés à votre famille et à vos amis l'année dernière. Que vous ont-ils acheté? Présentez vos réponses à la classe.

MODÈLE

Étudiant(e) 1: *Qu'est-ce que tu as acheté à ta mère?*
Étudiant(e) 2: *Je lui ai acheté un ordinateur.*
Étudiant(e) 3: *Ma copine Dominique m'a donné une montre.*

6 **Au grand magasin** Par groupes de trois, jouez les rôles de deux client(e)s et d'un(e) vendeur/vendeuse. Les client(e)s cherchent des vêtements pour faire des cadeaux. Ils parlent de ce qu'ils (*what they*) cherchent et le/la vendeur/vendeuse leur fait des suggestions.

Verbs used with indirect object pronouns			
demander à	to ask, to request	parler à	to speak to
donner à	to give to	poser une question à	to pose/ ask a question (to)
envoyer à	to send to	prêter à	to lend to
montrer à	to show to	téléphoner à	to phone, to call

- The indirect object pronouns **me** and **te** become **m'** and **t'** before a verb beginning with a vowel sound.

Ton petit ami **t'envoie** des e-mails.	Isabelle **m'a** prêté son sac à main.
Your boyfriend sends you e-mails.	*Isabelle lent me her handbag.*

Disjunctive pronouns

BOÎTE À OUTILS

In **Leçon 6**, you learned to use disjunctive pronouns (**moi, toi, lui, elle, nous, vous, eux, elles**) after prepositions: **J'ai une écharpe pour ton frère/pour lui.** (*I have a scarf for your brother/for him.*)

- Disjunctive pronouns can also be used alone or in phrases without a verb.

Qui prend du café?	**Moi**!	**Eux** aussi?
Who's having coffee?	*Me!*	*Them, too?*

- Disjunctive pronouns emphasize the person to whom they refer.

Moi, je porte souvent une casquette.	Mon frère, **lui**, il déteste les casquettes.
Me, I often wear a cap.	*My brother, him, he hates caps.*

- To say *myself, ourselves,* etc., add **-même(s)** after the disjunctive pronoun.

Tu fais ça **toi-même**?	Ils organisent la fête **eux-mêmes**.
Are you doing that yourself?	*They're organizing the party themselves.*

Essayez! **Complétez les phrases avec le pronom d'objet indirect approprié.**

1. Tu _nous_ montres tes photos? (*us*)
2. Luc, je _____ donne ma nouvelle adresse. (*you, fam.*)
3. Vous _____ posez de bonnes questions. (*me*)
4. Nous _____ avons demandé. (*them*)
5. On _____ achète une nouvelle robe. (*you, form.*)
6. Ses parents _____ ont acheté un tailleur. (*her*)
7. Je vais _____ téléphoner à dix heures. (*him*)
8. Elle va _____ prêter sa jupe. (*me*)

STRUCTURES

12.2 Regular and irregular -re verbs

Point de départ You've already seen infinitives that end in **-er** and **-ir**. The infinitive forms of some French verbs end in **-re**.

- Many **-re** verbs, such as **attendre** (*to wait*), follow a regular pattern of conjugation, as shown below.

attendre	
j'attends	nous attendons
tu attends	vous attendez
il/elle attend	ils/elles attendent

Tu **attends** des soldes?
Are you waiting for a sale?

Nous **attendons** dans le magasin.
We're waiting in the store.

Other regular -re verbs			
descendre	to go down; to take down	rendre (à)	to give back, to return (to)
entendre	to hear	rendre visite (à)	to visit someone
perdre (son temps)	to lose (one's time)	répondre (à)	to respond, to answer (to)
		vendre	to sell

- The verb **attendre** means *to wait* or *to wait for*. Unlike English, it does not require a preposition.

Marc **attend le bus**.
Marc is waiting for the bus.

Ils **attendent Robert**.
They're waiting for Robert.

- To form the past participle of regular **-re** verbs, drop the **-re** from the infinitive and add **-u**.

Les étudiants ont **vendu** leurs livres.
The students sold their books.

Il a **entendu** arriver la voiture de sa femme.
He heard his wife's car arrive.

J'ai **répondu** à ton e-mail.
I answered your e-mail.

Nous avons **perdu** patience.
We lost patience.

- **Rendre visite à** means *to visit a person*, while **visiter** means *to visit a place*.

Tu **rends visite à ta grand-mère** le lundi.
You visit your grandmother on Mondays.

Cécile va **visiter le musée** aujourd'hui.
Cécile is going to visit the museum today.

MISE EN PRATIQUE

1 **Qui fait quoi?** Quelles phrases vont avec les illustrations?

1.

3.

2.

4.

_____ a. Martin attend ses copains.

_____ b. Nous rendons visite à notre grand-mère.

_____ c. Tu vends de jolis vêtements.

_____ d. Je ris en regardant un film.

2 **Les clients difficiles** Henri et Gilbert travaillent pour un grand magasin. Complétez leur conversation.

GILBERT Tu n'as pas encore mangé?

HENRI Non, j' (1) _____ (attendre) Jean-Michel.

GILBERT Il ne (2) _____ (descendre) pas tout de suite. Il (3) _____ (perdre) son temps avec un client difficile. Il (4) _____ (mettre) des cravates, des costumes, des chaussures...

HENRI Nous ne (5) _____ (vendre) pas souvent à des clients comme ça.

GILBERT C'est vrai. Ils (6) _____ (promettre) d'acheter quelque chose, puis ils partent les mains vides (*empty*).

3 **La journée de Béatrice** Hier, Béatrice a fait une liste des choses à faire. Avec un(e) partenaire, utilisez les verbes de la liste au passé composé pour dire (*to say*) tout ce qu'elle a fait.

attendre	mettre
conduire	rendre visite
entendre	traduire

1. *devoir d'espagnol*   4. *tante Albertine*

2. *mon nouveau CD*   5. *gants dans mon sac*

3. *e-mail de Sébastien*   6. *vieille voiture*

COMMUNICATION

4 **Fréquence** Employez les verbes de la liste et d'autres verbes pour dire (*to tell*) à un(e) partenaire ce que (*what*) vous faites tous les jours, une fois par mois et une fois par an. Alternez les rôles.

MODÈLE

Étudiant(e) 1: *J'attends mes copains au resto U tous les jours.*
Étudiant(e) 2: *Moi, je rends visite à mes grands-parents une fois par mois.*

attendre	perdre
conduire	rendre
entendre	répondre
mettre	sourire
?	?

5 **Les charades** Par groupes de quatre, jouez aux charades. Chaque étudiant(e) pense à une phrase différente avec un des verbes en **-re**. La première personne qui devine (*guesses*) propose la prochaine charade.

6 **La journée des vendeuses** Votre professeur va vous donner, à vous et à votre partenaire, une série d'illustrations qui montrent la journée d'Aude et d'Aurélie. Attention! Ne regardez pas la feuille de votre partenaire.

MODÈLE

Étudiant(e) 1: *Le matin, elles ont conduit pour aller au magasin.*
Étudiant(e) 2: *Après,...*

- Some verbs whose infinitives end in **-re** are irregular.

	conduire *(to drive)*	mettre *(to put (on))*	rire *(to laugh)*
je	conduis	mets	ris
tu	conduis	mets	ris
il/elle	conduit	met	rit
nous	conduisons	mettons	rions
vous	conduisez	mettez	riez
ils/elles	conduisent	mettent	rient

Irregular -re verbs

Je **conduis** la voiture.
I'm driving the car.

Thérèse **met** ses gants.
Thérèse puts on her gloves.

Elles **rient** pendant le spectacle.
They laugh during the show.

Other irregular -re verbs

like conduire		like mettre	
construire	to build, to construct	**permettre**	to allow
détruire	to destroy	**promettre**	to promise
produire	to produce		
réduire	to reduce	**like rire**	
traduire	to translate	**sourire**	to smile

- The past participle of the verb **mettre** is **mis**. Verbs derived from **mettre** (**permettre, promettre**) follow the same pattern: **permis, promis**.

- The past participle of **conduire** is **conduit**. Verbs like it follow the same pattern: **construire** → **construit**; **détruire** → **détruit**; **produire** → **produit**; **réduire** → **réduit**; **traduire** → **traduit**.

- The past participle of **rire** is **ri**. The past participle of **sourire** is **souri**.

Essayez! Complétez les phrases avec la forme correcte du présent du verbe.

1. Ils _attendent_ (attendre) l'arrivée du train.
2. Nous _____ (répondre) aux questions du professeur.
3. Je _____ (sourire) quand je suis heureuse.
4. Si on _____ (construire) trop, on _____ (détruire) la nature.
5. Quand il fait froid, vous _____ (mettre) un pull.
6. Est-ce que les étudiants _____ (entendre) le professeur?
7. Keiko _____ (conduire) sa voiture ce week-end.
8. Si le café n'est pas bon, je _____ (mettre) du sucre (*sugar*).

1 **Je leur téléphone** Par groupes de quatre, interviewez vos camarades. Comment entrent-ils en contact avec les personnes de la liste? Préparez dix questions avec un verbe et une personne de la liste. Écrivez les réponses.

MODÈLE

Étudiant(e) 1: *Est-ce que tu parles souvent à ton frère?*
Étudiant(e) 2: *Oui, je lui parle le lundi.*

verbes	personnes
donner un cadeau	copain ou copine d'enfance
envoyer une carte/un e-mail	cousin ou cousine
parler	grands-parents
rendre visite	petit(e) ami(e)
téléphoner	sœur ou frère

2 **Mes e-mails** Ces personnes vous envoient des e-mails. Que faites-vous? Vous ne répondez pas, vous attendez quelques jours, vous leur téléphonez? Par groupes de trois, comparez vos réactions.

MODÈLE

Étudiant(e) 1: *Ma mère m'envoie un e-mail tous les jours.*
Étudiant(e) 2: *Tu lui réponds tout de suite?*
Étudiant(e) 3: *Tu préfères lui téléphoner?*

1. un e-mail anonyme
2. un e-mail d'un(e) camarade de classe
3. un e-mail d'un professeur
4. un e-mail d'un(e) ami(e) d'enfance
5. un e-mail d'un(e) ex-petit(e) ami(e)
6. un e-mail de vos parents

3 **Une liste** Des membres de votre famille ou des amis vous ont donné ou acheté des vêtements que vous n'aimez pas du tout. Faites une liste de quatre ou cinq de ces vêtements. Comparez votre liste à la liste d'un(e) camarade.

MODÈLE

Étudiant(e) 1: *Ma sœur m'a donné une écharpe verte et laide et mon père m'a acheté des chaussettes marron trop petites!*
Étudiant(e) 2: *L'année dernière, mon petit ami m'a donné...*

4 **Quoi mettre?** Vous et votre partenaire allez faire des choses différentes. Un(e) partenaire va fêter la retraite de ses grands-parents à Tahiti. L'autre va skier dans les Alpes. Qu'allez-vous porter? Demandez des vêtements à votre partenaire si vous n'aimez pas tous les vêtements de votre ensemble.

MODÈLE

Étudiant(e) 1: *Est-ce que tu me prêtes ton blouson jaune?*
Étudiant(e) 2: *Ah non, j'ai besoin de ce blouson. Tu me prêtes ton pantalon?*

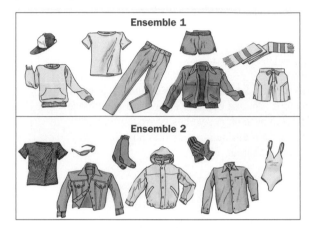

Ensemble 1

Ensemble 2

5 **S'il te plaît** Votre ami(e) a acheté un nouveau vêtement que vous aimez beaucoup. Vous essayez de convaincre (*to convince*) cet(te) ami(e) de vous prêter ce vêtement. Préparez un dialogue avec un(e) partenaire où vous employez tous les verbes. Jouez la scène pour la classe.

aller avec	montrer
aller bien	prêter
donner	promettre
mettre	rendre

6 **Bon anniversaire, Nicolas!** Votre professeur va vous donner, à vous et à votre partenaire, deux feuilles d'activités différentes. Attention! Ne regardez pas la feuille de votre partenaire.

MODÈLE

Étudiant(e) 1: *Les amis de Nicolas lui téléphonent.*
Étudiant(e) 2: *Ensuite,...*

ressources		
WB pp. 79–82	LM pp. 47–48	promenades.vhlcentral.com Leçon 12

Écriture

How to report an interview

There are several ways to prepare a written report about an interview. For example, you can transcribe the interview verbatim, or you can summarize it. In any event, the report should begin with an interesting title and a brief introduction including the five W's (*who, what, when, where, why*) and the H (*how*) of the interview. The report should end with an interesting conclusion. Note that when you transcribe a conversation in French, you should pay careful attention to format and punctuation.

Écrire une conversation en français

- Pour indiquer qui parle dans une conversation, on peut mettre le nom de la personne qui parle devant sa phrase.

  MONIQUE   Lucie, qu'est-ce que tu vas mettre pour l'anniversaire de Jean-Louis?

  LUCIE   Je vais mettre ma robe en soie bleue à manches courtes. Et toi, tu vas mettre quoi?

  MONIQUE   Eh bien, une jupe en coton et un chemisier, je pense. Ou peut-être mon pantalon en cuir avec... Tiens, tu me prêtes ta chemise jaune et blanche?

  LUCIE   Oui, si tu me la rends (*return it to me*) dimanche. Elle va avec le pantalon que je vais porter la semaine prochaine.

- On peut aussi commencer les phrases avec des tirets (*dashes*) pour indiquer quand une nouvelle personne parle.

— Qu'est-ce que tu as acheté comme cadeau pour Jean-Louis?

— Une cravate noire et violette. Elle est très jolie. Et toi?

— Je n'ai pas encore acheté son cadeau. Des lunettes de soleil peut-être?

— Oui, c'est une bonne idée! Et il y a des soldes à Saint-Louis Lunettes.

Thème

Écrire une interview

Clarisse Deschamps est une styliste de mode suisse. Elle dessine des vêtements pour les jeunes et va présenter sa nouvelle collection sur votre campus. Vous allez interviewer Clarisse pour le journal de votre université.

- Commencez par une courte introduction.

  MODÈLE   *Voici une interview de Clarisse Deschamps, une styliste de mode suisse.*

- Préparez une liste de questions à poser à Clarisse Deschamps sur sa nouvelle collection. Vous pouvez (*can*) poser des questions sur:
  - les types de vêtements
  - les couleurs
  - le style
  - les prix

- Inventez une conversation de 10 à 12 lignes entre vous et Clarisse. Indiquez qui parle, avec des tirets ou avec les noms des personnes.

- Terminez par une brève (*brief*) conclusion.

  MODÈLE   *On vend la collection de Clarisse Deschamps à Fun Clothes à côté de l'université. Cette semaine, il y a des soldes!*

Panorama

LA FRANCE

la dune du Pilat

Aquitaine

La région en chiffres

▸ **Superficie:** *41.308 km²*
▸ **Population:** *3.049.000*
▸ **Industrie principale:** *agriculture*
▸ **Villes principales:** *Bordeaux, Pau, Périgueux*

Midi-Pyrénées

La région en chiffres

▸ **Superficie:** *45.348 km²*
▸ **Population:** *2.687.000*
▸ **Industries principales:** *aéronautique, agriculture*
▸ **Villes principales:** *Auch, Toulouse, Rodez*

Languedoc-Roussillon

La région en chiffres

▸ **Superficie:** *27.376 km²*
▸ **Population:** *2.458.000*
▸ **Industrie principale:** *agriculture*
▸ **Villes principales:** *Montpellier, Nîmes, Perpignan*

Personnages célèbres

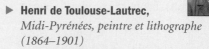

▸ **Aliénor d'Aquitaine,** *Aquitaine, reine°
de France (1122–1204)*

▸ **Jean Jaurès,** *Midi-Pyrénées,
homme politique (1859–1914)*

▸ **Henri de Toulouse-Lautrec,**
*Midi-Pyrénées, peintre et lithographe
(1864–1901)*

▸ **Georges Brassens,** *Languedoc-Roussillon,
chanteur (1921–1981)*

▸ **Francis Cabrel,** *Aquitaine, chanteur (1953–)*

reine *queen* **grotte** *cave* **gravures** *carvings* **peintures**
paintings **découvrent** *discover*

le canal du Midi

L'OCÉAN ATLANTIQUE

Périgueux

Bordeaux

la Garonne

AQUITAINE

Agen

Mende

Rodez

LES CÉVENNES

le Tarn

Nîmes

Auch

MIDI-PYRÉNÉES

Montpellier

Bayonne

Pau

Toulouse

Béziers

Tarbes

la Garonne

LANGUEDOC-ROUSSILLON

LES PYRÉNÉES

LA MER MÉDITERRANÉE

L'ESPAGNE

Perpignan

ANDORRE

0   50 milles
0   50 kilomètres

la cité de Carcassonne

Incroyable mais vrai!

Appelée parfois «la chapelle Sixtine préhistorique», la grotte° de Lascaux, en Aquitaine, est décorée de 1.500 gravures° et de 600 peintures°, vieilles de plus de 17.000 ans. En 1940, quatre garçons découvrent° ce sanctuaire. Les fresques, composées de plusieurs animaux, ont jusqu'à ce jour une signification mystérieuse.

La gastronomie
Le foie gras et le cassoulet

Le foie gras° et le cassoulet sont des spécialités du Sud-Ouest° de la France. Le foie gras est un produit° de luxe, en général réservé aux grandes occasions. On le mange sur du pain grillé ou comme ingrédient d'un plat° élaboré. Le cassoulet est un plat populaire, préparé à l'origine dans une «cassole°». Les ingrédients varient, mais en général cette spécialité est composée d'haricots° blancs, de viande° de porc et de canard, de saucisses°, de tomates, d'ail° et d'herbes.

Les monuments
Les arènes de Nîmes

Inspirées du Colisée de Rome, les arènes° de Nîmes, en Languedoc-Roussillon, datent de la fin du premier siècle. C'est l'amphithéâtre le plus grand° de France et le mieux° conservé de l'ère° romaine. Les spectacles de gladiateurs d'autrefois°, appréciés par plus de° 20.000 spectateurs, sont aujourd'hui remplacés° par des corridas° et des spectacles musicaux pour le plaisir de 15.000 spectateurs en été et 7.000 spectateurs en hiver.

Le sport
La pelote basque

L'origine de la pelote est ancienne°: on retrouve des versions du jeu chez les Mayas, les Grecs et les Romains. C'est au Pays Basque, à la frontière° entre la France et l'Espagne, en Aquitaine, que le jeu se transforme en véritable sport. La pelote basque existe sous sept formes différentes; le principe de base est de lancer° une balle en cuir°, la «pelote», contre un mur° avec la «paleta», une raquette en bois°, et le «chistera», un grand gant en osier°.

Les traditions
La langue d'Oc

La langue d'Oc (l'occitan) est une langue romane° développée dans le sud de la France. Cette langue a donné son nom à la région: Languedoc-Roussillon. La poésie lyrique occitane et l'idéologie des troubadours° du Moyen Âge° influencent les valeurs° culturelles et intellectuelles européennes. Il existe plusieurs dialectes de l'occitan. «Los cats fan pas de chins» (les chats ne font pas des chiens) et «la bornicarié porta pas pa a casa» (la beauté n'apporte pas de pain à la maison) sont deux proverbes occitans connus°.

 Qu'est-ce que vous avez appris? Répondez aux questions par des phrases complètes.

1. Qui était (*was*) peintre, lithographe et d'origine midi-pyrénéenne?
2. Quel est le surnom (*nickname*) de la grotte de Lascaux?
3. Que trouve-t-on dans la grotte de Lascaux?
4. Quand mange-t-on du foie gras en général?
5. Quels ingrédients utilise-t-on pour le cassoulet?
6. Quand les arènes de Nîmes ont-elles été construites?
7. Combien de spectateurs y a-t-il dans les arènes de Nîmes en hiver?
8. Quelles civilisations ont une version de la pelote?
9. Combien de formes différentes de pelote basque y a-t-il?
10. Qu'est-ce qui influence les valeurs culturelles et intellectuelles européennes?

ressources

WB pp. 83–84

promenades.vhlcentral.com
Unité 6

SUPERSITE | **SUR INTERNET**

Go to **promenades.vhlcentral.com** to find more cultural information related to this **PANORAMA**.

1. Il existe une forme de la pelote basque aux États-Unis. Comment s'appelle ce sport?
2. Cherchez des peintures de la grotte de Lascaux. Quelles sont vos préférées? Pourquoi?
3. Cherchez plus d'informations sur Henri de Toulouse-Lautrec. Avez-vous déjà vu quelques-unes de ses peintures? Où?

foie gras *fatted liver of an animal served in the form of a pâté* **Sud-Ouest** *Southwest* **produit** *product* **plat** *dish* **cassole** *pottery dish* **haricots** *beans* **viande** *meat* **saucisses** *sausages* **ail** *garlic* **arènes** *amphitheaters* **le plus grand** *the largest* **le mieux** *the most* **ère** *era* **autrefois** *long ago* **plus de** *more than* **remplacés** *replaced* **corridas** *bullfights* **ancienne** *ancient* **frontière** *border* **lancer** *throw* **cuir** *leather* **mur** *wall* **bois** *wood* **osier** *wicker* **langue romane** *romance language* **troubadours** *minstrels* **Moyen Âge** *Middle Ages* **valeurs** *values* **connus** *well-known*

Les vêtements

aller avec	to go with
porter	to wear
un anorak	ski jacket, parka
des baskets (f.)	tennis shoes
un blouson	jacket
une casquette	(baseball) cap
une ceinture	belt
un chapeau	hat
une chaussette	sock
une chaussure	shoe
une chemise (à manches courtes/longues)	shirt (short-/long-sleeved)
un chemisier	blouse
un costume	(man's) suit
une cravate	tie
une écharpe	scarf
un gant	glove
un jean	jeans
une jupe	skirt
des lunettes (de soleil) (f.)	(sun)glasses
un maillot de bain	swimsuit, bathing suit
un manteau	coat
un pantalon	pants
un pull	sweater
une robe	dress
un sac à main	purse, handbag
un short	shorts
un sous-vêtement	underwear
une taille	clothing size
un tailleur	(woman's) suit; tailor
un tee-shirt	tee shirt
des vêtements (m.)	clothing
des soldes (m.)	sales
un vendeur/ une vendeuse	salesman/ saleswoman
bon marché	inexpensive
chaque	each
cher/chère	expensive
large	loose; big
serré(e)	tight

Les fêtes

faire la fête	to party
faire une surprise (à quelqu'un)	to surprise (someone)
fêter	to celebrate
organiser une fête	to organize a party
une bière	beer
un biscuit	cookie
un bonbon	candy
le champagne	champagne
un dessert	dessert
un gâteau	cake
la glace	ice cream
un glaçon	ice cube
le vin	wine
un cadeau	gift
une fête	party; celebration
un hôte/une hôtesse	host(ess)
un(e) invité(e)	guest
un jour férié	holiday
une surprise	surprise

Périodes de la vie

l'adolescence (f.)	adolescence
l'âge adulte (m.)	adulthood
un divorce	divorce
l'enfance (f.)	childhood
une étape	stage
l'état civil (m.)	marital status
la jeunesse	youth
un mariage	marriage; wedding
la mort	death
la naissance	birth
la vie	life
la vieillesse	old age
prendre sa retraite	to retire
tomber amoureux/ amoureuse	to fall in love
avant-hier	the day before yesterday
hier	yesterday

Expressions utiles	See pp. 167 and 181.
Demonstrative adjectives	See p. 170.
Indirect object pronouns	See p. 184.
Disjunctive pronouns	See p. 185.

Les relations

une amitié	friendship
un amour	love
le bonheur	happiness
un couple	couple
un(e) fiancé(e)	fiancé
des jeunes mariés (m.)	newlyweds
un rendez-vous	date; appointment
ensemble	together

Les couleurs

De quelle couleur...?	In what color...?
blanc(he)	white
bleu(e)	blue
gris(e)	gray
jaune	yellow
marron	brown
noir(e)	black
orange	orange
rose	pink
rouge	red
vert(e)	green
violet(te)	purple; violet

Verbes en –re

attendre	to wait
conduire	to drive
construire	to build; to construct
descendre	to go down; to take down
détruire	to destroy
entendre	to hear
mettre	to put (on); to place
perdre (son temps)	to lose (one's time)
permettre	to allow
produire	to produce
promettre	to promise
réduire	to reduce
rendre (à)	to give back; to return (to)
rendre visite (à)	to visit someone
répondre (à)	to respond, to answer (to)
rire	to laugh
sourire	to smile
traduire	to translate
vendre	to sell

En vacances

Pour commencer

- Indiquez les couleurs qu'on voit (*sees*) sur la photo.
- Quel temps fait-il?
- Quel(s) vêtement(s) Stéphane porte-t-il?
- Quelle(s) activité(s) Stéphane peut-il pratiquer là où il se trouve?

You will learn how to...
- describe trips you have taken
- tell where you went

Bon voyage!

une sortie

Il utilise un plan. (utiliser)

le soleil!

Elle bronze. (bronzer)

la plage

la mer

les gens (m.)

le journal

Vocabulaire	
faire du shopping	*to go shopping*
faire un séjour	*to spend time (somewhere)*
partir en vacances	*to go on vacation*
prendre un train (un taxi, un (auto)bus, un bateau)	*to take a train (taxi, bus, boat)*
rouler en voiture	*to ride in a car*
un aéroport	*airport*
un arrêt d'autobus (de bus)	*bus stop*
un billet aller-retour	*round-trip ticket*
un billet (d'avion, de train)	*(plane/train) ticket*
un (jour de) congé	*day off*
une douane	*customs*
une gare (routière)	*train station (bus station)*
une station (de métro, de train)	*(subway/train) station*
une station de ski	*ski resort*
un ticket (de bus, de métro)	*(bus/subway) ticket*
des vacances (f.)	*vacation*
un vol	*flight*
à l'étranger	*abroad, overseas*
la campagne	*country(side)*
une capitale	*capital*
un pays	*country*
(en/l') Allemagne (f.)	*(to, in) Germany*
(en/l') Angleterre (f.)	*(to, in) England*
(en/la) Belgique (belge)	*(to, in) Belgium (Belgian)*
(au/le) Brésil (brésilien(ne))	*(to, in) Brazil (Brazilian)*
(en/la) Chine (chinois(e))	*(to, in) China (Chinese)*
(en/l') Espagne (f.)	*(to, in) Spain*
(en/l') Irlande (irlandais(e)) (f.)	*(to, in) Ireland (Irish)*
(en/l') Italie (f.)	*(to, in) Italy*
(au/le) Japon	*(to, in) Japan*
(en/la) Suisse	*(to, in) Switzerland*

Le Figaro

ressources

WB pp. 85–86	LM p. 49	SUPERSITE promenades.vhlcentral.com Leçon 13

Mise en pratique

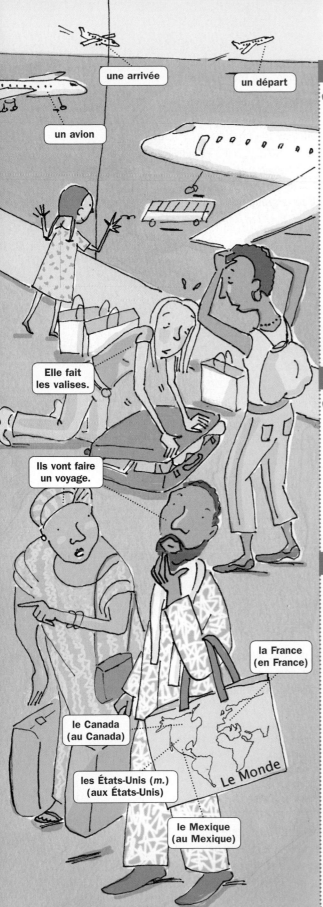

une arrivée

un départ

un avion

Elle fait les valises.

Ils vont faire un voyage.

la France (en France)

le Canada (au Canada)

les États-Unis (m.) (aux États-Unis)

le Mexique (au Mexique)

Le Monde

1 **Écoutez** 🎧 Écoutez Cédric et Nathalie parler de leurs vacances. Ensuite (*Then*), complétez les phrases avec un mot ou une expression de la section **CONTEXTES**. Notez que toutes les options ne sont pas utilisées.

1. ____ Nathalie va partir...
2. ____ Nathalie a déjà...
3. ____ Nathalie va peut-être...
4. ____ La famille de Cédric...
5. ____ Paul pense que l'Espagne est...
6. ____ Pour Cédric, les plages du Brésil...
7. ____ Un jour, Cédric va faire...
8. ____ Nathalie va utiliser...

a. sont idéales pour bronzer.
b. son billet d'avion.
c. le plan de Paris de Cédric.
d. la capitale du Mexique.
e. le tour du monde.
f. à l'étranger.
g. n'a pas encore décidé entre l'Espagne, le Mexique et le Brésil.
h. un pays superbe.
i. conduire Nathalie à l'aéroport.
j. faire un séjour en Italie.

2 **Chassez l'intrus** Indiquez le mot ou l'expression qui ne convient pas.

1. faire un séjour, partir en vacances, un jour de congé, une station de ski
2. un aéroport, une station de métro, une arrivée, une garc routière
3. une douane, un départ, une arrivée, une sortic
4. le monde, un pays, le journal, une capitale
5. la campagne, la mer, la plage, des gens
6. prendre un bus, un arrêt de bus, utiliser un plan, une gare routière
7. bronzer, prendre un avion, un vol, un aéroport
8. prendre un taxi, rouler en voiture, un vol, une gare routière

3 **Les vacances** Justine va partir en vacances demain. Complétez le paragraphe avec les mots et expressions de la liste. Notez que toutes les options ne sont pas utilisées.

aller-retour	faire ma valise	sortie
une arrivée	pays	station
faire un séjour	plage	taxi
faire du shopping	prendre un bus	vol

Demain, je pars en vacances. Je vais (1) _____ avec mon frère à l'île Maurice, une petite île (*island*) tropicale dans l'océan Indien. Nous allons (2) _____ pour l'aéroport à 7h. Mon frère veut (*wants*) prendre un (3) _____, mais moi, je pense qu'il faut économiser parce que j'ai envie de (4) _____ au marché et dans les boutiques de Port-Louis, la capitale. Le (5) _____ est à 10h. Nous n'avons pas besoin de visa pour le voyage; pour entrer dans le (6) _____, il faut seulement montrer un passeport et un billet (7) _____. J'ai acheté un nouveau maillot de bain pour aller à la (8) _____. Et maintenant, je vais (9) _____!

Communication

4 **Répondez** Avec un(e) partenaire, posez-vous les questions suivantes et répondez-y à tour de rôle.

1. Où pars-tu en vacances cette année? Quand?
2. Quand fais-tu tes valises? Avec combien de valises voyages-tu?
3. Préfères-tu la mer, la campagne ou les stations de ski?
4. Comment vas-tu à l'aéroport? Prends-tu l'autobus? Le métro?

5. Quelles sont tes vacances préférées?
6. Quand utilises-tu un plan?
7. Quel est ton pays favori? Pourquoi?
8. Dans quel(s) pays as-tu envie de voyager?

5 **Décrivez** Avec un(e) partenaire, écrivez une description des images. Donnez autant de (*as many*) détails que possible. Ensuite (*Then*), rejoignez un autre groupe et lisez vos descriptions. L'autre groupe doit deviner (*must guess*) quelle image vous décrivez.

1.

2.

3.

4.

5.

6.

6 **Conversez** Votre professeur va vous donner, à vous et à votre partenaire, une feuille d'activités. L'un de vous est un(e) client(e) qui a besoin de faire une réservation pour des vacances, l'autre est l'agent de voyages. Travaillez ensemble pour finaliser la réservation et compléter vos feuilles respectives. Attention! Ne regardez pas la feuille de votre partenaire.

7 **Un voyage** Vous allez faire un voyage en Europe et rendre visite à votre cousin, Jean-Marc, qui étudie en Belgique. Écrivez-lui une lettre et utilisez les mots de la liste.

un aéroport	la France
la Belgique	prendre un taxi
un billet	la Suisse
faire un séjour	un vol
faire les valises	un voyage

- Parlez des détails de votre départ.
- Expliquez votre tour d'Europe.
- Organisez votre arrivée en Belgique.
- Parlez de ce que vous allez faire ensemble.

Les sons et les lettres

🎧 **ch, qu, ph, th, and gn**

The letter combination **ch** is usually pronounced like the English *sh*, as in the word *shoe*.

| chat | chien | chose | enchanté |

In words borrowed from other languages, the pronunciation of **ch** may be irregular.
For example, in words of Greek origin, **ch** is pronounced **k**.

| psychologie | technologie | archaïque | archéologie |

The letter combination **qu** is almost always pronounced like the letter **k**.

| quand | pratiquer | kiosque | quelle |

The letter combination **ph** is pronounced like an **f**.

| téléphone | photo | prophète | géographie |

The letter combination **th** is pronounced like the letter **t**. English *th* sounds, as in the words *this* and *with*, never occur in French.

| thé | athlète | bibliothèque | sympathique |

The letter combination **gn** is pronounced like the sound in the middle of the English word *onion*.

| montagne | espagnol | gagner | Allemagne |

Prononcez Répétez les mots suivants à voix haute.

1. thé
2. quart
3. chose
4. question
5. cheveux
6. parce que
7. champagne
8. casquette
9. philosophie
10. fréquenter
11. photographie
12. sympathique

Articulez Répétez les phrases suivantes à voix haute.

1. Quentin est martiniquais ou québécois?
2. Quelqu'un explique la question à Joseph.
3. Pourquoi est-ce que Philippe est inquiet?
4. Ignace prend une photo de la montagne.
5. Monique fréquente un café en Belgique.
6. Théo étudie la physique.

Dictons Répétez les dictons à voix haute.

La vache la première au pré lèche la rosée.[1]

N'éveillez pas le chat qui dort.[2]

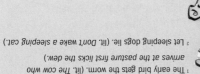

[1] The early bird gets the worm. (lit. The cow who arrives at the pasture first licks the dew.)
[2] Let sleeping dogs lie. (lit. Don't wake a sleeping cat.)

ROMAN-PHOTO

De retour au P'tit Bistrot

PERSONNAGES

David

Rachid

Sandrine

Stéphane

À la gare...

RACHID Tu as fait bon voyage?

DAVID Salut! Excellent, merci.

RACHID Tu es parti pour Paris avec une valise et te voici avec ces énormes sacs en plus!

DAVID Mes parents et moi sommes allés aux Galeries Lafayette. On a acheté des vêtements et des trucs pour l'appartement aussi.

RACHID Ah ouais?

DAVID Mes parents sont arrivés des États-Unis jeudi soir. Ils ont pris une chambre dans un bel hôtel, tout près de la tour Eiffel.

RACHID Génial!

DAVID Moi, je suis arrivé à la gare vendredi soir. Et nous sommes allés dîner dans une excellente brasserie. Mmm!

DAVID Samedi, on a pris un bateau-mouche sur la Seine. J'ai visité un musée différent chaque jour: le musée du Louvre, le musée d'Orsay...

RACHID En résumé, tu as passé de bonnes vacances dans la capitale... Bon, on y va?

DAVID Ah, euh, oui, allons-y!

STÉPHANE Pour moi, les vacances idéales, c'est un voyage à Tahiti. Ahhh... la plage, et moi en maillot de bain avec des lunettes de soleil... et les filles en bikini!

DAVID Au fait, je n'ai pas oublié ton anniversaire.

STÉPHANE Ouah! Super, ces lunettes de soleil! Merci, David, c'est gentil.

DAVID Désolé de ne pas avoir été là pour ton anniversaire, Stéphane. Alors, ils t'ont fait la surprise?

STÉPHANE Oui, et quelle belle surprise! J'ai reçu des cadeaux trop cool. Et le gâteau de Sandrine, je l'ai adoré.

DAVID Ah, Sandrine... elle est adorable... Euh, Stéphane, tu m'excuses une minute?

DAVID Coucou! Je suis de retour!

SANDRINE Oh! Salut, David. Alors, tu as aimé Paris?

DAVID Oui! J'ai fait plein de choses... de vraies petites vacances! On a fait...

**A
C
T
I
V
I
T
É
S**

1 Les événements Mettez les événements suivants dans l'ordre chronologique.

_____ a. Rachid va chercher David.

_____ b. Stéphane parle de son anniversaire.

_____ c. Sandrine va faire une réservation.

_____ d. David donne un cadeau à Stéphane.

_____ e. Rachid mentionne que David a beaucoup de sacs.

_____ f. Stéphane met les lunettes de soleil.

_____ g. Stéphane décrit (*describes*) ses vacances idéales.

_____ h. David parle avec Sandrine.

_____ i. Sandrine pense à ses vacances.

_____ j. Rachid et David repartent en voiture.

David parle de ses vacances.

STÉPHANE Alors, ces vacances? Tu as fait un bon séjour?

DAVID Oui, formidable!

STÉPHANE Alors, vous êtes restés combien de temps à Paris?

DAVID Quatre jours. Ce n'est pas très long, mais on a visité pas mal d'endroits.

STÉPHANE Comment est-ce que vous avez visité la ville? En voiture?

DAVID En voiture!? Tu es fou! On a pris le métro, comme tout le monde.

STÉPHANE Tes parents n'aiment pas conduire?

DAVID Si, à la campagne, mais pas en ville, surtout une ville comme Paris. On a visité les monuments, les musées...

STÉPHANE Et Monsieur l'artiste a aimé les musées de Paris?

DAVID Je les ai adorés!

SANDRINE Oh! Des vacances!

DAVID Oui... Des vacances? Qu'est-ce qu'il y a?

SANDRINE Je vais à Albertville pour les vacances d'hiver. On va faire du ski!

SANDRINE Est-ce que tu skies?

DAVID Un peu, oui...

SANDRINE Désolée, je dois partir. J'ai une réservation à faire! Rendez-vous ici demain, David. D'accord? Ciao!

Expressions utiles

Talking about vacations

- **Tu es parti pour Paris avec une valise et te voici avec ces énormes sacs en plus!**
  You left for Paris with one suitcase and here you are with these huge extra bags!

- **Nous sommes allés aux Galeries Lafayette.**
  We went to the Galeries Lafayette.

- **On a acheté des trucs pour l'appartement aussi.**
  We also bought some things for the apartment.

- **Moi, je suis arrivé à la gare vendredi soir et nous sommes allés dîner.**
  I got to/arrived at the station Friday night and we went to dinner.

- **On a pris un bateau-mouche sur la Seine.**
  We took a sightseeing boat on the Seine.

- **Vous êtes restés combien de temps à Paris?**
  How long did you stay in Paris?

- **On a pris le métro, comme tout le monde.**
  We took the subway, like everyone else.

- **J'ai fait plein de choses.**
  I did a lot of things.

- **Les musées de Paris, je les ai adorés!**
  The museums in Paris, I loved them!

Additional vocabulary

- **Alors, ils t'ont fait la surprise?**
  So, they surprised you?

- **J'ai reçu des cadeaux trop cool.**
  I got the coolest gifts.

- **Le gâteau, je l'ai adoré.**
  The cake, I loved it.

- **Tu m'excuses une minute?**
  Would you excuse me a minute?

- **Oui, formidable!**
  Yes, wonderful!

- **Qu'est-ce qu'il y a?**
  What is the matter?

- **Désolé(e), je dois partir.**
  Sorry, I have to leave.

---

2   **Questions** Répondez aux questions suivantes.

1. David est parti pour Paris avec combien de valises? À son retour *(Upon his return)*, est-ce qu'il a le même nombre de valises?

2. Qu'est-ce que David a fait pour ses vacances?

3. Qu'est-ce que David donne à Stéphane comme cadeau d'anniversaire? Stéphane aime-t-il le cadeau?

4. Quelles sont les vacances idéales de Stéphane?

5. Qu'est-ce que Sandrine va faire pour ses vacances d'hiver?

3   **Écrivez** Imaginez: vous êtes David, Stéphane ou Sandrine et vous allez en vacances à Paris, Tahiti ou Albertville. Écrivez un e-mail à Madame Forestier. Quel temps fait-il? Où est-ce que vous restez? Quels vêtements est-ce que vous avez apportés? Qu'est-ce que vous faites chaque jour?

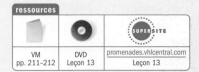

ressources		
VM pp. 211–212	DVD Leçon 13	promenades.vhlcentral.com Leçon 13

ACTIVITÉS

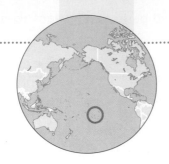

CULTURE À LA LOUPE

Tahiti

Tahiti, dans le sud° de l'océan Pacifique, est la plus grande île° de la Polynésie française. Elle devient° un protectorat français en 1842, puis° une colonie française en 1880. Depuis 1959, elle fait partie de la collectivité d'outre-mer° de Polynésie française. Les langues officielles de Tahiti sont le français et le tahitien.

Le tourisme est une activité très importante pour l'île. Ses hôtels de luxe et leurs fameux bungalows sur l'eau accueillent° près de 200.000 visiteurs par an. Les touristes apprécient Tahiti pour son climat chaud, ses plages superbes et sa culture riche en traditions. À Tahiti, il y a la possibilité de faire toutes sortes d'activités aquatiques comme du bateau, de la pêche, de la planche à voile ou de la plongée°. On peut aussi faire des randonnées en montagne ou explorer les nombreux lagons bleus de l'île. Si on n'a pas envie de faire de sport, on peut se relaxer dans un spa, bronzer à la plage ou se promener° sur l'île. Papeete, capitale de la Polynésie française et ville principale de Tahiti, offre de bons restaurants, des boîtes de nuit, des boutiques variées et un marché.

sud *south* la plus grande île *the largest island* devient *becomes* puis *then* collectivité d'outre-mer *overseas territory* accueillent *welcome* plongée *scuba diving* se promener *go for a walk*

Coup de main

Si introduces a hypothesis. It may come at the beginning or at the middle of a sentence.

si + *subject* + *verb* + *subject* + *verb*

Si on n'a pas envie de faire de sport, on peut se relaxer dans un spa.

subject + *verb* + **si** + *subject* + *verb*

On peut se relaxer dans un spa **si** on n'a pas envie de faire de sport.

A C T I V I T É S

1 Répondez Répondez aux questions par des phrases complètes.

1. Où est Tahiti?
2. Quand est-ce que Tahiti devient une colonie française?
3. De quoi fait partie Tahiti?
4. Quelles langues parle-t-on à Tahiti?
5. Quelle particularité ont les hôtels de luxe à Tahiti?
6. Combien de personnes par an visitent Tahiti?
7. Pourquoi est-ce que les touristes aiment visiter Tahiti?
8. Quelles sont deux activités sportives que les touristes aiment faire à Tahiti?
9. Comment s'appelle la ville principale de Tahiti?
10. Où va-t-on à Papeete pour acheter un cadeau pour un ami?

Breaking up the reading

Once you have finished the preliminary reading activities such as examining the visuals and skimming, you are ready for an in-depth reading. Here again, the goal is not to understand everything. Consider the divisions of the text (for example, the stanzas in a poem or paragraphs in a short story), and use them to break up the selection. During a close reading, smaller blocks of text will make the experience feel more manageable.

Les transports

Voici quelques faits insolites° dans les transports.

Au Canada Inauguré en 1966, le métro de Montréal est le premier du monde à rouler° sur des pneus° plutôt que° sur des roues° en métal. Chaque station a été conçue° par un architecte différent.

En France L'Eurotunnel (le tunnel sous la Manche°) permet aux trains Eurostar de transporter des voyageurs et des marchandises entre la France et l'Angleterre.

En Mauritanie Le train du désert, en Mauritanie, en Afrique, est peut-être le train de marchandises le plus long° du monde. Long de 3 km en général, le train fait deux ou trois voyages chaque jour du Sahara à la côte ouest°. C'est un voyage de plus de 600 km qui dure° 12 heures. Un des seuls moyens° de transport dans la région, ce train est aussi un train de voyageurs.

faits insolites *unusual facts* **rouler** *ride* **pneus** *tires* **plutôt que** *rather than* **roues** *wheels* **conçue** *designed* **Manche** *English Channel* **le plus long** *the longest* **côte ouest** *west coast* **dure** *lasts* **seuls moyens** *only means*

Le musée d'Orsay

Le musée d'Orsay est un des musées parisiens les plus° visités. Le lieu n'a pourtant° pas toujours été un musée. À l'origine, ce bâtiment° est une gare, construite par l'architecte Victor Laloux et inaugurée en 1900 à l'occasion de l'Exposition universelle. Les voies° de la gare d'Orsay deviennent° trop courtes et en 1939, on décide de limiter le service aux trains de banlieue. Plus tard, la gare sert de décor à des films,

comme *Le Procès* de Kafka adapté par Orson Welles, puis° elle devient théâtre, puis salle de ventes aux enchères°. En 1986, le bâtiment est transformé en musée. Il est principalement dédié° à l'art du dix-neuvième siècle°, avec une collection magnifique d'art impressionniste.

les plus *the most* **pourtant** *however* **bâtiment** *building* **voies** *tracks* **deviennent** *become* **puis** *then* **ventes aux enchères** *auction* **principalement dédié** *mainly dedicated* **siècle** *century*

Danseuses en bleu,
Edgar Degas

Qu'est-ce que le funiculaire de Montmartre?

Go to **promenades.vhlcentral.com** to find more cultural information related to this **LECTURE CULTURELLE.** Then watch the corresponding **Flash culture.**

---

2 Vrai ou faux? Indiquez si les phrases sont **vraies** ou **fausses.** Corrigez les phrases fausses.

1. Le musée d'Orsay a été un théâtre.
2. Le musée d'Orsay a été une station de métro.
3. Le musée d'Orsay est dédié à la sculpture moderne.
4. Il y a un tunnel entre la France et la Guyane française.
5. Le métro de Montréal roule sur des roues en métal.
6. Le train du désert transporte aussi des voyageurs.

3 Comment voyager? Vous allez passer deux semaines en France. Vous avez envie de visiter Paris et deux autres régions. Par petits groupes, parlez des moyens (*means*) de transport que vous allez utiliser pendant votre voyage. Expliquez vos choix (*choices*).

ressources	
VM pp. 251–252	SUPERSITE promenades.vhlcentral.com Leçon 13

ACTIVITÉS

STRUCTURES

13.1 The *passé composé* with *être*

Point de départ In **Leçon 11**, you learned to form the **passé composé** with **avoir**. Some verbs, however, form the **passé composé** with **être**.

- To form the **passé composé** of these verbs, use a present-tense form of **être** and the past participle of the verb that expresses the action.

PRESENT TENSE	PAST PARTICIPLE		PRESENT TENSE	PAST PARTICIPLE
Je **suis**	**allé.**		Il **est**	**sorti.**

- Many of the verbs that take **être** in the **passé composé** involve motion. You have already learned a few of them: **aller, arriver, descendre, partir, passer, rentrer, sortir,** and **tomber.**

> Jean-Luc **est parti** en vacances.
> *Jean-Luc left on vacation.*

> Je **suis tombé** de la chaise.
> *I fell from the chair.*

> *Tu es parti pour Paris.*

> *Mes parents sont arrivés des États-Unis.*

- The past participles of verbs conjugated with **être** agree with their subjects in number and gender.

> Charles, tu **es allé** à Montréal?
> *Charles, did you go to Montreal?*

> Florence **est partie** en vacances.
> *Florence left on vacation.*

> Mes frères **sont rentrés**.
> *My brothers came back.*

> Elles **sont arrivées** hier soir.
> *They arrived last night.*

- To make a verb negative in the **passé composé**, place **ne/n'** and **pas** around the auxiliary verb, in this case, **être**.

> Marie-Thérèse **n'est pas sortie**?
> *Marie-Thérèse didn't go out?*

> Nous **ne sommes pas allées** à la plage.
> *We didn't go to the beach.*

> Je **ne suis pas passé** chez mon amie.
> *I didn't drop by my friend's house.*

> Tu **n'es pas rentré** à la maison hier.
> *You didn't come home yesterday.*

 MISE EN PRATIQUE

1 **Un week-end sympa** Carole raconte son week-end à Paris. Complétez l'histoire avec les formes correctes des verbes au passé composé.

Thomas et moi, nous (1) _____ (partir) de Lyon samedi et nous (2) _____ (arriver) à Paris à onze heures. Nous (3) _____ (passer) à l'hôtel et puis je (4) _____ (aller) au Louvre. En route, je (5) _____ (tomber) sur un vieil ami, et nous (6) _____ (aller) prendre un café. Ensuite, je (7) _____ (entrer) dans le musée. Samedi soir, Thomas et moi (8) _____ (monter) au sommet de la tour Eiffel et après nous (9) _____ (sortir) en boîte. Dimanche, nous (10) _____ (retourner) au Louvre. Ouf... je suis fatiguée.

2 **Dimanche dernier** Dites ce que (*what*) ces personnes ont fait dimanche dernier. Utilisez les verbes de la liste.

MODÈLE

Laure est allée à la piscine.

aller	rentrer
arriver	rester
monter	sortir

Laure

1. je

3. nous

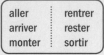
2. tu

4. Pamela et Caroline

3 **L'accident** Le mois dernier, Djénaba et Safiatou sont allées au Sénégal. Racontez (*Tell*) leur histoire. Avec un(e) partenaire, complétez les phrases au passé composé. Ensuite, mettez-les dans l'ordre chronologique.

____ a. les filles / partir pour Dakar en avion

____ b. Djénaba / tomber de vélo

____ c. elles / aller faire du vélo dimanche matin

____ d. elles / arriver à Dakar tard le soir

____ e. elles / rester à l'hôtel Sofitel

____ f. elle / aller à l'hôpital

COMMUNICATION

4 **Les vacances de printemps** Avec un(e) partenaire, parlez de vos dernières vacances de printemps. Répondez à toutes ses questions.

MODÈLE

quand / partir
Étudiant(e) 1: *Quand es-tu parti(e)?*
Étudiant(e) 2: *Je suis parti(e) vendredi soir.*

1. où / aller
2. avec qui / partir
3. comment / voyager
4. à quelle heure / arriver
5. où / rester
6. combien de temps / rester
7. que / visiter
8. sortir / souvent le soir
9. que / acheter
10. quand / rentrer

5 **Enquête** Votre professeur va vous donner une feuille d'activités. Circulez dans la classe et demandez à des camarades différents s'ils ont fait ces choses récemment (*recently*). Présentez les résultats de votre enquête à la classe.

MODÈLE

Étudiant(e) 1: *Es-tu allé(e) au musée récemment?*
Étudiant(e) 2: *Oui, je suis allé(e) au musée jeudi dernier.*

Questions	Nom
1. aller au musée	François
2. passer chez ses amis	
3. sortir en boîte	
4. rester à la maison pour écouter de la musique	
5. partir en week-end avec un copain	
6. monter en avion	

6 **À l'aéroport** Par groupes de quatre, parlez d'une mauvaise expérience dans un aéroport. À tour de rôle, racontez (*tell*) vos aventures et posez le plus (*most*) de questions possible. Utilisez les expressions de la liste et d'autres aussi.

MODÈLE

Étudiant(e) 1: *Quand je suis rentré(e) de la Martinique, j'ai attendu trois heures à la douane.*
Étudiant(e) 2: *Quelle horreur! Pourquoi?*

arriver	partir
attendre	perdre
avion	prendre un avion
billet (aller-retour)	sortir
douane	vol

- Here are a few more verbs that take **être** instead of **avoir** in the **passé composé**.

Some verbs used with *être*			
entrer	to enter	**naître**	to be born
monter	to go up; to get in/on	**rester**	to stay
mourir	to die	**retourner**	to return

Mes parents **sont nés** en 1958 à Paris.
My parents were born in 1958 in Paris.

Ma grand-mère maternelle **est morte** l'année dernière.
My maternal grandmother died last year.

- Note that the verb **passer** takes **être** when it means *to pass by*, but it takes **avoir** when it means *to spend time*.

Maryse **est passée** par la douane.
Maryse passed through customs.

Maryse **a passé** trois jours à la campagne.
Maryse spent three days in the country.

- To form a question using inversion in the **passé composé**, invert the subject pronoun and the conjugated form of **être**. Note that this does not apply to other types of question formation.

Est-elle restée à l'hôtel Aquabella?
Did she stay at the Hotel Aquabella?

Vous êtes arrivée ce matin, Madame Roch?
Did you arrive this morning, Mrs. Roch?

- Place short adverbs such as **déjà**, **encore**, **bien**, **mal**, and **beaucoup** between the auxiliary verb **être** or **pas** and the past participle.

Elle **est déjà rentrée** de vacances?
She already came back from vacation?

Nous **ne sommes pas encore arrivés** à Aix-en-Provence.
We haven't arrived in Aix-en-Provence yet.

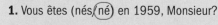

Essayez!   Choisissez le participe passé approprié.

1. Vous êtes (nés/né) en 1959, Monsieur?
2. Les élèves sont (partis/parti) le 2 juin.
3. Les filles sont (rentrées/rentrés) de vacances.
4. Simone de Beauvoir est-elle (mort/morte) en 1986?
5. Mes frères sont (sortis/sortie).
6. Paul n'est pas (resté/restée) chez sa grand-mère.
7. Tu es (arrivés/arrivée) avant dix heures, Sophie.
8. Jacqueline a (passée/passé) une semaine en Suisse.

13.2 Direct object pronouns

Point de départ In **Leçon 12**, you learned about indirect objects. You are now going to learn about direct objects.

| DIRECT OBJECT | INDIRECT OBJECT |

J'ai donné **un cadeau à ma sœur**.
I gave a gift to my sister.

- Note that a direct object receives the action of a verb directly and an indirect object receives the action of a verb indirectly. While indirect objects are frequently preceded by the preposition **à**, no preposition is needed before the direct object.

J'emmène **mes parents**. *but* Je parle **à mes parents**.
I'm taking my parents. *I'm speaking to my parents.*

Tes parents sont allés te chercher?

Tu m'excuses une minute?

Direct object pronouns

singular		plural	
me/m'	me	nous	us
te/t'	you	vous	you
le/la/l'	him/her/it	les	them

- You can use a direct object pronoun in the place of a direct object noun.

Tu fais **les valises**?   Tu **les** fais?
Are you packing the suitcases?   *Are you packing them?*

Ils retrouvent **Luc** à la gare.   Ils **le** retrouvent à la gare.
They're meeting Luc at   *They're meeting him at*
the station.   *the station.*

- Place a direct object pronoun before the conjugated verb.

Les langues? Laurent et Xavier   Les étudiants **vous**
les étudient.   ont entendu.
Languages? Laurent and Xavier   *The students heard*
study them.   *you.*

1 **On fait beaucoup** Dites ce que (*what*) ces gens font le week-end. Employez les pronoms d'objet direct.

MODÈLE

Il l'écoute.

Dominique écoute ce CD.

1. Benoît regarde ses films.   **3. Il mange son gâteau.**

2. Ma mère admire   **4. Ils achètent**
cette robe.   **ces lunettes.**

2 **À la plage** La famille de Dalila a passé une semaine à la mer. Dalila parle de ce que (*what*) chaque membre de sa famille a fait. Employez des pronoms d'objet direct.

MODÈLE

J'ai conduit Yassim à la plage. *Je l'ai conduit à la plage.*

1. Mon père a acheté le journal tous les matins.
2. Ma sœur a retrouvé son petit ami au café.
3. Mes parents ont emmené les enfants au cinéma.
4. Mon frère a invité sa fiancée au restaurant.
5. Anissa a porté ses lunettes de soleil.
6. À midi, Chekib a pris des baguettes.

3 **Des doutes** Julien et sa petite amie Caroline sont au café. Il est inquiet et lui pose des questions sur leurs vacances avec ses parents. Avec un(e) partenaire, jouez les deux rôles. Ensuite, présentez la scène à la classe.

1. Tes parents m'invitent au bord de la mer?
2. Tes parents vont m'écouter?
3. Quelqu'un va m'attendre à l'aéroport?
4. Ton frère va nous emmener sur son bateau?
5. Tu penses que ta famille va m'aimer?
6. Tu m'adores?

COMMUNICATION

4 **Le départ** Clémentine va partir au Cameroun chez sa correspondante (*pen pal*) Léa. Sa mère est avec elle et veut (*wants*) être sûre qu'elle n'a pas oublié un objet important, mais sa fille n'a presque rien (*nothing*) fait. Avec un(e) partenaire, jouez leur conversation en utilisant les phrases de la liste.

MODÈLE

Étudiant(e) 1: *Tu as acheté le cadeau pour ton amie?*
Étudiant(e) 2: *Non, je ne l'ai pas encore acheté.*
Étudiant(e) 1: *Quand vas-tu l'acheter?*
Étudiant(e) 2: *Je vais l'acheter cet après-midi.*

acheter ton billet d'avion	faire tes valises
avoir l'adresse de Léa	prendre tes lunettes
chercher un maillot de bain	préparer tes vêtements
confirmer l'heure de l'arrivée	trouver ton passeport

5 **À Tahiti** Imaginez que vous allez partir à Tahiti. Avec un(e) partenaire, posez-vous ces questions. Il/Elle vous répond en utilisant le pronom d'objet direct approprié. Ensuite, alternez les rôles.

MODÈLE

Est-ce que tu prends le bus pour aller à la plage?
Non, je ne le prends pas.

1. Est-ce que tu prends l'avion?
2. Qui va t'attendre à l'aéroport?
3. Quand as-tu fait tes valises?
4. Est-ce que tu as acheté ton maillot de bain?
5. Est-ce que tu prends ton appareil photo?
6. Où as-tu acheté tes vêtements?
7. Tu vas regarder la télévision tahitienne?
8. Vas-tu essayer les plats typiques de Tahiti?

- In a negative statement, place the direct object pronoun between **ne/n'** and the conjugated verb.

  Le chinois? Je **ne le parle pas**.
  Chinese? I don't speak it.

  Elle **ne l'a pas** pris à 14 heures?
  She didn't take it at 2 o'clock?

- When an infinitive follows a conjugated verb, the direct object pronoun precedes the infinitive.

  Marcel va **nous écouter**.
  Marcel is going to listen to us.

  Tu ne préfères pas **la porter** demain?
  Don't you prefer to wear it tomorrow?

Et le gâteau, je l'ai adoré!

Les musées, je les ai adorés!

- When a direct object pronoun is used with the **passé composé**, the past participle must agree with it in both gender and number.

  J'ai mis **la valise** dans la voiture ce matin.
  I put the suitcase in the car this morning.
  ▶ Je **l'ai mise** dans la voiture ce matin.
  I put it in the car. this morning.

  J'ai attendu **les filles** à la gare.
  I waited for the girls at the station.
  ▶ Je **les** ai **attendues** à la gare.
  I waited for them at the station.

Essayez! **Répondez aux questions en remplaçant l'objet direct par un pronom d'objet direct.**

1. Thierry prend le train? Oui, il __le__ prend.
2. Tu attends ta mère? Oui, je _____ attends.
3. Vous entendez Olivier et Vincent? Oui, on _____ entend.
4. Le professeur te cherche? Oui, il _____ cherche.
5. Barbara et Caroline retrouvent Linda? Oui, elles _____ retrouvent.
6. Vous m'invitez? Oui, nous _____ invitons.
7. Tu nous comprends? Oui, je _____ comprends.
8. Elles regardent la mer? Oui, elles _____ regardent.
9. Chloé aime écouter la musique classique? Oui, elle aime _____ écouter.
10. Vous avez regardé le film *Chacun cherche son chat*? Oui, nous _____ avons regardé.

SYNTHÈSE

Révision

1 **Il y a dix minutes** Avec un(e) partenaire, décrivez dans cette scène les actions qui se sont passées (*happened*) il y a dix minutes. Utilisez les verbes de la liste pour faire des phrases. Ensuite, comparez vos phrases avec les phrases d'un autre groupe.

MODÈLE

Étudiant(e) 1: *Il y a dix minutes, M. Hamid est parti.*
Étudiant(e) 2: *Il y a dix minutes,…*

aller	partir
arriver	rentrer
descendre	sortir
monter	tomber

2 **Qui aime quoi?** Votre professeur va vous donner une feuille d'activités. Circulez dans la classe pour trouver un(e) camarade différent(e) qui aime ou qui n'aime pas chaque lieu de la liste.

MODÈLE

Étudiant(e) 1: *Est-ce que tu aimes les aéroports?*
Étudiant(e) 2: *Je ne les aime pas du tout, je les déteste.*

3 **Les pays étrangers** Par groupes de quatre, interviewez vos camarades. Dans quels pays étrangers sont-ils déjà allés? Dans quelles villes? Comparez vos destinations puis présentez toutes les réponses à la classe. N'oubliez pas de demander:

• quand vos camarades sont parti(e)s

• où ils/elles sont allé(e)s

• où ils/elles sont resté(e)s

• combien de temps ils/elles ont passé là-bas

4 **La valise** Sandra et Jean sont partis en vacances. Voici leur valise. Avec un(e) partenaire, faites une description écrite (*written*) de leurs vacances. Où sont-ils allés? Comment sont-ils partis?

5 **Un long week-end** Avec un(e) partenaire, préparez huit questions sur le dernier long week-end. Utilisez les verbes de la liste. Ensuite, par groupes de quatre, répondez à toutes les questions.

MODÈLE

Étudiant(e) 1: *Où es-tu allé(e) vendredi soir?*
Étudiant(e) 2: *Vendredi soir je suis resté(e) chez moi. Mais samedi je suis sorti(e)!*

aller	sortir
arriver	rentrer
partir	rester
passer	retourner

6 **Mireille et les Girard** Votre professeur va vous donner, à vous et à votre partenaire, une feuille sur le week-end de Mireille et de la famille Girard. Attention! Ne regardez pas la feuille de votre partenaire.

MODÈLE

Étudiant(e) 1: *Qu'est-ce que Mireille a fait vendredi soir?*
Étudiant(e) 2: *Elle est allée au cinéma.*

ressources

WB pp. 87–90	LM pp. 51–52	promenades.vhlcentral.com Leçon 13

Le Zapping

Le TER

En 1984, la SNCF (Société nationale des chemins de fer° Français) met en place dans 20 régions le TER (Transport Express Régional). Les trains TER relient° les villes d'une même région ou de différentes régions. Il y a, entre autres, le TER Picardie et le TER Alsace. Ces trains sont rapides, confortables et pratiques pour éviter° les embouteillages° du matin et du soir. Les TER concrétisent la décentralisation des chemins de fer français, parce que ce sont les Conseils Régionaux qui financent et décident des trajets°, des dessertes° et des horaires°.

—On devrait° parfois réfléchir avant de° prendre sa voiture.

—Pour être bien, bougeons mieux°.

Compréhension Répondez aux questions.

1. Comment le guépard (*cheetah*) chasse-t-il la gazelle?
2. Quelle mauvaise surprise rencontre-t-il?
3. Pourquoi l'autre guépard va-t-il attraper la gazelle?

Discussion Par groupes de trois, répondez ensemble aux questions.

1. Quelle est l'importance du guépard dans cette publicité (*ad*)? Pourquoi pas un autre animal?
2. Quels moyens (*means*) de transport prenez-vous souvent? Pourquoi? Quels sont leurs avantages?

SUR INTERNET

chemins de fer *railroads* relient *link* éviter *to avoid* embouteillages *traffic jams* trajets *routes* dessertes *service* horaires *schedules* devrait *should* réfléchir avant de *think before* bougeons mieux *let's move better*

Go to **promenades.vhlcentral.com** to watch the TV clip featured in this **Le zapping**.

Leçon 14

À l'hôtel

You will learn how to...
- make hotel reservations
- give instructions

la réception

le lit

Bienvenue!

l'hôtelier (m.)

l'hôtelière (f.)

le passeport

la clé

les client(e)s

Vocabulaire

annuler une réservation	to cancel a reservation
réserver	to reserve
premier/première	first
cinquième	fifth
neuvième	ninth
vingt et unième	twenty-first
vingt-deuxième	twenty-second
trente et unième	thirty-first
centième	hundredth
une agence/un agent de voyages	travel agency/agent
une auberge de jeunesse	youth hostel
une chambre individuelle	single room
un hôtel	hotel
un passager/une passagère	passenger
complet/complète	full (no vacancies)
libre	available
alors	so, then; at that moment
après (que)	after
avant (de)	before
d'abord	first
donc	therefore
enfin	finally, at last
ensuite	then, next
finalement	finally
pendant (que)	during, while
puis	then
tout à coup	suddenly
tout de suite	right away

Attention!

In French, form ordinal numbers by placing –ième at the end of the cardinal number. If the cardinal number ends in an –e, drop it before adding –ième. Note the spelling changes in **cinquième** and **neuvième**. Also note that the French word for *first*, **premier/ première** (1er/1ère), is an exception.

onze → onzième (11e)
vingt → vingtième (20e)

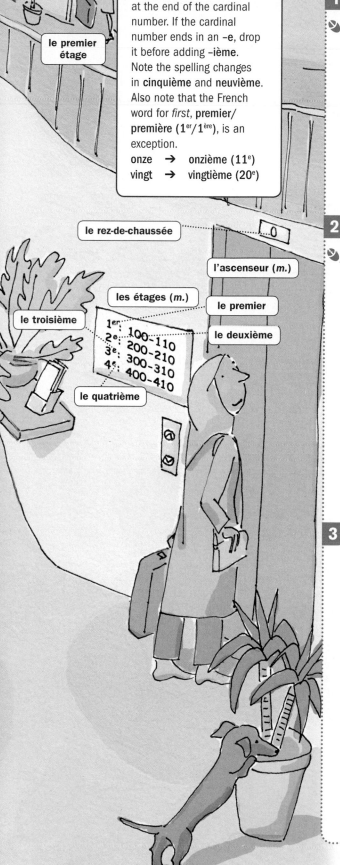

le premier étage

le rez-de-chaussée

l'ascenseur (*m.*)

les étages (*m.*)

le troisième

le premier

le deuxième

1er. 100–110
2e. 200–210
3e. 300–310
4e. 400–410

le quatrième

Mise en pratique

1 **Écoutez** 🎧 Écoutez la conversation entre Mme Renoir et un hôtelier et décidez si les phrases sont **vraies** ou **fausses**.

	Vrai	Faux
1. Mme Renoir est à l'agence de voyages.	☐	☐
2. Mme Renoir a fait une réservation.	☐	☐
3. Mme Renoir prend la chambre au cinquième étage.	☐	☐
4. Il y a un ascenseur dans l'hôtel.	☐	☐
5. Mme Renoir a réservé une chambre à deux lits.	☐	☐
6. La cliente s'appelle Margot Renoir.	☐	☐
7. L'hôtel a des chambres libres.	☐	☐
8. L'hôtelier donne à Mme Renoir la clé de la chambre 27.	☐	☐

2 **Hôtel Paradis** Virginie téléphone à l'hôtel Paradis pour faire une réservation. Mettez les phrases dans l'ordre chronologique.

a. _____ Finalement, il me demande le numéro de ma carte de crédit (*credit card*) pour finaliser la réservation.

b. _____ Pendant la conversation, je demande une chambre individuelle au troisième étage.

c. _____ D'abord, j'appelle l'hôtel Paradis pour faire une réservation.

d. _____ Je ne veux (*want*) pas dormir au rez-de-chaussée, donc je demande une chambre au deuxième étage.

e. _____ Ensuite, l'hôtel me rappelle (*calls me back*) pour annoncer qu'il n'y a plus de chambre libre au troisième étage, donc ma première réservation est annulée.

f. _____ C'est alors que l'hôtelier me donne une chambre au deuxième étage à côté de l'ascenseur.

3 **Complétez** Remplissez les espaces avec le nombre ordinal qui convient (*fits*).

MODÈLE

B est la *deuxième* lettre de l'alphabet.

1. Décembre est le _____ mois de l'année.
2. Mercredi est le _____ jour de la semaine.
3. Aux États-Unis, le rez-de-chaussée est le _____ étage.
4. Ma classe de français est au _____ étage.
5. Octobre est le _____ mois de l'année.
6. Z est la _____ lettre de l'alphabet.
7. Samedi est le _____ jour de la semaine.
8. Je suis le/la _____ enfant dans ma famille.
9. Mon prénom (*first name*) commence avec la _____ lettre de l'alphabet.
10. La fête nationale américaine est le _____ jour du mois de juillet.

CONTEXTES

Communication

4 **Conversez** Imaginez que vous prenez des vacances idéales dans un hôtel. Interviewez un(e) camarade de classe.

1. Quelles sont les dates de ton séjour?
2. Où vas-tu? Dans quel pays, région ou ville? Vas-tu à la plage, à la campagne, etc.?
3. À quel hôtel descends-tu (*do you stay*)?
4. Qui fait la réservation?
5. Comment est l'hôtel? Est-ce que l'hôtel a un ascenseur, une piscine, etc.?
6. À quel étage est ta chambre?
7. Combien de lits a ta chambre?
8. Laisses-tu ton passeport à la réception?

5 **Notre réservation** Travaillez avec deux partenaires pour préparer une présentation où deux touristes font une réservation dans un hôtel francophone ou une auberge de jeunesse. N'oubliez pas d'ajouter (*add*) les informations de la liste.

- le nom de l'hôtel
- le type de chambre(s)
- l'étage
- le nombre de lits
- les dates
- le prix

6 **Mon hôtel** Vous allez ouvrir (*open*) votre propre hôtel. Avec trois partenaires, créez un poster pour le promouvoir (*promote*) avec l'information de la liste et présentez votre hôtel au reste de la classe. Votre professeur va ensuite donner à chaque groupe un budget. Avec ce budget, vous allez faire la réservation à l'hôtel qui convient le mieux (*best suits*) à votre groupe.

- le nom de votre hôtel
- le nombre d'étoiles (*stars*)
- les services offerts
- le prix pour une nuit

★ une étoile	★★ deux étoiles	★★★ trois étoiles	★★★★ quatre étoiles	★★★★★ cinq étoiles
		🐕	🐕	🐕
				🏃
	☎	☎	☎	☎
			▭	▭
		♿	♿	♿
				🏊
			🍽	🍽
🛗	🛗	🛗	🛗	🛗

7 **Votre dernière réservation** Écrivez un paragraphe où vous décrivez (*describe*) ce que vous avez fait la dernière fois que vous avez réservé une chambre. Utilisez au moins cinq des mots de la liste. Échangez et comparez votre paragraphe avec un camarade de classe.

alors	d'abord	puis
après (que)	donc	tout à coup
avant (de)	enfin	tout de suite

Les sons et les lettres

🎧 **ti**, **sti**, and **ssi**

The letters **ti** followed by a consonant are pronounced like the English word *tea*, but without the puff released in the English pronunciation.

actif	petit	tigre	utiles

When the letter combination **ti** is followed by a vowel sound, it is often pronounced like the sound linking the English words *miss you*.

dictionnaire	patient	initial	addition

Regardless of whether it is followed by a consonant or a vowel, the letter combination **sti** is pronounced *stee*, as in the English word *steep*.

gestion	question	Sébastien	artistique

The letter combination **ssi** followed by another vowel or a consonant is usually pronounced like the sound linking the English words *miss you*.

passion	expression	mission	profession

Words that end in **-sion** or **-tion** are often cognates with English words, but they are pronounced quite differently. In French, these words are never pronounced with a *sh* sound.

compression	nation	attention	addition

Prononcez Répétez les mots suivants à voix haute.

1. artiste
2. mission
3. réservation
4. impatient
5. position
6. initiative
7. possession
8. nationalité
9. compassion
10. possible

Articulez Répétez les phrases suivantes à voix haute.

1. L'addition, s'il vous plaît.
2. Christine est optimiste et active.
3. Elle a fait une bonne première impression.
4. Laëtitia est impatiente parce qu'elle est fatiguée.
5. Tu cherches des expressions idiomatiques dans le dictionnaire.

Dictons Répétez les dictons à voix haute.

Il n'est de règle sans exception.[2]

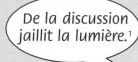

De la discussion jaillit la lumière.[1]

[1] Discussion brings light.　[2] The exception proves the rule.

ressources

LM p. 54	promenades.vhlcentral.com Leçon 14

ROMAN-PHOTO

La réservation d'hôtel

 SUPERSITE

PERSONNAGES

Agent de voyages

Amina

Pascal

Sandrine

À l'agence de voyages...

SANDRINE J'ai besoin d'une réservation d'hôtel, s'il vous plaît. C'est pour les vacances de Noël.

AGENT Où allez-vous? En Italie?

SANDRINE Nous allons à Albertville.

AGENT Et c'est pour combien de personnes?

SANDRINE Nous sommes deux, mais il nous faut deux chambres individuelles.

AGENT Très bien. Quelles sont les dates du séjour, Mademoiselle?

SANDRINE Alors, le 25, c'est Noël donc je fête en famille. Disons du 26 décembre au 2 janvier.

AGENT Ce n'est pas possible à Albertville, mais à Megève j'ai deux chambres à l'hôtel Le Vieux Moulin pour 143 euros par personne. Ou alors à l'hôtel Le Mont Blanc pour 171 euros par personne.

SANDRINE Oh non, mais Megève, ce n'est pas Albertville... et ces prix! C'est vraiment trop cher.

AGENT C'est la saison, Mademoiselle. Les hôtels les moins chers sont déjà complets.

SANDRINE Oh là là. Je ne sais pas quoi faire... J'ai besoin de réfléchir. Merci, Monsieur. Au revoir!

AGENT Au revoir, Mademoiselle.

Chez Sandrine...

SANDRINE Oui, Pascal. Amina nous a trouvé une auberge à Albertville. C'est génial, non? En plus, c'est pas cher!

PASCAL Euh, en fait... Albertville, maintenant c'est impossible.

SANDRINE Qu'est-ce que tu dis?

PASCAL C'est que... j'ai du travail.

SANDRINE Du travail! Mais c'est Noël! On ne travaille pas à Noël! Et Amina a déjà tout réservé... Oh! C'est pas vrai!

PASCAL *(à lui-même)* Elle n'est pas très heureuse maintenant, mais quelle surprise en perspective!

Un peu plus tard...

AMINA On a réussi, Sandrine! La réservation est faite. Tu as de la chance! Mais, qu'est-ce qu'il y a?

SANDRINE Tu es super gentille, Amina, mais Pascal a annulé pour Noël. Il dit qu'il a du travail... Lui et moi, c'est fini. Tu as fait beaucoup d'efforts pour faire la réservation, je suis désolée.

A C T I V I T É S

1 **Vrai ou faux?** Indiquez si les affirmations suivantes sont **vraies** ou **fausses**.

1. Sandrine fait une réservation à l'agence de voyages.
2. Pascal dit un mensonge (*lie*).
3. Amina fait une réservation à l'hôtel Le Mont Blanc.
4. Il faut annuler la réservation à l'auberge de la Costaroche.
5. Amina est fâchée (*angry*) contre Sandrine.

6. Pascal est fâché contre Sandrine.
7. Sandrine est fâchée contre Pascal.
8. Sandrine a envie de voyager le 25 décembre.
9. Cent soixante et onze euros, c'est beaucoup d'argent pour Sandrine.
10. Il y a beaucoup de touristes à Albertville en décembre.

Sandrine essaie d'organiser son voyage.

Au P'tit Bistrot...

SANDRINE Amina, je n'ai pas réussi à faire une réservation pour Albertville. Tu peux m'aider?

AMINA C'est que... je suis connectée avec Cyberhomme.

SANDRINE Avec qui?

AMINA J'écris un e-mail à... Bon, je t'explique plus tard. Dis-moi, comment est-ce que je peux t'aider?

Un peu plus tard...

AMINA Bon, alors... Sandrine m'a demandé de trouver un hôtel pas cher à Albertville. Pas facile à Noël... Je vais essayer... Voilà! L'auberge de la Costaroche... 39 euros la nuit pour une chambre individuelle. L'hôtel n'est pas complet et il y a deux chambres libres. Quelle chance cette Sandrine! Bon, nom... Sandrine Aubry...

AMINA Bon, la réservation, ce n'est pas un problème. Mais toi, Sandrine, c'est évident, ça ne va pas.

SANDRINE C'est vrai. Mais, alors, c'est qui, ce «Cyberhomme»?

AMINA Oh, c'est juste un ami virtuel. On correspond sur Internet, c'est tout. Ce soir, c'est son dixième message!

SANDRINE Lis-le-moi!

AMINA Euh non, c'est personnel...

SANDRINE Alors, dis-moi comment il est!

AMINA D'accord... Il est étudiant, sportif mais sérieux. Très intellectuel.

SANDRINE S'il te plaît, écris-lui: «Sandrine cherche aussi un cyberhomme»!

Expressions utiles

Getting help

- **Je ne sais pas quoi faire... J'ai besoin de réfléchir.**
  I don't know what to do... I have to think.
- **Je n'ai pas réussi à faire une réservation pour Albertville.**
  I didn't manage to make a reservation for Albertville.
- **Tu peux m'aider?**
  Can you help me?
- **Dis-moi, comment est-ce que je peux t'aider?**
  Tell me, how can I help you?
- **Qu'est-ce que tu dis?**
  What are you saying/did you say?
- **On a réussi.**
  We succeeded./We got it.
- **S'il te plaît, écris-lui.**
  Please, write to him.

Additional vocabulary

- **C'est trop tard?**
  Is it too late?
- **Disons...**
  Let's say...
- **La réservation est faite.**
  The reservation has been made.
- **C'est fini.**
  It's over.
- **Je suis connectée avec...**
  I am online with...
- **Lis-le-moi.**
  Read it to me.
- **Il dit que...**
  He says that...
- **les moins chers**
  the least expensive
- **en fait**
  in fact

---

2 **Questions** Répondez aux questions suivantes.

1. Pourquoi est-il difficile de faire une réservation pour Albertville?

2. Pourquoi est-ce que Sandrine ne veut pas (*doesn't want*) rester à l'hôtel Le Vieux Moulin?

3. Pourquoi est-ce que Pascal ne peut pas (*can't*) aller à Albertville?

4. Qui est Cyberhomme?

5. À ton avis (*In your opinion*), Sandrine va-t-elle rester (*stay*) avec Pascal?

3 **Devinez** Inventez-vous une identité virtuelle. Écrivez un paragraphe dans lequel (*in which*) vous vous décrivez, vous et vos occupations préférées. Donnez votre nom d'internaute (*cybername*). Votre professeur va afficher (*post*) vos messages. Devinez (*Guess*) quelle description correspond à quel(le) camarade de classe.

ressources		
VM pp. 213–214	DVD Leçon 14	promenades.vhlcentral.com Leçon 14

A C T I V I T É S

SUPERSITE

CULTURE À LA LOUPE

Les vacances des Français

une plage à Biarritz, en France

En 1936, les Français obtiennent° leurs premiers congés payés: deux semaines par an. En 1956, les congés payés passent à trois semaines, puis à quatre en 1969, et enfin à cinq semaines en 1982. Aujourd'hui, ce sont les Français qui ont le plus de vacances en Europe. Pendant longtemps, les Français prennent un mois de congés l'été, en août, et beaucoup d'entreprises°, de bureaux et de magasins ferment° tout le mois (la fermeture annuelle). Aujourd'hui, les Français ont tendance à prendre des vacances plus courtes (sept jours en moyenne°) mais plus souvent. Quant aux° destinations de vacances, 90% (pour cent) des Français restent en France. S'ils partent à l'étranger, leurs destinations préférées sont l'Espagne, l'Afrique et l'Italie. Environ° 35% des Français vont à la campagne, 30% vont en ville, 25% vont à la mer et 10% vont à la montagne.

Ce sont les personnes âgées et les agriculteurs° qui partent le moins souvent en vacances et les étudiants qui voyagent le plus, parce qu'ils ont beaucoup de congés. Pour eux, les cours commencent en septembre ou octobre avec la rentrée des classes. Puis, il y a deux semaines de vacances plusieurs fois dans l'année: les vacances de la Toussaint en octobre-novembre, les vacances de Noël en décembre-janvier, les vacances d'hiver en février-mars et les vacances de printemps en avril-mai. L'été, les étudiants ont les grandes vacances de juin jusqu'à° la rentrée.

Les destinations de vacances des Français aujourd'hui	
PAYS / CONTINENT	SÉJOURS (EN %)
France	90,1
Espagne	1,9
Afrique	1,8
Italie	1,6
Amérique	1,3
Belgique / Luxembourg	0,9
Grande-Bretagne / Irlande	0,9
Allemagne	0,8
Asie / Océanie	0,7

obtiennent *obtain* **entreprises** *companies* **ferment** *close* **en moyenne** *on average* **Quant aux** *As for* **Environ** *Around* **agriculteurs** *farmers* **jusqu'à** *until*

Coup de main

To form the superlative of nouns, use **le plus (de)** + (*noun*) to say *the most* and **le moins (de)** + (*noun*) to say *the least*.

Les étudiants ont le plus de congés.

Les personnes âgées prennent le moins de congés.

ACTIVITÉS

1 **Complétez** Complétez les phrases.

1. C'est en 1936 que les Français obtiennent leurs premiers _____.

2. Depuis (*Since*) 1982, les Français ont _____ de congés payés.

3. Pendant longtemps, les Français prennent leurs vacances au mois _____.

4. Pendant _____, beaucoup de magasins sont fermés.

5. _____ est la destination de vacances préférée de 90% des Français.

6. Les destinations étrangères préférées des Français sont _____.

7. Le lieu de séjour favori des Français est _____.

8. _____ ne partent pas souvent en vacances.

9. Ce sont _____ qui ont le plus de vacances.

10. Les étudiants ont _____ plusieurs fois par an.

STRATÉGIE

Guessing meaning from context

As you read in French, you will often see words you have not learned. You can guess what they mean by looking at familiar words around them. You can also make assumptions about unknown words based on other details that you have understood in the selection. Context clues such as a theme, a person's actions, or a place can all shed light on a word's meaning. Always try to guess meaning from context before resorting to an English translation.

LE MONDE FRANCOPHONE

Des vacances francophones

Voici quelques idées de vacances francophones:

Au soleil

- un séjour ou une croisière (un voyage en bateau) dans les îles° des Antilles, dans la mer des Caraïbes: la Martinique, la Guadeloupe
- un séjour ou une croisière dans les îles de la Polynésie française, dans l'océan Pacifique: les îles de la Société (avec Tahiti), les Marquises, les Tuamotu, les îles Gambier et les îles Australes

Pour de l'aventure

- un trekking (une randonnée à pied) ou une randonnée à dos de chameau° dans le désert du Sahara: Maroc, Tunisie, Algérie
- un circuit-aventure dans les forêts de Madagascar, dans l'océan Indien, ou dans la forêt équatoriale de la Guyane française, en Amérique du sud°

îles islands **à dos de chameau** camelback **sud** South

PORTRAIT

Les Alpes et le ski

Près de 40% des Français partent à la montagne pour deux semaines en moyenne° pendant les vacances d'hiver. Soixante-dix pour cent d'entre eux° choisissent° une station de ski des Alpes françaises. La chaîne° des Alpes est la plus grande chaîne de montagnes d'Europe. Elle fait plus de 1.000 km de long et va de la Méditerranée à l'Autriche°. Plusieurs pays la partagent: entre autres° la France, la Suisse, l'Allemagne et l'Italie. Le Mont-Blanc, le sommet° le plus haut° d'Europe occidentale°, est à 4.808 mètres d'altitude. On trouve d'excellentes pistes° de ski dans les Alpes, comme à Chamonix, Tignes, Val d'Isère et aux Trois Vallées.

en moyenne on average **d'entre eux** of them **choisissent** choose **chaîne** range **l'Autriche** Austria **entre autres** among others **sommet** peak **le plus haut** the highest **occidentale** Western **pistes** trails

 SUPERSITE

SUR INTERNET

Chaque année, depuis (*since*) 1982, plus de 4 millions de Français utilisent des Chèques-Vacances pour payer leurs vacances. Qu'est-ce que c'est, un Chèque-Vacances?

Go to **promenades.vhlcentral.com** to find more cultural information related to this **LECTURE CULTURELLE**.

---

2 **Répondez** Répondez aux questions par des phrases complètes.

1. Quel pourcentage des Français partent à la montagne en hiver?
2. Des Français qui vont à la montagne en hiver, combien choisissent les Alpes?
3. Qu'est-ce que c'est, les Alpes?
4. Quel est le sommet le plus haut d'Europe occidentale?
5. Quel séjour est-ce que vous suggérez à un jeune Américain qui aime l'aventure et qui a envie de pratiquer son français?

3 **À l'agence de voyages** Vous travaillez dans une agence de voyages en France. Votre partenaire, un(e) client(e), va vous parler des activités et du climat qu'il/elle aime. Faites quelques suggestions de destinations. Votre client(e) va vous poser des questions sur les différents voyages que vous suggérez.

ressources

SUPERSITE

promenades.vhlcentral.com
Leçon 14

14.1 Regular -ir verbs

Point de départ In **Leçon 9**, you learned several irregular **-ir** verbs. Some **-ir** verbs, like **finir** (*to finish*), are regular in their conjugation.

finir	
je **fin**is	nous **fin**issons
tu **fin**is	vous **fin**issez
il/elle **fin**it	ils/elles **fin**issent

Je **finis** mes devoirs.
I finish my homework.

Alain et Chloé **finissent** de manger.
Alain and Chloé finish eating.

- Here are some other verbs that follow the same pattern as **finir**.

Other regular -ir verbs			
choisir	to choose	**réfléchir (à)**	to think (about), to reflect (on)
grossir	to gain weight		
maigrir	to lose weight	**réussir (à)**	to succeed in doing something

Marc **grossit** pendant les vacances.
Marc gains weight during vacation.

Elles **réussissent** à trouver un hôtel au centre-ville.
They succeed in finding a hotel downtown.

- To form the past participle of regular **-ir** verbs, drop the **-r** from the infinitive.

M. Leroy **a** beaucoup **maigri**.
Mr. Leroy lost a lot of weight.

Vous **avez choisi** une chambre?
Did you choose a room?

Une minute... je réfléchis.

On a réussi!

1 **Notre voyage** Complétez le dialogue avec le présent des verbes.

FRÉDÉRIQUE L'agence de voyages (1) _____ (finir) d'organiser notre séjour aujourd'hui, n'est-ce pas?

MARC Oui, et elle (2) _____ (choisir) aussi notre hôtel.

LINDA Avez-vous assez d'argent? Est-ce que vous (3) _____ (réfléchir) un peu à ça?

MARC Bien sûr, nous (4) _____ (réfléchir) à ça!

FRÉDÉRIQUE Moi, je (5) _____ (réussir) toujours à dépenser tout mon argent.

LINDA Eh bien moi, je ne dépense pas d'argent pour manger. Je (6) _____ (maigrir) quand je vais à l'étranger.

MARC Moi, je (7) _____ (grossir) quand je voyage parce que je mange trop.

LINDA Est-ce que vous (8) _____ (finir) tous vos devoirs avant de voyager?

FRÉDÉRIQUE Moi, je les (9) _____ (finir) rarement!

MARC Et moi, je (10) _____ (choisir) de les finir.

2 **Saïda part en voyage** Saïda a préparé une liste de choses qu'elle et ses copines, Leyla et Patricia, doivent (*must*) faire avant leur voyage. Elles ont déjà fait plusieurs choses, mais pas toutes. Dites qui a fait quoi.

	moi	Leyla	Patricia
1. faire une réservation à l'auberge		✓	
Leyla a déjà fait une réservation à l'auberge.			
2. réfléchir aux vêtements qu'on va apporter	✓	✓	
3. maigrir	✓		
4. choisir une chambre au rez-de-chaussée	✓		✓
5. réussir à trouver un maillot de bain	✓	✓	✓
6. choisir une camarade de chambre			✓

Essayez! **Complétez les phrases.**

1. Si tu manges de la salade, tu _maigris_ (maigrir).

2. Il _____ (réussir) tous ses projets.

3. Vous _____ (finir) vos devoirs?

4. Lundi prochain nous _____ (finir) le livre.

5. Les enfants _____ (grossir).

6. Vous _____ (choisir) quel magazine?

7. Son jean est trop grand parce qu'il _____ (maigrir).

8. Je _____ (réfléchir) beaucoup à ce problème.

COMMUNICATION

3 Assemblez Avec un(e) partenaire, assemblez les éléments des trois colonnes pour créer des phrases. Attention! Quelques verbes sont irréguliers.

A	B	C
je	choisir	copains/copines
tu	finir	cours pour
le prof	grossir	l'année prochaine
mon frère	maigrir	décision importante
mes parents	partir	devoirs
ma sœur	réfléchir (à)	manger
mon/ma petit(e) ami(e)	réussir	(peu, beaucoup, trop)
mon/ma camarade de chambre	sortir	restaurant
?	?	vacances
		vêtements
		voyage
		?

4 Votre vie à la fac Posez ces questions à un(e) partenaire puis présentez vos réponses à la classe.

1. As-tu beaucoup réfléchi avant de choisir cette université? Pourquoi l'as-tu choisie?
2. Comment est-ce que tu as choisi ton/ta camarade de chambre?
3. Pendant ce semestre, dans quel cours as-tu le mieux (*best*) réussi?
4. En général, est-ce que tu réussis aux examens de français? Comment les trouves-tu?
5. Est-ce que tu maigris ou grossis à la fac? Pourquoi?
6. À quelle heure est-ce que tes cours finissent le vendredi? Que fais-tu après les cours?
7. Que font tes parents pour toi quand tu réussis tes examens?
8. Quand fais-tu tes devoirs? Est-ce que tu as déjà fini tes devoirs pour aujourd'hui?

5 Libres Vous partez en vacances avec un(e) ami(e). Vous avez des opinions très différentes. L'un(e) préfère la plage et l'autre préfère la campagne. Mettez-vous d'accord et prenez des décisions. Où allez-vous? Qu'est-ce que vous apportez? Où descendez-vous? Préparez un dialogue puis jouez la scène pour la classe. Utilisez les verbes de la page précédente.

Le français vivant

Je choisis la Guadeloupe pour mes vacances.
Je réussis à trouver un paradis pour mes enfants!
Les îles de Guadeloupe.
Les îles où tout finit par arriver!

ÎLES DE GUADELOUPE

LES ÎLES DE GUADELOUPE
Les îles de toutes les découvertes

Identifiez Regardez la publicité (*ad*) et trouvez les formes des verbes en **-ir**.

Répondez Par groupes de trois, répondez aux questions.

1. Qui parle dans la pub?
2. Que vend-on dans la pub?
3. Où sont les îles de Guadeloupe? Regardez sur une carte si vous ne savez (*know*) pas.
4. Pourquoi choisit-on de passer ses vacances à la Guadeloupe?
5. Avez-vous passé des vacances dans un endroit comme la Guadeloupe? Où?

14.2 The *impératif*

Point de départ The **impératif** is the form of a verb that is used to give commands or to offer directions, hints, and suggestions. With command forms, you do not use subject pronouns.

- Form the **tu** command of **-er** verbs by dropping the **-s** from the present tense form. Note that **aller** also follows this pattern.

  Réserve deux chambres.
  Reserve two rooms.

  Ne travaille pas.
  Don't work.

  Va au marché.
  Go to the market.

- The **nous** and **vous** command forms of **-er** verbs are the same as the present tense forms.

  Nettoyez votre chambre.
  Clean your room.

  Mangeons au restaurant ce soir.
  Let's eat at the restaurant tonight.

- For **-ir** verbs, **-re** verbs, and most irregular verbs, the command forms are identical to the present tense forms.

  Finis la salade.
  Finish the salad.

  Attendez dix minutes.
  Wait ten minutes.

  Faisons du yoga.
  Let's do some yoga.

The *impératif* of *avoir* and *être*		
	avoir	**être**
(tu)	aie	sois
(nous)	ayons	soyons
(vous)	ayez	soyez

- The forms of **avoir** and **être** in the **impératif** are irregular.

  Aie confiance.
  Have confidence.

  Ne **soyons** pas en retard.
  Let's not be late.

- An object pronoun can be added to the end of an affirmative command. Use a hyphen to separate them. Use **moi** and **toi** for the first- and second-person object pronouns.

  Permettez-moi de vous aider.
  Allow me to help you.

  Achète le dictionnaire et **utilise-le**.
  Buy the dictionary and use it.

- In negative commands, place object pronouns between **ne** and the verb. Use **me** and **te** for the first- and second-person object pronouns.

  Ne **me montre** pas les réponses, s'il te plaît.
  Please don't show me the answers.

  Cette photo est fragile. Ne **la touchez** pas.
  That picture is fragile. Don't touch it.

  BOÎTE À OUTILS
  You will learn more about how to use **toi** and **te** with commands when you study reflexive verbs in **Leçon 19**.

MISE EN PRATIQUE

1 **Dites à...** Mettez les verbes à l'impératif.

MODÈLE

Dites à votre petite sœur de nettoyer sa chambre.
Nettoie ta chambre.

Dites à votre petite sœur...
1. d'aller à l'école.
2. de ne pas regarder la télé.
3. de vous attendre.

Dites à vos camarades de chambre...
4. de ne pas mettre la radio.
5. d'être gentils.
6. de réfléchir avant de parler.

2 **Écoutez** Marilyne et Nicole sont des adolescentes difficiles. Leur mère leur demande de faire le contraire de ce qu'elles (*what they*) proposent.

MODÈLE

Nous allons regarder la télé.
Ne la regardez pas.

1. Nous allons téléphoner à nos copines.
2. Je ne vais pas parler à mon prof.
3. Nous n'allons pas lire ce livre.
4. Nous n'allons pas faire nos devoirs.
5. Je vais acheter une nouvelle jupe.
6. Je ne vais pas écrire à mes grands-parents.

3 **Que dites-vous?** Que dites-vous à ces personnes? Avec un(e) partenaire, employez des verbes à l'impératif.

MODÈLE

Ne mangez pas trop.

1.

3.

2.

4.

COMMUNICATION

4 **Fais-le** Dites à un(e) camarade de classe de faire certaines choses. Ensuite, changez de rôle. Utilisez ces verbes ou d'autres.

MODÈLE

donner
Charles, donne-moi un crayon.

chanter	écrire
danser	essayer
décrire	faire
dessiner	lire
dire	nettoyer
donner	regarder

5 **Un voyage aux États-Unis** Un(e) étudiant(e) français(e) visite les États-Unis. Avec un(e) partenaire, suggérez des activités dans ces villes.

MODÈLE

À New York, va à la statue de la Liberté.

villes	verbes utiles
Boston	acheter
Chicago	aller
Los Angeles	faire
Miami	manger
New York	prendre
San Francisco	regarder
Washington, D.C.	réserver
	rester
	visiter

6 **Mme Réponsatout** Vous téléphonez à l'émission de Madame Réponsatout, qui donne des conseils (*advice*) au public. Avec un(e) partenaire, imaginez les dialogues pour les problèmes de la liste. Employez des verbes à l'impératif et alternez les rôles.

MODÈLE

Étudiant(e) 1: *J'ai un problème d'argent.*
Étudiant(e) 2: *N'achetez pas de vêtements chers.*

- un problème d'argent
- un problème sentimental (*romantic*)
- où aller en vacances
- un(e) camarade de chambre pénible
- mauvaises notes à tous les cours
- un professeur difficile

The verbs *dire*, *lire*, and *écrire*

	dire *(to say)*	lire *(to read)*	écrire *(to write)*
je/j'	dis	lis	écris
tu	dis	lis	écris
il/elle	dit	lit	écrit
nous	disons	lisons	écrivons
vous	dites	lisez	écrivez
ils/elles	disent	lisent	écrivent

Disons du 26 décembre au 2 janvier.

J'écris un e-mail à...

Elle m'**écrit**.	Ne **dis** pas ton secret.	**Lisez** cet e-mail.
She writes to me.	*Don't tell your secret.*	*Read that e-mail.*

- The verb **décrire** (*to describe*) is conjugated like **écrire**.

Elle **décrit** l'accident.	Ils **décrivent** leurs vacances.
She's describing the accident.	*They describe their vacation.*

- The past participles of **dire**, **écrire**, and **décrire**, respectively, are **dit**, **écrit**, and **décrit**. The past participle of **lire** is **lu**.

Ils l'**ont dit**.	Tu l'**as écrit**.	Nous l'**avons lu**.
They said it.	*You wrote it.*	*We read it.*

Essayez! **Employez l'impératif pour compléter ces phrases.**

1. __Envoie__ (envoyer: tu) cette lettre.
2. Ne _____ (quitter: nous) pas la maison ce soir.
3. _____ (attendre: vous) à l'aéroport.
4. Sébastien, _____ (aller: tu) à la bibliothèque.
5. Christine et Serena, ne _____ (être: vous) pas impatientes.
6. Chérie, n'_____ (avoir: tu) pas peur.
7. _____ (prendre: vous) des fraises.
8. _____ (écrire: tu) ton devoir pour demain.
9. Ne me _____ (dire: vous) pas comment le film finit!
10. _____ (lire: tu) ce livre.

SYNTHÈSE

Révision

1 **Oui ou non?** Votre professeur va vous donner une feuille d'activités. Circulez dans la classe pour trouver deux camarades différent(e)s pour chaque situation, l'un(e) qui dit oui et l'autre qui dit non. Écrivez leur nom.

> **MODÈLE**
>
> **Étudiant(e) 1:** Est-ce que tu écris des e-mails à tes grands-parents?
> **Étudiant(e) 2:** Oui, je leur écris des e-mails parfois.

situation	Oui	Non
1. écrire des e-mails à ses grands-parents	Lionel	
2. dire la vérité (truth) dans toutes les circonstances		
3. grossir en été		
4. lire le journal tous les matins		
5. maigrir en hiver		
6. réussir à faire la fête tous les week-ends		

2 **Faites attention** Vous êtes médecin. Quels conseils (*advice*) donnez-vous à ces personnes? Employez des verbes à l'impératif. Ensuite, comparez vos suggestions aux suggestions de deux camarades.

Quels conseils donnez-vous à une personne...

1. fatiguée?
2. nerveuse?
3. sans énergie?
4. faible?
5. trop grosse?
6. trop mince?

3 **Apprenons le français** Vous et votre partenaire cherchez à progresser en français. Trouvez huit idées d'activités à faire en français et utilisez des verbes à l'impératif avec des pronoms d'objet direct ou indirect. Ensuite, comparez votre liste avec la liste d'un autre groupe.

> **MODÈLE**
>
> **Étudiant(e) 1:** Regardons le dernier film de Catherine Deneuve.
> **Étudiant(e) 2:** Oui, regardons-le.

4 **Des solutions** Parlez de ces problèmes avec un(e) partenaire. Un(e) étudiant(e) présente les problèmes de la colonne A et l'autre les problèmes de la colonne B. Employez des impératifs et alternez les rôles.

> **MODÈLE** J'ai perdu mon cahier de français.
>
> **Étudiant(e) 1:** J'ai perdu mon cahier de français.
> **Étudiant(e) 2:** Nettoie ta chambre et puis cherche-le.

A	B
1. Je ne trouve pas de billet aller-retour pour la Guadeloupe.	1. Mon/Ma petit(e) ami(e) est allé(e) à une fête avec une autre personne.
2. Demain c'est l'anniversaire de ma mère et je n'ai pas son cadeau.	2. Je n'ai pas acheté de billet de train pour aller à Genève demain.
3. Je n'ai pas d'argent pour payer l'addition.	3. Il est 11h00 du matin, mais j'ai déjà faim.
4. L'avion est parti sans moi.	4. Il neige et j'ai très froid.

5 **La publicité** Par groupes de trois, créez le texte d'une publicité pour le magazine *Mer et soleil*. Décidez quel endroit l'illustration représente, puis employez des verbes à l'impératif pour attirer (*to attract*) des touristes. Ensuite, présentez vos pubs (*ads*) à la classe.

6 **Un week-end en vacances** Votre professeur va vous donner, à vous et à votre partenaire, une feuille de dessins sur le week-end de M. et Mme Bardot et de leur fille Alexandra. Attention! Ne regardez pas la feuille de votre partenaire.

> **MODÈLE**
>
> **Étudiant(e) 1:** D'abord, ils sont arrivés à l'hôtel.
> **Étudiant(e) 2:** Après, ...

ressources		
WB pp. 93–96	LM pp. 55–56	promenades.vhlcentral.com Leçon 14

Écriture

Making an outline

When we write to share information, an outline can serve to separate topics and subtopics, providing a framework for presenting the data. Consider the following excerpt from an outline of a tourist brochure.

I. Itinéraire et description du voyage
- A. Jour 1
  1. ville: Ajaccio
  2. visites: visite de la ville à pied
  3. activités: dîner
- B. Jour 2
  1. ville: Bonifacio
  2. visites: la ville de Bonifacio
  3. activités: promenade en bateau, dîner

II. Description des hôtels et des transports
- A. Hôtels
- B. Transports

Schéma d'idées

Idea maps can be used to create outlines. The major sections of an idea map correspond to the Roman numerals in an outline. The minor sections correspond to the outline's capital letters, and so on. Consider the idea map that led to the outline above.

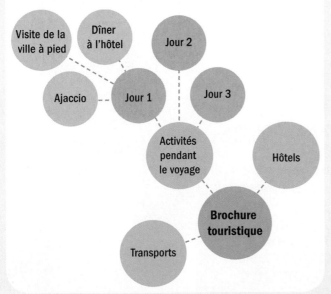

Thème

Écrivez une brochure

Vous allez préparer une brochure pour un voyage organisé que vous avez fait ou que vous avez envie de faire dans un pays francophone. Utilisez un schéma d'idées pour vous aider. Voici des exemples d'informations que votre brochure peut (*can*) donner.

- le pays et la ville
- le nombre de jours
- la date et l'heure du départ et du retour
- les transports utilisés (train, avion,...) et le lieu de départ (aéroport JFK, gare de Lyon,...)
- le temps qu'il va probablement faire et quelques suggestions de vêtements à porter
- où on va dormir (hôtel, auberge de jeunesse, camping,...)
- où on va manger (restaurant, café, pique-nique dans un parc,...)
- les visites culturelles (monuments, musées,...)
- les autres activités au programme (explorer la ville, aller au marché, faire du sport,...)
- le prix du voyage par personne

Panorama

SUPERSITE

le ski dans les Alpes

Provence-Alpes-Côte d'Azur

La région en chiffres

▶ **Superficie:** *31.400 km²*

▶ **Population:** *4.666.000*
SOURCE: INSEE

▶ **Industries principales:** *agriculture, industries agro-alimentaires°, métallurgiques et mécaniques, parfumerie, tourisme*

▶ **Villes principales:** *Avignon, Gap, Marseille, Nice, Toulon*

Personnages célèbres

▶ **Nostradamus,** *astrologue et médecin (1503–1566)*

▶ **Marcel Pagnol,** *cinéaste° et écrivain (1895–1974)*

▶ **Surya Bonaly,** *athlète olympique (1973–)*

Rhône-Alpes

La région en chiffres

▶ **Superficie:** *43.698 km²*

▶ **Population:** *5.893.000*

▶ **Industries principales:** *agriculture, élevage°, tourisme, industries chimiques, métallurgiques et textiles*

▶ **Villes principales:** *Annecy, Chambéry, Grenoble, Lyon, Saint-Étienne*

Personnages célèbres

▶ **Louise Labé,** *poétesse (1524–1566)*

▶ **Stendhal,** *écrivain (1783–1842)*

▶ **Antoine de Saint-Exupéry,** *écrivain, auteur° du Petit Prince (1900–1944)*

agro-alimentaires *food-processing* **cinéaste** *filmmaker* **élevage** *livestock raising* **auteur** *author* **confrérie** *brotherhood* **gardians** *herdsmen* **depuis** *since* **sud** *south* **chevaux** *horses* **taureaux** *bulls* **flamants** *flamingos* **Montés** *Riding* **Papes** *Popes*

LA SUISSE
Annecy • Chamonix
Lyon le Rhône • Mont-Blanc
• Albertville
St-Étienne Chambéry
RHÔNE-ALPES
la Saône
l'Isère Grenoble L'ITALIE
Valence
la Drôme Gap • la Durance
Montélimar **PROVENCE-ALPES-CÔTE D'AZUR (PACA)**
le Rhône
le Verdon le Var
0   50 milles
0   50 kilomètres
Avignon Nice
la Durance Grasse • MONACO
Arles Cannes • Antibes
LA CAMARGUE
Aix-en-Provence
Marseille• Toulon
Les îles d'Hyères

LA FRANCE

le palais des Papes° à Avignon

LA MER MÉDITERRANÉE

la promenade des Anglais à Nice

Incroyable mais vrai!

Tous les cow-boys ne sont pas américains. En Camargue, la confrérie° des gardians° perpétue depuis° 1512 les traditions des cow-boys français. C'est dans le sud° que cohabitent les chevaux° blancs camarguais, des taureaux° noirs et des flamants° roses. Montés° sur des chevaux blancs, les gardians gardent les taureaux noirs.

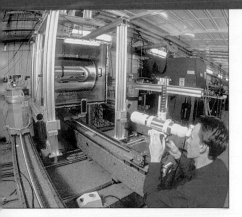

Les destinations
Grenoble

La ville de Grenoble, dans la région Rhône-Alpes, est surnommée «Capitale des Alpes» et «Ville Technologique». Située° à la porte des Alpes, elle donne accès aux grandes stations de ski alpines et elle est le premier centre de recherche° en France après Paris, avec plus de° 15.000 chercheurs°. Le synchrotron de Grenoble, un des plus grands° accélérateurs de particules du monde, permet à 5.000 chercheurs d'étudier la matière°. Grenoble est également° une ville universitaire avec quatre universités et 60.000 étudiants.

Les arts
Le festival de Cannes

Chaque année depuis° 1946, au mois de mai, de nombreux acteurs, réalisateurs° et journalistes viennent à Cannes, sur la Côte d'Azur, pour le Festival International du Film. Avec près de 1.000 films, 4.000 journalistes et plus de 70 pays représentés, c'est la manifestation cinématographique annuelle la plus médiatisée°. Après deux semaines de projections, de fêtes, d'expositions et de concerts, le jury international du festival choisit le meilleur° des vingt films présentés en compétition officielle.

La gastronomie
La raclette et la fondue

La Savoie, dans la région Rhône-Alpes, est très riche en fromages et deux de ses spécialités sont basées sur le fromage. Pour la raclette, on met du fromage à raclette sur un appareil° à raclette pour le faire fondre°. Chaque personne racle° du fromage dans son assiette° et le mange avec des pommes de terre° et de la charcuterie°. La fondue est un mélange° de fromages fondus°. Avec un bâton°, on trempe° un morceau° de pain dans la fondue. Ne le faites pas tomber!

Les traditions
Grasse, France

La ville de Grasse, sur la Côte d'Azur, est le centre de la parfumerie° française. Capitale mondiale du parfum depuis le dix-huitième siècle, Grasse cultive les fleurs depuis le Moyen Âge°: violette, lavande, rose, plantes aromatiques, etc. Au dix-neuvième siècle, ses parfumeurs, comme Molinard, ont conquis° les marchés du monde grâce à° la fabrication industrielle.

Qu'est-ce que vous avez appris? Répondez aux questions par des phrases complètes.

1. Comment s'appelle la région où les gardians perpétuent les traditions des cow-boys français?
2. Qui a écrit le livre *Le Petit Prince*?
3. Quel est le rôle des gardians?
4. Où est situé Grenoble?
5. À Grenoble, qui vient étudier la matière?
6. Depuis quand existe le festival de Cannes?
7. Qui choisit le meilleur film au festival de Cannes?
8. Avec quoi mange-t-on la raclette?
9. Quelle ville est le centre de la parfumerie française?
10. Pourquoi Grasse est-elle le centre de la parfumerie française?

ressources

WB pp. 97-98

SUPERSITE
promenades.vhlcentral.com
Unité 7

SUR INTERNET

Go to **promenades.vhlcentral.com** to find more cultural information related to this **PANORAMA**.

1. Quels films étaient (*were*) en compétition au dernier festival de Cannes? Qui composait (*made up*) le jury?
2. Trouvez des informations sur la parfumerie à Grasse. Quelles sont deux autres parfumeries qu'on trouve à Grasse?

Située *Located* **recherche** *research* **plus de** *more than* **chercheurs** *researchers* **des plus grands** *of the largest* **matière** *matter* **également** *also* **depuis** *since* **réalisateurs** *filmmakers* **la plus médiatisée** *the most publicized* **meilleur** *best* **appareil** *machine* **fondre** *melt* **racle** *scrapes* **assiette** *plate* **pommes de terre** *potatoes* **charcuterie** *cooked pork meats* **mélange** *mix* **fondus** *melted* **bâton** *stick* **trempe** *dips* **morceau** *piece* **parfumerie** *perfume industry* **Moyen Âge** *Middle Ages* **ont conquis** *conquered* **grâce à** *thanks to*

Partir en voyage

un aéroport	airport
un arrêt d'autobus (de bus)	bus stop
une arrivée	arrival
un avion	plane
un billet aller-retour	round-trip ticket
un billet (d'avion, de train)	(plane, train) ticket
un départ	departure
une douane	customs
une gare (routière)	train station (bus station)
une sortie	exit
une station (de métro, de train)	(subway, train) station
une station de ski	ski resort
un ticket de bus, de métro	bus, subway ticket
un vol	flight
un voyage	trip
à l'étranger	abroad, overseas
la campagne	country(side)
une capitale	capital
des gens (m.)	people
le monde	world
un pays	country

Les pays

(en/l') Allemagne (f.)	(to, in) Germany
(en/l') Angleterre (f.)	(to, in) England
(en/la) Belgique (belge)	(to, in) Belgium (Belgian)
(au/le) Brésil (brésilien(ne))	(to, in) Brazil (Brazilian)
(au/le) Canada	(to, in) Canada
(en/la) Chine (chinois(e))	(to, in) China (Chinese)
(en/l') Espagne (f.)	(to, in) Spain
(aux/les) États-Unis (m.)	(to, in) United States
(en/la) France	(to, in) France
(en/l') Irlande (f.) (irlandais(e))	(to, in) Ireland (Irish)
(en/l') Italie (f.)	(to, in) Italy
(au/le) Japon	(to, in) Japan
(au/le) Mexique	(to, in) Mexico
(en/la) Suisse	(to, in) Switzerland

Les vacances

bronzer	to tan
faire du shopping	to go shopping
faire les valises	to pack one's bags
faire un séjour	to spend time (somewhere)
partir en vacances	to go on vacation
prendre un train (un avion, un taxi, un (auto)bus, un bateau)	to take a train (plane, taxi, bus, boat)
rouler en voiture	to ride in a car
utiliser un plan	to use/read a map
un (jour de) congé	day off
le journal	newspaper
la mer	sea
une plage	beach
des vacances (f.)	vacation

Adverbes et locutions de temps

alors	so, then; at that moment
après (que)	after
avant (de)	before
d'abord	first
donc	therefore
enfin	finally, at last
ensuite	then, next
finalement	finally
pendant (que)	during, while
puis	then
tout à coup	suddenly
tout de suite	right away

Verbes

aller	to go
arriver	to arrive
descendre	to go/take down
entrer	to enter
monter	to go/come up; to get in/on
mourir	to die
naître	to be born
partir	to leave
passer	to pass by; to spend time
rentrer	to return
rester	to stay
retourner	to return
sortir	to go out
tomber (sur quelqu'un)	to fall (to run into somebody)

Faire une réservation

annuler	to cancel
une réservation	a reservation
réserver	to reserve
une agence/un agent de voyages	travel agency/agent
un ascenseur	elevator
une auberge de jeunesse	youth hostel
une chambre individuelle	single room
une clé	key
un(e) client(e)	client; guest
un étage	floor
un hôtel	hotel
un hôtelier/ une hôtelière	hotel keeper
un lit	bed
un passager/ une passagère	passenger
un passeport	passport
la réception	reception desk
le rez-de-chaussée	ground floor
complet/complète	full (no vacancies)
libre	available

Verbes réguliers en –ir

choisir	to choose
finir	to finish
grossir	to gain weight
maigrir	to lose weight
réfléchir (à)	to think (about), to reflect (on)
réussir (à)	to succeed in doing something

Verbes irréguliers

décrire	to describe
dire	to say
écrire	to write
lire	to read

Expressions utiles	See pp. 199 and 213.
Direct object pronouns	See pp. 204–205.
Ordinal numbers	See pp. 208–209.

Appendice A

Appendice B

Vocabulaire

Index

Credits & Bios

Le monde francophone

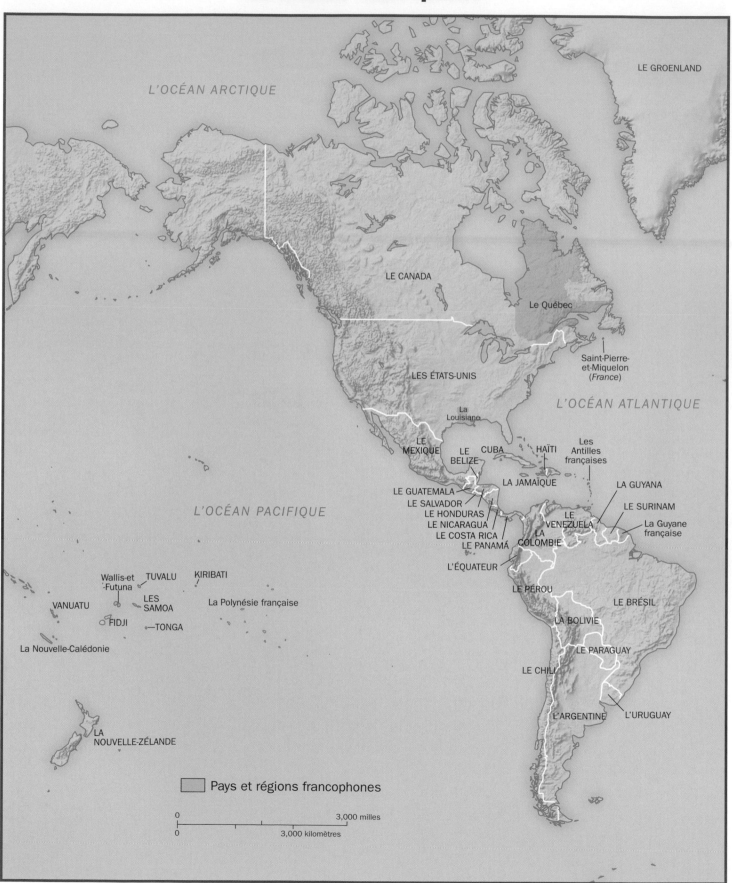

LE GROENLAND

L'OCÉAN ARCTIQUE

LE CANADA

Le Québec

Saint-Pierre-
et-Miquelon
(*France*)

LES ÉTATS-UNIS

L'OCÉAN ATLANTIQUE

La
Louisiane

LE
MEXIQUE

LE
BELIZE

CUBA

HAÏTI

Les
Antilles
françaises

LE GUATEMALA

LA JAMAÏQUE

LA GUYANA

L'OCÉAN PACIFIQUE

LE SALVADOR

LE SURINAM

LE HONDURAS

LE
VENEZUELA

La Guyane
française

LE NICARAGUA

LE COSTA RICA

LA
COLOMBIE

LE PANAMÁ

L'ÉQUATEUR

Wallis-et
-Futuna

TUVALU

KIRIBATI

LE PÉROU

VANUATU

LES
SAMOA

La Polynésie française

LE BRÉSIL

FIDJI

TONGA

LA BOLIVIE

La Nouvelle-Calédonie

LE PARAGUAY

LE CHILI

LA
NOUVELLE-ZÉLANDE

L'ARGENTINE

L'URUGUAY

Pays et régions francophones

0   3,000 milles
0   3,000 kilomètres

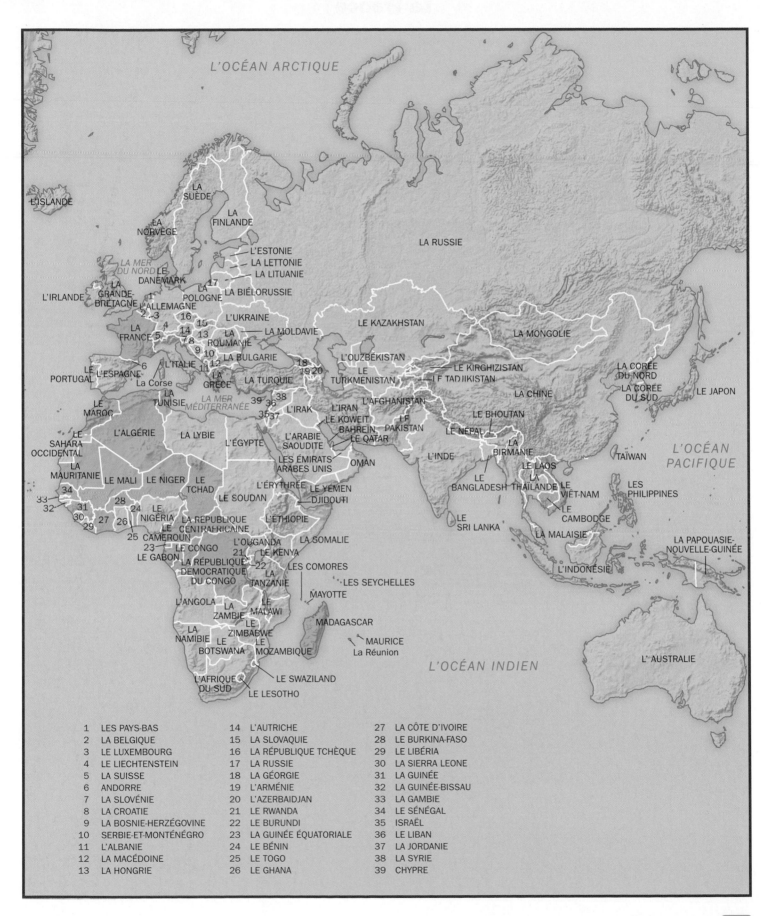

L'OCÉAN ARCTIQUE

L'ISLANDE

LA SUÈDE

LA NORVÈGE
LA FINLANDE

LA MER DU NORD
LE DANEMARK

L'ESTONIE
LA LETTONIE
LA LITUANIE

LA RUSSIE

L'IRLANDE
LA GRANDE-BRETAGNE
L'ALLEMAGNE

LA POLOGNE
LA BIÉLORUSSIE

LE KAZAKHSTAN

LA MONGOLIE

LA CORÉE DU NORD

LE JAPON

LA FRANCE

L'UKRAINE
LA MOLDAVIE
LA ROUMANIE
LA BULGARIE

L'OUZBÉKISTAN

LE KIRGHIZISTAN
LE TURKMENISTAN
LE TADJIKISTAN

LA CHINE

LA CORÉE DU SUD

LE PORTUGAL
L'ESPAGNE
La Corse
L'ITALIE
LA GRÈCE

LA TURQUIE

L'AFGHANISTAN

LE BHOUTAN
LE NÉPAL

TAÏWAN

L'OCÉAN PACIFIQUE

LE MAROC
LA TUNISIE
LA MER MÉDITERRANÉE

L'IRAK
L'IRAN
LE KOWEIT
BAHREIN
LE QATAR

LE PAKISTAN

L'INDE

LA BIRMANIE

LE SAHARA OCCIDENTAL
L'ALGÉRIE
LA LYBIE
L'ÉGYPTE

L'ARABIE SAOUDITE

OMAN

LES PHILIPPINES

LA MAURITANIE
LE MALI
LE NIGER
LE TCHAD

LES ÉMIRATS ARABES UNIS

LE BANGLADESH
LE LAOS
LA THAÏLANDE
LE VIÊT-NAM

LA SOMALIE

L'ÉRYTHRÉE
LE YÉMEN
DJIBOUTI

LE SRI LANKA

LE CAMBODGE

LE NIGÉRIA
LE CAMEROUN

LA RÉPUBLIQUE CENTRAFRICAINE

L'ÉTHIOPIE

LA MALAISIE

LA PAPOUASIE-NOUVELLE-GUINÉE

LE CONGO
LE GABON

L'OUGANDA
LE KENYA

LES COMORES

L'INDONÉSIE

LA RÉPUBLIQUE DÉMOCRATIQUE DU CONGO

LA TANZANIE

LES SEYCHELLES

MAYOTTE

L'ANGOLA
LA ZAMBIE
LE MALAWI

MADAGASCAR

LA NAMIBIE
LE ZIMBABWE
LE BOTSWANA
LE MOZAMBIQUE

MAURICE
La Réunion

L'OCÉAN INDIEN

L'AUSTRALIE

L'AFRIQUE DU SUD
LE SWAZILAND
LE LESOTHO

1	LES PAYS-BAS	14	L'AUTRICHE	27	LA CÔTE D'IVOIRE
2	LA BELGIQUE	15	LA SLOVAQUIE	28	LE BURKINA-FASO
3	LE LUXEMBOURG	16	LA RÉPUBLIQUE TCHÈQUE	29	LE LIBÉRIA
4	LE LIECHTENSTEIN	17	LA RUSSIE	30	LA SIERRA LEONE
5	LA SUISSE	18	LA GÉORGIE	31	LA GUINÉE
6	ANDORRE	19	L'ARMÉNIE	32	LA GUINÉE-BISSAU
7	LA SLOVÉNIE	20	L'AZERBAIDJAN	33	LA GAMBIE
8	LA CROATIE	21	LE RWANDA	34	LE SÉNÉGAL
9	LA BOSNIE-HERZÉGOVINE	22	LE BURUNDI	35	ISRAËL
10	SERBIE-ET-MONTÉNÉGRO	23	LA GUINÉE ÉQUATORIALE	36	LE LIBAN
11	L'ALBANIE	24	LE BÉNIN	37	LA JORDANIE
12	LA MACÉDOINE	25	LE TOGO	38	LA SYRIE
13	LA HONGRIE	26	LE GHANA	39	CHYPRE

La France

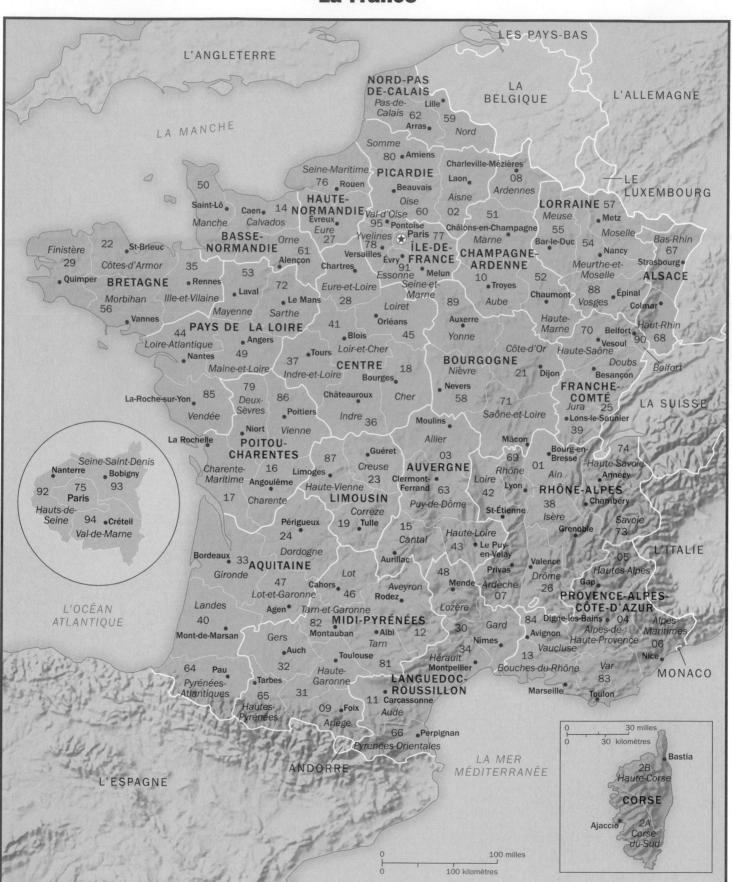

L'ANGLETERRE

LES PAYS-BAS

LA MANCHE

NORD-PAS-DE-CALAIS

LA BELGIQUE

L'ALLEMAGNE

Pas-de-Calais 62
Lille
Arras 59
Nord

Somme
80 • Amiens

Charleville-Mézières
08
Ardennes

LE LUXEMBOURG

50

Seine-Maritime
76 • Rouen

PICARDIE

Beauvais
Oise

Laon
Aisne 02

LORRAINE 57
Meuse
Metz

Saint-Lô
Manche

Caen
Calvados

14 HAUTE-NORMANDIE
Évreux
Eure 27

Val-d'Oise 60
95 • Pontoise
Yvelines 78
Versailles •

Châlons-en-Champagne
51
Marne

55
Bar-le-Duc
54

Moselle
Nancy

Bas-Rhin
67

Finistère 29
• St-Brieuc
Côtes-d'Armor 22

35
• Rennes

BASSE-NORMANDIE
Orne 61
Alençon

Chartres

Paris 77
Évry 91
Essonne

ÎLE-DE-FRANCE
Melun
Seine-et-Marne

CHAMPAGNE-ARDENNE
10
• Troyes
Aube

52
Chaumont

88
Vosges

Meurthe-et-Moselle

Épinal
Colmar

Strasbourg

ALSACE

• Quimper
Morbihan 56
• Vannes

BRETAGNE
53
• Laval
Mayenne 72
• Le Mans
Sarthe

Ille-et-Vilaine

Eure-et-Loir 28
Loiret

Yonne 89
Auxerre

Haute-Marne

70
Belfort 90
Vesoul
Haute-Saône

Haut-Rhin
68

PAYS DE LA LOIRE 44
Loire-Atlantique
• Nantes
49

• Angers
Maine-et-Loire 37

41
• Blois
Loir-et-Cher

Orléans

45

CENTRE 18
Bourges

Côte-d'Or 21
Nièvre
Nevers 58

• Dijon
Besançon
Doubs

FRANCHE-COMTÉ
Jura 25

LA SUISSE

La-Roche-sur-Yon 85
Vendée

79
Deux-Sèvres 86
• Poitiers
Vienne

• Tours
Indre-et-Loire

Châteauroux
Cher
Indre 36

Allier
Moulins

71
Saône-et-Loire

Mâcon
Bourg-en-Bresse
Ain 01

Lons-le-Saunier
39

74
Haute-Savoie
• Annecy

Seine-Saint-Denis
Nanterre
Bobigny
92 75 93
Paris
Hauts-de-Seine 94 • Créteil
Val-de-Marne

La Rochelle

POITOU-CHARENTES
Charente-Maritime 16
Angoulême
17 Charente

87
Guéret
Creuse 23

LIMOUSIN
Limoges
Haute-Vienne
Corrèze 19
Tulle

AUVERGNE 03
Clermont-Ferrand
63
Puy-de-Dôme

69
Rhône
Loire 42
Lyon
St-Étienne

RHÔNE-ALPES
38
Isère
• Grenoble

Chambéry
Savoie 73

L'ITALIE

L'OCÉAN ATLANTIQUE

Bordeaux
33 AQUITAINE
Gironde

Périgueux
24 Dordogne

15
Cantal
Aurillac

43
Haute-Loire
• Le Puy-en-Velay

Valence
Drôme 26

05
Hautes-Alpes
Gap

47
Lot-et-Garonne

Cahors
Lot 46

48
Mende
Lozère 07
Ardèche
Privas

PROVENCE-ALPES-CÔTE-D'AZUR

Landes 40
Mont-de-Marsan

Agen
Tarn-et-Garonne
82 • Montauban
Gers

Aveyron
Rodez

30
Gard
Nîmes

84
Avignon
Vaucluse
13
Bouches-du-Rhône

Digne-les-Bains
04
Alpes-de-Haute-Provence

Alpes-Maritimes 06
• Nice

MONACO

MIDI-PYRÉNÉES
• Albi 12
Tarn

Toulouse 81

34
Hérault
Montpellier

Var 83
Marseille
• Toulon

64 • Pau
Pyrénées-Atlantiques 65
• Tarbes
Hautes-Pyrénées

Auch 32

Haute-Garonne 31

11
Aude
Carcassonne

09 • Foix
Ariège

66 • Perpignan
Pyrénées-Orientales

LANGUEDOC-ROUSSILLON

0   30 milles
0   30 kilomètres

L'ESPAGNE

ANDORRE

LA MER MÉDITERRANÉE

2B
Haute-Corse
• Bastia

CORSE

Ajaccio •
2A
Corse-du-Sud

0   100 milles
0   100 kilomètres

L'Europe

0   500 milles
0   500 kilomètres

Pays francophones

LA MER DE BARENTS

L'ISLANDE
Reykjavik

LA MER DE NORVÈGE

LA RUSSIE

LA SUÈDE

LA FINLANDE

LA NORVÈGE
Helsinki
Oslo
Stockholm
Tallinn
L'ESTONIE
Moscou

LA MER DU NORD
LE DANEMARK
Copenhague

LA MER BALTIQUE
Riga
LA LETTONIE
LA LITUANIE
Vilnius
LA RUSSIE
Minsk
LA BIÉLORUSSIE

L'IRLANDE
Dublin
LES PAYS-BAS
LA GRANDE-BRETAGNE
Londres
La Haye
Berlin
Varsovie
Kiev

Bruxelles
LA BELGIQUE
L'ALLEMAGNE
LA POLOGNE
L'UKRAINE

L'OCÉAN ATLANTIQUE
Paris
Luxembourg
Prague
LA RÉPUBLIQUE TCHÈQUE
LA SLOVAQUIE
LA MOLDAVIE
Chisinau

LE LUXEMBOURG
LE LIECHTENSTEIN
Bratislava
Vienne
Budapest

Berne
L'AUTRICHE
LA HONGRIE
LA ROUMANIE
Bucarest
LA MER NOIRE

LA SUISSE
Ljubljana
Zagreb
Belgrade

LA FRANCE
LA SLOVÉNIE
LA CROATIE
LA BOSNIE-HERZÉGOVINE
SERBIE-ET-MONTÉNÉGRO
Sarajevo
LA BULGARIE
Sofia

Monte Carlo
Skopje
LA MACÉDOINE
LA TURQUIE

LE PORTUGAL
ANDORRE
Andorre-la-Vieille
MONACO
L'ITALIE
Rome
Tirana
L'ALBANIE

Madrid
La Corse
Athènes
Nicosie

Lisbonne
L'ESPAGNE
LA GRÈCE

La Sardaigne

La Sicile
CHYPRE

MALTE
La Valette

LA MER MÉDITERRANÉE

LE MAROC
LA TUNISIE

L'ALGÉRIE

L'ÉGYPTE

LA LYBIE

L'Afrique

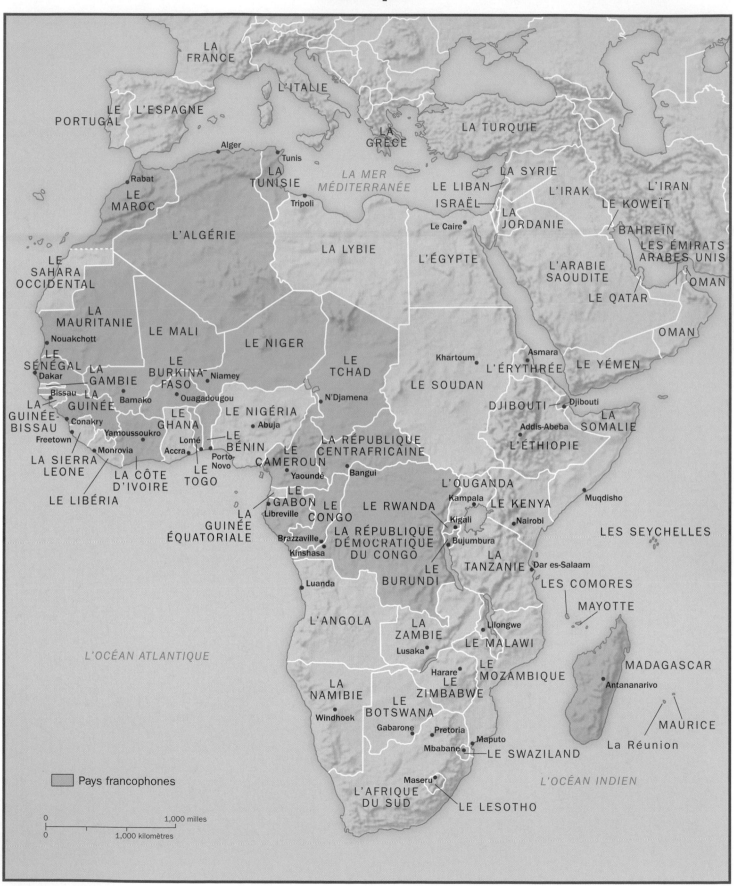

LA FRANCE

L'ITALIE

LE PORTUGAL L'ESPAGNE

LA GRÈCE

LA TURQUIE

Alger

Tunis

LA TUNISIE

LA SYRIE

Rabat

LE LIBAN

L'IRAK

L'IRAN

LE MAROC

Tripoli

ISRAËL

LA JORDANIE

LE KOWEÏT

BAHREÏN

LA MER MÉDITERRANÉE

Le Caire

LES ÉMIRATS ARABES UNIS

L'ALGÉRIE

LA LYBIE

L'ÉGYPTE

L'ARABIE SAOUDITE

OMAN

LE SAHARA OCCIDENTAL

LE QATAR

OMAN

LA MAURITANIE

LE MALI

LE NIGER

Khartoum

Asmara

LE YÉMEN

Nouakchott

L'ÉRYTHRÉE

LE SÉNÉGAL LA GAMBIE

LE BURKINA-FASO

Niamey

LE TCHAD

LE SOUDAN

Dakar

Bissau

Bamako

Ouagadougou

N'Djamena

DJIBOUTI

Djibouti

LA GUINÉE

LA GUINÉE-BISSAU

Conakry

LE GHANA

LE NIGÉRIA

Abuja

Addis-Abeba

LA SOMALIE

Freetown

Yamoussoukro

Lomé

LE BÉNIN

LA RÉPUBLIQUE CENTRAFRICAINE

L'ÉTHIOPIE

Monrovia

Accra

LE CAMEROUN

LA SIERRA LEONE

Porto-Novo

LE TOGO

Yaoundé

Bangui

LA CÔTE D'IVOIRE

LE LIBÉRIA

LE GABON

LE CONGO

L'OUGANDA

LE RWANDA

LE KENYA

Muqdisho

LA GUINÉE ÉQUATORIALE

Libreville

Kampala

Kigali

Nairobi

LES SEYCHELLES

Brazzaville

LA RÉPUBLIQUE DÉMOCRATIQUE DU CONGO

Bujumbura

Kinshasa

LE BURUNDI

LA TANZANIE

Dar es-Salaam

Luanda

LES COMORES

MAYOTTE

L'ANGOLA

LA ZAMBIE

Lilongwe

LE MALAWI

Lusaka

MADAGASCAR

L'OCÉAN ATLANTIQUE

Harare

LE MOZAMBIQUE

Antananarivo

LA NAMIBIE

LE ZIMBABWE

MAURICE

LE BOTSWANA

Windhoek

Gabarone

Pretoria

Maputo

La Réunion

Mbabane

LE SWAZILAND

Maseru

L'OCÉAN INDIEN

L'AFRIQUE DU SUD

LE LESOTHO

Pays francophones

0 — 1,000 milles

0 — 1,000 kilomètres

L'Amérique du Nord et du Sud

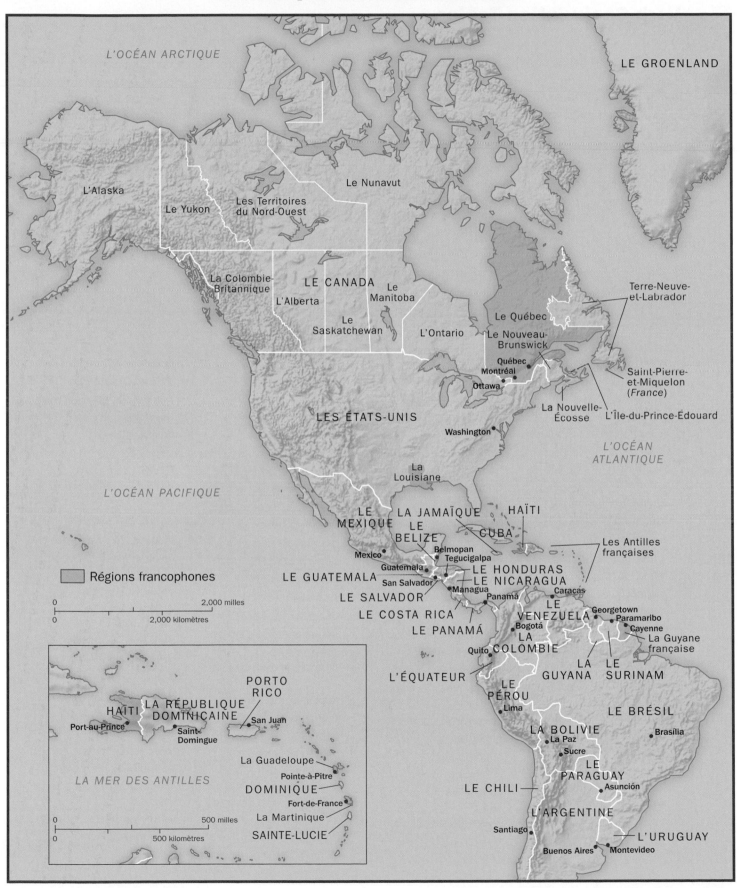

L'OCÉAN ARCTIQUE

LE GROENLAND

L'Alaska

Le Nunavut

Le Yukon

Les Territoires
du Nord-Ouest

La Colombie-
Britannique

LE CANADA

Le
Manitoba

L'Alberta

Le
Saskatchewan

L'Ontario

Le Québec

Terre-Neuve-
et-Labrador

Le Nouveau-
Brunswick

Québec

Montréal

Ottawa

Saint-Pierre-
et-Miquelon
(France)

La Nouvelle-
Écosse

L'Île-du-Prince-Édouard

LES ÉTATS-UNIS

Washington

L'OCÉAN
ATLANTIQUE

L'OCÉAN PACIFIQUE

La
Louisiane

LE
MEXIQUE

LA JAMAÏQUE

LE
BELIZE

HAÏTI

CUBA

Les Antilles
françaises

Mexico

Belmopan

Tegucigalpa

Guatemala

LE HONDURAS

LE GUATEMALA

San Salvador

LE NICARAGUA

Managua

LE SALVADOR

Panamá

Caracas

Régions francophones

LE COSTA RICA

LE
VENEZUELA

Georgetown

Paramaribo

0   2,000 milles

LE PANAMÁ

Bogotá

Cayenne

La Guyane
française

0   2,000 kilomètres

Quito

LA
COLOMBIE

LA
GUYANA

LE
SURINAM

L'ÉQUATEUR

LE
PÉROU

LE BRÉSIL

Lima

PORTO
RICO

LA BOLIVIE

La Paz

Brasilia

LA RÉPUBLIQUE
DOMINICAINE

HAÏTI

San Juan

Sucre

Port-au-Prince

Saint-
Domingue

LE
PARAGUAY

LA MER DES ANTILLES

La Guadeloupe

LE CHILI

Asunción

Pointe-à-Pitre

DOMINIQUE

L'ARGENTINE

Fort-de-France

La Martinique

L'URUGUAY

SAINTE-LUCIE

Santiago

0   500 milles

Buenos Aires

Montevideo

0   500 kilomètres

Verb Conjugation Tables

The list of verbs below and the model verb tables that start on page 437 show you how to conjugate the verbs that appear in **PROMENADES**. Each verb in the list is followed by a model verb conjugated according to the same pattern. The number in parentheses indicates where in the verb tables you can find the conjugated forms of the model verb. For example, if you want to find out how to conjugate the verb **offrir**, look up number 31 to refer to its model verb, **ouvrir**. The phrase **p.c.** with **être** after a verb means that it is conjugated with **être** in the **passé composé**. Reminder: All reflexive (pronominal) verbs use **être** as their auxiliary verb in the **passé composé**. The infinitives of reflexive verbs begin with **se** (**s'**).

In the tables you will find the infinitive, past participles, and all the forms of each model verb you have learned.

abolir like finir (2)
aborder like parler (1)
abriter like parler (1)
accepter like parler (1)
accompagner like parler (1)
accueillir like ouvrir (31)
acheter (7)
adorer like parler (1)
afficher like parler (1)
aider like parler (1)
aimer like parler (1)
aller (13) **p.c.** with **être**
allumer like parler (1)
améliorer like parler (1)
amener like acheter (7)
animer like parler (1)
apercevoir like recevoir (36)
appeler (8)
applaudir like finir (2)
apporter like parler (1)
apprendre like prendre (35)
arrêter like parler (1)
arriver like parler (1) *except* **p.c.** with **être**
assister like parler (1)

attacher like parler (1)
attendre like vendre (3)
attirer like parler (1)
avoir (4)
balayer like essayer (10)
bavarder like parler (1)
boire (15)
bricoler like parler (1)
bronzer like parler (1)
célébrer like préférer (12)
chanter like parler (1)
chasser like parler (1)
chercher like parler (1)
choisir like finir (2)
classer like parler (1)
commander like parler (1)
commencer (9)
composer like parler (1)
comprendre like prendre (35)
compter like parler (1)
conduire (16)
connaître (17)
consacrer like parler (1)
considérer like préférer (12)
construire like conduire (16)

continuer like parler (1)
courir (18)
coûter like parler (1)
couvrir like ouvrir (31)
croire (19)
cuisiner like parler (1)
danser like parler (1)
débarrasser like parler (1)
décider like parler (1)
découvrir like ouvrir (31)
décrire like écrire (22)
décrocher like parler (1)
déjeuner like parler (1)
demander like parler (1)
démarrer like parler (1)
déménager like manger (11)
démissionner like parler (1)
dépasser like parler (1)
dépendre like vendre (3)
dépenser like parler (1)
déposer like parler (1)
descendre like vendre (3) *except* **p.c.** with **être**; **p.c.** w/**avoir** if takes a direct object
désirer like parler (1)

dessiner like parler (1)
détester like parler (1)
détruire like conduire (16)
développer like parler (1)
devenir like venir (41); **p.c.** with **être**
devoir (20)
dîner like parler (1)
dire (21)
diriger like parler (1)
discuter like parler (1)
divorcer like commencer (9)
donner like parler (1)
dormir like partir (32) *except* **p.c.** with **avoir**
douter like parler (1)
durer like parler (1)
échapper like parler (1)
échouer like parler (1)
écouter like parler (1)
écrire (22)
effacer like commencer (9)
embaucher like parler (1)
emménager like manger (11)
emmener like acheter (7)
employer like essayer (10)

emprunter like parler (1)

enfermer like parler (1)

enfler like parler (1)

enlever like acheter (7)

enregistrer like parler (1)

enseigner like parler (1)

entendre like vendre (3)

entourer like parler (1)

entrer like parler (1) *except* **p.c.** with **être**

entretenir like tenir (40)

envahir like finir (2)

envoyer like essayer (10)

épouser like parler (1)

espérer like préférer (12)

essayer (10)

essuyer like essayer (10)

éteindre (24)

éternuer like parler (1)

étrangler like parler (1)

être (5)

étudier like parler (1)

éviter like parler (1)

exiger like manger (11)

expliquer like parler (1)

explorer like parler (1)

faire (25)

falloir (26)

fermer like parler (1)

fêter like parler (1)

finir (2)

fonctionner like parler (1)

fonder like parler (1)

freiner like parler (1)

fréquenter like parler (1)

fumer like parler (1)

gagner like parler (1)

garder like parler (1)

garer like parler (1)

gaspiller like parler (1)

goûter like parler (1)

graver like parler (1)

grossir like finir (2)

guérir like finir (2)

habiter like parler (1)

imprimer like parler (1)

indiquer like parler (1)

interdire like dire (21)

inviter like parler (1)

jeter like appeler (8)

jouer like parler (1)

laisser like parler (1)

laver like parler (1)

lire (27)

loger like manger (11)

louer like parler (1)

lutter like parler (1)

maigrir like finir (2)

maintenir like tenir (40)

manger (11)

marcher like parler (1)

mêler like préférer (12)

mener like parler (1)

mettre (28)

monter like parler (1) *except* **p.c.** with **être**; **p.c.** w/**avoir** if takes a direct object

montrer like parler (1)

mourir (29); **p.c.** with **être**

nager like manger (11)

naître (30); **p.c.** with **être**

nettoyer like essayer (10)

noter like parler (1)

obtenir like tenir (40)

offrir like ouvrir (31)

organiser like parler (1)

oublier like parler (1)

ouvrir (31)

parler (1)

partager like manger (11)

partir (32); **p.c.** with **être**

passer like parler (1)

patienter like parler (1)

patiner like parler (1)

payer like essayer (10)

penser like parler (1)

perdre like vendre (3)

permettre like mettre (28)

pleuvoir (33)

plonger like manger (11)

polluer like parler (1)

porter like parler (1)

poser like parler (1)

posséder like préférer (12)

poster like parler (1)

pouvoir (34)

pratiquer like parler (1)

préférer (12)

prélever like parler (1)

prendre (35)

préparer like parler (1)

présenter like parler (1)

préserver like parler (1)

prêter like parler (1)

prévenir like tenir (40)

produire like conduire (16)

profiter like parler (1)

promettre like mettre (28)

proposer like parler (1)

protéger like préférer (12)

provenir like venir (41)

publier like parler (1)

quitter like parler (1)

raccrocher like parler (1)

ranger like manger (11)

réaliser like parler (1)

recevoir (36)

recommander like parler (1)

reconnaître like connaître (17)

recycler like parler (1)

réduire like conduire (16)

réfléchir like finir (2)

regarder like parler (1)

régner like préférer (12)

remplacer like parler (1)

remplir like finir (2)

rencontrer like parler (1)

rendre like vendre (3)

rentrer like parler (1) *except* **p.c.** with **être**

renvoyer like essayer (10)

réparer like parler (1)

repasser like parler (1)

répéter like préférer (12)

repeupler like parler (1)

répondre like vendre (3)

réserver like parler (1)

rester like parler (1) *except* **p.c.** with **être**

retenir like tenir (40)

retirer like parler (1)

retourner like parler (1) *except* **p.c.** with **être**

retrouver like parler (1)

réussir like finir (2)

revenir like venir (41); **p.c.** with **être**

revoir like voir (42)

rire (37)

rouler like parler (1)

salir like finir (2)

s'amuser like se laver (6)

s'asseoir (14)

sauvegarder like parler (1)

sauver like parler (1)

savoir (38)

se brosser like se laver (6)

se coiffer like se laver (6)

se composer like se laver (6)

se connecter like se laver (6)

se coucher like se laver (6)

se croiser like se laver (6)

se dépêcher like se laver (6)

se déplacer like se laver (6)

se déshabiller like se laver (6)

se détendre like vendre (3) *except* **p.c.** with **être**

se disputer like se laver (6)

s'embrasser like se laver (6)

s'endormir like partir (32) *except* **p.c.** with **être**

s'énerver like se laver (6)

s'ennuyer like essayer (10) *except* **p.c.** with **être**

s'excuser like se laver (6)

se fouler like se laver (6)

s'installer like se laver (6)

se laver (6)

se lever like se laver (6)

se maquiller like se laver (6)

se marier like se laver (6)

se promener like acheter (7) *except* **p.c.** with **être**

se rappeler like se laver (6)

se raser like se laver (6)

se rebeller like se laver (6)

se réconcilier like se laver (6)

se relever like se laver (6)

se reposer like se laver (6)

se réveiller like se laver (6)

servir like partir (32) *except* **p.c.** with **avoir**

se sécher like préférer (12) *except* **p.c.** with **être**

se souvenir like venir (41)

se tromper like se laver (6)

s'habiller like se laver (6)

sentir like partir (32) *except* **p.c.** with **avoir**

signer like parler (1)

s'inquiéter like préférer (12) *except* **p.c.** with **être**

s'intéresser like se laver (6)

skier like parler (1)

s'occuper like se laver (6)

sonner like parler (1)

s'orienter like se laver (6)

sortir like partir (32)

sourire like rire (37)

souffrir like ouvrir (31)

souhaiter like parler (1)

subvenir like venir (41) *except* **p.c.** with **avoir**

suffire like lire (27)

suggérer like préférer (12)

suivre (39)

surfer like parler (1)

surprendre like prendre (35)

télécharger like parler (1)

téléphoner like parler (1)

tenir (40)

tomber like parler (1) *except* **p.c.** with **être**

tourner like parler (1)

tousser like parler (1)

traduire like conduire (16)

travailler like parler (1)

traverser like parler (1)

trouver like parler (1)

tuer like parler (1)

utiliser like parler (1)

valoir like falloir (26)

vendre (3)

venir (41); **p.c.** with **être**

vérifier like parler (1)

visiter like parler (1)

vivre like suivre (39)

voir (42)

vouloir (43)

voyager like manger (11)

Regular verbs

Infinitive / Past participle	Subject Pronouns	INDICATIVE				CONDITIONAL	SUBJUNCTIVE	IMPERATIVE
		Present	Passé composé	Imperfect	Future	Present	Present	Present
1 parler *(to speak)* parlé	je (j')	parle	ai parlé	parlais	parlerai	parlerais	parle	
	tu	parles	as parlé	parlais	parleras	parlerais	parles	parle
	il/elle/on	parle	a parlé	parlait	parlera	parlerait	parle	
	nous	parlons	avons parlé	parlions	parlerons	parlerions	parlions	parlons
	vous	parlez	avez parlé	parliez	parlerez	parleriez	parliez	parlez
	ils/elles	parlent	ont parlé	parlaient	parleront	parleraient	parlent	
2 finir *(to finish)* fini	je (j')	finis	ai fini	finissais	finirai	finirais	finisse	
	tu	finis	as fini	finissais	finiras	finirais	finisses	finis
	il/elle/on	finit	a fini	finissait	finira	finirait	finisse	
	nous	finissons	avons fini	finissions	finirons	finirions	finissions	finissons
	vous	finissez	avez fini	finissiez	finirez	finiriez	finissiez	finissez
	ils/elles	finissent	ont fini	finissaient	finiront	finiraient	finissent	
3 vendre *(to sell)* vendu	je (j')	vends	ai vendu	vendais	vendrai	vendrais	vende	
	tu	vends	as vendu	vendais	vendras	vendrais	vendes	vends
	il/elle/on	vend	a vendu	vendait	vendra	vendrait	vende	
	nous	vendons	avons vendu	vendions	vendrons	vendrions	vendions	vendons
	vous	vendez	avez vendu	vendiez	vendrez	vendriez	vendiez	vendez
	ils/elles	vendent	ont vendu	vendaient	vendront	vendraient	vendent	

Auxiliary verbs: *avoir* and *être*

4

Infinitive / Past participle	Subject Pronouns	INDICATIVE				CONDITIONAL	SUBJUNCTIVE	IMPERATIVE
		Present	Passé composé	Imperfect	Future	Present	Present	
avoir (to have)	j'	ai	ai eu	avais	aurai	aurais	aie	
eu	tu	as	as eu	avais	auras	aurais	aies	aie
	il/elle/on	a	a eu	avait	aura	aurait	ait	
	nous	avons	avons eu	avions	aurons	aurions	ayons	ayons
	vous	avez	avez eu	aviez	aurez	auriez	ayez	ayez
	ils/elles	ont	ont eu	avaient	auront	auraient	aient	

5

Infinitive / Past participle	Subject Pronouns	INDICATIVE				CONDITIONAL	SUBJUNCTIVE	IMPERATIVE
		Present	Passé composé	Imperfect	Future	Present	Present	
être (to be)	je (j')	suis	ai été	étais	serai	serais	sois	
été	tu	es	as été	étais	seras	serais	sois	sois
	il/elle/on	est	a été	était	sera	serait	soit	
	nous	sommes	avons été	étions	serons	serions	soyons	soyons
	vous	êtes	avez été	étiez	serez	seriez	soyez	soyez
	ils/elles	sont	ont été	étaient	seront	seraient	soient	

Reflexive (Pronominal)

6

Infinitive / Past participle	Subject Pronouns	INDICATIVE				CONDITIONAL	SUBJUNCTIVE	IMPERATIVE
		Present	Passé composé	Imperfect	Future	Present	Present	
se laver (to wash oneself)	je	me lave	me suis lavé(e)	me lavais	me laverai	me laverais	me lave	
lavé	tu	te laves	t'es lavé(e)	te lavais	te laveras	te laverais	te laves	lave-toi
	il/elle/on	se lave	s'est lavé(e)	se lavait	se lavera	se laverait	se lave	
	nous	nous lavons	nous sommes lavé(e)s	nous lavions	nous laverons	nous laverions	nous lavions	lavons-nous
	vous	vous lavez	vous êtes lavé(e)s	vous laviez	vous laverez	vous laveriez	vous laviez	lavez-vous
	ils/elles	se lavent	se sont lavé(e)s	se lavaient	se laveront	se laveraient	se lavent	

Verb Conjugation Tables

Verbs with spelling changes

Infinitive / Past participle	Subject Pronouns	INDICATIVE Present	Passé composé	Imperfect	Future	CONDITIONAL Present	SUBJUNCTIVE Present	IMPERATIVE
7 acheter *(to buy)* acheté	j'	achète	ai acheté	achetais	achèterai	achèterais	achète	
	tu	achètes	as acheté	achetais	achèteras	achèterais	achètes	achète
	il/elle/on	achète	a acheté	achetait	achètera	achèterait	achète	
	nous	achetons	avons acheté	achetions	achèterons	achèterions	achetions	achetons
	vous	achetez	avez acheté	achetiez	achèterez	achèteriez	achetiez	achetez
	ils/elles	achètent	ont acheté	achetaient	achèteront	achèteraient	achètent	
8 appeler *(to call)* appelé	j'	appelle	ai appelé	appelais	appellerai	appellerais	appelle	
	tu	appelles	as appelé	appelais	appelleras	appellerais	appelles	appelle
	il/elle/on	appelle	a appelé	appelait	appellera	appellerait	appelle	
	nous	appelons	avons appelé	appelions	appellerons	appellerions	appelions	appelons
	vous	appelez	avez appelé	appeliez	appellerez	appelleriez	appeliez	appelez
	ils/elles	appellent	ont appelé	appelaient	appelleront	appelleraient	appellent	
9 commencer *(to begin)* commencé	je (j')	commence	ai commencé	commençais	commencerai	commencerais	commence	
	tu	commences	as commencé	commençais	commenceras	commencerais	commences	commence
	il/elle/on	commence	a commencé	commençait	commencera	commencerait	commence	
	nous	commençons	avons commencé	commencions	commencerons	commencerions	commencions	commençons
	vous	commencez	avez commencé	commenciez	commencerez	commenceriez	commenciez	commencez
	ils/elles	commencent	ont commencé	commençaient	commenceront	commenceraient	commencent	
10 essayer *(to try)* essayé	j'	essaie	ai essayé	essayais	essaierai	essaierais	essaie	
	tu	essaies	as essayé	essayais	essaieras	essaierais	essaies	essaie
	il/elle/on	essaie	a essayé	essayait	essaiera	essaierait	essaie	
	nous	essayons	avons essayé	essayions	essaierons	essaierions	essayions	essayons
	vous	essayez	avez essayé	essayiez	essaierez	essaieriez	essayiez	essayez
	ils/elles	essayent	ont essayé	essayaient	essaieront	essaieraient	essaient	
11 manger *(to eat)* mangé	je (j')	mange	ai mangé	mangeais	mangerai	mangerais	mange	
	tu	manges	as mangé	mangeais	mangeras	mangerais	manges	mange
	il/elle/on	mange	a mangé	mangeait	mangera	mangerait	mange	
	nous	mangeons	avons mangé	mangions	mangerons	mangerions	mangions	mangeons
	vous	mangez	avez mangé	mangiez	mangerez	mangeriez	mangiez	mangez
	ils/elles	mangent	ont mangé	mangeaient	mangeront	mangeraient	mangent	

12

Infinitive / Past participle	Subject Pronouns	INDICATIVE				CONDITIONAL	SUBJUNCTIVE	IMPERATIVE
		Present	Passé composé	Imperfect	Future	Present	Present	
préférer (*to prefer*) préféré	je (j')	préfère	ai préféré	préférais	préférerai	préférerais	préfère	
	tu	préfères	as préféré	préférais	préféreras	préférerais	préfères	préfère
	il/elle/on	préfère	a préféré	préférait	préférera	préférerait	préfère	
	nous	préférons	avons préféré	préférions	préférerons	préférerions	préférions	préférons
	vous	préférez	avez préféré	préfériez	préférerez	préféreriez	préfériez	préférez
	ils/elles	préfèrent	ont préféré	préféraient	préféreront	préféreraient	préfèrent	

Irregular verbs

Infinitive / Past participle	Subject Pronouns	INDICATIVE				CONDITIONAL	SUBJUNCTIVE	IMPERATIVE
		Present	Passé composé	Imperfect	Future	Present	Present	
13 aller (*to go*) allé	je (j')	vais	suis allé(e)	allais	irai	irais	aille	
	tu	vas	es allé(e)	allais	iras	irais	ailles	va
	il/elle/on	va	est allé(e)	allait	ira	irait	aille	
	nous	allons	sommes allé(e)s	allions	irons	irions	allions	allons
	vous	allez	êtes allé(e)s	alliez	irez	iriez	alliez	allez
	ils/elles	vont	sont allé(e)s	allaient	iront	iraient	aillent	
14 s'asseoir (*to sit down, to be seated*) assis	je	m'assieds	me suis assis(e)	m'asseyais	m'assiérai	m'assiérais	m'asseye	
	tu	t'assieds	t'es assis(e)	t'asseyais	t'assiéras	t'assiérais	t'asseyes	assieds-toi
	il/elle/on	s'assied	s'est assis(e)	s'asseyait	s'assiéra	s'assiérait	s'asseye	
	nous	nous asseyons	nous sommes assis(e)s	nous asseyions	nous assiérons	nous assiérions	nous asseyions	asseyons-nous
	vous	vous asseyez	vous êtes assis(e)s	vous asseyiez	vous assiérez	vous assiériez	vous asseyiez	asseyez-vous
	ils/elles	s'asseyent	se sont assis(e)s	s'asseyaient	s'assiéront	s'assiéraient	s'asseyent	
15 boire (*to drink*) bu	je (j')	bois	ai bu	buvais	boirai	boirais	boive	
	tu	bois	as bu	buvais	boiras	boirais	boives	bois
	il/elle/on	boit	a bu	buvait	boira	boirait	boive	
	nous	buvons	avons bu	buvions	boirons	boirions	buvions	buvons
	vous	buvez	avez bu	buviez	boirez	boiriez	buviez	buvez
	ils/elles	boivent	ont bu	buvaient	boiront	boiraient	boivent	

Infinitive / Past participle	Subject Pronouns	INDICATIVE Present	Passé composé	Imperfect	Future	CONDITIONAL Present	SUBJUNCTIVE Present	IMPERATIVE
16 conduire *(to drive; to lead)*	je (j')	conduis	ai conduit	conduisais	conduirai	conduirais	conduise	
conduit	tu	conduis	as conduit	conduisais	conduiras	conduirais	conduises	conduis
	il/elle/on	conduit	a conduit	conduisait	conduira	conduirait	conduise	
	nous	conduisons	avons conduit	conduisions	conduirons	conduirions	conduisions	conduisons
	vous	conduisez	avez conduit	conduisiez	conduirez	conduiriez	conduisiez	conduisez
	ils/elles	conduisent	ont conduit	conduisaient	conduiront	conduiraient	conduisent	
17 connaître *(to know, to be acquainted with)*	je (j')	connais	ai connu	connaissais	connaîtrai	connaîtrais	connaisse	
connu	tu	connais	as connu	connaissais	connaîtras	connaîtrais	connaisses	connais
	il/elle/on	connaît	a connu	connaissait	connaîtra	connaîtrait	connaisse	
	nous	connaissons	avons connu	connaissions	connaîtrons	connaîtrions	connaissions	connaissons
	vous	connaissez	avez connu	connaissiez	connaîtrez	connaîtriez	connaissiez	connaissez
	ils/elles	connaissent	ont connu	connaissaient	connaîtront	connaîtraient	connaissent	
18 courir *(to run)*	je (j')	cours	ai couru	courais	courrai	courrais	coure	
couru	tu	cours	as couru	courais	courras	courrais	coures	cours
	il/elle/on	court	a couru	courait	courra	courrait	coure	
	nous	courons	avons couru	courions	courrons	courrions	courions	courons
	vous	courez	avez couru	couriez	courrez	courriez	couriez	courez
	ils/elles	courent	ont couru	couraient	courront	courraient	courent	
19 croire *(to believe)*	je (j')	crois	ai cru	croyais	croirai	croirais	croie	
cru	tu	crois	as cru	croyais	croiras	croirais	croies	crois
	il/elle/on	croit	a cru	croyait	croira	croirait	croie	
	nous	croyons	avons cru	croyions	croirons	croirions	croyions	croyons
	vous	croyez	avez cru	croyiez	croirez	croiriez	croyiez	croyez
	ils/elles	croient	ont cru	croyaient	croiront	croiraient	croient	
20 devoir *(to have to; to owe)*	je (j')	dois	ai dû	devais	devrai	devrais	doive	
dû	tu	dois	as dû	devais	devras	devrais	doives	dois
	il/elle/on	doit	a dû	devait	devra	devrait	doive	
	nous	devons	avons dû	devions	devrons	devrions	devions	devons
	vous	devez	avez dû	deviez	devrez	devriez	deviez	devez
	ils/elles	doivent	ont dû	devaient	devront	devraient	doivent	

Infinitive / Past participle	Subject Pronouns	INDICATIVE Present	Passé composé	Imperfect	Future	CONDITIONAL Present	SUBJUNCTIVE Present	IMPERATIVE
21 dire *(to say; to tell)* dit	je (j')	dis	ai dit	disais	dirai	dirais	dise	
	tu	dis	as dit	disais	diras	dirais	dises	dis
	il/elle/on	dit	a dit	disait	dira	dirait	dise	
	nous	disons	avons dit	disions	dirons	dirions	disions	disons
	vous	dites	avez dit	disiez	direz	diriez	disiez	dites
	ils/elles	disent	ont dit	disaient	diront	diraient	disent	
22 écrire *(to write)* écrit	j'	écris	ai écrit	écrivais	écrirai	écrirais	écrive	
	tu	écris	as écrit	écrivais	écriras	écrirais	écrives	écris
	il/elle/on	écrit	a écrit	écrivait	écrira	écrirait	écrive	
	nous	écrivons	avons écrit	écrivions	écrirons	écririons	écrivions	écrivons
	vous	écrivez	avez écrit	écriviez	écrirez	écririez	écriviez	écrivez
	ils/elles	écrivent	ont écrit	écrivaient	écriront	écriraient	écrivent	
23 envoyer *(to send)* envoyé	j'	envoie	ai envoyé	envoyais	enverrai	enverrais	envoie	
	tu	envoies	as envoyé	envoyais	enverras	enverrais	envoies	envoie
	il/elle/on	envoie	a envoyé	envoyait	enverra	enverrait	envoie	
	nous	envoyons	avons envoyé	envoyions	enverrons	enverrions	envoyions	envoyons
	vous	envoyez	avez envoyé	envoyiez	enverrez	enverriez	envoyiez	envoyez
	ils/elles	envoient	ont envoyé	envoyaient	enverront	enverraient	envoient	
24 éteindre *(to turn off)* éteint	j'	éteins	ai éteint	éteignais	éteindrai	éteindrais	éteigne	
	tu	éteins	as éteint	éteignais	éteindras	éteindrais	éteignes	éteins
	il/elle/on	éteint	a éteint	éteignait	éteindra	éteindrait	éteigne	
	nous	éteignons	avons éteint	éteignions	éteindrons	éteindrions	éteignions	éteignons
	vous	éteignez	avez éteint	éteigniez	éteindrez	éteindriez	éteigniez	éteignez
	ils/elles	éteignent	ont éteint	éteignaient	éteindront	éteindraient	éteignent	
25 faire *(to do; to make)* fait	je (j')	fais	ai fait	faisais	ferai	ferais	fasse	
	tu	fais	as fait	faisais	feras	ferais	fasses	fais
	il/elle/on	fait	a fait	faisait	fera	ferait	fasse	
	nous	faisons	avons fait	faisions	ferons	ferions	fassions	faisons
	vous	faites	avez fait	faisiez	ferez	feriez	fassiez	faites
	ils/elles	font	ont fait	faisaient	feront	feraient	fassent	
26 falloir *(to be necessary)* fallu	il	faut	a fallu	fallait	faudra	faudrait	faille	

Infinitive / Past participle	Subject Pronouns	INDICATIVE Present	Passé composé	Imperfect	Future	CONDITIONAL Present	SUBJUNCTIVE Present	IMPERATIVE
27 lire *(to read)* / lu	je (j')	lis	ai lu	lisais	lirai	lirais	lise	
	tu	lis	as lu	lisais	liras	lirais	lises	lis
	il/elle/on	lit	a lu	lisait	lira	lirait	lise	
	nous	lisons	avons lu	lisions	lirons	lirions	lisions	lisons
	vous	lisez	avez lu	lisiez	lirez	liriez	lisiez	lisez
	ils/elles	lisent	ont lu	lisaient	liront	liraient	lisent	
28 mettre *(to put)* / mis	je (j')	mets	ai mis	mettais	mettrai	mettrais	mette	
	tu	mets	as mis	mettais	mettras	mettrais	mettes	mets
	il/elle/on	met	a mis	mettait	mettra	mettrait	mette	
	nous	mettons	avons mis	mettions	mettrons	mettrions	mettions	mettons
	vous	mettez	avez mis	mettiez	mettrez	mettriez	mettiez	mettez
	ils/elles	mettent	ont mis	mettaient	mettront	mettraient	mettent	
29 mourir *(to die)* / mort	je	meurs	suis mort(e)	mourais	mourrai	mourrais	meure	
	tu	meurs	es mort(e)	mourais	mourras	mourrais	meures	meurs
	il/elle/on	meurt	est mort(e)	mourait	mourra	mourrait	meure	
	nous	mourons	sommes mort(e)s	mourions	mourrons	mourrions	mourions	mourons
	vous	mourez	êtes mort(e)s	mouriez	mourrez	mourriez	mouriez	mourez
	ils/elles	meurent	sont mort(e)s	mouraient	mourront	mourraient	meurent	
30 naître *(to be born)* / né	je	nais	suis né(e)	naissais	naîtrai	naîtrais	naisse	
	tu	nais	es né(e)	naissais	naîtras	naîtrais	naisses	nais
	il/elle/on	naît	est né(e)	naissait	naîtra	naîtrait	naisse	
	nous	naissons	sommes né(e)s	naissions	naîtrons	naîtrions	naissions	naissons
	vous	naissez	êtes né(e)s	naissiez	naîtrez	naîtriez	naissiez	naissez
	ils/elles	naissent	sont né(e)s	naissaient	naîtront	naîtraient	naissent	
31 ouvrir *(to open)* / ouvert	j'	ouvre	ai ouvert	ouvrais	ouvrirai	ouvrirais	ouvre	
	tu	ouvres	as ouvert	ouvrais	ouvriras	ouvrirais	ouvres	ouvre
	il/elle/on	ouvre	a ouvert	ouvrait	ouvrira	ouvrirait	ouvre	
	nous	ouvrons	avons ouvert	ouvrions	ouvrirons	ouvririons	ouvrions	ouvrons
	vous	ouvrez	avez ouvert	ouvriez	ouvrirez	ouvririez	ouvriez	ouvrez
	ils/elles	ouvrent	ont ouvert	ouvraient	ouvriront	ouvriraient	ouvrent	

Infinitive / Past participle	Subject Pronouns	INDICATIVE Present	Passé composé	Imperfect	Future	CONDITIONAL Present	SUBJUNCTIVE Present	IMPERATIVE
32 partir *(to leave)* / parti	je	pars	suis parti(e)	partais	partirai	partirais	parte	
	tu	pars	es parti(e)	partais	partiras	partirais	partes	pars
	il/elle/on	part	est parti(e)	partait	partira	partirait	parte	
	nous	partons	sommes parti(e)s	partions	partirons	partirions	partions	partons
	vous	partez	êtes parti(e)(s)	partiez	partirez	partiriez	partiez	partez
	ils/elles	partent	sont parti(e)s	partaient	partiront	partiraient	partent	
33 pleuvoir *(to rain)* / plu	il	pleut	a plu	pleuvait	pleuvra	pleuvrait	pleuve	
34 pouvoir *(to be able)* / pu	je (j')	peux	ai pu	pouvais	pourrai	pourrais	puisse	
	tu	peux	as pu	pouvais	pourras	pourrais	puisses	
	il/elle/on	peut	a pu	pouvait	pourra	pourrait	puisse	
	nous	pouvons	avons pu	pouvions	pourrons	pourrions	puissions	
	vous	pouvez	avez pu	pouviez	pourrez	pourriez	puissiez	
	ils/elles	peuvent	ont pu	pouvaient	pourront	pourraient	puissent	
35 prendre *(to take)* / pris	je (j')	prends	ai pris	prenais	prendrai	prendrais	prenne	
	tu	prends	as pris	prenais	prendras	prendrais	prennes	prends
	il/elle/on	prend	a pris	prenait	prendra	prendrait	prenne	
	nous	prenons	avons pris	prenions	prendrons	prendrions	prenions	prenons
	vous	prenez	avez pris	preniez	prendrez	prendriez	preniez	prenez
	ils/elles	prennent	ont pris	prenaient	prendront	prendraient	prennent	
36 recevoir *(to receive)* / reçu	je (j')	reçois	ai reçu	recevais	recevrai	recevrais	reçoive	
	tu	reçois	as reçu	recevais	recevras	recevrais	reçoives	reçois
	il/elle/on	reçoit	a reçu	recevait	recevra	recevrait	reçoive	
	nous	recevons	avons reçu	recevions	recevrons	recevrions	recevions	recevons
	vous	recevez	avez reçu	receviez	recevrez	recevriez	receviez	recevez
	ils/elles	reçoivent	ont reçu	recevaient	recevront	recevraient	reçoivent	
37 rire *(to laugh)* / ri	je (j')	ris	ai ri	riais	rirai	rirais	rie	
	tu	ris	as ri	riais	riras	rirais	ries	ris
	il/elle/on	rit	a ri	riait	rira	rirait	rie	
	nous	rions	avons ri	riions	rirons	ririons	riions	rions
	vous	riez	avez ri	riiez	rirez	ririez	riiez	riez
	ils/elles	rient	ont ri	riaient	riront	riraient	rient	

Infinitive / Past participle		Subject Pronouns	INDICATIVE Present	Passé composé	Imperfect	Future	CONDITIONAL Present	SUBJUNCTIVE Present	IMPERATIVE
38 savoir *(to know)* su		je (j')	sais	ai su	savais	saurai	saurais	sache	
		tu	sais	as su	savais	sauras	saurais	saches	sache
		il/elle/on	sait	a su	savait	saura	saurait	sache	
		nous	savons	avons su	savions	saurons	saurions	sachions	sachons
		vous	savez	avez su	saviez	saurez	sauriez	sachiez	sachez
		ils/elles	savent	ont su	savaient	sauront	sauraient	sachent	
39 suivre *(to follow)* suivi		je (j')	suis	ai suivi	suivais	suivrai	suivrais	suive	
		tu	suis	as suivi	suivais	suivras	suivrais	suives	suis
		il/elle/on	suit	a suivi	suivait	suivra	suivrait	suive	
		nous	suivons	avons suivi	suivions	suivrons	suivrions	suivions	suivons
		vous	suivez	avez suivi	suiviez	suivrez	suivriez	suiviez	suivez
		ils/elles	suivent	ont suivi	suivaient	suivront	suivraient	suivent	
40 tenir *(to hold)* tenu		je (j')	tiens	ai tenu	tenais	tiendrai	tiendrais	tienne	
		tu	tiens	as tenu	tenais	tiendras	tiendrais	tiennes	tiens
		il/elle/on	tient	a tenu	tenait	tiendra	tiendrait	tienne	
		nous	tenons	avons tenu	tenions	tiendrons	tiendrions	tenions	tenons
		vous	tenez	avez tenu	teniez	tiendrez	tiendriez	teniez	tenez
		ils/elles	tiennent	ont tenu	tenaient	tiendront	tiendraient	tiennent	
41 venir *(to come)* venu		je	viens	suis venu(e)	venais	viendrai	viendrais	vienne	
		tu	viens	es venu(e)	venais	viendras	viendrais	viennes	viens
		il/elle/on	vient	est venu(e)	venait	viendra	viendrait	vienne	
		nous	venons	sommes venu(e)s	venions	viendrons	viendrions	venions	venons
		vous	venez	êtes venu(e)(s)	veniez	viendrez	viendriez	veniez	venez
		ils/elles	viennent	sont venu(e)s	venaient	viendront	viendraient	viennent	
42 voir *(to see)* vu		je (j')	vois	ai vu	voyais	verrai	verrais	voie	
		tu	vois	as vu	voyais	verras	verrais	voies	vois
		il/elle/on	voit	a vu	voyait	verra	verrait	voie	
		nous	voyons	avons vu	voyions	verrons	verrions	voyions	voyons
		vous	voyez	avez vu	voyiez	verrez	verriez	voyiez	voyez
		ils/elles	voient	ont vu	voyaient	verront	verraient	voient	
43 vouloir *(to want, to wish)* voulu		je (j')	veux	ai voulu	voulais	voudrai	voudrais	veuille	
		tu	veux	as voulu	voulais	voudras	voudrais	veuilles	veuille
		il/elle/on	veut	a voulu	voulait	voudra	voudrait	veuille	
		nous	voulons	avons voulu	voulions	voudrons	voudrions	voulions	veuillons
		vous	voulez	avez voulu	vouliez	voudrez	voudriez	vouliez	veuillez
		ils/elles	veulent	ont voulu	voulaient	voudront	voudraient	veuillent	

Guide to Vocabulary

Abbreviations used in this glossary

adj.	adjective	*form.*	formal	*p.p.*	past participle
adv.	adverb	*imp.*	imperative	*pl.*	plural
art.	article	*indef.*	indefinite	*poss.*	possessive
comp.	comparative	*interj.*	interjection	*prep.*	preposition
conj.	conjunction	*interr.*	interrogative	*pron.*	pronoun
def.	definite	*inv.*	invariable	*refl.*	reflexive
dem.	demonstrative	*i.o.*	indirect object	*rel.*	relative
disj.	disjunctive	*m.*	masculine	*sing.*	singular
d.o.	direct object	*n.*	noun	*sub.*	subject
f.	feminine	*obj.*	object	*super.*	superlative
fam.	familiar	*part.*	partitive	*v.*	verb

French-English

A

à *prep.* at; in; to 4
  À bientôt. See you soon. 1
  à condition que on the condition that, provided that
  à côté de *prep.* next to 3
  À demain. See you tomorrow. 1
  à droite (de) *prep.* to the right (of) 3
  à gauche (de) *prep.* to the left (of) 3
  à ... heure(s) at ... (o'clock) 4
  à la radio on the radio
  à la télé(vision) on television
  à l'automne in the fall 5
  à l'étranger abroad, overseas 7
  à mi-temps half-time (*job*)
  à moins que unless
  à plein temps full-time (*job*)
  À plus tard. See you later. 1
  À quelle heure? What time?; When? 2
  À qui? To whom? 4
  À table! Let's eat! Food is on! 9
  à temps partiel part-time (*job*)
  À tout à l'heure. See you later. 1
  au bout (de) *prep.* at the end (of) 12
  au contraire on the contrary
  au fait by the way 3

  au printemps in the spring 5
  Au revoir. Good-bye. 1
  au secours help 11
  au sujet de on the subject of, about 13
abolir *v.* to abolish 13
absolument *adv.* absolutely 8
accident *m.* accident 11
  avoir un accident to have/to be in an accident 11
accompagner *v.* to accompany 12
acheter *v.* to buy 5
acteur *m.* actor 1
actif/active *adj.* active 3
activement *adv.* actively 8
actrice *f.* actress 1
addition *f.* check, bill 4
adieu farewell 13
adolescence *f.* adolescence 6
adorer *v.* to love 2
  J'adore... I love... 2
adresse *f.* address 12
aérobic *m.* aerobics 5
  faire de l'aérobic *v.* to do aerobics 5
aéroport *m.* airport 7
affaires *f., pl.* business 3
affiche *f.* poster 8
afficher *v.* to post
âge *m.* age 6
  âge adulte *m.* adulthood 6
agence de voyages *f.* travel agency 7
agent *m.* officer; agent 11
  agent de police *m.* police officer 11
  agent de voyages *m.* travel agent 7
  agent immobilier *m.* real estate agent
agréable *adj.* pleasant 1

agriculteur/agricultrice *m., f.* farmer
aider (à) *v.* to help (*to do something*) 5
aie (avoir) *imp. v.* have 7
ail *m.* garlic 9
aimer *v.* to like 2
  aimer mieux to prefer 2
  aimer que... to like that... 13
  J'aime bien... I really like... 2
  Je n'aime pas tellement... I don't like ... very much. 2
aîné(e) *adj.* elder 3
algérien(ne) *adj.* Algerian 1
aliment *m.* food; a food 9
Allemagne *f.* Germany 7
allemand(e) *adj.* German 1
aller *v.* to go 4
  aller à la pêche to go fishing 5
  aller aux urgences to go to the emergency room 10
  aller avec to go with 6
  aller-retour *adj.* round-trip 7
  billet aller-retour *m.* round-trip ticket 7
  Allons-y! Let's go! 2
  Ça va? What's up?; How are things? 1
  Comment allez-vous? *form.* How are you? 1
  Comment vas-tu? *fam.* How are you? 1
  Je m'en vais. I'm leaving. 8
  Je vais bien/mal. I am doing well/badly. 1
  J'y vais. I'm going/coming. 8
  Nous y allons. We're going/coming. 9
allergie *f.* allergy 10
allô (*on the phone*) hello 1
allumer *v.* to turn on 11

alors *adv.* so, then; at that moment 2

améliorer *v.* to improve

amende *f.* fine 11

amener *v.* to bring (*someone*) 5

américain(e) *adj.* American 1
  football américain *m.* football 5

ami(e) *m., f.* friend 1
  petit(e) ami(e) *m., f.* boyfriend/girlfriend 1

amitié *f.* friendship 6

amour *m.* love 6

amoureux/amoureuse *adj.* in love 6
  tomber amoureux/amoureuse *v.* to fall in love 6

amusant(e) *adj.* fun 1

an *m.* year 2

ancien(ne) *adj.* ancient, old; former

ange *m.* angel 1

anglais(e) *adj.* English 1

angle *m.* corner 12

Angleterre *f.* England 7

animal *m.* animal 13

année *f.* year 2
  cette année this year 2

anniversaire *m.* birthday 5
  C'est quand l'anniversaire de … ? When is …'s birthday? 5
  C'est quand ton/votre anniversaire? When is your birthday? 5

annuler (une réservation) *v.* to cancel (a reservation) 7

anorak *m.* ski jacket, parka 6

antipathique *adj.* unpleasant 3

août *m.* August 5

apercevoir *v.* to see, to catch sight of 12

aperçu (apercevoir) *p.p.* seen, caught sight of 12

appareil *m.* (on the phone) telephone
  appareil (électrique/ménager) *m.* (electrical/household) appliance 8
  appareil photo (numérique) *m.* (digital) camera 11
  C'est M./Mme/Mlle … à l'appareil. It's Mr./Mrs./Miss … on the phone.
  Qui est à l'appareil? Who's calling, please?

appartement *m.* apartment 7

appeler *v.* to call

applaudir *v.* to applaud

applaudissement *m.* applause

apporter *v.* to bring (*something*) 4

apprendre (à) *v.* to teach; to learn (*to do something*) 4

appris (apprendre) *p.p., adj.* learned 6

après (que) *adv.* after 2

après-demain *adv.* day after tomorrow 2

après-midi *m.* afternoon 2
  cet après-midi this afternoon 2
  de l'après-midi in the afternoon 2
  demain après-midi *adv.* tomorrow afternoon 2
  hier après-midi *adv.* yesterday afternoon 7

arbre *m.* tree 13

architecte *m., f.* architect 3

architecture *f.* architecture 2

argent *m.* money 12
  dépenser de l'argent *v.* to spend money 4
  déposer de l'argent *v.* to deposit money 12
  retirer de l'argent *v.* to withdraw money 12

armoire *f.* armoire, wardrobe 8

arrêt d'autobus (de bus) *m.* bus stop 7

arrêter (de faire quelque chose) *v.* to stop (doing something) 11

arrivée *f.* arrival 7

arriver (à) *v.* to arrive; to manage (*to do something*) 2

art *m.* art 2
  beaux-arts *m., pl.* fine arts

artiste *m., f.* artist 3

ascenseur *m.* elevator 7

aspirateur *m.* vacuum cleaner 8
  passer l'aspirateur to vacuum 8

aspirine *f.* aspirin 10

Asseyez-vous! (s'asseoir) *imp. v.* Have a seat! 10

assez *adv.* (*before adjective or adverb*) pretty; quite 8
  assez (de) (*before noun*) enough (of) 4
  pas assez (de) not enough (of) 4

assiette *f.* plate 9

assis (s'asseoir) *p.p., adj.* (*used as past participle*) sat down; (*used as adjective*) sitting, seated 10

assister *v.* to attend 2

assurance (maladie/vie) *f.* (health/life) insurance

athlète *m., f.* athlete 3

attacher *v.* to attach 11

attacher sa ceinture de sécurité to buckle one's seatbelt 11

attendre *v.* to wait 6

attention *f.* attention 5
  faire attention (à) *v.* to pay attention (to) 5

au (à + le) *prep.* to/at the 4

auberge de jeunesse *f.* youth hostel 7

aucun(e) *adj.* no; *pron.* none 10
  ne… aucun(e) none, not any 12

augmentation (de salaire) *f.* raise (in salary)

aujourd'hui *adv.* today 2

auquel (à + lequel) *pron., m., sing.* which one

aussi *adv.* too, as well; as 1
  Moi aussi. Me too. 1
  aussi … que (*used with an adjective*) as … as 9

autant de … que *adv.* (*used with noun to express quantity*) as much/as many … as 13

auteur/femme auteur *m., f.* author

autobus *m.* bus 7
  arrêt d'autobus (de bus) *m.* bus stop 7
  prendre un autobus to take a bus 7

automne *m.* fall 5
  à l'automne in the fall 5

autoroute *f.* highway 11

autour (de) *prep.* around 12

autrefois *adv.* in the past 8

aux (à + les) to/at the 4

auxquelles (à + lesquelles) *pron., f., pl.* which ones

auxquels (à + lesquels) *pron., m., pl.* which ones

avance *f.* advance 2
  en avance *adv.* early 2

avant (de/que) *adv.* before 7

avant-hier *adv.* day before yesterday 7

avec *prep.* with 1
  Avec qui? With whom? 4

aventure *f.* adventure
  film d'aventures *m.* adventure film

avenue *f.* avenue 12

avion *m.* airplane 7
  prendre un avion *v.* to take a plane 7

avocat(e) *m., f.* lawyer 3

avoir *v.* to have 2
  aie *imp. v.* have 7
  avoir besoin (de) to need (*something*) 2
  avoir chaud to be hot 2

avoir de la chance to be lucky 2
avoir envie (de) to feel like (*doing something*) 2
avoir faim to be hungry 4
avoir froid to be cold 2
avoir honte (de) to be ashamed (of) 2
avoir mal to have an ache 10
avoir mal au cœur to feel nauseated 10
avoir peur (de/que) to be afraid (of/that) 2
avoir raison to be right 2
avoir soif to be thirsty 4
avoir sommeil to be sleepy 2
avoir tort to be wrong 2
avoir un accident to have/to be in an accident 11
avoir un compte bancaire to have a bank account 12
en avoir marre to be fed up 3
avril *m.* April 5
ayez (avoir) *imp. v.* have 7
ayons (avoir) *imp. v.* let's have 7

B

bac(calauréat) *m.* an important exam taken by high-school students in France 2
baguette *f.* baguette 4
baignoire *f.* bathtub 8
bain *m.* bath 6
  salle de bains *f.* bathroom 8
baladeur CD *m.* personal CD player 11
balai *m.* broom 8
balayer *v.* to sweep 8
balcon *m.* balcony 8
banane *f.* banana 9
banc *m.* bench 12
bancaire *adj.* banking 12
  avoir un compte bancaire *v.* to have a bank account 12
bande dessinée (B.D.) *f.* comic strip 5
banlieue *f.* suburbs 4
banque *f.* bank 12
banquier/banquière *m., f.* banker
barbant *adj.,* **barbe** *f.* drag 3
baseball *m.* baseball 5
basket(-ball) *m.* basketball 5
baskets *f., pl.* tennis shoes 6
bateau *m.* boat 7
  prendre un bateau *v.* to take a boat 7
bateau-mouche *m.* riverboat 7
bâtiment *m.* building 12
batterie *f.* drums
bavarder *v.* to chat 4

beau (belle) *adj.* handsome; beautiful 3
  faire quelque chose de beau *v.* to be up to something interesting 12
  Il fait beau. The weather is nice. 5
beaucoup (de) *adv.* a lot (of) 4
  Merci (beaucoup). Thank you (very much). 1
beau-frère *m.* brother-in-law 3
beau-père *m.* father-in-law; stepfather 3
beaux-arts *m., pl.* fine arts
belge *adj.* Belgian 7
Belgique *f.* Belgium 7
belle *adj., f. (feminine form of* **beau***)* beautiful 3
belle-mère *f.* mother-in-law; stepmother 3
belle-sœur *f.* sister-in-law 3
besoin *m.* need 2
  avoir besoin (de) to need (*something*) 2
beurre *m.* butter 4
bibliothèque *f.* library 1
bien *adv.* well 7
  bien sûr *adv.* of course 2
  Je vais bien. I am doing well. 1
  Très bien. Very well. 1
bientôt *adv.* soon 1
  À bientôt. See you soon. 1
bienvenu(e) *adj.* welcome 1
bière *f.* beer 6
bijouterie *f.* jewelry store 12
billet *m. (travel)* ticket 7; (*money*) bills, notes 12
  billet aller-retour *m.* round-trip ticket 7
biologie *f.* biology 2
biscuit *m.* cookie 6
blague *f.* joke 2
blanc(he) *adj.* white 6
blessure *f.* injury, wound 10
bleu(e) *adj.* blue 3
blond(e) *adj.* blonde 3
blouson *m.* jacket 6
bœuf *m.* beef 9
boire *v.* to drink 4
bois *m.* wood 13
boisson (gazeuse) *f.* (carbonated) drink/beverage 4
boîte *f.* box; can 9
  boîte aux lettres *f.* mailbox 12
  boîte de conserve *f.* can (of food) 9
  boîte de nuit *f.* nightclub 4
bol *m.* bowl 9
bon(ne) *adj.* kind; good 3
  bon marché *adj.* inexpensive 6
  Il fait bon. The weather is

good/warm. 5
bonbon *m.* candy 6
bonheur *m.* happiness 6
Bonjour. Good morning.; Hello. 1
Bonsoir. Good evening.; Hello. 1
bouche *f.* mouth 10
boucherie *f.* butcher's shop 9
boulangerie *f.* bread shop, bakery 9
boulevard *m.* boulevard 12
  suivre un boulevard *v.* to follow a boulevard 12
bourse *f.* scholarship, grant 2
bout *m.* end 12
  au bout (de) *prep.* at the end (of) 12
bouteille (de) *f.* bottle (of) 4
boutique *f.* boutique, store 12
bras *m.* arm 10
brasserie *f.* café; restaurant 12
Brésil *m.* Brazil 7
brésilien(ne) *adj.* Brazilian 7
bricoler *v.* to tinker; to do odd jobs 5
brillant(e) *adj.* bright 1
bronzer *v.* to tan 6
brosse (à cheveux/à dents) *f.* (hair/tooth)brush 10
brun(e) *adj.* (*hair*) dark 3
bu (boire) *p.p.* drunk 6
bureau *m.* desk; office 1
  bureau de poste *m.* post office 12
bus *m.* bus 7
  arrêt d'autobus (de bus) *m.* bus stop 7
  prendre un bus *v.* to take a bus 7

C

ça *pron.* that; this; it 1
  Ça dépend. It depends. 4
  Ça ne nous regarde pas. That has nothing to do with us.; That is none of our business. 13
  Ça suffit. That's enough. 5
  Ça te dit? Does that appeal to you? 13
  Ça va? What's up?; How are things? 1
  ça veut dire that is to say 10
  Comme ci, comme ça. So-so. 1
cabine téléphonique *f.* phone booth 12
cadeau *m.* gift 6
  paquet cadeau wrapped gift 6
cadet(te) *adj.* younger 3

cadre/femme cadre *m., f.*
executive
café *m.* café; coffee 1
  terrasse de café *f.* café
  terrace 4
  culllére à café *f.* teaspoon 9
cafetière *f.* coffeemaker 8
cahier *m.* notebook 1
calculatrice *f.* calculator 1
calme *adj.* calm 1; *m.* calm 1
camarade *m., f.* friend 1
  camarade de chambre *m.,*
  f. roommate 1
  camarade de classe *m., f.*
  classmate 1
caméra vidéo *f.* camcorder 11
caméscope *m.* camcorder 11
campagne *f.* country(side) 7
  pain de campagne *m.*
  country-style bread 4
  pâté (de campagne) *m.*
  pâté, meat spread 9
camping *m.* camping 5
  faire du camping *v.* to go
  camping 5
Canada *m.* Canada 7
canadien(ne) *adj.* Canadian 1
canapé *m.* couch 8
candidat(e) *m., f.* candidate;
applicant
cantine *f.* cafeteria 9
capitale *f.* capital 7
capot *m.* hood 11
carafe (d'eau) *f.* pitcher (of
water) 9
carotte *f.* carrot 9
carrefour *m.* intersection 12
carrière *f.* career
carte *f.* map 1; menu 9; card 12
  **payer avec une carte de
  crédit** to pay with a credit
  card 12
  carte postale *f.* postcard 12
  cartes *f. pl.* (*playing*) cards 5
casquette *f.* (baseball) cap 6
cassette vidéo *f.* videotape 11
catastrophe *f.* catastrophe 13
cave *f.* basement, cellar 8
CD *m.* CD(s) 11
CD-ROM *m.* CD-ROM(s) 11
ce *dem. adj., m., sing.* this; that 6
  ce matin this morning 2
  ce mois-ci this month 2
  Ce n'est pas grave. It's no
  big deal. 6
  ce soir this evening 2
  ce sont... those are... 1
  ce week-end this weekend 2
cédérom(s) *m.* CD-ROM(s) 11
ceinture *f.* belt 6
  **attacher sa ceinture de
  sécurité** *v.* to buckle one's

seatbelt 11
célèbre *adj.* famous
célébrer *v.* to celebrate 5
célibataire *adj.* single 3
celle *pron., f., sing.* this one; that
one; the onc 13
celles *pron., f., pl.* these; those;
the ones 13
celui *pron., m., sing.* this one;
that one; the one 13
cent *m.* one hundred 3
  cent mille *m.* one hundred
  thousand 5
  cent un *m.* one hundred one 5
  cinq cents *m.* five hundred 5
centième *adj.* hundredth 7
centrale nucléaire *f.* nuclear
plant 13
centre commercial *m.* shopping
center, mall 4
centre-ville *m.* city/town center,
downtown 4
certain(e) *adj.* certain 9
  Il est certain que... It is
  certain that... 13
  Il n'est pas certain que... It
  is uncertain that... 13
ces *dem. adj., m., f., pl.* these;
those 6
c'est... it/that is... 1
  C'est de la part de qui? On
  behalf of whom?
  **C'est le 1ᵉʳ (premier)
  octobre.** It is October first. 5
  **C'est M./Mme/Mlle ... (à
  l'appareil).** It's Mr./Mrs./Miss
  ... (on the phone).
  **C'est quand l'anniversaire
  de... ?** When is ...'s
  birthday? 5
  **C'est quand ton/votre
  anniversaire?** When is your
  birthday? 5
  Qu'est-ce que c'est? What
  is it? 1
cet *dem. adj., m., sing.* this; that 6
  cet après-midi this afternoon 2
cette *dem. adj., f., sing.* this;
that 6
  cette année this year 2
  cette semaine this week 2
ceux *pron., m., pl.* these; those;
the ones 13
chaîne (de télévision) *f.*
(television) channel 11
chaîne stéréo *f.* stereo system 11
chaise *f.* chair 1
chambre *f.* bedroom 8
  chambre (individuelle) *f.*
  (single) room 7
  camarade de chambre *m.,*
  f. roommate 1

champ *m.* field 13
champagne *m.* champagne 6
champignon *m.* mushroom 9
chance *f.* luck 2
  avoir de la chance *v.* to be
  lucky 2
chanson *f.* song
chanter *v.* to sing 5
chanteur/chanteuse *m., f.*
singer 1
chapeau *m.* hat 6
chaque *adj.* each 6
charcuterie *f.* delicatessen 9
charmant(e) *adj.* charming 1
chasse *f.* hunt 13
chasser *v.* to hunt 13
chat *m.* cat 3
châtain *adj.* (*hair*) brown 3
chaud *m.* heat 2
  avoir chaud *v.* to bc hot 2
  Il falt chaud. (*weather*) It is
  hot. 5
chauffeur de taxi/de camion
m. taxi/truck driver
chaussette *f.* sock 6
chaussure *f.* shoe 6
chef d'entreprise *m.* head of a
company
chef-d'œuvre *m.* masterpiece
chemin *m.* path; way 12
  suivre un chemin *v.* to follow
  a path 12
**chemise (à manches courtes/
longues)** *f.* (short-/long-
sleeved) shirt 6
chemisier *m.* blouse 6
chèque *m.* check 12
  compte de chèques *m.*
  checking account 12
  payer par chèque *v.* to pay
  by check 12
cher/chère *adj.* expensive 6
chercher *v.* to look for 2
  chercher un/du travail to
  look for work 12
chercheur/chercheuse *m., f.*
researcher
chéri(e) *adj.* dear, beloved,
darling 2
cheval *m.* horse 5
  faire du cheval *v.* to go
  horseback riding 5
cheveux *m., pl.* hair 9
  brosse à cheveux *f.*
  hairbrush 10
  cheveux blonds blond hair 3
  cheveux châtains brown
  hair 3
  se brosser les cheveux *v.* to
  brush one's hair 9
cheville *f.* ankle 10

se fouler la cheville *v.* to twist/sprain one's ankle 10

chez *prep.* at (*someone's*) house 3, at (*a place*) 3
   passer chez quelqu'un *v.* to stop by someone's house 4

chic *adj.* chic 4

chien *m.* dog 3

chimie *f.* chemistry 2

Chine *f.* China 7

chinois(e) *adj.* Chinese 7

chocolat (chaud) *m.* (hot) chocolate 4

chœur *m.* choir, chorus

choisir *v.* to choose 7

chômage *m.* unemployment
   être au chômage *v.* to be unemployed

chômeur/chômeuse *m., f.* unemployed person

chose *f.* thing 1
   quelque chose *m.* something; anything 4

chrysanthèmes *m., pl.* chrysanthemums 9

chut shh

-ci (*used with demonstrative adjective* **ce** *and noun or with demonstrative pronoun* **celui**) here 6
   ce mois-ci this month 2

ciel *m.* sky 13

cinéma (ciné) *m.* movie theater, movies 4

cinq *m.* five 1

cinquante *m.* fifty 1

cinquième *adj.* fifth 7

circulation *f.* traffic 11

clair(e) *adj.* clear 13
   Il est clair que... It is clear that... 13

classe *f.* (*group of students*) class 1
   camarade de classe *m., f.* classmate 1
   salle de classe *f.* classroom 1

clavier *m.* keyboard 11

clé *f.* key 7

client(e) *m., f.* client; guest 7

cœur *m.* heart 10
   avoir mal au cœur to feel nauseated 10

coffre *m.* trunk 11

coiffeur/coiffeuse *m., f.* hairdresser 3

coin *m.* corner 12

colis *m.* package 12

colocataire *m., f.* roommate (*in an apartment*) 1

Combien (de)... ? *adv.* How much/many... ? 1
   Combien coûte... ? How much is... ? 4

combiné *m.* receiver

comédie (musicale) *f.* comedy (musical)

commander *v.* to order 9

comme *adv.* how; like, as 2
   Comme ci, comme ça. So-so. 1

commencer (à) *v.* to begin (*to do something*) 2

comment *adv.* how 4
   Comment? *adv.* What? 4
   Comment allez-vous?, *form.* How are you? 1
   Comment t'appelles-tu? *fam.* What is your name? 1
   Comment vas-tu? *fam.* How are you? 1
   Comment vous appelez-vous? *form.* What is your name? 1

commerçant(e) *m., f.* shop-keeper 9

commissariat de police *m.* police station 12

commode *f.* dresser, chest of drawers 8

compact disque *m.* compact disc 11

complet (complète) *adj.* full (no vacancies) 7

composer (un numéro) *v.* to dial (a number) 11

compositeur *m.* composer

comprendre *v.* to understand 4

compris (comprendre) *p.p., adj.* understood; included 6

comptable *m., f.* accountant

compte *m.* account (*at a bank*) 12
   avoir un compte bancaire *v.* to have a bank account 12
   compte de chèques *m.* checking account 12
   compte d'épargne *m.* savings account 12
   se rendre compte *v.* to realize 10

compter sur quelqu'un *v.* to count on someone 8

concert *m.* concert

condition *f.* condition
   à condition que on the condition that..., provided that...

conduire *v.* to drive 6

conduit (conduire) *p.p., adj.* driven 6

confiture *f.* jam 9

congé *m.* day off 7
   jour de congé *m.* day off 7
   prendre un congé *v.* to take time off

congélateur *m.* freezer 8

connaissance *f.* acquaintance 5

faire la connaissance de *v.* to meet (*someone*) 5

connaître *v.* to know, to be familiar with 8

connecté(e) *adj.* connected 11
   être connecté(e) avec quelqu'un *v.* to be online with someone 7, 11

connu (connaître) *p.p., adj.* known; famous 8

conseil *m.* advice

conseiller/conseillère *m., f.* consultant; advisor

considérer *v.* to consider 5

constamment *adv.* constantly 8

construire *v.* to build, to construct 6

conte *m.* tale

content(e) *adj.* happy
   être content(e) que... *v.* to be happy that... 13

continuer (à) *v.* to continue (*doing something*) 12

contraire *adj.* contrary
   au contraire on the contrary

copain/copine *m., f.* friend 1

corbeille (à papier) *f.* wastebasket 1

corps *m.* body 10

costume *m.* (*man's*) suit 6

côte *f.* coast 13

coton *m.* cotton 12

cou *m.* neck 10

couche d'ozone *f.* ozone layer 13
   trou dans la couche d'ozone *m.* hole in the ozone layer 13

couleur *f.* color 6
   De quelle couleur... ? What color... ? 6

couloir *m.* hallway 8

couple *m.* couple 6

courage *m.* courage

courageux/courageuse *adj.* courageous, brave 3

couramment *adv.* fluently 8

courir *v.* to run 5

courrier *m.* mail 12

cours *m.* class, course 2

course *f.* errand 9
   faire les courses *v.* to go (grocery) shopping 9

court(e) *adj.* short 3
   chemise à manches courtes *f.* short-sleeved shirt 6

couru (courir) *p.p.* run 6

cousin(e) *m., f.* cousin 3

couteau *m.* knife 9

coûter *v.* to cost 4
   Combien coûte... ? How much is... ? 4

couvert (couvrir) *p.p.* covered 11

couverture *f.* blanket 8

couvrir *v.* to cover 11
covoiturage *m.* carpooling 13
cravate *f.* tie 6
crayon *m.* pencil 1
crème *f.* cream 9
  crème à raser *f.* shaving cream 10
crêpe *f.* crêpe 5
crevé(e) *adj.* deflated; blown up 11
  pneu crevé *m.* flat tire 11
critique *f.* review; criticism
croire (que) *v.* to believe (that) 13
  ne pas croire que... to not believe that... 13
croissant *m.* croissant 4
croissant(e) *adj.* growing 13
  population croissante *f.* growing population 13
cru (croire) *p.p.* believed 13
cruel/cruelle *adj.* cruel 3
cuillère (à soupe/à café) *f.* (soup/tea)spoon 9
cuir *m.* leather 12
cuisine *f.* cooking; kitchen 5
  faire la cuisine *v.* to cook 5
cuisiner *v.* to cook 9
cuisinier/cuisinière *m., f.* cook
cuisinière *f.* stove 8
curieux/curieuse *adj.* curious 3
curriculum vitæ (C.V.) *m.* résumé
cybercafé *m.* cybercafé 12

D

d'abord *adv.* first 7
d'accord *(tag question)* all right? 2; *(in statement)* okay 2
  être d'accord to be in agreement 2
d'autres *m., f.* others 4
d'habitude *adv.* usually 8
danger *m.* danger, threat 13
dangereux/dangereuse *adj.* dangerous 11
dans *prep.* in 3
danse *f.* dance
danser *v.* to dance 4
danseur/danseuse *m., f.* dancer
date *f.* date 5
  Quelle est la date? What is the date? 5
de/d' *prep.* of 3; from 1
  de l'après-midi in the afternoon 2
  de laquelle *pron., f., sing.* which one 13

De quelle couleur... ? What color... ? 6
De rien. You're welcome. 1
de taille moyenne of medium height 3
de temps en temps *adv.* from time to time 8
débarrasser la table *v.* to clear the table 8
déboisement *m.* deforestation 13
début *m.* beginning; debut 5
décembre *m.* December 5
déchets toxiques *m., pl.* toxic waste 13
décider (de) *v.* to decide (*to do something*) 11
découvert (découvrir) *p.p.* discovered 11
découvrir *v.* to discover 11
décrire *v.* to describe 7
décrocher *v.* to pick up
décrit (décrire) *p.p., adj.* described 7
degrés *m., pl.* (*temperature*) degrees 5
  Il fait ... degrés. (*to describe weather*) It is ... degrees. 5
déjà *adv.* already 5
déjeuner *m.* lunch 9; *v.* to eat lunch 4
de l' *part. art., m., f., sing.* some 4
de la *part. art., f., sing.* some 4
délicieux/délicieuse delicious 8
demain *adv.* tomorrow 2
  À demain. See you tomorrow. 1
  après-demain *adv.* day after tomorrow 2
  demain matin/après-midi/soir *adv.* tomorrow morning/afternoon/evening 2
demander (à) *v.* to ask (*someone*), to make a request (*of someone*) 6
  demander que... *v.* to ask that... 13
démarrer *v.* to start up 11
déménager *v.* to move out 8
demie half 2
  et demie half past ... (o'clock) 2
demi-frère *m.* half-brother, step-brother 3
demi-sœur *f.* half-sister, stepsister 3
démissionner *v.* to resign
dent *f.* tooth 9
  brosse à dents *f.* tooth-brush 10
  se brosser les dents *v.* to brush one's teeth 9
dentifrice *m.* toothpaste 10

dentiste *m., f.* dentist 3
départ *m.* departure 7
dépasser *v.* to go over; to pass 11
dépense *f.* expenditure, expense 12
dépenser *v.* to spend 4
  dépenser de l'argent *v.* to spend money 4
déposer de l'argent *v.* to deposit money 12
déprimé(e) *adj.* depressed 10
depuis *adv.* since; for 9
dernier/dernière *adj.* last 2
dernièrement *adv.* lastly, finally 8
derrière *prep.* behind 3
des *part. art., m., f., pl.* some 4
des (de + les) *m., f., pl.* of the 3
dès que *adv.* as soon as 12
désagréable *adj.* unpleasant 1
descendre *v.* to go down; to take down 6
désert *m.* desert 13
désirer (que) *v.* to want (that) 5
désolé(e) *adj.* sorry 6
  être désolé(e) que... to be sorry that... 13
desquelles (de + lesquelles) *pron., f., pl.* which ones 13
desquels (de + lesquels) *pron., m., pl.* which ones 13
dessert *m.* dessert 6
dessin animé *m.* cartoon
dessiner *v.* to draw 2
détester *v.* to hate 2
  Je déteste... I hate... 2
détruire *v.* to destroy 6
détruit (détruire) *p.p., adj.* destroyed 6
deux *m.* two 1
deuxième *adj.* second 7
devant *prep.* in front of 3
développer *v.* to develop 13
devenir *v.* to become 9
devoir *m.* homework 2; *v.* to have to, must 9
dictionnaire *m.* dictionary 1
différemment *adv.* differently 8
différence *f.* difference 1
différent(e) *adj.* different 1
difficile *adj.* difficult 1
dimanche *m.* Sunday 2
dîner *m.* dinner 9; *v.* to have dinner 2
diplôme *m.* diploma, degree 2
dire *v.* to say 7
  Ça te/vous dit? Does that appeal to you? 13
  ça veut dire that is to say 10
  veut dire *v.* means, signifies 9
diriger *v.* to manage

discret/discrète *adj.* discreet; unassuming 3
discuter *v.* discuss 6
disque *m.* disk 11
  compact disque *m.* compact disc 11
  disque dur *m.* hard drive 11
dissertation *f.* essay 11
distributeur automatique/de billets *m.* ATM 12
dit (dire) *p.p., adj.* said 7
divorce *m.* divorce 6
divorcé(e) *adj.* divorced 3
divorcer *v.* to divorce 3
dix *m.* ten 1
dix-huit *m.* eighteen 1
dixième *adj.* tenth 7
dix-neuf *m.* nineteen 1
dix-sept *m.* seventeen 1
documentaire *m.* documentary
doigt *m.* finger 10
doigt de pied *m.* toe 10
domaine *m.* field
dommage *m.* harm 13
  Il est dommage que… It's a shame that… 13
donc *conj.* therefore 7
donner (à) *v.* to give *(to someone)* 2
dont *rel. pron.* of which; of whom; that 11
dormir *v.* to sleep 5
dos *m.* back 10
  sac à dos *m.* backpack 1
douane *f.* customs 7
douche *f.* shower 8
  prendre une douche *v.* to take a shower 10
doué(e) *adj.* talented, gifted
douleur *f.* pain 10
douter (que) *v.* to doubt (that) 13
douteux/douteuse *adj.* doubtful 13
  Il est douteux que… It is doubtful that… 13
doux/douce *adj.* sweet; soft 3
douze *m.* twelve 1
dramaturge *m.* playwright
drame (psychologique) *m.* (psychological) drama
draps *m., pl.* sheets 8
droit *m.* law 2
droite *f.* the right (side) 3
  à droite de *prep.* to the right of 3
drôle *adj.* funny 3
du *part. art., m., sing.* some 4
du (de + le) *m., sing.* of the 3
dû (devoir) *p.p., adj. (used with infinitive)* had to; *(used with*

noun) due, owed 9
duquel (de + lequel) *pron., m., sing.* which one

E

eau (minérale) *f.* (mineral) water 4
  carafe d'eau *f.* pitcher of water 9
écharpe *f.* scarf 6
échecs *m., pl.* chess 5
échouer *v.* to fail 2
éclair *m.* éclair 4
école *f.* school 2
écologie *f.* ecology 13
écologique *adj.* ecological 13
économie *f.* economics 2
écotourisme *m.* ecotourism 13
écouter *v.* to listen (to) 2
écran *m.* screen 11
écrire *v.* to write 7
écrivain/femme écrivain *m., f.* writer
écrit (écrire) *p.p., adj.* written 7
écureuil *m.* squirrel 13
éducation physique *f.* physical education 2
effacer *v.* to erase 11
effet de serre *m.* greenhouse effect 13
égaler *v.* to equal 3
église *f.* church 4
égoïste *adj.* selfish 1
Eh! *interj.* Hey! 2
électrique *adj.* electric 8
  appareil électrique/ménager *m.* electrical/household appliance 8
électricien/électricienne *m., f.* electrician
élégant(e) *adj.* elegant 1
élevé *adj.* high
élève *m., f.* pupil, student 1
elle *pron., f.* she; it 1; her 3
  elle est… she/it is… 1
elles *pron., f.* they 1; them 3
  elles sont… they are… 1
e-mail *m.* e-mail 11
emballage (en plastique) *m.* (plastic) wrapping/packaging 13
embaucher *v.* to hire
embrayage *m. (automobile)* clutch 11
émission (de télévision) *f.* (television) program
emménager *v.* to move in 8
emmener *v.* to take *(someone)* 5
emploi *m.* job
  emploi à mi-temps/à temps partiel *m.* part-time job
  emploi à plein temps *m.*

full-time job
employé(e) *m., f.* employee 25
employer *v.* to use 5
emprunter *v.* to borrow 12
en *prep.* in 3
  en avance early 2
  en avoir marre to be fed up 6
  en effet indeed; in fact 13
  en été in the summer 5
  en face (de) *prep.* facing, across (from) 3
  en fait in fact 7
  en général *adv.* in general 8
  en hiver in the winter 5
  en plein air in fresh air 13
  en retard late 2
  en tout cas in any case 6
  en vacances on vacation 7
  être en ligne to be online 11
en *pron.* some of it/them; about it/them; of it/them; from it/them 10
  Je vous en prie. *form.* Please.; You're welcome. 1
  Qu'en penses-tu? What do you think about that? 13
enceinte *adj.* pregnant 10
Enchanté(e). Delighted. 1
encore *adv.* again; still 3
endroit *m.* place 4
énergie (nucléaire/solaire) *f.* (nuclear/solar) energy 13
enfance *f.* childhood 6
enfant *m., f.* child 3
enfin *adv.* finally, at last 7
enfler *v.* to swell 10
enlever la poussière *v.* to dust 8
ennuyeux/ennuyeuse *adj.* boring 3
énorme *adj.* enormous, huge 2
enregistrer *v.* to record 11
enseigner *v.* to teach 2
ensemble *adv.* together 6
ensuite *adv.* then, next 7
entendre *v.* to hear 6
entracte *m.* intermission
entre *prep.* between 3
entrée *f.* appetizer, starter 9
entreprise *f.* firm, business
entrer *v.* to enter 7
entretien: passer un entretien to have an interview
enveloppe *f.* envelope 12
envie *f.* desire, envy 2
  avoir envie (de) to feel like *(doing something)* 2
environnement *m.* environment 13
envoyer (à) *v.* to send *(to someone)* 5
épargne *f.* savings 12

compte d'épargne *m.* savings account 12
épicerie *f.* grocery store 4
épouser *v.* to marry 3
épouvantable *adj.* dreadful 5
   Il fait un temps épouvantable. The weather is dreadful. 5
époux/épouse *m., f.* husband/wife 3
équipe *f.* team 5
escalier *m.* staircase 8
escargot *m.* escargot, snail 9
espace *m.* space 13
Espagne *f.* Spain 7
espagnol(e) *adj.* Spanish 1
espèce (menacée) *f.* (endangered) species 13
espérer *v.* to hope 5
essayer *v.* to try 5
essence *f.* gas 11
   réservoir d'essence *m.* gas tank 11
   voyant d'essence *m.* gas warning light 11
essentiel(le) *adj.* essential 13
   Il est essentiel que... It is essential that... 13
essuie-glace *m.* (**essuie-glaces** *pl.*) windshield wiper(s) 11
essuyer (la vaisselle/la table) *v.* to wipe (the dishes/the table) 8
est *m.* east 12
Est-ce que... ? (*used in forming questions*) 2
et *conj.* and 1
   Et toi? *fam.* And you? 1
   Et vous? *form.* And you? 1
étage *m.* floor 7
étagère *f.* shelf 8
étape *f.* stage 6
état civil *m.* marital status 6
États-Unis *m., pl.* United States 7
été *m.* summer 5
   en été in the summer 5
été (être) *p.p.* been 6
éteindre *v.* to turn off 11
éternuer *v.* to sneeze 10
étoile *f.* star 13
étranger/étrangère *adj.* foreign 2
   langues étrangères *f., pl.* foreign languages 2
étranger *m.* (*places that are*) abroad, overseas 7
   à l'étranger abroad, overseas 7
étrangler *v.* to strangle
être *v.* to be 1
   être bien/mal payé(e) to be well/badly paid

être connecté(e) avec quelqu'un to be online with someone 7, 11
être en ligne avec to be online with 11
être en pleine forme to be in good shape 10
études (supérieures) *f., pl.* studies; (higher) education 2
étudiant(e) *m., f.* student 1
étudier *v.* to study 2
eu (avoir) *p.p.* had 6
eux *disj. pron., m., pl.* they, them 3
évidemment *adv.* obviously, evidently; of course 8
évident(e) *adj.* evident, obvious 13
   Il est évident que... It is evident that... 13
évier *m.* sink 8
éviter (de) *v.* to avoid (*doing something*) 10
exactement *adv.* exactly 9
examen *m.* exam; test 1
   être reçu(e) à un examen *v.* to pass an exam 2
   passer un examen *v.* to take an exam 2
Excuse-moi. *fam.* Excuse me. 1
Excusez-moi. *form.* Excuse me. 1
exercice *m.* exercise 10
   faire de l'exercice *v.* to exercise 10
exigeant(e) *adj.* demanding
   profession (exigeante) *f.* a (demanding) profession
exiger (que) *v.* to demand (that) 13
expérience (professionnelle) *f.* (professional) experience
expliquer *v.* to explain 2
explorer *v.* to explore 4
exposition *f.* exhibit
extinction *f.* extinction 13

F

facile *adj.* easy 2
facilement *adv.* easily 8
facteur *m.* mailman 12
faculté *f.* university; faculty 1
faible *adj.* weak 3
faim *f.* hunger 4
   avoir faim *v.* to be hungry 4
faire *v.* to do; to make 5
   faire attention (à) *v.* to pay attention (to) 5
   faire quelque chose de beau *v.* to be up to something interesting 12
   faire de l'aérobic *v.* to do aerobics 5

faire de la gym *v.* to work out 5
faire de la musique *v.* to play music
faire de la peinture *v.* to paint
faire de la planche à voile *v.* to go windsurfing 5
faire de l'exercice *v.* to exercise 10
faire des projets *v.* to make plans
faire du camping *v.* to go camping 5
faire du cheval *v.* to go horseback riding 5
faire du jogging *v.* to go jogging 5
faire du shopping *v.* to go shopping 7
faire du ski *v.* to go skiing 5
faire du sport *v.* to do sports 5
faire du vélo *v.* to go bike riding 5
faire la connaissance de *v.* to meet (*someone*) 5
faire la cuisine *v.* to cook 5
faire la fête *v.* to party 6
faire la lessive *v.* to do the laundry 8
faire la poussière *v.* to dust 8
faire la queue *v.* to wait in line 12
faire la vaisselle *v.* to do the dishes 8
faire le lit *v.* to make the bed 8
faire le ménage *v.* to do the housework 8
faire le plein *v.* to fill the tank 11
faire les courses *v.* to run errands 9
faire les musées *v.* to go to museums
faire les valises *v.* to pack one's bags 7
faire mal *v.* to hurt 10
faire plaisir à quelqu'un *v.* to please someone
faire sa toilette *v.* to wash up 10
faire une piqûre *v.* to give a shot 10
faire une promenade *v.* to go for a walk 5
faire une randonnée *v.* to go for a hike 5
faire un séjour *v.* to spend time (*somewhere*) 7
faire un tour (en voiture) *v.* to go for a walk (drive) 5
faire visiter *v.* to give a tour 8

fait (faire) *p.p., adj.* done; made 6
falaise *f.* cliff 13
faut (falloir) *v. (used with infinitive)* is necessary to... 5
  Il a fallu... It was necessary to... 6
  Il fallait... One had to... 8
  Il faut que... One must.../It is necessary that... 13
fallu (falloir) *p.p. (used with infinitive)* had to... 6
  Il a fallu... It was necessary to... 6
famille *f.* family 3
fatigué(e) *adj.* tired 3
fauteuil *m.* armchair 8
favori/favorite *adj.* favorite 3
fax *m.* fax (machine) 11
félicitations congratulations
femme *f.* woman; wife 1
  femme d'affaires business-woman 3
  femme au foyer housewife
  femme auteur author
  femme cadre executive
  femme écrivain writer
  femme peintre painter
  femme politique politician
  femme pompier firefighter
  femme sculpteur sculptor
fenêtre *f.* window 1
fer à repasser *m.* iron 8
férié(e) *adj.* holiday 6
  jour férié *m.* holiday 6
fermé(e) *adj.* closed 12
fermer *v.* to close; to shut off 11
festival (festivals *pl.***)** *m.* festival
fête *f.* party 6; celebration 6
  faire la fête *v.* to party 6
fêter *v.* to celebrate 6
feu de signalisation *m.* traffic light 12
feuille de papier *f.* sheet of paper 1
feuilleton *m.* soap opera
février *m.* February 5
fiancé(e) *adj.* engaged 3
fiancé(e) *m., f.* fiancé 6
fichier *m.* file 11
fier/fière *adj.* proud 3
fièvre *f.* fever 10
  avoir de la fièvre *v.* to have a fever 10
fille *f.* girl; daughter 1
film (d'aventures, d'horreur, de science-fiction, policier) *m.* (adventure, horror, science-fiction, crime) film
fils *m.* son 3
fin *f.* end
finalement *adv.* finally 7

fini (finir) *p.p., adj.* finished, done, over 7
finir (de) *v.* to finish (*doing something*) 7
fleur *f.* flower 8
fleuve *m.* river 13
fois *f.* time 8
  une fois *adv.* once 8
  deux fois *adv.* twice 8
fonctionner *v.* to work, to function 11
fontaine *f.* fountain 12
foot(ball) *m.* soccer 5
  football américain *m.* football 5
forêt (tropicale) *f.* (tropical) forest 13
formation *f.* education; training
forme *f.* shape; form 10
  être en pleine forme *v.* to be in good shape 10
formidable *adj.* great 7
formulaire *m.* form 12
  remplir un formulaire to fill out a form 12
fort(e) *adj.* strong 3
fou/folle *adj.* crazy 3
four (à micro-ondes) *m.* (microwave) oven 8
fourchette *f.* fork 9
frais/fraîche *adj.* fresh; cool 5
  Il fait frais. (*weather*) It is cool. 5
fraise *f.* strawberry 9
français(e) *adj.* French 1
France *f.* France 7
franchement *adv.* frankly, honestly 8
freiner *v.* to brake 11
freins *m., pl.* brakes 11
fréquenter *v.* to frequent; to visit 4
frère *m.* brother 3
  beau-frère *m.* brother-in-law 3
  demi-frère *m.* half-brother, stepbrother 3
frigo *m.* refrigerator 8
frisé(e) *adj.* curly 3
frites *f., pl.* French fries 4
froid *m.* cold 2
  avoir froid to be cold 2
  Il fait froid. (*weather*) It is cold. 5
fromage *m.* cheese 4
fruit *m.* fruit 9
fruits de mer *m., pl.* seafood 9
fumer *v.* to smoke 10
funérailles *f., pl.* funeral 9
furieux/furieuse *adj.* furious 13
  être furieux/furieuse que... *v.* to be furious that... 13

gagner *v.* to win 5; to earn
gant *m.* glove 6
garage *m.* garage 8
garanti(e) *adj.* guaranteed 5
garçon *m.* boy 1
garder la ligne *v.* to stay slim 10
gare (routière) *f.* train station (bus station) 7
gaspillage *m.* waste 13
gaspiller *v.* to waste 13
gâteau *m.* cake 6
gauche *f.* the left (side) 3
  à gauche (de) *prep.* to the left (of) 3
gazeux/gazeuse *adj.* carbonated, fizzy 4
  boisson gazeuse *f.* carbonated drink/beverage 4
généreux/généreuse *adj.* generous 3
génial(e) *adj.* great 3
genou *m.* knee 10
genre *m.* genre
gens *m., pl.* people 7
gentil/gentille *adj.* nice 3
gentiment *adv.* nicely 8
géographie *f.* geography 2
gérant(e) *m., f.* manager
gestion *f.* business administration 2
glace *f.* ice cream 6
glaçon *m.* ice cube 6
glissement de terrain *m.* landslide 13
golf *m.* golf 5
gorge *f.* throat 10
goûter *m.* afternoon snack 9; *v.* to taste 9
gouvernement *m.* government 13
grand(e) *adj.* big 3
  grand magasin *m.* department store 4
grand-mère *f.* grandmother 3
grand-père *m.* grandfather 3
grands-parents *m., pl.* grandparents 3
gratin *m.* gratin 9
gratuit(e) *adj.* free
grave *adj.* serious 10
  Ce n'est pas grave. It's okay.; No problem. 6
graver *v.* to record, to burn (CD, DVD) 11
grille-pain *m.* toaster 8
grippe *f.* flu 10
gris(e) *adj.* gray 6
gros(se) *adj.* fat 3
grossir *v.* to gain weight 7
guérir *v.* to get better 10
guitare *f.* guitar

gym *f.* exercise 5
  faire de la gym *v.* to work out 5
gymnase *m.* gym 4

H

habitat *m.* habitat 13
  sauvetage des habitats *m.* habitat preservation 13
habiter (à) *v.* to live (in/at) 2
haricots verts *m., pl.* green beans 9
Hein? *interj.* Huh?; Right? 3
herbe *f.* grass 13
hésiter (à) *v.* to hesitate (*to do something*) 11
heure(s) *f.* hour, o'clock; time 2
  à ... heure(s) at ... (o'clock) 4
  À quelle heure? What time?; When? 2
  À tout à l'heure. See you later. 1
  Quelle heure avez-vous? *form.* What time do you have? 2
  Quelle heure est-il? What time is it? 2
heureusement *adv.* fortunately 8
heureux/heureuse *adj.* happy 3
  être heureux/heureuse que... to be happy that... 13
hier (matin/après-midi/soir) *adv.* yesterday (morning/afternoon/evening) 7
  avant-hier *adv.* day before yesterday 7
histoire *f.* history; story 2
hiver *m.* winter 5
  en hiver in the winter 5
homme *m.* man 1
  homme d'affaires *m.* businessman 3
  homme politique *m.* politician
honnête *adj.* honest
honte *f.* shame 2
  avoir honte (de) *v.* to be ashamed (of) 2
hôpital *m.* hospital 4
horloge *f.* clock 1
hors-d'œuvre *m.* hors d'œuvre, appetizer 9
hôte/hôtesse *m., f.* host 6
hôtel *m.* hotel 7
hôtelier/hôtelière *m., f.* hotel keeper 7
huile *f.* oil 9
  huile *f.* (automobile) oil 11
  huile d'olive *f.* olive oil 9

vérifier l'huile to check the oil 11
  voyant d'huile *m.* oil warning light 11
huit *m.* eight 1
huitième *adj.* eighth 7
humeur *f.* mood 8
  être de bonne/mauvaise humeur *v.* to be in a good/bad mood 8

I

ici *adv.* here 1
idée *f.* idea 3
il *sub. pron.* he; it 1
  il est... he/it is... 1
  Il n'y a pas de quoi. It's nothing.; You're welcome. 1
  Il vaut mieux que... It is better that... 13
  Il faut (falloir) *v. (used with infinitive)* It is necessary to... 6
  Il a fallu... It was necessary to... 6
  Il fallait... One had to... 8
  Il faut (que)... One must.../ It is necessary that... 13
il y a there is/are 1
  il y a eu there was/were 6
  il y avait there was/were 8
  Qu'est-ce qu'il y a? What is it?; What's wrong? 1
  Y a-t-il... ? Is/Are there... ? 2
il y a... *(used with an expression of time)* ... ago 9
île *f.* island 13
ils *sub. pron., m., pl.* they 1
  ils sont... they are... 1
immeuble *m.* building 8
impatient(e) *adj.* impatient 1
imperméable *m.* rain jacket 5
important(e) *adj.* important 1
  Il est important que... It is important that... 13
impossible *adj.* impossible 13
  Il est impossible que... It is impossible that... 13
imprimante *f.* printer 11
imprimer *v.* to print 11
incendie *m.* fire 13
  prévenir l'incendie to prevent a fire 13
incroyable *adj.* incredible 11
indépendamment *adv.* independently 8
indépendant(e) *adj.* independent 1
indications *f.* directions 12
indiquer *v.* to indicate 5
indispensable *adj.* essential, indispensable 13

Il est indispensable que... It is essential that... 13
individuel(le) *adj.* single, individual 7
  chambre individuelle *f.* single (hotel) room 7
infirmier/infirmière *m., f.* nurse 10
informations (infos) *f., pl.* news
informatique *f.* computer science 2
ingénieur *m.* engineer 3
inquiet/inquiète *adj.* worried 3
instrument *m.* instrument 1
intellectuel(le) *adj.* intellectual 3
intelligent(e) *adj.* intelligent 1
interdire *v.* to forbid, to prohibit 13
intéressant(e) *adj.* interesting 1
inutile *adj.* useless 2
invité(e) *m., f.* guest 6
inviter *v.* to invite 4
irlandais(e) *adj.* Irish 7
Irlande *f.* Ireland 7
Italie *f.* Italy 7
italien(ne) *adj.* Italian 1

J

jaloux/jalouse *adj.* jealous 3
jamais *adv.* never 5
  ne... jamais never, not ever 12
jambe *f.* leg 10
jambon *m.* ham 4
janvier *m.* January 5
Japon *m.* Japan 7
japonais(e) *adj.* Japanese 1
jardin *m.* garden; yard 8
jaune *adj.* yellow 6
je/j' *sub. pron.* I 1
  Je vous en prie. *form.* Please.; You're welcome. 1
jean *m., sing.* jeans 6
jeter *v.* to throw away 13
jeu *m.* game 5
  jeu télévisé *m.* game show
  jeu vidéo (des jeux vidéo) *m.* video game(s) 11
jeudi *m.* Thursday 2
jeune *adj.* young 3
  jeunes mariés *m., pl.* newlyweds 6
jeunesse *f.* youth 6
  auberge de jeunesse *f.* youth hostel 7
jogging *m.* jogging 5
  faire du jogging *v.* to go jogging 5
joli(e) *adj.* handsome; beautiful 3
joue *f.* cheek 10

jouer (à/de) *v.* to play (*a sport/a musical instrument*) 5
  jouer un rôle *v.* to play a role
joueur/joueuse *m., f.* player 5
jour *m.* day 2
  jour de congé *m.* day off 7
  jour férié *m.* holiday 6
  Quel jour sommes-nous? What day is it? 2
journal *m.* newspaper; journal 7
journaliste *m., f.* journalist 3
journée *f.* day 2
juillet *m.* July 5
juin *m.* June 5
jungle *f.* jungle 13
jupe *f.* skirt 6
jus (d'orange/de pomme) *m.* (orange/apple) juice 4
jusqu'à (ce que) *prep.* until 12
juste *adv.* just; right 3
  juste à côté right next door 3

K

kilo(gramme) *m.* kilo(gram) 9
kiosque *m.* kiosk 4

L

l' *def. art., m., f. sing.* the 1; *d.o. pron., m., f.* him; her; it 7
la *def. art., f. sing.* the 1; *d.o. pron., f.* her; it 7
là(-bas) (over) there 1
-là (*used with demonstrative adjective* ce *and noun or with demonstrative pronoun* celui) there 6
lac *m.* lake 13
laid(e) *adj.* ugly 3
laine *f.* wool 12
laisser *v.* to let, to allow 11
  laisser tranquille *v.* to leave alone 10
  laisser un message *v.* to leave a message
  laisser un pourboire *v.* to leave a tip 4
lait *m.* milk 4
laitue *f.* lettuce 9
lampe *f.* lamp 8
langues (étrangères) *f., pl.* (foreign) languages 2
lapin *m.* rabbit 13
laquelle *pron., f., sing.* which one 13
  à laquelle *pron., f., sing.* which one 13
  de laquelle *pron., f., sing.* which one 13
large *adj.* loose; big 6
lavabo *m.* bathroom sink 8

lave-linge *m.* washing machine 8
laver *v.* to wash 8
laverie *f.* laundromat 12
lave-vaisselle *m.* dishwasher 8
le *def. art., m. sing.* the 1; *d.o. pron.* him; it 7
lecteur de CD/DVD *m.* CD/DVD player 11
légume *m.* vegetable 9
lent(e) *adj.* slow 3
lequel *pron., m., sing.* which one 13
  auquel (à + lequel) *pron., m., sing.* which one 13
  duquel (de + lequel) *pron., m., sing.* which one 13
les *def. art., m., f., pl.* the 1; *d.o. pron., m., f., pl.* them 7
lesquelles *pron., f., pl.* which ones 13
  auxquelles (à + lesquelles) *pron., f., pl.* which ones 13
  desquelles (de + lesquelles) *pron., f., pl.* which ones 13
lesquels *pron., m., pl.* which ones 13
  auxquels (à + lesquels) *pron., m., pl.* which ones 13
  desquels (de + lesquels) *pron., m., pl.* which ones 13
lessive *f.* laundry 8
  faire la lessive *v.* to do the laundry 8
lettre *f.* letter 12
  boîte aux lettres *f.* mailbox 12
  lettre de motivation *f.* letter of application
  lettre de recommandation *f.* letter of recommandation, reference letter
lettres *f., pl.* humanities 2
leur *i.o. pron., m., f., pl.* them 6
leur(s) *poss. adj., m., f.* their 3
librairie *f.* bookstore 1
libre *adj.* available 7
lieu *m.* place 4
ligne *f.* figure, shape 10
  garder la ligne *v.* to stay slim 10
limitation de vitesse *f.* speed limit 11
limonade *f.* lemon soda 4
linge *m.* laundry 8
  lave-linge *m.* washing machine 8
  sèche-linge *m.* clothes dryer 8
liquide *m.* cash (*money*) 12
  payer en liquide *v.* to pay in cash 12
lire *v.* to read 7
lit *m.* bed 7
  faire le lit *v.* to make the bed 8
littéraire *adj.* literary
littérature *f.* literature 1
livre *m.* book 1

logement *m.* housing 8
logiciel *m.* software, program 11
loi *f.* law 13
loin de *prep.* far from 3
loisir *m.* leisure activity 5
long(ue) *adj.* long 3
  chemise à manches longues *f.* long-sleeved shirt 6
longtemps *adv.* a long time 5
louer *v.* to rent 8
loyer *m.* rent 8
lu (lire) *p.p.* read 7
lui *pron., sing.* he 1; him 3; *i.o. pron.* (*attached to imperative*) to him/her 9
l'un(e) à l'autre to one another 11
l'un(e) l'autre one another 11
lundi *m.* Monday 2
Lune *f.* moon 13
lunettes (de soleil) *f., pl.* (sun)glasses 6
lycée *m.* high school 1
lycéen(ne) *m., f.* high school student 2

M

ma *poss. adj., f., sing.* my 3
Madame *f.* Ma'am; Mrs. 1
Mademoiselle *f.* Miss 1
magasin *m.* store 4
  grand magasin *m.* department store 4
magazine *m.* magazine
magnétophone *m.* tape recorder 11
magnétoscope *m.* videocassette recorder (VCR) 11
mai *m.* May 5
maigrir *v.* to lose weight 7
maillot de bain *m.* swimsuit, bathing suit 6
main *f.* hand 5
  sac à main *m.* purse, handbag 6
maintenant *adv.* now 5
maintenir *v.* to maintain 9
mairie *f.* town/city hall; mayor's office 12
mais *conj.* but 1
  mais non (but) of course not; no 2
maison *f.* house 4
  rentrer à la maison *v.* to return home 2
mal *adv.* badly 7
  Je vais mal. I am doing badly. 1
  le plus mal *super. adv.* the worst 9
  se porter mal *v.* to be doing badly 10
mal *m.* illness; ache, pain 10

avoir mal *v.* to have an ache 10
avoir mal au cœur *v.* to feel nauseated 10
faire mal *v.* to hurt 10
malade *adj.* sick, ill 10
tomber malade *v.* to get sick 10
maladie *f.* illness
assurance maladie *f.* health insurance
malheureusement *adv.* unfortunately 2
malheureux/malheureuse *adj.* unhappy 3
manche *f.* sleeve 6
chemise à manches courtes/longues *f.* short-/long-sleeved shirt 6
manger *v.* to eat 2
salle à manger *f.* dining room 8
manteau *m.* coat 6
maquillage *m.* makeup 10
marchand de journaux *m.* newsstand 12
marché *m.* market 4
bon marché *adj.* inexpensive 6
marcher *v.* to walk *(person)* 5; to work *(thing)* 11
mardi *m.* Tuesday 2
mari *m.* husband 3
mariage *m.* marriage; wedding *(ceremony)* 6
marié(e) *adj.* married 3
mariés *m., pl.* married couple 6
jeunes mariés *m., pl.* newlyweds 6
marocain(e) *adj.* Moroccan 1
marron *adj., inv.* (not for hair) brown 3
mars *m.* March 5
martiniquais(e) *adj.* from Martinique 1
match *m.* game 5
mathématiques (maths) *f., pl.* mathematics 2
matin *m.* morning 2
ce matin *adv.* this morning 2
demain matin *adv.* tomorrow morning 2
hier matin *adv.* yesterday morning 7
matinée *f.* morning 2
mauvais(e) *adj.* bad 3
Il fait mauvais. The weather is bad. 5
le/la plus mauvais(e) *super. adj.* the worst 9
mayonnaise *f.* mayonnaise 9
me/m' *pron., sing.* me; myself 6
mec *m.* guy 10
mécanicien *m.* mechanic 11
mécanicienne *f.* mechanic 11
méchant(e) *adj.* mean 3

médecin *m.* doctor 3
médicament (contre/pour) *m.* medication (against/for) 10
meilleur(e) *comp. adj.* better 9
le/la meilleur(e) *super. adj.* the best 9
membre *m.* member
même *adj.* even 5; same
-même(s) *pron.* -self/-selves 6
menacé(e) *adj.* endangered 13
espèce menacée *f.* endangered species 13
ménage *m.* housework 8
faire le ménage *v.* to do housework 8
ménager/ménagère *adj.* household 8
appareil ménager *m.* household appliance 8
tâche ménagère *f.* household chore 8
mention *f.* distinction
menu *m.* menu 9
mer *f.* sea 7
Merci (beaucoup). Thank you (very much). 1
mercredi *m.* Wednesday 2
mère *f.* mother 3
belle-mère *f.* mother-in-law; stepmother 3
mes *poss. adj., m., f., pl.* my 3
message *m.* message
laisser un message *v.* to leave a message
messagerie *f.* voicemail
météo *f.* weather
métier *m.* profession
métro *m.* subway 7
station de métro *f.* subway station 7
metteur en scène *m.* director *(of a play)*
mettre *v.* to put, to place 6
mettre la table to set the table 8
meuble *m.* piece of furniture 8
mexicain(e) *adj.* Mexican 1
Mexique *m.* Mexico 7
Miam! *interj.* Yum! 5
micro-onde *m.* microwave oven 8
four à micro-ondes *m.* microwave oven 8
midi *m.* noon 2
après-midi *m.* afternoon 2
mieux *comp. adv.* better 9
aimer mieux *v.* to prefer 2
le mieux *super. adv.* the best 9
se porter mieux *v.* to be doing better 10
mille *m.* one thousand 5
cent mille *m.* one hundred thousand 5

million, un *m.* one million 5
deux millions *m.* two million 5
minuit *m.* midnight 2
miroir *m.* mirror 8
mis (mettre) *p.p.* put, placed 6
mode *f.* fashion 2
modeste *adj.* modest
moi *disj. pron., sing.* I, me 3; *pron. (attached to an imperative)* to me, to myself 9
Moi aussi. Me too. 1
Moi non plus. Me neither. 2
moins *adv.* before … (o'clock) 2
moins (de) *adv.* less (of); fewer 4
le/la moins *super. adv. (used with verb or adverb)* the least 9
le moins de… *(used with noun to express quantity)* the least… 13
moins de… que… *(used with noun to express quantity)* less… than… 13
mois *m.* month 2
ce mois-ci this month 2
moment *m.* moment 1
mon *poss. adj., m., sing.* my 3
monde *m.* world 7
moniteur *m.* monitor 11
monnaie *f.* change, coins; money 12
Monsieur *m.* Sir; Mr. 1
montagne *f.* mountain 4
monter *v.* to go up, to come up; to get in/on 7
montre *f.* watch 1
montrer (à) *v.* to show *(to someone)* 6
morceau (de) *m.* piece, bit (of) 4
mort *f.* death 6
mort (mourir) *p.p., adj. (as past participle)* died; *(as adjective)* dead 7
mot de passe *m.* password 11
moteur *m.* engine 11
mourir *v.* to die 7
moutarde *f.* mustard 9
moyen(ne) *adj.* medium 3
de taille moyenne of medium height 3
mur *m.* wall 8
musée *m.* museum 4
faire les musées *v.* to go to museums
musical(e) *adj.* musical
comédie musicale *f.* musical
musicien(ne) *m., f.* musician 3
musique: faire de la musique *v.* to play music

N

nager *v.* to swim 4
naïf/naïve *adj.* naïve 3

naissance *f.* birth 6
naître *v.* to be born 7
nappe *f.* tablecloth 9
nationalité *f.* nationality 1
  Je suis de nationalité... I
  am of ... nationality. 1
  Quelle est ta nationalité?
  fam. What is your nationality? 1
  Quelle est votre nationalité?
  fam., pl., form. What is your
  nationality? 1
nature *f.* nature 13
naturel(le) *adj.* natural 13
  ressource naturelle *f.* natural
  resource 13
né (naître) *p.p., adj.* born 7
ne/n' no, not 1
  ne... aucun(e) none, not
  any 12
  ne... jamais never, not ever 12
  ne... ni... ni... neither...
  nor... 12
  ne... pas no, not 2
  ne... personne nobody, no
  one 12
  ne... plus no more, not
  anymore 12
  ne... que only 12
  ne... rien nothing, not
  anything 12
  N'est-ce pas? *(tag question)*
  Isn't it? 2
nécessaire *adj.* necessary 13
  Il est nécessaire que... It is
  necessary that... 13
neiger *v.* to snow 5
  Il neige. It is snowing. 5
nerveusement *adv.* nervously 8
nerveux/nerveuse *adj.* nervous 3
nettoyer *v.* to clean 5
neuf *m.* nine 1
neuvième *adj.* ninth 7
neveu *m.* nephew 3
nez *m.* nose 10
ni nor 12
  ne... ni... ni... neither...
  nor 12
nièce *f.* niece 3
niveau *m.* level
noir(e) *adj.* black 3
non no 2
  mais non (but) of course not;
  no 2
nord *m.* north 12
nos *poss. adj., m., f., pl.* our 3
note *f.* (academics) grade 2
notre *poss. adj., m., f., sing.* our 3
nourriture *f.* food, sustenance 9
nous *pron.* we 1; us 3; ourselves
  10
nouveau/nouvelle *adj.* new 3
nouvelles *f., pl.* news

novembre *m.* November 5
nuage de pollution *m.* pollution
  cloud 13
nuageux/nuageuse *adj.*
  cloudy 5
  Le temps est nuageux. It is
  cloudy. 5
nucléaire *adj.* nuclear 13
  centrale nucléaire *f.* nuclear
  plant 13
  énergie nucléaire *f.* nuclear
  energy 13
nuit *f.* night 2
  boîte de nuit *f.* nightclub 4
nul(le) *adj.* useless 2
numéro *m.* (telephone) number 11
  composer un numéro *v.* to
  dial a number 11
  recomposer un numéro *v.* to
  redial a number 11

O

objet *m.* object 1
obtenir *v.* to get, to obtain
occupé(e) *adj.* busy 1
octobre *m.* October 5
œil (les yeux) *m.* eye (eyes) 10
œuf *m.* egg 9
œuvre *f.* artwork, piece of art
  chef-d'œuvre *m.* masterpiece
  hors-d'œuvre *m.* hors d'œuvre,
  starter 9
offert (offrir) *p.p.* offered 11
office du tourisme *m.* tourist
  office 12
offrir *v.* to offer 11
oignon *m.* onion 9
oiseau *m.* bird 3
olive *f.* olive 9
  huile d'olive *f.* olive oil 9
omelette *f.* omelette 5
on *sub. pron., sing.* one (we) 1
  on y va let's go 10
oncle *m.* uncle 3
onze *m.* eleven 1
onzième *adj.* eleventh 7
opéra *m.* opera
optimiste *adj.* optimistic 1
orageux/orageuse *adj.*
  stormy 5
  Le temps est orageux. It is
  stormy. 5
orange *adj. inv.* orange 6;
  f. orange 9
orchestre *m.* orchestra
ordinateur *m.* computer 1
ordonnance *f.* prescription 10
ordures *f., pl.* trash 13
  ramassage des ordures *m.*
  garbage collection 13
oreille *f.* ear 10

oreiller *m.* pillow 8
organiser (une fête) *v.* to
  organize/to plan (a party) 6
origine *f.* heritage 1
  Je suis d'origine... I am of...
  heritage. 1
orteil *m.* toe 10
ou *or* 3
où *adv., rel. pron.* where 4
ouais *adv.* yeah 2
oublier (de) *v.* to forget (*to do
  something*) 2
ouest *m.* west 12
oui *adv.* yes 2
ouvert (ouvrir) *p.p., adj. (as past
  participle)* opened; (*as adjective*)
  open 11
ouvrier/ouvrière *m., f.* worker,
  laborer
ouvrir *v.* to open 11
ozone *m.* ozone 13
  **trou dans la couche
  d'ozone** *m.* hole in the ozone
  layer 13

P

page d'accueil *f.* home page 11
pain (de campagne) *m.*
  (country-style) bread 4
panne *f.* breakdown,
  malfunction 11
  tomber en panne *v.* to break
  down 11
pantalon *m., sing.* pants 6
pantoufle *f.* slipper 10
papeterie *f.* stationery store 12
papier *m.* paper 1
  corbeille à papier *f.* wastebasket 1
  feuille de papier *f.* sheet of
  paper 1
paquet cadeau *m.* wrapped
  gift 6
par *prep.* by 3
  par jour/semaine/mois/an
  per day/week/month/year 5
parapluie *m.* umbrella 5
parc *m.* park 4
parce que *conj.* because 2
Pardon. Pardon (me). 1
Pardon? What? 4
pare-brise *m.* windshield 11
pare-chocs *m.* bumper 11
parents *m., pl.* parents 3
paresseux/paresseuse *adj.*
  lazy 3
parfait(e) *adj.* perfect 4
parfois *adv.* sometimes 5
parking *m.* parking lot 11
parler (à) *v.* to speak (to) 6

parler (au téléphone) *v.* to speak (on the phone) 2
partager *v.* to share 2
partir *v.* to leave 5
  partir en vacances *v.* to go on vacation 7
pas (de) *adv.* no, none 12
  ne... pas no, not 2
  pas de problème no problem 12
  pas du tout not at all 2
  pas encore not yet 8
  Pas mal. Not badly. 1
passager/passagère *m., f.* passenger 7
passeport *m.* passport 7
passer *v.* to pass by; to spend time 7
  passer chez quelqu'un *v.* to stop by someone's house 4
  passer l'aspirateur *v.* to vacuum 8
  passer un examen *v.* to take an exam 2
passe-temps *m.* pastime, hobby 5
pâté (de campagne) *m.* pâté, meat spread 9
pâtes *f., pl.* pasta 9
patiemment *adv.* patiently 8
patient(e) *m., f.* patient 10; *adj.* patient 1
patienter *v.* to wait (on the phone), to be on hold
patiner *v.* to skate 4
pâtisserie *f.* pastry shop, bakery 9
patron(ne) *m., f.* boss 25
pauvre *adj.* poor 3
payé (payer) *p.p., adj.* paid
  être bien/mal payé(e) *v.* to be well/badly paid
payer *v.* to pay 5
  payer avec une carte de crédit *v.* to pay with a credit card 12
  payer en liquide *v.* to pay in cash 12
  payer par chèque *v.* to pay by check 12
pays *m.* country 7
peau *f.* skin 10
pêche *f.* fishing 5; peach 9
  aller à la pêche *v.* to go fishing 5
peigne *m.* comb 10
peintre/femme peintre *m., f.* painter
peinture *f.* painting
pendant (que) *prep.* during, while 7
  pendant *(with time expression) prep.* for 9
pénible *adj.* tiresome 3

penser (que) *v.* to think (that) 2
  ne pas penser que... to not think that... 13
  Qu'en penses-tu? What do you think about that? 13
perdre *v.* to lose 6
  perdre son temps *v.* to lose/to waste time 6
perdu *p.p., adj.* lost 12
  être perdu(e) to be lost 12
père *m.* father 3
  beau-père *m.* father-in-law; stepfather 3
permettre (de) *v.* to allow (*to do something*) 6
permis *m.* permit; license 11
  permis de conduire *m.* driver's license 11
permis (permettre) *p.p., adj.* permitted, allowed 6
personnage (principal) *m.* (main) character
personne *f.* person 1; *pron.* no one 12
  ne... personne nobody, no one 12
pessimiste *adj.* pessimistic 1
petit(e) *adj.* small 3; short (*stature*) 3
  petit(e) ami(e) *m., f.* boyfriend/girlfriend 1
petit-déjeuner *m.* breakfast 9
petite-fille *f.* granddaughter 3
petit-fils *m.* grandson 3
petits-enfants *m., pl.* grandchildren 3
petits pois *m., pl.* peas 9
peu (de) *adv.* little; not much (of) 2
peur *f.* fear 2
  avoir peur (de/que) *v.* to be afraid (of/that) 2
peut-être *adv.* maybe, perhaps 2
phares *m., pl.* headlights 11
pharmacie *f.* pharmacy 10
pharmacien(ne) *m., f.* pharmacist 10
philosophie *f.* philosophy 2
photo(graphie) *f.* photo(graph) 3
physique *f.* physics 2
piano *m.* piano
pièce *f.* room 8
pièce de théâtre *f.* play
pièces de monnaie *f., pl.* change 12
pied *m.* foot 10
pierre *f.* stone 13
pilule *f.* pill 10
pique-nique *m.* picnic 13
piqûre *f.* shot, injection 10
  faire une piqûre *v.* to give a shot 10

pire *comp. adj.* worse 9
  le/la pire *super. adj.* the worst 9
piscine *f.* pool 4
placard *m.* closet; cupboard 8
place *f.* square; place 4; *f.* seat
plage *f.* beach 7
plaisir *m.* pleasure, enjoyment
  faire plaisir à quelqu'un *v.* to please someone
plan *m.* map 7
  utiliser un plan *v.* to use a map 7
planche à voile *f.* windsurfing 5
  faire de la planche à voile *v.* to go windsurfing 5
planète *f.* planet 13
  sauver la planète *v.* to save the planet 13
plante *f.* plant 13
plastique *m.* plastic 13
  emballage en plastique *m.* plastic wrapping/packaging 13
plat (principal) *m.* (main) dish 9
plein air *m.* outdoor, open-air 13
pleine forme *f.* good shape, good state of health 10
  être en pleine forme *v.* to be in good shape 10
pleurer *v.* to cry
pleuvoir *v.* to rain 5
  Il pleut. It is raining. 5
plombier *m.* plumber
plu (pleuvoir) *p.p.* rained 6
pluie acide *f.* acid rain 13
plus *adv. (used in comparatives, superlatives, and expressions of quantity)* more 4
  le/la plus ... *super. adv. (used with adjective)* the most 9
  le/la plus mauvais(e) *super. adj.* the worst 9
  le plus *super. adv. (used with verb or adverb)* the most 9
  le plus de... *(used with noun to express quantity)* the most... 13
  le plus mal *super. adv.* the worst 9
  plus... que *(used with adjective)* more... than 9
  plus de more of 4
  plus de... que *(used with noun to express quantity)* more... than 13
  plus mal *comp. adv.* worse 9
  plus mauvais(e) *comp. adj.* worse 9
plus *adv.* no more, not anymore 12
  ne... plus no more, not anymore 12
plusieurs *adj.* several 4
plutôt *adv.* rather 2
pneu (crevé) *m.* (flat) tire 11
  vérifier la pression des pneus *v.* to check the tire pressure 11

poème *m.* poem

poète/poétesse *m., f.* poet

point *m. (punctuation mark)* period 11

poire *f.* pear 9

poisson *m.* fish 3

poissonnerie *f.* fish shop 9

poitrine *f.* chest 10

poivre *m. (spice)* pepper 9

poivron *m. (vegetable)* pepper 9

poli(e) *adj.* polite 1

police *f.* police 11
  agent de police *m.* police officer 11
  commissariat de police *m.* police station 12

policier *m.* police officer 11
  film policier *m.* detective film

policière *f.* police officer 11

poliment *adv.* politely 8

politique *adj.* political 2
  femme politique *f.* politician
  homme politique *m.* politician
  sciences politiques (sciences po) *f., pl.* political science 2

polluer *v.* to pollute 13

pollution *f.* pollution 13
  nuage de pollution *m.* pollution cloud 13

pomme *f.* apple 9

pomme de terre *f.* potato 9

pompier/femme pompier *m., f.* firefighter

pont *m.* bridge 12

population croissante *f.* growing population 13

porc *m.* pork 9

portable *m.* cell phone 11

porte *f.* door 1

porter *v.* to wear 6

portière *f.* car door 11

portrait *m.* portrait 5

poser une question (à) *v.* to ask *(someone)* a question 6

posséder *v.* to possess, to own 5

possible *adj.* possible
  Il est possible que… It is possible that… 13

poste *f.* postal service; post office 12
  bureau de poste *m.* post office 12

poste *m.* position

poste de télévision *m.* television set 11

poster une lettre *v.* to mail a letter 12

postuler *v.* to apply

poulet *m.* chicken 9

pour *prep.* for 5
  pour qui? for whom? 4

pour rien for no reason 4
  pour que so that

pourboire *m.* tip 4
  laisser un pourboire *v.* to leave a tip 4

pourquoi? *adv.* why? 2

poussière *f.* dust 8
  enlever/faire la poussière *v.* to dust 8

pouvoir *v.* to be able to; can 9

pratiquer *v.* to practice 5

préféré(e) *adj.* favorite, preferred 2

préférer (que) *v.* to prefer (that) 5

premier *m.* the first *(day of the month)* 5
  C'est le 1ᵉʳ (premier) octobre. It is October first. 5

premier/première *adj.* first 2

prendre *v.* to take 4; to have 4
  prendre sa retraite *v.* to retire 6
  prendre un train/avion/ taxi/autobus/bateau *v.* to take a train/plane/taxi/bus/ boat 7
  prendre un congé *v.* to take time off
  prendre une douche *v.* to take a shower 10
  prendre (un) rendez-vous *v.* to make an appointment

préparer *v.* to prepare (for) 2

près (de) *prep.* close (to), near 3
  tout près (de) very close (to) 12

présenter *v.* to present, to introduce
  Je te présente… *fam.* I would like to introduce… to you. 1
  Je vous présente… *fam., form.* I would like to introduce… to you. 1

préservation *f.* protection 13

préserver *v.* to preserve 13

presque *adv.* almost 2

pressé(e) *adj.* hurried 9

pression *f.* pressure 11
  vérifier la pression des pneus to check the tire pressure 11

prêt(e) *adj.* ready 3

prêter (à) *v.* to lend *(to some-one)* 6

prévenir l'incendie *v.* to prevent a fire 13

principal(e) *adj.* main, principal 9
  personnage principal *m.* main character
  plat principal *m.* main dish 9

printemps *m.* spring 5
  au printemps in the spring 5

pris (prendre) *p.p., adj.* taken 6

prix *m.* price 4

problème *m.* problem 1

prochain(e) *adj.* next 2

produire *v.* to produce 6

produit *m.* product 13

produit (produire) *p.p., adj.* produced 6

professeur *m.* teacher, professor 1

profession (exigeante) *f.* (demanding) profession

professionnel(le) *adj.* professional
  expérience professionnelle *f.* professional experience

profiter (de) *v.* to take advantage (of); to enjoy

programme *m.* program

projet *m.* project
  faire des projets *v.* to make plans

promenade *f.* walk, stroll 5
  faire une promenade *v.* to go for a walk 5

promettre *v.* to promise 6

promis (promettre) *p.p., adj.* promised 6

promotion *f.* promotion

proposer (que) *v.* to propose (that) 13
  proposer une solution *v.* to propose a solution 13

propre *adj.* clean 8

propriétaire *m., f.* owner 3; landlord/landlady 3

protection *f.* protection 13

protéger *v.* to protect 5

psychologie *f.* psychology 2

psychologique *adj.* psychological

psychologue *m., f.* psychologist

pu (pouvoir) *p.p. (used with infinitive)* was able to 9

publicité (pub) *f.* advertisement

publier *v.* to publish

puis *adv.* then 7

pull *m.* sweater 6

pur(e) *adj.* pure 13

Q

quand *adv.* when 4
  C'est quand l'anniversaire de … ? When is …'s birthday? 5
  C'est quand ton/votre anniversaire? When is your birthday? 5

quarante *m.* forty 1

quart *m.* quarter 2
  et quart a quarter after… (o'clock) 2

quartier *m.* area, neighborhood 8

quatorze *m.* fourteen 1

quatre *m.* four 1

quatre-vingts *m.* eighty 3
quatre-vingt-dix *m.* ninety 3
quatrième *adj.* fourth 7
que/qu' *rel. pron.* that; which 11; *conj.* than 9, 13
  plus/moins … que *(used with adjective)* more/less … than 9
  plus/moins de … que *(used with noun to express quantity)* more/less … than 13
que/qu'…? *interr. pron.* what? 4
  Qu'en penses-tu? What do you think about that? 13
  Qu'est-ce que c'est? What is it? 1
  Qu'est-ce qu'il y a? What is it?; What's wrong? 1
que *adv.* only 12
  ne… que only 12
québécois(e) *adj.* from Quebec 1
quel(le)(s)? *interr. adj.* which? 4; what? 4
  À quelle heure? What time?; When? 2
  Quel jour sommes-nous? What day is it? 2
  Quelle est la date? What is the date? 5
  Quelle est ta nationalité? *fam.* What is your nationality? 1
  Quelle est votre nationalité? *form.* What is your nationality? 1
  Quelle heure avez-vous? *form.* What time do you have? 2
  Quelle heure est-il? What time is it? 2
  Quelle température fait-il? *(weather)* What is the temperature? 5
  Quel temps fait-il? What is the weather like? 5
quelqu'un *pron.* someone 12
quelque chose *m.* something; anything 4
  Quelque chose ne va pas. Something's not right. 5
quelquefois *adv.* sometimes 8
quelques *adj.* some 4
question *f.* question 6
  poser une question (à) to ask *(someone)* a question 6
queue *f.* line 12
  faire la queue *v.* to wait in line 12
qui? *interr. pron.* who? 4; whom? 4; *rel. pron.* who, that 11
  à qui? to whom? 4
  avec qui? with whom? 4
  C'est de la part de qui? On behalf of whom?

Qui est à l'appareil? Who's calling, please?
  Qui est-ce? Who is it? 1
quinze *m.* fifteen 1
quitter (la maison) *v.* to leave (the house) 4
  Ne quittez pas. Please hold.
quoi? *interr. pron.* what? 1
  Il n'y a pas de quoi. It's nothing.; You're welcome. 1
  quoi que ce soit whatever it may be

R

raccrocher *v.* to hang up
radio *f.* radio
  à la radio on the radio
raide *adj.* straight 3
raison *f.* reason; right 2
  avoir raison *v.* to be right 2
ramassage des ordures *m.* garbage collection 13
randonnée *f.* hike 5
  faire une randonnée *v.* to go for a hike 5
ranger *v.* to tidy up, to put away 8
rapide *adj.* fast 3
rapidement *adv.* rapidly 8
rarement *adv.* rarely 5
rasoir *m.* razor 10
ravissant(e) *adj.* beautiful; delightful
réalisateur/réalisatrice *m., f.* director *(of a movie)*
récent(e) *adj.* recent
réception *f.* reception desk 7
recevoir *v.* to receive 12
réchauffement de la Terre *m.* global warming 13
rechercher *v.* to search for, to look for
recommandation *f.* recommendation
recommander (que) *v.* to recommend (that) 13
recomposer (un numéro) *v.* to redial (a number) 11
reconnaître *v.* to recognize 8
reconnu (reconnaître) *p.p., adj.* recognized 8
reçu *m.* receipt 12
reçu (recevoir) *p.p., adj.* received 7
  être reçu(e) à un examen to pass an exam 2
recyclage *m.* recycling 13
recycler *v.* to recycle 13
redémarrer *v.* to restart, to start again 11
réduire *v.* to reduce 6
réduit (réduire) *p.p., adj.* reduced 6
référence *f.* reference

réfléchir (à) *v.* to think (about), to reflect (on) 7
refuser (de) *v.* to refuse *(to do something)* 11
regarder *v.* to watch 2
  Ça ne nous regarde pas. That has nothing to do with us.; That is none of our business. 13
régime *m.* diet 10
  être au régime *v.* to be on a diet 9
région *f.* region 13
regretter (que) *v.* to regret (that) 13
remplir (un formulaire) *v.* to fill out (a form) 12
rencontrer *v.* to meet 2
rendez-vous *m.* date; appointment 6
  prendre (un) rendez-vous *v.* to make an appointment
rendre (à) *v.* to give back, to return (to) 6
  rendre visite (à) *v.* to visit 6
rentrer (à la maison) *v.* to return (home) 2
  rentrer (dans) *v.* to hit 11
renvoyer *v.* to dismiss, to let go
réparer *v.* to repair 11
repartir *v.* to go back
repas *m.* meal 9
repasser *v.* to take again
  repasser (le linge) *v.* to iron (the laundry) 8
  fer à repasser *m.* iron 8
répéter *v.* to repeat; to rehearse 5
répondeur (téléphonique) *m.* answering machine 11
répondre (à) *v.* to respond, to answer (to) 6
réservation *f.* reservation 7
  annuler une réservation *v.* to cancel a reservation 7
réservé(e) *adj.* reserved 1
réserver *v.* to reserve 7
réservoir d'essence *m.* gas tank 11
résidence *f.* residence 8
ressource naturelle *f.* natural resource 13
restaurant *m.* restaurant 4
  restaurant universitaire (resto U) *m.* university cafeteria 2
rester *v.* to stay 7
résultat *m.* result 2
retenir *v.* to keep, to retain 9
retirer (de l'argent) *v.* to withdraw (money) 12
retourner *v.* to return 7
retraite *f.* retirement 6
  prendre sa retraite *v.* to retire 6

retraité(e) *m., f.* retired person

retrouver *v.* to find (again); to meet up with 2

rétroviseur *m.* rear-view mirror 11

réunion *f.* meeting

réussir (à) *v.* to succeed (*in doing something*) 7

réussite *f.* success

réveil *m.* alarm clock 10

revenir *v.* to come back 9

rêver (de) *v.* to dream about 11

revoir *v.* to see again

  Au revoir. Good-bye. 1

revu (revoir) *p.p.* seen again

rez-de-chaussée *m.* ground floor 7

rhume *m.* cold 10

ri (rire) *p.p.* laughed 6

rideau *m.* curtain 8

rien *m.* nothing 12

  De rien. You're welcome. 1

  ne... rien nothing, not anything 12

  ne servir à rien *v.* to be good for nothing 9

rire *v.* to laugh 6

rivière *f.* river 13

riz *m.* rice 9

robe *f.* dress 6

rôle *m.* role 13

  jouer un rôle *v.* to play a role

roman *m.* novel

rose *adj.* pink 6

roue (de secours) *f.* (emergency) tire 11

rouge *adj.* red 6

rouler en voiture *v.* to ride in a car 7

rue *f.* street 11

  suivre une rue *v.* to follow a street 12

S

s'adorer *v.* to adore one another 11

s'aider *v.* to help one another 11

s'aimer (bien) *v.* to love (like) one another 11

s'allumer *v.* to light up 11

s'amuser *v.* to play; to have fun 10

  s'amuser à *v.* to pass time by 11

s'apercevoir *v.* to notice; to realize 12

s'appeler *v.* to be named, to be called 10

  Comment t'appelles-tu? *fam.* What is your name? 1

  Comment vous appelez-vous? *form.* What is your name? 1

  Je m'appelle... My name is... 1

s'arrêter *v.* to stop 10

s'asseoir *v.* to sit down 10

sa *poss. adj., f., sing.* his; her; its 3

sac *m.* bag 1

  sac à dos *m.* backpack 1

  sac à main *m.* purse, handbag 6

sain(e) *adj.* healthy 10

saison *f.* season 5

salade *f.* salad 9

salaire (élevé/modeste) *m.* (high/low) salary

  augmentation de salaire *f.* raise in salary

sale *adj.* dirty 8

salir *v.* to soil, to make dirty 8

salle *f.* room 8

  salle à manger *f.* dining room 8

  salle de bains *f.* bathroom 8

  salle de classe *f.* classroom 1

  salle de séjour *f.* living/family room 8

salon *m.* formal living room, sitting room 8

  salon de beauté *m.* beauty salon 12

Salut! Hi!; Bye! 1

samedi *m.* Saturday 2

sandwich *m.* sandwich 4

sans *prep.* without 8

  sans que *conj.* without

santé *f.* health 10

  être en bonne/mauvaise santé *v.* to be in good/bad health 10

saucisse *f.* sausage 9

sauvegarder *v.* to save 11

sauver (la planète) *v.* to save (the planet) 13

sauvetage des habitats *m.* habitat preservation 13

savoir *v.* to know (*facts*), to know how to do something 8

  savoir (que) *v.* to know (that) 13

  Je n'en sais rien. I don't know anything about it. 13

savon *m.* soap 10

sciences *f., pl.* science 2

  sciences politiques (sciences po) *f., pl.* political science 2

sculpture *f.* sculpture

sculpteur/femme sculpteur *m., f.* sculptor

se/s' *pron., sing., pl.* (*used with reflexive verb*) himself; herself; itself; 10 (*used with reciprocal verb*) each other 11

séance *f.* show; screening

se blesser *v.* to hurt oneself 10

se brosser (les cheveux/les dents) *v.* to brush one's (hair/teeth) 9

se casser *v.* to break 10

sèche-linge *m.* clothes dryer 8

se coiffer *v.* to do one's hair 10

se connaître *v.* to know one another 11

se coucher *v.* to go to bed 10

secours *m.* help 11

  Au secours! Help! 11

s'écrire *v.* to write one another 11

sécurité *f.* security; safety

  attacher sa ceinture de sécurité *v.* to buckle one's seatbelt 11

se dépêcher *v.* to hurry 10

se déplacer *v.* to move, to change location 12

se déshabiller *v.* to undress 10

se détendre *v.* to relax 10

se dire *v.* to tell one another 11

se disputer (avec) *v.* to argue (with) 10

se donner *v.* to give one another 11

se fouler (la cheville) *v.* to twist/to sprain one's (ankle) 10

se garer *v.* to park 11

seize *m.* sixteen 1

séjour *m.* stay 7

  faire un séjour *v.* to spend time (*somewhere*) 7

  salle de séjour *f.* living room 8

sel *m.* salt 9

se laver (les mains) *v.* to wash oneself (one's hands) 10

se lever *v.* to get up, to get out of bed 10

semaine *f.* week 2

  cette semaine this week 2

s'embrasser *v.* to kiss one another 11

se maquiller *v.* to put on makeup 10

se mettre *v.* to put (*something*) on (yourself) 10

  se mettre à *v.* to begin to 10

  se mettre en colère *v.* to become angry 10

s'endormir *v.* to fall asleep, to go to sleep 10

s'énerver *v.* to get worked up, to become upset 10

sénégalais(e) *adj.* Senegalese 1

s'ennuyer *v.* to get bored 10

s'entendre bien (avec) *v.* to get along well (with one another) 10

sentier *m.* path 13

sentir *v.* to feel; to smell; to sense 5

séparé(e) *adj.* separated 3

se parler *v.* to speak to one another 11
se porter mal/mieux *v.* to be ill/better 10
se préparer (à) *v.* to get ready; to prepare (*to do something*) 10
se promener *v.* to take a walk 10
sept *m.* seven 1
septembre *m.* September 5
septième *adj.* seventh 7
se quitter *v.* to leave one another 11
se raser *v.* to shave oneself 10
se réconcilier *v.* to make up
se regarder *v.* to look at oneself; to look at each other 10
se relever *v.* to get up again 10
se rencontrer *v.* to meet one another, to make each other's acquaintance 11
se rendre compte *v.* to realize 10
se reposer *v.* to rest 10
se retrouver *v.* to meet one another (*as planned*) 11
se réveiller *v.* to wake up 10
se sécher *v.* to dry oneself 10
se sentir *v.* to feel 10
sérieux/sérieuse *adj.* serious 3
serpent *m.* snake 13
serre *f.* greenhouse 13
  effet de serre *m.* greenhouse effect 13
serré(e) *adj.* tight 6
serveur/serveuse *m., f.* server 4
serviette *f.* napkin 9
  serviette (de bain) *f.* (bath) towel 10
servir *v.* to serve 5
ses *poss. adj., m., f., pl.* his; her; its 3
se souvenir (de) *v.* to remember 10
se téléphoner *v.* to phone one another 11
se tourner *v.* to turn (oneself) around 10
se tromper (de) *v.* to be mistaken (about) 10
se trouver *v.* to be located 10
seulement *adv.* only 8
s'habiller *v.* to dress 10
shampooing *m.* shampoo 10
shopping *m.* shopping 7
  faire du shopping *v.* to go shopping 7
short *m., sing.* shorts 6
si *conj.* if 11
si *adv.* (*when contradicting a negative statement or question*) yes 2
signer *v.* to sign 12

S'il te plaît. *fam.* Please. 1
S'il vous plaît. *form.* Please. 1
sincère *adj.* sincere 1
s'inquiéter *v.* to worry 10
s'intéresser (à) *v.* to be interested (in) 10
site Internet/web *m.* web site 11
six *m.* six 1
sixième *adj.* sixth 7
ski *m.* skiing 5
  faire du ski *v.* to go skiing 5
  station de ski *f.* ski resort 7
skier *v.* to ski 5
s'occuper (de) *v.* to take care (*of something*), to see to 10
sociable *adj.* sociable 1
sociologie *f.* sociology 1
sœur *f.* sister 3
  belle-sœur *f.* sister-in-law 3
  demi-sœur *f.* half-sister, stepsister 3
soie *f.* silk 12
soif *f.* thirst 4
  avoir soif *v.* to be thirsty 4
soir *m.* evening 2
  ce soir *adv.* this evening 2
  demain soir *adv.* tomorrow evening 2
  du soir *adv.* in the evening 2
  hier soir *adv.* yesterday evening 7
soirée *f.* evening 2
sois (être) *imp. v.* be 7
soixante *m.* sixty 1
soixante-dix *m.* seventy 3
solaire *adj.* solar 13
  énergie solaire *f.* solar energy 13
soldes *f., pl.* sales 6
soleil *m.* sun 5
  Il fait (du) soleil. It is sunny. 5
solution *f.* solution 13
  proposer une solution *v.* to propose a solution 13
sommeil *m.* sleep 2
  avoir sommeil *v.* to be sleepy 2
son *poss. adj., m., sing.* his; her; its 3
sonner *v.* to ring 11
s'orienter *v.* to get one's bearings 12
sorte *f.* sort, kind
sortie *f.* exit 7
sortir *v.* to go out, to leave 5; to take out 8
  sortir la/les poubelle(s) *v.* to take out the trash 8
soudain *adv.* suddenly 8
souffrir *v.* to suffer 11
souffert (souffrir) *p.p.* suffered 11
souhaiter (que) *v.* to wish (that) 13
soupe *f.* soup 4
  cuillère à soupe *f.* soupspoon 9

sourire *v.* to smile 6; *m.* smile 12
souris *f.* mouse 11
sous *prep.* under 3
sous-sol *m.* basement 8
sous-vêtement *m.* underwear 6
souvent *adv.* often 5
soyez (être) *imp. v.* be 7
soyons (être) *imp. v.* let's be 7
spécialiste *m., f.* specialist
spectacle *m.* show 5
spectateur/spectatrice *m., f.* spectator
sport *m.* sport(s) 5
  faire du sport *v.* to do sports 5
sportif/sportive *adj.* athletic 3
stade *m.* stadium 5
stage *m.* internship; professional training
station (de métro/de train) *f.* (subway/train) station 7
station de ski *f.* ski resort 7
station-service *f.* service station 11
statue *f.* statue 12
steak *m.* steak 9
studio *m.* studio (*apartment*) 8
stylisme *m.* **de mode** *f.* fashion design 2
stylo *m.* pen 1
su (savoir) *p.p.* known 8
sucre *m.* sugar 4
sud *m.* south 12
suggérer (que) *v.* to suggest (that) 13
sujet *m.* subject 13
  au sujet de on the subject of; about 13
suisse *adj.* Swiss 1
Suisse *f.* Switzerland 7
suivre (un chemin/une rue/ un boulevard) *v.* to follow (a path/a street/a boulevard) 12
supermarché *m.* supermarket 9
sur *prep.* on 3
sûr(e) *adj.* sure, certain 9
  bien sûr of course 2
  Il est sûr que... It is sure that... 13
  Il n'est pas sûr que... It is not sure that... 13
surfer sur Internet *v.* to surf the Internet 11
surpopulation *f.* overpopulation 13
surpris (surprendre) *p.p., adj.* surprised 6
  être surpris(e) que... *v.* to be surprised that... 13
  faire une surprise à quelqu'un *v.* to surprise someone 6
surtout *adv.* especially; above all 2

sympa(thique) *adj.* nice 1
symptôme *m.* symptom 10
syndicat *m.* (*trade*) union

T

ta *poss. adj., f., sing.* your 3
table *f.* table 1
  À table! Let's eat! Food is ready! 9
  débarrasser la table *v.* to clear the table 8
  mettre la table *v.* to set the table 8
tableau *m.* blackboard; picture 1; *m.* painting
tâche ménagère *f.* household chore 8
taille *f.* size; waist 6
  de taille moyenne of medium height 3
tailleur *m.* (*woman's*) suit; tailor 6
tante *f.* aunt 3
tapis *m.* rug 8
tard *adv.* late 2
  À plus tard. See you later. 1
tarte *f.* pie; tart 9
tasse (de) *f.* cup (of) 4
taxi *m.* taxi 7
  prendre un taxi *v.* to take a taxi 7
te/t' *pron., sing., fam.* you 7; yourself 10
tee-shirt *m.* tee shirt 6
télécarte *f.* phone card
télécharger *v.* to download 11
télécommande *f.* remote control 11
téléphone *m.* telephone 2
  parler au téléphone *v.* to speak on the phone 2
téléphoner (à) *v.* to telephone (*someone*) 2
téléphonique *adj.* (*related to the*) telephone 12
  cabine téléphonique *f.* phone booth 12
télévision *f.* television 1
  à la télé(vision) on television
  chaîne de télévision *f.* television channel 11
tellement *adv.* so much 2
  Je n'aime pas tellement... I don't like... very much. 2
température *f.* temperature 5
  Quelle température fait-il? What is the temperature? 5
temps *m., sing.* weather 5
  Il fait un temps épouvantable. The weather is dreadful. 5

  Le temps est nuageux. It is cloudy. 5
  Le temps est orageux. It is stormy. 5
  Quel temps fait-il? What is the weather like? 5
temps *m., sing.* time 5
  de temps en temps *adv.* from time to time 8
  emploi à mi-temps/à temps partiel *m.* part-time job
  emploi à plein temps *m.* full-time job
  temps libre *m.* free time 5
Tenez! (tenir) *imp. v.* Here! 9
tenir *v.* to hold 9
tennis *m.* tennis 5
terrasse (de café) *f.* (café) terrace 4
Terre *f.* Earth 13
  réchauffement de la Terre *m.* global warming 13
tes *poss. adj., m., f., pl.* your 3
tête *f.* head 10
thé *m.* tea 4
théâtre *m.* theater
thon *m.* tuna 9
ticket de bus/métro *m.* bus/subway ticket 7
Tiens! (tenir) *imp. v.* Here! 9
timbre *m.* stamp 12
timide *adj.* shy 1
tiret *m.* (*punctuation mark*) dash; hyphen 11
tiroir *m.* drawer 8
toi *disj. pron., sing., fam.* you 3; *refl. pron., sing., fam.* (*attached to imperative*) yourself 10
  toi non plus you neither 2
toilette *f.* washing up, grooming 10
  faire sa toilette to wash up 10
toilettes *f., pl.* restroom(s) 8
tomate *f.* tomato 9
tomber *v.* to fall 7
  tomber amoureux/amoureuse *v.* to fall in love 6
  tomber en panne *v.* to break down 11
  tomber/être malade *v.* to get/be sick 10
  tomber sur quelqu'un *v.* to run into someone 7
ton *poss. adj., m., sing.* your 3
tort *m.* wrong; harm 2
  avoir tort *v.* to be wrong 2
tôt *adv.* early 2
toujours *adv.* always 8
tour *m.* tour 5
  faire un tour (en voiture) *v.* to go for a walk (drive) 5
tourisme *m.* tourism 12

office du tourisme *m.* tourist office 12
tourner *v.* to turn 12
tousser *v.* to cough 10
tout *m., sing.* all 4
  tous les (*used before noun*) all the... 4
  tous les jours *adv.* every day 8
  toute la *f., sing.* (*used before noun*) all the... 4
  toutes les *f., pl.* (*used before noun*) all the... 4
  tout le *m., sing.* (*used before noun*) all the... 4
  tout le monde everyone 9
tout(e) *adv.* (*before adjective or adverb*) very, really 3
  À tout à l'heure. See you later. 1
  tout à coup suddenly 7
  tout à fait absolutely; completely 12
  tout de suite right away 7
  tout droit straight ahead 12
  tout d'un coup *adv.* all of a sudden 8
  tout près (de) really close by, really close (to) 3
toxique *adj.* toxic 13
  déchets toxiques *m., pl.* toxic waste 13
trac *m.* stage fright
traduire *v.* to translate 6
traduit (traduire) *p.p., adj.* translated 6
tragédie *f.* tragedy
train *m.* train 7
tranche *f.* slice 9
tranquille *adj.* calm, serene 10
  laisser tranquille *v.* to leave alone 10
travail *m.* work 12
  chercher un/du travail *v.* to look for work 12
  trouver un/du travail *v.* to find a job
travailler *v.* to work 2
travailleur/travailleuse *adj.* hard-working 3
traverser *v.* to cross 12
treize *m.* thirteen 1
trente *m.* thirty 1
très *adv.* (*before adjective or adverb*) very, really 8
  Très bien. Very well. 1
triste *adj.* sad 3
  être triste que... *v.* to be sad that... 13
trois *m.* three 1
troisième *adj.* third 7
trop (de) *adv.* too many/much (of) 4

tropical(e) *adj.* tropical 13
   forêt tropicale *f.* tropical forest 13
trou (dans la couche d'ozone) *m.* hole (in the ozone layer) 13
troupe *f.* company, troupe
trouver *v.* to find; to think 2
   trouver un/du travail *v.* to find a job
truc *m.* thing 7
tu *sub. pron., sing., fam.* you 1

U

un *m. (number)* one 1
un(e) *indef. art.* a; an 1
universitaire *adj. (related to the)* university 1
   restaurant universitaire (resto U) *m.* university cafeteria 2
université *f.* university 1
urgences *f., pl.* emergency room 10
   aller aux urgences *v.* to go to the emergency room 10
usine *f.* factory 13
utile *adj.* useful 2
utiliser (un plan) *v.* use (a map) 7

V

vacances *f., pl.* vacation 7
   partir en vacances *v.* to go on vacation 7
vache *f.* cow 13
vaisselle *f.* dishes 8
   faire la vaisselle *v.* to do the dishes 8
   lave-vaisselle *m.* dishwasher 8
valise *f.* suitcase 7
   faire les valises *v.* to pack one's bags 7
vallée *f.* valley 13
variétés *f., pl.* popular music
vaut (valloir) *v.*
   Il vaut mieux que It is better that 13
vélo *m.* bicycle 5
   faire du vélo *v.* to go bike riding 5
velours *m.* velvet 12
vendeur/vendeuse *m., f.* seller 6
vendre *v.* to sell 6
vendredi *m.* Friday 2
venir *v.* to come 9
   venir de *v. (used with an infinitive)* to have just 9
vent *m.* wind 5
   Il fait du vent. It is windy. 5
ventre *m.* stomach 10

vérifier (l'huile/la pression des pneus) *v.* to check (the oil/the tire pressure) 11
véritable *adj.* true, real 12
verre (de) *m.* glass (of) 4
vers *adv.* about 2
vert(e) *adj.* green 3
   haricots verts *m., pl.* green beans 9
vêtements *m., pl.* clothing 6
   sous-vêtement *m.* underwear 6
vétérinaire *m., f.* veterinarian
veuf/veuve *adj.* widowed 3
veut dire (vouloir dire) *v.* means, signifies 9
viande *f.* meat 9
vie *f.* life 6
   assurance vie *f.* life insurance
vieille *adj., f. (feminine form of vieux)* old 3
vieillesse *f.* old age 6
vietnamien(ne) *adj.* Vietnamese 1
vieux/vieille *adj.* old 3
vllle *f.* city; town 4
vin *m.* wine 6
vingt *m.* twenty 1
vingtième *adj.* twentieth 7
violet(te) *adj.* purple; violet 6
violon *m.* violin
visage *m.* face 10
visite *f.* visit 6
   rendre visite (à) *v.* to visit (*a person or people*) 6
visiter *v.* to visit (*a place*) 2
   faire visiter *v.* to give a tour 8
vite *adv.* quickly 1; quick, hurry 4
vitesse *f.* speed 11
voici here is/are 1
voilà there is/are 1
voir *v.* to see 12
voisin(e) *m., f.* neighbor 3
voiture *f.* car 11
   faire un tour en voiture *v.* to go for a drive 5
   rouler en voiture *v.* to ride in a car 7
vol *m.* flight 7
volant *m.* steering wheel 11
volcan *m.* volcano 13
volley(-ball) *m.* volleyball 5
volontiers *adv.* willingly 10
vos *poss. adj., m., f., pl.* your 3
votre *poss. adj., m., f., sing.* your 3
vouloir *v.* to want; to mean (*with* **dire**) 9
   ça veut dire that is to say 10
   veut dire *v.* means, signifies 9
   vouloir (que) *v.* to want (that) 13

voulu (vouloir) *p.p., adj. (used with infinitive)* wanted to… ; (*used with noun*) planned to/for 9
vous *pron., sing., pl., fam., form.* you 1; *d.o. pron.* you 7; yourself, yourselves 10
voyage *m.* trip 7
   agence de voyages *f.* travel agency 7
   agent de voyages *m.* travel agent 7
voyager *v.* to travel 2
voyant (d'essence/d'huile) *m.* (gas/oil) warning light 11
vrai(e) *adj.* true; real 3
   Il est vrai que… It is true that… 13
   Il n'est pas vrai que… It is untrue that… 13
vralment *adv.* really, truly 5
vu (voir) *p.p.* seen 12

W

W.-C. *m., pl.* restroom(s) 8
week-end *m.* weekend 2
   ce week-end this weekend 2

Y

y *pron.* there; at (*a place*) 10
   j'y vais I'm going/coming 8
   nous y allons we're going/coming 9
   on y va let's go 10
   Y a-t-il… ? Is/Are there… ? 2
yaourt *m.* yogurt 9
yeux (œil) *m., pl.* eyes 3

Z

zéro *m.* zero 1
zut *interj.* darn 6

English-French

A

a **un(e)** *indef. art.* 1
able: to be able to **pouvoir** *v.* 9
abolish **abolir** *v.* 13
about **vers** *adv.* 2
abroad **à l'étranger** 7
absolutely **absolument** *adv.* 8;
  tout à fait *adv.* 6
accident **accident** *m.* 10
  to have/to be in an accident
  avoir un accident *v.* 11
accompany **accompagner** *v.* 12
account *(at a bank)* **compte** *m.* 12
  checking account **compte** *m.*
  de chèques 12
  to have a bank account **avoir**
  un compte bancaire *v.* 12
accountant **comptable** *m., f.*
acid rain **pluie acide** *f.* 13
across from **en face de** *prep.* 3
acquaintance **connaissance** *f.* 5
active **actif/active** *adj.* 3
actively **activement** *adv.* 8
actor **acteur/actrice** *m., f.* 1
address **adresse** *f.* 12
administration: business
  administration **gestion** *f.* 2
adolescence **adolescence** *f.* 6
adore **adorer** 2
  I love… **J'adore…** 2
  to adore one another
  s'adorer *v.* 11
adulthood **âge adulte** *m.* 6
adventure **aventure** *f.*
  adventure film **film** *m.*
  d'aventures
advertisement **publicité (pub)** *f.*
advice **conseil** *m.*
advisor **conseiller/conseillère**
  m., f.
aerobics **aérobic** *m.* 5
  to do aerobics **faire de**
  l'aérobic *v.* 5
afraid: to be afraid of/that **avoir**
  peur de/que *v.* 13
after **après (que)** *adv.* 7
afternoon **après-midi** *m.* 2
  … (o'clock) in the afternoon
  … **heure(s) de l'après-midi** 2
afternoon snack **goûter** *m.* 9
again **encore** *adv.* 3
age **âge** *m.* 6
agent: travel agent **agent de**
  voyages *m.* 7
  real estate agent **agent**
  immobilier *m.*

ago *(with an expression of time)*
  il y a… 9
agree: to agree (with) **être**
  d'accord (avec) *v.* 2
airport **aéroport** *m.* 7
alarm clock **réveil** *m.* 10
Algerian **algérien(ne)** *adj.* 1
all **tout** *m., sing.* 4
  all of a sudden **soudain** *adv.* 8;
  tout à coup *adv.*; **tout d'un**
  coup *adv.* 7
all right? *(tag question)* **d'accord?** 2
allergy **allergie** *f.* 10
allow *(to do something)* **laisser** *v.*
  11; **permettre (de)** *v.* 6
allowed **permis (permettre)**
  p.p., adj. 6
all the… *(agrees with noun that
  follows)* **tout le…** *m., sing;*
  toute la… *f., sing;* **tous les…**
  m., pl.; **toutes les…** *f., pl.* 4
almost **presque** *adv.* 5
a lot (of) **beaucoup (de)** *adv.* 4
alone: to leave alone **laisser**
  tranquille *v.* 10
already **déjà** *adv.* 3
always **toujours** *adv.* 8
American **américain(e)** *adj.* 1
an **un(e)** *indef. art.* 1
ancient *(placed after noun)*
  ancien(ne) *adj.*
and **et** *conj.* 1
  And you? **Et toi?**, *fam.;* **Et**
  vous? *form.* 1
angel **ange** *m.* 1
angry: to become angry
  s'énerver *v.* 10; **se mettre**
  en colère *v.* 10
animal **animal** *m.* 13
ankle **cheville** *f.* 10
answering machine **répondeur**
  téléphonique *m.* 11
apartment **appartement** *m.* 7
appetizer **entrée** *f.* 9;
  hors-d'œuvre *m.* 9
applaud **applaudir** *v.*
applause **applaudissement** *m.*
apple **pomme** *f.* 9
appliance **appareil** *m.* 8
  electrical/household appliance
  appareil *m.* **électrique/**
  ménager 8
applicant **candidat(e)** *m., f.*
apply **postuler** *v.*
appointment **rendez-vous** *m.*
  to make an appointment
  prendre (un) rendez-vous *v.*
April **avril** *m.* 5
architect **architecte** *m., f.* 3
architecture **architecture** *f.* 2

Are there… ? **Y a-t-il… ?** 2
area **quartier** *m.* 8
argue (with) **se disputer**
  (avec) *v.* 10
arm **bras** *m.* 10
armchair **fauteuil** *m.* 8
armoire **armoire** *f.* 8
around **autour (de)** *prep.* 12
arrival **arrivée** *f.* 7
arrive **arriver (à)** *v.* 2
art **art** *m.* 2
  artwork, piece of art **œuvre** *f.*
  fine arts **beaux-arts** *m., pl.*
artist **artiste** *m., f.* 3
as *(like)* **comme** *adv.* 6
  as … as *(used with adjective to
  compare)* **aussi … que** 9
  as much … as *(used with
  noun to express compara-
  tive quantity)* **autant de …**
  que 13
  as soon as **dès que** *adv.* 12
ashamed: to be ashamed of
  avoir honte de *v.* 2
ask **demander** *v.* 2
  to ask *(someone)* **demander**
  (à) *v.* 6
  to ask *(someone)* a question
  poser une question (à) *v.* 6
  to ask that… **demander**
  que… 13
aspirin **aspirine** *f.* 10
at **à** *prep.* 4
  at … (o'clock) **à … heure(s)** 4
  at the doctor's office **chez le**
  médecin *prep.* 2
  at (someone's) house **chez…**
  prep. 2
  at the end (of) **au bout (de)**
  prep. 12
  at last **enfin** *adv.* 11
athlete **athlète** *m., f.* 3
ATM **distributeur** *m.* **automa-**
  tique/de billets *m.* 12
attend **assister** *v.* 2
August **août** *m.* 5
aunt **tante** *f.* 3
author **auteur/femme auteur**
  m., f.
autumn **automne** *m.* 5
  in autumn **à l'automne** 5
available *(free)* **libre** *adj.* 7
avenue **avenue** *f.* 12
avoid **éviter de** *v.* 10

B

back **dos** *m.* 10
backpack **sac à dos** *m.* 1
bad **mauvais(e)** *adj.* 3

to be in a bad mood **être de mauvaise humeur** 8
to be in bad health **être en mauvaise santé** 10
badly **mal** *adv.* 7
   I am doing badly. **Je vais mal.** 1
   to be doing badly **se porter mal** *v.* 10
baguette **baguette** *f.* 4
bakery **boulangerie** *f.* 9
balcony **balcon** *m.* 8
banana **banane** *f.* 9
bank **banque** *f.* 12
   to have a bank account **avoir un compte bancaire** *v.* 12
banker **banquier/banquière** *m., f.*
banking **bancaire** *adj.* 12
baseball **baseball** *m.* 5
baseball cap **casquette** *f.* 6
basement **sous-sol** *m.*; **cave** *f.* 8
basketball **basket(-ball)** *m.* 5
bath **bain** *m.* 6
bathing suit **maillot de bain** *m.* 6
bathroom **salle de bains** *f.* 8
bathtub **baignoire** *f.* 8
be **être** *v.* 1
   sois (être) *imp. v.* 7;
   soyez (être) *imp. v.* 7
beach **plage** *f.* 7
beans **haricots** *m., pl.* 9
   green beans **haricots verts** *m., pl.* 9
bearings: to get one's bearings **s'orienter** *v.* 12
beautiful **beau (belle)** *adj.* 3
beauty salon **salon** *m.* **de beauté** 12
because **parce que** *conj.* 2
become **devenir** *v.* 9
bed **lit** *m.* 7
   to go to bed **se coucher** *v.* 10
bedroom **chambre** *f.* 8
beef **bœuf** *m.* 9
been **été (être)** *p.p.* 6
beer **bière** *f.* 6
before **avant (de/que)** *adv.* 7
   before (*o'clock*) **moins** *adv.* 2
begin (*to do something*) **commencer (à)** *v.* 2; **se mettre à** *v.* 10
beginning **début** *m.*
behind **derrière** *prep.* 3
Belgian **belge** *adj.* 7
Belgium **Belgique** *f.* 7
believe (that) **croire (que)** *v.* 13
believed **cru (croire)** *p.p.* 13
belt **ceinture** *f.* 6
   to buckle one's seatbelt **attacher sa ceinture de sécurité** *v.* 11
bench **banc** *m.* 12

best: the best **le mieux** *super. adv.* 9; **le/la meilleur(e)** *super. adj.* 9
better **meilleur(e)** *comp. adj.*; **mieux** *comp. adv.* 9
   It is better that… **Il vaut mieux que/qu'…** 13
   to be doing better **se porter mleux** *v.* 10
   to get better (*from illness*) **guérir** *v.* 10
between **entre** *prep.* 3
beverage (carbonated) **boisson** *f.* **(gazeuse)** 4
bicycle **vélo** *m.* 5
   to go bike riding **faire du vélo** *v.* 5
big **grand(e)** *adj.* 3; (*clothing*) **large** *adj.* 6
bill (*in a restaurant*) **addition** *f.* 4
bills (*money*) **billets** *m., pl.* 12
biology **biologie** *f.* 2
bird **oiseau** *m.* 3
birth **naissance** *f.* 6
birthday **anniversaire** *m.* 5
bit (of) **morceau (de)** *m.* 4
black **noir(e)** *adj.* 3
blackboard **tableau** *m.* 1
blanket **couverture** *f.* 8
blonde **blond(e)** *adj.* 3
blouse **chemisier** *m.* 6
blue **bleu(e)** *adj.* 3
boat **bateau** *m.* 7
body **corps** *m.* 10
book **livre** *m.* 1
bookstore **librairie** *f.* 1
bored: to get bored **s'ennuyer** *v.* 10
boring **ennuyeux/ennuyeuse** *adj.* 3
born: to be born **naître** *v.* 7; **né (naître)** *p.p., adj.* 7
borrow **emprunter** *v.* 12
bottle (of) **bouteille (de)** *f.* 4
boulevard **boulevard** *m.* 12
boutique **boutique** *f.* 12
bowl **bol** *m.* 9
box **boîte** *f.* 9
boy **garçon** *m.* 1
boyfriend **petit ami** *m.* 1
brake **freiner** *v.* 11
brakes **freins** *m., pl.* 11
brave **courageux/courageuse** *adj.* 3
Brazil **Brésil** *m.* 7
Brazilian **brésilien(ne)** *adj.* 7
bread **pain** *m.* 4
   country-style bread **pain** *m.* **de campagne** 4
bread shop **boulangerie** *f.* 9
break **se casser** *v.* 10
breakdown **panne** *f.* 11
break down **tomber en panne** *v.* 11

break up (*to leave one another*) **se quitter** *v.* 11
breakfast **petit-déjeuner** *m.* 9
bridge **pont** *m.* 12
bright **brillant(e)** *adj.* 1
bring (*a person*) **amener** *v.* 5; (*a thing*) **apporter** *v.* 4
broom **balai** *m.* 8
brother **frère** *m.* 3
brother-in-law **beau-frère** *m.* 3
brown **marron** *adj., inv.* 3
   brown (*hair*) **châtain** *adj.* 3
brush (hair/tooth) **brosse** *f.* **(à cheveux/à dents)** 10
   to brush one's hair/teeth **se brosser les cheveux/ les dents** *v.* 9
buckle: to buckle one's seatbelt **attacher sa ceinture de sécurité** *v.* 11
build **construire** *v.* 6
building **bâtiment** *m.* 12; **immeuble** *m.* 8
bumper **pare-chocs** *m.* 11
burn (CD/DVD) **graver** *v.* 11
bus **autobus** *m.* 7
bus stop **arrêt d'autobus (de bus)** *m.* 7
business (*profession*) **affaires** *f., pl.* 3; (*company*) **entreprise** *f.*
business administration **gestion** *f.* 2
businessman **homme d'affaires** *m.* 3
businesswoman **femme d'affaires** *f.* 3
busy **occupé(e)** *adj.* 1
but **mais** *conj.* 1
butcher's shop **boucherie** *f.* 9
butter **beurre** *m.* 4
buy **acheter** *v.* 5
by **par** *prep.* 3
Bye! **Salut!** *fam.* 1

C

cabinet **placard** *m.* 8
café **café** *m.* 1; **brasserie** *f.* 12
   café terrace **terrasse** *f.* **de café** 4
   cybercafé **cybercafé** *m.* 12
cafeteria **cantine** *f.* 9
cake **gâteau** *m.* 6
calculator **calculatrice** *f.* 1
call **appeler** *v.*
calm **calme** *adj.* 1; **calme** *m.* 1
camcorder **caméra vidéo** *f.* 11; **caméscope** *m.* 11
camera **appareil photo** *m.* 11
   digital camera **appareil photo** *m.* **numérique** 11
camping **camping** *m.* 5

to go camping **faire du camping** *v.* 5

can (of food) **boîte (de conserve)** *f.* 9

Canada **Canada** *m.* 7

Canadian **canadien(ne)** *adj.* 1

cancel (a reservation) **annuler (une réservation)** *v.* 7

candidate **candidat(e)** *m., f.*

candy **bonbon** *m.* 6

cap: baseball cap **casquette** *f.* 6

capital **capitale** *f.* 7

car **voiture** *f.* 11
to ride in a car **rouler en voiture** *v.* 7

card (*letter*) **carte postale** *f.* 12; credit card **carte** *f.* **de crédit** 12
to pay with a credit card **payer avec une carte de crédit** *v.* 12
cards (*playing*) **cartes** *f.* 5

carbonated drink/beverage **boisson** *f.* **gazeuse** 4

career **carrière** *f.*

carpooling **covoiturage** *m.* 13

carrot **carotte** *f.* 9

cartoon **dessin animé** *m.*

case: in any case **en tout cas** 6

cash **liquide** *m.* 12
to pay in cash **payer en liquide** *v.* 12

cat **chat** *m.* 3

catastrophe **catastrophe** *f.* 13

catch sight of **apercevoir** *v.* 12

CD(s) **CD** *m.* 11

CD/DVD player **lecteur de CD/DVD** *m.* 11

CD-ROM(s) **CD-ROM, cédérom(s)** *m.* 11

celebrate **célébrer** *v.* 5; **fêter** *v.* 6

celebration **fête** *f.* 6

cellar **cave** *f.* 8

cell(ular) phone **portable** *m.* 11

center: city/town center **centre-ville** *m.* 4

certain **certain(e)** *adj.* 9; **sûr(e)** *adj.* 13
It is certain that… **Il est certain que…** 13
It is uncertain that… **Il n'est pas certain que…** 13

chair **chaise** *f.* 1

champagne **champagne** *m.* 6

change (*coins*) **(pièces** *f. pl.* **de) monnaie** 12

channel (television) **chaîne** *f.* **(de télévision)** 11

character **personnage** *m.*
main character **personnage principal** *m.*

charming **charmant(e)** *adj.* 1

chat **bavarder** *v.* 4

check **chèque** *m.* 12; (*bill*) **addition** *f.* 4
to pay by check **payer par chèque** *v.* 12;
to check (the oil/the air pressure) **vérifier (l'huile/la pression des pneus)** *v.* 11

checking account **compte** *m.* **de chèques** 12

cheek **joue** *f.* 10

cheese **fromage** *m.* 4

chemistry **chimie** *f.* 2

chess **échecs** *m., pl.* 5

chest **poitrine** *f.* 10
chest of drawers **commode** *f.* 8

chic **chic** *adj.* 4

chicken **poulet** *m.* 9

child **enfant** *m., f.* 3

childhood **enfance** *f.* 6

China **Chine** *f.* 7

Chinese **chinois(e)** *adj.* 7

choir **chœur** *m.*

choose **choisir** *v.* 7

chorus **chœur** *m.*

chrysanthemums **chrysanthèmes** *m., pl.* 9

church **église** *f.* 4

city **ville** *f.* 4

city hall **mairie** *f.* 12

city/town center **centre-ville** *m.* 4

class (*group of students*) **classe** *f.* 1; (*course*) **cours** *m.* 2

classmate **camarade de classe** *m., f.* 1

classroom **salle** *f.* **de classe** 1

clean **nettoyer** *v.* 5; **propre** *adj.* 8

clear **clair(e)** *adj.* 13
It is clear that… **Il est clair que…** 13
to clear the table **débarrasser la table** 8

client **client(e)** *m., f.* 7

cliff **falaise** *f.* 13

clock **horloge** *f.* 1
alarm clock **réveil** *m.* 10

close (to) **près (de)** *prep.* 3
very close (to) **tout près (de)** 12

close **fermer** *v.* 11

closed **fermé(e)** *adj.* 12

closet **placard** *m.* 8

clothes dryer **sèche-linge** *m.* 8

clothing **vêtements** *m., pl.* 6

cloudy **nuageux/nuageuse** *adj.* 5
It is cloudy. **Le temps est nuageux.** 5

clutch **embrayage** *m.* 11

coast **côte** *f.* 13

coat **manteau** *m.* 6

coffee **café** *m.* 1

coffeemaker **cafetière** *f.* 8

coins **pièces** *f. pl.* **de monnaie** 12

cold **froid** *m.* 2
to be cold **avoir froid** *v.* 2
(*weather*) It is cold. **Il fait froid.** 5

cold **rhume** *m.* 10

color **couleur** *f.* 6
What color is… ? **De quelle couleur est… ?** 6

comb **peigne** *m.* 10

come **venir** *v.* 7

come back **revenir** *v.* 9

comedy **comédie** *f.*

comic strip **bande dessinée (B.D.)** *f.* 5

compact disc **compact disque** *m.* 11

company (*troop*) **troupe** *f.*

completely **tout à fait** *adv.* 6

composer **compositeur** *m.*

computer **ordinateur** *m.* 1

computer science **informatique** *f.* 2

concert **concert** *m.*

congratulations **félicitations**

consider **considérer** *v.* 5

constantly **constamment** *adv.* 8

construct **construire** *v.* 6

consultant **conseiller/conseillère** *m., f.*

continue (*doing something*) **continuer (à)** *v.* 12

cook **cuisiner** *v.* 9; **faire la cuisine** *v.* 5; **cuisinier/cuisinière** *m., f.*

cookie **biscuit** *m.* 6

cooking **cuisine** *f.* 5

cool: (*weather*) It is cool. **Il fait frais.** 5

corner **angle** *m.* 12; **coin** *m.* 12

cost **coûter** *v.* 4

cotton **coton** *m.* 6

couch **canapé** *m.* 8

cough **tousser** *v.* 10

count (on someone) **compter (sur quelqu'un)** *v.* 8

country **pays** *m.* 7
country(side) **campagne** *f.* 7

country-style **de campagne** *adj.* 4

couple **couple** *m.* 6

courage **courage**

courageous **courageux/courageuse** *adj.* 3

course **cours** *m.* 2

cousin **cousin(e)** *m., f.* 3

cover **couvrir** *v.* 11

covered **couvert (couvrir)** *p.p.* 11

cow **vache** *f.* 13

crazy **fou/folle** *adj.* 3

cream **crème** *f.* 9

credit card **carte** *f.* **de crédit** 12
to pay with a credit card **payer avec une carte de crédit** *v.* 12

crêpe **crêpe** f. 5
crime film **film policier** m.
croissant **croissant** m. 4
cross **traverser** v. 12
cruel **cruel/cruelle** adj. 3
cry **pleurer** v.
cup (of) **tasse (de)** f. 4
cupboard **placard** m. 8
curious **curieux/
curieuse** adj. 3
curly **frisé(e)** adj. 3
currency **monnaie** f. 12
curtain **rideau** m. 8
customs **douane** f. 7
cybercafé **cybercafé** m. 12

D

dance **danse** f.
to dance **danser** v. 4
danger **danger** m. 13
dangerous **dangereux/
dangereuse** adj. 11
dark (hair) **brun(e)** adj. 3
darling **chéri(e)** adj. 2
darn **zut** 11
dash (punctuation mark) **tiret**
m. 11
date (day, month, year) **date** f. 5;
(meeting) **rendez-vous** m. 6
to make a date **prendre (un)
rendez-vous** v.
daughter **fille** f. 1
day **jour** m. 2; **journée** f. 2
day after tomorrow **après-
demain** adv. 2
day before yesterday **avant-
hier** adv. 7
day off **congé** m., **jour de
congé** 7
dear **cher/chère** adj. 2
death **mort** f. 6
December **décembre** m. 5
decide (to do something)
décider (de) v. 11
deforestation **déboisement** m. 13
degree **diplôme** m. 2
degrees (temperature) **degrés**
m., pl. 5
It is... degrees. **Il fait... degrés.** 5
delicatessen **charcuterie** f. 9
delicious **délicieux/délicieuse**
adj. 4
Delighted. **Enchanté(e).** p.p.,
adj. 1
demand (that) **exiger (que)** v. 13
demanding **exigeant(e)** adj.
demanding profession
profession f. **exigeante**
dentist **dentiste** m., f. 3
department store **grand magasin**
m. 4

departure **départ** m. 7
deposit: to deposit money
déposer de l'argent v. 12
depressed **déprimé(e)** adj. 10
describe **décrire** v. 7
described **décrit (décrire)** p.p.,
adj. 7
desert **désert** m. 13
design (fashion) **stylisme (de
mode)** m. 2
desire **envie** f. 2
desk **bureau** m. 1
dessert **dessert** m. 6
destroy **détruire** v. 6
destroyed **détruit (détruire)**
p.p., adj. 6
detective film **film policier** m.
detest **détester** v. 2
I hate... **Je déteste...** 2
develop **développer** v. 13
dial (a number) **composer
(un numéro)** v. 11
dictionary **dictionnaire** m. 1
die **mourir** v. 7
died **mort (mourir)** p.p., adj. 7
diet **régime** m. 10
to be on a diet **être au
régime** 9
difference **différence** f. 1
different **différent(e)** adj. 1
differently **différemment** adv. 8
difficult **difficile** adj. 1
digital camera **appareil photo**
m. **numérique** 11
dining room **salle à manger** f. 8
dinner **dîner** m. 9
to have dinner **dîner** v. 2
diploma **diplôme** m. 2
directions **indications** f. 12
director (movie) **réalisateur/
réalisatrice** m., f.; (play/show)
metteur en scène m.
dirty **sale** adj. 8
discover **découvrir** v. 11
discovered **découvert
(découvrir)** p.p. 11
discreet **discret/discrète** adj. 3
discuss **discuter** v. 11
dish (food) **plat** m. 9
to do the dishes **faire la
vaisselle** v. 8
dishwasher **lave-vaisselle** m. 8
dismiss **renvoyer** v.
distinction **mention** f.
divorce **divorce** m. 6
to divorce **divorcer** v. 3
divorced **divorcé(e)** p.p., adj. 3
do (make) **faire** v. 5
to do odd jobs **bricoler** v. 5
doctor **médecin** m. 3
documentary **documentaire** m.
dog **chien** m. 3

done **fait (faire)** p.p., adj. 6
door (building) **porte** f. 1;
(automobile) **portière** f. 11
doubt (that)... **douter (que)...**
v. 13
doubtful **douteux/douteuse**
adj. 13
It is doubtful that... **Il est
douteux que...** 13
download **télécharger** v. 11
downtown **centre-ville** m. 4
drag **barbant** adj. 3; **barbe** f. 3
drape **rideau** m. 8
draw **dessiner** v. 2
drawer **tiroir** m. 8
dreadful **épouvantable** adj. 5
dream (about) **rêver (de)** v. 11
dress **robe** f. 6
to dress **s'habiller** v. 10
dresser **commode** f. 8
drink (carbonated)
boisson f. **(gazeuse)** 4
to drink **boire** v. 4
drive **conduire** v. 6
to go for a drive **faire un tour
en voiture** 5
driven **conduit (conduire)** p.p. 6
driver (taxi/truck) **chauffeur
(de taxi/de camion)** m.
driver's license **permis** m. **de
conduire** 11
drums **batterie** f.
drunk **bu (boire)** p.p. 6
dryer (clothes) **sèche-linge** m. 8
dry oneself **se sécher** v. 10
due **dû(e) (devoir)** adj. 9
during **pendant** prep. 7
dust **enlever/faire la poussière**
v. 8

E

each **chaque** adj. 6
ear **oreille** f. 10
early **en avance** adv. 2; **tôt**
adv. 2
earn **gagner** v.
Earth **Terre** f. 13
easily **facilement** adv. 8
east **est** m. 12
easy **facile** adj. 2
eat **manger** v. 2
to eat lunch **déjeuner** v. 4
éclair **éclair** m. 4
ecological **écologique** adj. 13
ecology **écologie** f. 13
economics **économie** f. 2
ecotourism **écotourisme** m. 13
education **formation** f.
effect: in effect **en effet** 13
egg **œuf** m. 9

eight **huit** *m.* 1
eighteen **dix-huit** *m.* 1
eighth **huitième** *adj.* 7
eighty **quatre-vingts** *m.* 3
eighty-one **quatre-vingt-un** *m.* 3
elder **aîné(e)** *adj.* 3
electric **électrique** *adj.* 8
   electrical appliance **appareil**
     m. **électrique** 8
electrician **électricien/**
   électricienne *m., f.*
elegant **élégant(e)** *adj.* 1
elevator **ascenseur** *m.* 7
eleven **onze** *m.* 1
eleventh **onzième** *adj.* 7
e-mail **e-mail** *m.* 11
emergency room **urgences**
   f., pl. 10
   to go to the emergency room
     aller aux urgences *v.* 10
end **fin** *f.*
endangered **menacé(e)** *adj.* 13
   endangered species **espèce** *f.*
     menacée 13
engaged **fiancé(e)** *adj.* 3
engine **moteur** *m.* 11
engineer **ingénieur** *m.* 3
England **Angleterre** *f.* 7
English **anglais(e)** *adj.* 1
enormous **énorme** *adj.* 2
enough (of) **assez (de)** *adv.* 4
   not enough (of) **pas assez**
   (de) 4
enter **entrer** *v.* 7
envelope **enveloppe** *f.* 12
environment **environnement**
   m. 13
equal **égaler** *v.* 3
erase **effacer** *v.* 11
errand **course** *f.* 9
escargot **escargot** *m.* 9
especially **surtout** *adv.* 2
essay **dissertation** *f.* 11
essential **essentiel(le)** *adj.* 13
   It is essential that… **Il est**
   essentiel/indispensable
   que… 13
even **même** *adv.* 5
evening **soir** *m.;* **soirée** *f.* 2
   … (o'clock) in the evening
   … heures du soir 2
every day **tous les jours** *adv.* 8
everyone **tout le monde** *m.* 9
evident **évident(e)** *adj.* 13
   It is evident that… **Il est**
   évident que… 13
evidently **évidemment** *adv.* 8
exactly **exactement** *adv.* 9
exam **examen** *m.* 1
Excuse me. **Excuse-moi.** *fam.* 1;
   Excusez-moi. *form.* 1

executive **cadre/femme cadre**
   m., f.
exercise **exercice** *m.* 10
   to exercise **faire de l'exercice**
   v. 10
exhibit **exposition** *f.*
exit **sortie** *f.* 7
expenditure **dépense** *f.* 12
expensive **cher/chère** *adj.* 6
explain **expliquer** *v.* 2
explore **explorer** *v.* 4
extinction **extinction** *f.* 13
eye (eyes) **œil (yeux)** *m.* 10

F

face **visage** *m.* 10
facing **en face (de)** *prep.* 3
fact: in fact **en fait** 7
factory **usine** *f.* 13
fail **échouer** *v.* 2
fall **automne** *m.* 5
   in the fall **à l'automne** 5
   to fall **tomber** *v.* 7
   to fall in love **tomber amou-**
   reux/amoureuse *v.* 6
   to fall asleep **s'endormir** *v.* 10
family **famille** *f.* 3
famous **célèbre** *adj.;* **connu**
   (connaître) *p.p., adj.* 8
far (from) **loin (de)** *prep.* 3
farewell **adieu** *m.* 13
farmer **agriculteur/**
   agricultrice *m., f.*
fashion **mode** *f.* 2
   fashion design **stylisme**
   de mode *m.* 2
fast **rapide** *adj.* 3; **vite** *adv.* 8
fat **gros(se)** *adj.* 3
father **père** *m.* 3
father-in-law **beau-père** *m.* 3
favorite **favori/favorite** *adj.* 3;
   préféré(e) *adj.* 2
fax machine **fax** *m.* 11
fear **peur** *f.* 2
   to fear that **avoir peur que**
   v. 13
February **février** *m.* 5
fed up: to be fed up **en avoir**
   marre *v.* 3
feel *(to sense)* **sentir** *v.* 5; *(state of*
   being) **se sentir** *v.* 10
   to feel like *(doing something)*
   avoir envie (de) 2
   to feel nauseated **avoir mal au**
   cœur 10
festival (festivals) **festival**
   (festivals) *m.*
fever **fièvre** *f.* 10
   to have fever **avoir de la**
   fièvre *v.* 10
fiancé **fiancé(e)** *m., f.* 6

field *(terrain)* **champ** *m.* 13;
   (of study) **domaine** *m.*
fifteen **quinze** *m.* 1
fifth **cinquième** *adj.* 7
fifty **cinquante** *m.* 1
figure *(physique)* **ligne** *f.* 10
file **fichier** *m.* 11
fill: to fill out a form **remplir un**
   formulaire *v.* 12
   to fill the tank **faire le**
   plein *v.* 11
film **film** *m.*
   adventure/crime film **film** *m.*
   d'aventures/policier
finally **enfin** *adv.* 7; **finalement**
   adv. 7; **dernièrement** *adv.* 8
find (a job) **trouver (un/du**
   travail) *v.*
   to find again **retrouver** *v.* 2
fine **amende** *f.* 11
fine arts **beaux-arts** *m., pl.*
finger **doigt** *m.* 10
finish *(doing something)* **finir (de)**
   v. 11
fire **incendie** *m.* 13
firefighter **pompier/femme**
   pompier *m., f.*
firm *(business)* **entreprise** *f.*
first **d'abord** *adv.* 7; **premier/**
   première *adj.* 2; **premier** *m.* 5
   It is October first. **C'est le 1ᵉʳ**
   (premier) octobre. 5
fish **poisson** *m.* 3
fishing **pêche** *f.* 5
   to go fishing **aller à la**
   pêche *v.* 5
fish shop **poissonnerie** *f.* 9
five **clnq** *m.* 1
flat tire **pneu** *m.* **crevé** 11
flight *(air travel)* **vol** *m.* 7
floor **étage** *m.* 7
flower **fleur** *f.* 8
flu **grippe** *f.* 10
fluently **couramment** *adv.* 8
follow (a path/a street/a boulevard)
   suivre (un chemin/une rue/
   un boulevard) *v.* 12
food **aliment** *m.* 9; **nourriture** *f.* 9
foot **pied** *m.* 10
football **football américain** *m.* 5
for **pour** *prep.* 5; **pendant** *prep.* 9
   For whom? **Pour qui?** 4
forbid **interdire** *v.* 13
foreign **étranger/étrangère** *adj.* 2
   foreign languages **langues**
   f., pl. **étrangères** 2
forest **forêt** *f.* 13
   tropical forest **forêt tropicale**
   f. 13
forget *(to do something)* **oublier**
   (de) *v.* 2
fork **fourchette** *f.* 9

form **formulaire** *m.* 12
former *(placed before noun)* **ancien(ne)** *adj.*
fortunately **heureusement** *adv.* 8
forty **quarante** *m.* 1
fountain **fontaine** *f.* 12
four **quatre** *m.* 1
fourteen **quatorze** *m.* 1
fourth **quatrième** *adj.* 7
France **France** *f.* 7
frankly **franchement** *adv.* 8
free *(at no cost)* **gratuit(e)** *adj.*
    free time **temps libre** *m.* 5
freezer **congélateur** *m.* 8
French **français(e)** *adj.* 1
French fries **frites** *f., pl.* 4
frequent *(to visit regularly)* **fréquenter** *v.* 4
fresh **frais/fraîche** *adj.* 5
Friday **vendredi** *m.* 2
friend **ami(e)** *m., f.* 1; **copain/ copine** *m., f.* 1
friendship **amitié** *f.* 6
from **de/d'** *prep.* 1
    from time to time **de temps en temps** *adv.* 8
front: in front of **devant** *prep.* 3
fruit **fruit** *m.* 9
full *(no vacancies)* **complet (complète)** *adj.* 7
full-time job **emploi** *m.* **à plein temps**
fun **amusant(e)** *adj.* 1
    to have fun *(doing something)* **s'amuser (à)** *v.* 11
funeral **funérailles** *f., pl.* 9
funny **drôle** *adj.* 3
furious **furieux/furieuse** *adj.* 13
    to be furious that... **être furieux/furieuse que...** *v.* 13

G

gain: gain weight **grossir** *v.* 7
game *(amusement)* **jeu** *m.* 5; *(sports)* **match** *m.* 5
game show **jeu télévisé** *m.*
garage **garage** *m.* 8
garbage **ordures** *f., pl.* 13
garbage collection **ramassage** *m.* **des ordures** 13
garden **jardin** *m.* 8
garlic **ail** *m.* 9
gas **essence** *f.* 11
gas tank **réservoir d'essence** *m.* 11
gas warning light **voyant** *m.* **d'essence** 11
generally **en général** *adv.* 8
generous **généreux/généreuse** *adj.* 3
genre **genre** *m.*

gentle **doux/douce** *adj.* 3
geography **géographie** *f.* 2
German **allemand(e)** *adj.* 1
Germany **Allemagne** *f.* 7
get *(to obtain)* **obtenir** *v.*
get along well (with) **s'entendre bien (avec)** *v.* 10
get up **se lever** *v.* 10
    get up again **se relever** *v.* 10
gift **cadeau** *m.* 6
    wrapped gift **paquet cadeau** *m.* 6
gifted **doué(e)** *adj.*
girl **fille** *f.* 1
girlfriend **petite amie** *f.* 1
give *(to someone)* **donner (à)** *v.* 2
    to give a shot **faire une piqûre** *v.* 10
    to give a tour **faire visiter** *v.* 8
    to give back **rendre (à)** *v.* 6
    to give one another **se donner** *v.* 11
glass (of) **verre (de)** *m.* 4
glasses **lunettes** *f., pl.* 6
    sunglasses **lunettes de soleil** *f., pl.* 6
global warming **réchauffement** *m.* **de la Terre** 13
glove **gant** *m.* 6
go **aller** *v.* 4
    Let's go! **Allons-y!** 4; **On y va!** 10
    I'm going. **J'y vais.** 8
    to go back **repartir** *v.*
    to go down **descendre** *v.* 6
    to go out **sortir** *v.* 7
    to go over **dépasser** *v.* 11
    to go up **monter** *v.* 7
    to go with **aller avec** *v.* 6
golf **golf** *m.* 5
good **bon(ne)** *adj.* 3
    Good evening. **Bonsoir.** 1
    Good morning. **Bonjour.** 1
    to be good for nothing **ne servir à rien** *v.* 9
    to be in a good mood **être de bonne humeur** *v.* 8
    to be in good health **être en bonne santé** *v.* 10
    to be in good shape **être en pleine forme** *v.* 10
    to be up to something interesting **faire quelque chose de beau** *v.* 12
Good-bye. **Au revoir.** 1
government **gouvernement** *m.* 13
grade *(academics)* **note** *f.* 2
grandchildren **petits-enfants** *m., pl.* 3
granddaughter **petite-fille** *f.* 3
grandfather **grand-père** *m.* 3
grandmother **grand-mère** *f.* 3
grandparents **grands-parents**

m., pl. 3
grandson **petit-fils** *m.* 3
grant **bourse** *f.* 2
grass **herbe** *f.* 13
gratin **gratin** *m.* 9
gray **gris(e)** *adj.* 6
great **formidable** *adj.* 7; **génial(e)** *adj.* 3
green **vert(e)** *adj.* 3
green beans **haricots verts** *m., pl.* 9
greenhouse **serre** *f.* 13
    greenhouse effect **effet de serre** *m.* 13
grocery store **épicerie** *f.* 4
groom: to groom oneself *(in the morning)* **faire sa toilette** *v.* 10
ground floor **rez-de-chaussée** *m.* 7
growing population **population** *f.* **croissante** 13
guaranteed **garanti(e)** *p.p., adj.* 5
guest **invité(e)** *m., f.* 6; **client(e)** *m., f.* 7
guitar **guitare** *f.*
guy **mec** *m.* 10
gym **gymnase** *m.* 4

H

habitat **habitat** *m.* 13
    habitat preservation **sauvetage des habitats** *m.* 13
had **eu (avoir)** *p.p.* 6
    had to **dû (devoir)** *p.p.* 9
hair **cheveux** *m., pl.* 9
    to brush one's hair **se brosser les cheveux** *v.* 9
    to do one's hair **se coiffer** *v.* 10
hairbrush **brosse** *f.* **à cheveux** 10
hairdresser **coiffeur/coiffeuse** *m., f.* 3
half **demie** *f.* 2
    half past ... (o'clock) **... et demie** 2
half-brother **demi-frère** *m.* 3
half-sister **demi-sœur** *f.* 3
half-time job **emploi** *m.* **à mi-temps**
hallway **couloir** *m.* 8
ham **jambon** *m.* 4
hand **main** *f.* 5
handbag **sac à main** *m.* 6
handsome **beau** *adj.* 3
hang up **raccrocher** *v.*
happiness **bonheur** *m.* 6
happy **heureux/heureuse** *adj.*; **content(e)**
    to be happy that... **être content(e) que...** *v.* 13; **être heureux/heureuse que...** *v.* 13

hard drive **disque (dur)** *m.* 11
hard-working **travailleur/ travailleuse** *adj.* 3
hat **chapeau** *m.* 6
hate **détester** *v.* 2
   I hate… **Je déteste…** 2
have **avoir** *v.* 2; **aie (avoir)** *imp., v.* 7; **ayez (avoir)** *imp. v.* 7; **prendre** *v.* 4
   to have an ache **avoir mal** *v.* 10
   to have to *(must)* **devoir** *v.* 9
he **il** *sub. pron.* 1
head *(body part)* **tête** *f.* 10; *(of a company)* **chef** *m.* **d'entreprise**
headache: to have a headache **avoir mal à la tête** *v.* 10
headlights **phares** *m., pl.* 11
health **santé** *f.* 10
   to be in good health **être en bonne santé** *v.* 10
health insurance **assurance** *f.* **maladie**
healthy **sain(e)** *adj.* 10
hear **entendre** *v.* 6
heart **cœur** *m.* 10
heat **chaud** *m.* 2
hello *(on the phone)* **allô** 1; *(in the evening)* **Bonsoir.** 1; *(in the morning or afternoon)* **Bonjour.** 1
help **au secours** 11
   to help *(to do something)* **aider (à)** *v.* 5
   to help one another **s'aider** *v.* 11
her **la/l'** *d.o. pron.* 7; **lui** *i.o. pron.* 6; *(attached to an imperative)* **-lui** *i.o. pron.* 9
her **sa** *poss. adj., f., sing.* 3; **ses** *poss. adj., m., f., pl.* 3; **son** *poss. adj., m., sing.* 3
Here! **Tenez!** *form., imp. v.* 9; **Tiens!** *fam., imp., v.* 9
here **ici** *adv.* 1; *(used with demonstrative adjective* ce *and noun or with demonstrative pronoun* celui*);* **-ci** 6; Here is…. **Voici…** 1
heritage: I am of… heritage. **Je suis d'origine…** 1
herself *(used with reflexive verb)* **se/s'** *pron.* 10
hesitate *(to do something)* **hésiter (à)** *v.* 11
Hey! **Eh!** *interj.* 2
Hi! **Salut!** *fam.* 1
high **élevé(e)** *adj.*
high school **lycée** *m.* 1
   high school student **lycéen(ne)** *m., f.* 2
higher education **études supérieures** *f., pl.* 2

highway **autoroute** *f.* 11
hike **randonnée** *f.* 5
   to go for a hike **faire une randonnée** *v.* 5
him **lui** *i.o. pron.* 6; **le/l'** *d.o. pron.* 7; *(attached to imperative)* **-lui** *i.o. pron.* 9
himself *(used with reflexive verb)* **se/s'** *pron.* 10
hire **embaucher** *v.*
his **sa** *poss. adj., f., sing.* 3; **ses** *poss. adj., m., f., pl.* 3; **son** *poss. adj., m., sing.* 3
history **histoire** *f.* 2
hit **rentrer (dans)** *v.* 11
hold **tenir** *v.* 9
   to be on hold **patienter** *v.*
hole in the ozone layer **trou dans la couche d'ozone** *m.* 13
holiday **jour férié** *m.* 6; **férié(e)** *adj.* 6
home *(house)* **maison** *f.* 4
   at (someone's) home **chez…** *prep.* 4
home page **page d'accueil** *f.* 11
homework **devoir** *m.* 2
honest **honnête** *adj.*
honestly **franchement** *adv.* 8
hood **capot** *m.* 11
hope **espérer** *v.* 5
hors d'œuvre **hors-d'œuvre** *m.* 9
horse **cheval** *m.* 5
   to go horseback riding **faire du cheval** *v.* 5
hospital **hôpital** *m.* 4
host **hôte/hôtesse** *m., f.* 6
hot **chaud** *m.* 2
   It is hot (weather). **Il fait chaud.** 5
   to be hot **avoir chaud** *v.* 2
hot chocolate **chocolat chaud** *m.* 4
hotel **hôtel** *m.* 7
   (single) hotel room **chambre** *f.* **(individuelle)** 7
hotel keeper **hôtelier/ hôtelière** *m., f.* 7
hour **heure** *f.* 2
house **maison** *f.* 4
   at (someone's) house **chez…** *prep.* 2
   to leave the house **quitter la maison** *v.* 4
   to stop by someone's house **passer chez quelqu'un** *v.* 4
household **ménager/ménagère** *adj.* 8
household appliance **appareil** *m.* **ménager** 8
household chore **tâche ménagère** *f.* 8
housewife **femme au foyer** *f.*
housework: to do the housework **faire le ménage** *v.* 8

housing **logement** *m.* 8
how **comme** *adv.* 2; **comment?** *interr. adv.* 4
   How are you? **Comment allez-vous?** *form.* 1; **Comment vas-tu?** *fam.* 1
   How many/How much (of)? **Combien (de)?** 1
   How much is… ? **Combien coûte… ?** 4
huge **énorme** *adj.* 2
Huh? **Hein?** *interj.* 3
humanities **lettres** *f., pl.* 2
hundred: one hundred **cent** *m.* 5
   five hundred **cinq cents** *m.* 5
   one hundred one **cent un** *m.* 5
   one hundred thousand **cent mille** *m.* 5
hundredth **centième** *adj.* 7
hunger **faim** *f.* 4
hungry: to be hungry **avoir faim** *v.* 4
hunt **chasse** *f.* 13
   to hunt **chasser** *v.* 13
hurried **pressé(e)** *adj.* 9
hurry **se dépêcher** *v.* 10
hurt **faire mal** *v.* 10
   to hurt oneself **se blesser** *v.* 10
husband **mari** *m.*; **époux** *m.* 3
hyphen *(punctuation mark)* **tiret** *m.* 11

I

I **je** *sub. pron.* 1; **moi** *disj. pron., sing.* 3
ice cream **glace** *f.* 6
ice cube **glaçon** *m.* 6
idea **idée** *f.* 3
if **si** *conj.* 11
ill: to become ill **tomber malade** *v.* 10
illness **maladie** *f.*
immediately **tout de suite** *adv.* 4
impatient **impatient(e)** *adj.* 1
important **important(e)** *adj.* 1
   It is important that… **Il est important que…** 13
impossible **impossible** *adj.* 13
   It is impossible that… **Il est impossible que…** 13
improve **améliorer** *v.*
in **dans** *prep.* 3; **en** *prep.* 3; **à** *prep.* 4
included **compris (comprendre)** *p.p., adj.* 6
incredible **incroyable** *adj.* 11
independent **indépendant(e)** *adj.* 1
independently **indépendamment** *adv.* 8
indicate **indiquer** *v.* 5

indispensable **indispensable** *adj.* 13
inexpensive **bon marché** *adj.* 6
injection **piqûre** *f.* 10
　to give an injection **faire une piqûre** *v.* 10
injury **blessure** *f.* 10
instrument **instrument** *m.* 1
insurance (health/life) **assurance** *f.* **(maladie/vie)**
intellectual **intellectuel(le)** *adj.* 3
intelligent **intelligent(e)** *adj.* 1
interested: to be interested (in) **s'intéresser (à)** *v.* 10
interesting **intéressant(e)** *adj.* 1
intermission **entracte** *m.*
internship **stage** *m.*
intersection **carrefour** *m.* 12
interview: to have an interview **passer un entretlen**
introduce **présenter** *v.* 1
　I would like to introduce (*name*) to you. **Je te présente…** , *fam.* 1
　I would like to introduce (*name*) to you. **Je vous présente…** , *form.* 1
invite **inviter** *v.* 4
Ireland **Irlande** *f.* 7
Irish **irlandais(e)** *adj.* 7
iron **fer à repasser** *m.* 8
　to iron (the laundry) **repasser (le linge)** *v.* 8
isn't it? (*tag question*) **n'est-ce pas?** 2
island **île** *f.* 13
Italian **italien(ne)** *adj.* 1
Italy **Italie** *f.* 7
it: It depends. **Ça dépend.** 4
　It is… **C'est…** 1
itself (*used with reflexive verb*) **se/s'** *pron.* 10

J

jacket **blouson** *m.* 6
jam **confiture** *f.* 9
January **janvier** *m.* 5
Japan **Japon** *m.* 7
Japanese **japonais(e)** *adj.* 1
jealous **jaloux/jalouse** *adj.* 3
jeans **jean** *m. sing.* 6
jewelry store **bijouterie** *f.* 12
jogging **jogging** *m.* 5
　to go jogging **faire du jogging** *v.* 5
joke **blague** *f.* 2
journalist **journaliste** *m., f.* 3
juice (orange/apple) **jus** *m.* **(d'orange/de pomme)** 4
July **juillet** *m.* 5

June **juin** *m.* 5
jungle **jungle** *f.* 13
just (*barely*) **juste** *adv.* 3

K

keep **retenir** *v.* 9
key **clé** *f.* 7
keyboard **clavier** *m.* 11
kilo(gram) **kilo(gramme)** *m.* 9
kind **bon(ne)** *adj.* 3
kiosk **kiosque** *m.* 4
kiss one another **s'embrasser** *v.* 11
kitchen **cuisine** *f.* 8
knee **genou** *m.* 10
knife **couteau** *m.* 9
know (*as a fact*) **savoir** *v.* 8; (*to be familiar with*) **connaître** *v.* 8
　to know one another **se connaître** *v.* 11
　I don't know anything about it. **Je n'en sais rien.** 13
　to know that… **savoir que…** 13
known (*as a fact*) **su (savoir)** *p.p.* 8; (*famous*) **connu (connaître)** *p.p., adj.* 8

L

laborer **ouvrier/ouvrière** *m., f.*
lake **lac** *m.* 13
lamp **lampe** *f.* 8
landlord **propriétaire** *m.* 3
landslide **glissement de terrain** *m.* 13
language **langue** *f.* 2
　foreign languages **langues** *f., pl.* **étrangères** 2
last **dernier/dernière** *adj.* 2
lastly **dernièrement** *adv.* 8
late (*when something happens late*) **en retard** *adv.* 2; (*in the evening, etc.*) **tard** *adv.* 2
laugh **rire** *v.* 6
laughed **ri (rire)** *p.p.* 6
laundromat **laverie** *f.* 12
laundry: to do the laundry **faire la lessive** *v.* 8
law (*academic discipline*) **droit** *m.* 2; (*ordinance or rule*) **loi** *f.* 13
lawyer **avocat(e)** *m., f.* 3
lay off (*let go*) **renvoyer** *v.*
lazy **paresseux/paresseuse** *adj.* 3
learned **appris (apprendre)** *p.p.* 6
least **moins** 9
　the least… (*used with adjective*) **le/la moins…** *super. adv.* 9
　the least… , (*used with noun to express quantity*) **le moins de…** 13

the least… (*used with verb or adverb*) **le moins…** *super. adv.* 9
leather **cuir** *m.* 6
leave **partir** *v.* 5; **quitter** *v.* 4
　to leave alone **laisser tranquille** *v.* 10
　to leave one another **se quitter** *v.* 11
　I'm leaving. **Je m'en vais.** 8
left: to the left (of) **à gauche (de)** *prep.* 3
leg **jambe** *f.* 10
leisure activity **loisir** *m.* 5
lemon soda **limonade** *f.* 4
lend (*to someone*) **prêter (à)** *v.* 6
less **moins** *adv.* 4
　less of… (*used with noun to express quantity*) **moins de…** 4
　less … than (*used with noun to compare quantities*) **moins de… que** 13
　less… than (*used with adjective to compare qualities*) **moins… que** 9
let **laisser** *v.* 11
　to let go (*to fire or lay off*) **renvoyer** *v.*
　Let's go! **Allons-y!** 4; **On y va!** 10
letter **lettre** *f.* 12
　letter of application **lettre** *f.* **de motivation**
　letter of recommendation/reference **lettre** *f.* **de recommandation**
lettuce **laitue** *f.* 9
level **niveau** *m.*
library **bibliothèque** *f.* 1
license: driver's license **permis** *m.* **de conduire** 11
life **vie** *f.* 6
life insurance **assurance** *f.* **vie**
light: warning light (*automobile*) **voyant** *m.* 11
　oil/gas warning light **voyant** *m.* **d'huile/d'essence** 11
　to light up **s'allumer** *v.* 11
like (*as*) **comme** *adv.* 6; to like **aimer** *v.* 2
　I don't like … very much. **Je n'aime pas tellement…** 2
　I really like… **J'aime bien…** 2
　to like one another **s'aimer bien** *v.* 11
　to like that… **aimer que…** *v.* 13
line **queue** *f.* 12
　to wait in line **faire la queue** *v.* 12
listen (to) **écouter** *v.* 2
literary **littéraire** *adj.*
literature **littérature** *f.* 1

little *(not much)* *(of)* **peu (de)**
  adv. 4
live (in) **habiter (à)** *v.* 2
living room *(informal room)*
  salle de séjour *f.* 8; *(formal
  room)* **salon** *m.* 8
located: to be located **se trouver**
  v. 10
long **long(ue)** *adj.* 3
  a long time **longtemps** *adv.* 5
look *(at one another)* **se regarder**
  v. 11; *(at oneself)* **se regarder**
  v. 10
look for **chercher** *v.* 2
  to look for work **chercher
  du/un travail** 12
loose *(clothing)* **large** *adj.* 6
lose: to lose *(time)* **perdre (son
  temps)** *v.* 6
  to lose weight **maigrir** *v.* 7
lost: to be lost **être perdu(e)** *v.* 12
lot: a lot of **beaucoup de** *adv.* 4
love **amour** *m.* 6
  to love **adorer** *v.* 2
  I love… **J'adore…** 2
  to love one another **s'aimer**
  v. 11
  to be in love **être amoureux/
  amoureuse** *v.* 6
luck **chance** *f.* 2
  to be lucky **avoir de la chance**
  v. 2
lunch **déjeuner** *m.* 9
  to eat lunch **déjeuner** *v.* 4

M

ma'am **Madame.** *f.* 1
machine: answering machine
  répondeur *m.* 11
mad: to get mad **s'énerver** *v.* 10
made **fait (faire)** *p.p., adj.* 6
magazine **magazine** *m.*
mail **courrier** *m.* 12
mailbox **boîte** *f.* **aux lettres** 12
mailman **facteur** *m.* 12
main character **personnage
  principal** *m.*
main dish **plat (principal)** *m.* 9
maintain **maintenir** *v.* 9
make **faire** *v.* 5
makeup **maquillage** *m.* 10
  to put on makeup **se
  maquiller** *v.* 10
make up **se réconcilier** *v.*
malfunction **panne** *f.* 11
man **homme** *m.* 1
manage *(in business)* **diriger** *v.* ;
  (to do something) **arriver à** *v.* 2
manager **gérant(e)** *m., f.*
many (of) **beaucoup (de)** *adv.* 4
  How many (of)? **Combien**

(de)? 1
map *(of a city)* **plan** *m.* 7;
  (of the world) **carte** *f.* 1
March **mars** *m.* 5
marital status **état civil** *m.* 6
market **marché** *m.* 4
marriage **mariage** *m.* 6
married **marié(e)** *adj.* 3
  married couple **mariés** *m., pl.* 6
marry **épouser** *v.* 3
Martinique: from Martinique
  martiniquais(e) *adj.* 1
masterpiece **chef-d'œuvre** *m.*
mathematics **mathématiques
  (maths)** *f., pl.* 2
May **mai** *m.* 5
maybe **peut-être** *adv.* 2
mayonnaise **mayonnaise** *f.* 9
mayor's office **mairie** *f.* 12
me **moi** *disj. pron., sing.* 3;
  (attached to imperative) **-moi**
  pron. 9; **me/m'** *i.o. pron.* 6;
  me/m' *d.o. pron.* 7
  Me too. **Moi aussi.** 1
  Me neither. **Moi non plus.** 2
meal **repas** *m.* 9
mean **méchant(e)** *adj.* 3
  to mean *(with* **dire***)* **vouloir**
  v. 9
means: that means **ça veut dire** *v.* 9
meat **viande** *f.* 9
mechanic **mécanicien/
  mécanicienne** *m., f.* 11
medication (against/for) **médicament (contre/pour)**
  m., f. 10
meet *(to encounter, to run into)*
  rencontrer *v.* 2; *(to make
  the acquaintance of)* **faire la
  connaissance de** *v.* 5, **se
  rencontrer** *v.* 11; *(planned
  encounter)* **se retrouver** *v.* 11
meeting **réunion** *f.* ;
  rendez-vous *m.* 6
member **membre** *m.*
menu **menu** *m.* 9; **carte** *f.* 9
message **message** *m.*
  to leave a message **laisser
  un message** *v.*
Mexican **mexicain(e)** *adj.* 1
Mexico **Mexique** *m.* 7
microwave oven **four à micro-
  ondes** *m.* 8
midnight **minuit** *m.* 2
milk **lait** *m.* 4
mineral water **eau** *f.* **minérale** 4
mirror **miroir** *m.* 8
Miss **Mademoiselle** *f.* 1
mistaken: to be mistaken *(about
  something)* **se tromper (de)**
  v. 10
modest **modeste** *adj.*

moment **moment** *m.* 1
Monday **lundi** *m.* 2
money **argent** *m.* 12; *(currency)*
  monnaie *f.* 12
  to deposit money **déposer de
  l'argent** *v.* 12
monitor **moniteur** *m.* 11
month **mois** *m.* 2
  this month **ce mois-ci** 2
moon **Lune** *f.* 13
more **plus** *adv.* 4
  more of **plus de** 4
  more … than *(used with noun
  to compare quantities)*
  plus de… que 13
  more … than *(used with adjective to compare qualities)*
  plus… que 9
morning **matin** *m.* 2; **matinée**
  f. 2
  this morning **ce matin** 2
Moroccan **marocain(e)** *adj.* 1
most **plus** 9
  the most… *(used with adjective)*
  le/la plus… *super. adv.* 9
  the most… *(used with noun to
  express quantity)* **le plus de…** 13
  the most… *(used with verb or
  adverb)* **le plus…** *super. adv.* 9
mother **mère** *f.* 3
mother-in-law **belle-mère** *f.* 3
mountain **montagne** *f.* 4
mouse **souris** *f.* 11
mouth **bouche** *f.* 10
move *(to get around)* **se déplacer**
  v. 12
  to move in **emménager** *v.* 8
  to move out **déménager** *v.* 8
movie **film** *m.*
  adventure/horror/science-
  fiction/crime movie **film** *m.*
  **d'aventures/d'horreur/de
  science-fiction/policier**
movie theater **cinéma (ciné)** *m.* 4
much (as much … as) *(used with
  noun to express quantity)*
  autant de … que *adv.* 13
  How much *(of something)*?
  Combien (de)? 1
  How much is… ? **Combien
  coûte… ?** 4
museum **musée** *m.* 4
  to go to museums **faire les
  musées** *v.*
mushroom **champignon** *m.* 9
music: to play music **faire de la
  musique**
musical **comédie** *f.* **musicale;
  musical(e)** *adj.*
musician **musicien(ne)** *m., f.* 3
must *(to have to)* **devoir** *v.* 9 One
  must **Il faut…** 5

mustard **moutarde** *f.* 9
my **ma** *poss. adj., f., sing.* 3; **mes**
poss. adj., m., f., pl. 3; **mon**
poss. adj., m., sing. 3
myself **me/m'** *pron., sing.* 10;
(attached to an imperative)
-moi *pron.* 9

N

naïve **naïf (naïve)** *adj.* 3
name: My name is… **Je**
m'appelle… 1
named: to be named
s'appeler *v.* 10
napkin **serviette** *f.* 9
nationality **nationalité** *f.*
I am of … nationality. **Je suis**
de nationalité… 1
natural **naturel(le)** *adj.* 13
natural resource **ressource**
naturelle *f.* 13
nature **nature** *f.* 13
nauseated: to feel nauseated
avoir mal au cœur *v.* 10
near (to) **près (de)** *prep.* 3
very near (to) **tout près (de)** 12
necessary **nécessaire** *adj.* 13
It was necessary… *(followed
by infinitive or subjunctive)*
Il a fallu… 6
It is necessary…. *(followed by
infinitive or subjunctive)*
Il faut que… 5
It is necessary that… *(followed by
subjunctive)* **Il est nécessaire**
que/qu'… 13
neck **cou** *m.* 10
need **besoin** *m.* 2
to need **avoir besoin (de)** *v.* 2
neighbor **voisin(e)** *m., f.* 3
neighborhood **quartier** *m.* 8
neither… nor **ne… ni… ni…**
conj. 12
nephew **neveu** *m.* 3
nervous **nerveux/nerveuse** *adj.* 3
nervously **nerveusement** *adv.* 8
never **jamais** *adv.* 5; **ne…**
jamais *adv.* 12
new **nouveau/nouvelle** *adj.* 3
newlyweds **jeunes mariés**
m., pl. 6
news **informations (infos)**
f., pl; **nouvelles** *f., pl.*
newspaper **journal** *m.* 7
newsstand **marchand de**
journaux *m.* 12
next **ensuite** *adv.* 7;
prochain(e) *adj.* 2
next to **à côté de** *prep.* 3
nice **gentil/gentille** *adj.* 3;
sympa(thique) *adj.* 1

nicely **gentiment** *adv.* 8
niece **nièce** *f.* 3
night **nuit** *f.* 2
nightclub **boîte (de nuit)** *f.* 4
nine **neuf** *m.* 1
nine hundred **neuf cents** *m.* 5
nineteen **dix-neuf** *m.* 1
ninety **quatre-vingt-dix** *m.* 3
ninth **neuvième** *adj.* 7
no *(at beginning of statement to
indicate disagreement)*
(mais) non 2; **aucun(e)**
adj. 10
no more **ne… plus** 12
no problem **pas de prob-**
lème 12
no reason **pour rien** 4
no, none **pas (de)** 12
nobody **ne… personne** 12
none (not any) **ne… aucun(e)**
12
noon **midi** *m.* 2
no one **personne** *pron.* 12
north **nord** *m.* 12
nose **nez** *m.* 10
not **nez ne… pas** 2
not at all **pas du tout** *adv.* 2
Not badly. **Pas mal.**
to not believe that **ne pas**
croire que *v.* 13
to not think that **ne pas**
penser que *v.* 13
not yet **pas encore** *adv.* 8
notebook **cahier** *m.* 1
notes **billets** *m., pl.* 11
nothing **rien** *indef. pron.* 12
It's nothing. **Il n'y a pas de**
quoi. 1
notice **s'apercevoir** *v.* 12
novel **roman** *m.*
November **novembre** *m.* 5
now **maintenant** *adv.* 5
nuclear **nucléaire** *adj.* 13
nuclear energy **énergie nucléaire**
f. 13
nuclear plant **centrale nucléaire**
f. 13
nurse **infirmier/infirmière**
m., f. 10

O

object **objet** *m.* 1
obtain **obtenir** *v.*
obvious **évident(e)** *adj.* 13
It is obvious that… **Il est**
évident que… 13
obviously **évidemment** *adv.* 8
o'clock: It's… (o'clock). **Il est…**
heure(s). 2
at … (o'clock) **à … heure(s)** 4
October **octobre** *m.* 5

of **de/d'** *prep.* 3
of medium height **de taille**
moyenne *adj.* 3
of the **des (de + les)** 3
of the **du (de + le)** 3
of which, of whom **dont**
rel. pron. 11
of course **bien sûr** *adv.;*
évidemment *adv.* 2
of course not *(at beginning
of statement to indicate
disagreement)* **(mais) non** 2
offer **offrir** *v.* 11
offered **offert (offrir)** *p.p.* 11
office **bureau** *m.* 4
at the doctor's office **chez le**
médecin *prep.* 2
often **souvent** *adv.* 5
oil **huile** *f.* 9
automobile oil **huile** *f.* 11
oil warning light **voyant** *m.*
d'huile 11
olive oil **huile** *f.* **d'olive** 9
to check the oil **vérifier**
l'huile *v.* 11
okay **d'accord** 2
old **vieux/vieille** *adj.; (placed
after noun)* **ancien(ne)** *adj.* 3
old age **vieillesse** *f.* 6
olive **olive** *f.* 9
olive oil **huile** *f.* **d'olive** 9
omelette **omelette** *f.* 5
on **sur** *prep.* 3
On behalf of whom? **C'est de**
la part de qui?
on the condition that… **à**
condition que
on television **à la télé(vision)**
on the contrary **au contraire**
on the radio **à la radio**
on the subject of **au sujet**
de 13
on vacation **en vacances** 7
once **une fois** *adv.* 8
one **un** *m.* 1
one **on** *sub. pron., sing.* 1
one another **l'un(e) à**
l'autre 11
one another **l'un(e) l'autre** 11
one had to… **il fallait…** 8
One must… **Il faut que/**
qu'… 13
One must… **Il faut…** *(followed
by infinitive or subjunctive)* 5
one million **un million** *m.* 5
one million *(things)* **un mil-**
lion de… 5
onion **oignon** *m.* 9
online **en ligne** 11
to be online **être en ligne** *v.* 11
to be online *(with someone)*
être connecté(e) (avec

quelqu'un) v. 7, 11
only **ne... que** 12; **seulement** adv. 8
open **ouvrir** v. 11; **ouvert(e)** adj. 11
opened **ouvert (ouvrir)** p.p. 11
opera **opéra** m.
optimistic **optimiste** adj. 1
or **ou** 3
orange **orange** f. 9; **orange** inv. adj. 6
orchestra **orchestre** m.
order **commander** v. 9
organize (a party) **organiser (une fête)** v. 6
orient oneself **s'orienter** v. 12
others **d'autres** 4
our **nos** poss. adj., m., f., pl. 3; **notre** poss. adj., m., f., sing. 3
outdoor (open-air) **plein air** 13
over **fini** adj., p.p. 7
overpopulation **surpopulation** f. 13
overseas **à l'étranger** adv. 7
over there **là-bas** adv. 1
owed **dû (devoir)** p.p., adj. 9
own **posséder** v. 5
owner **propriétaire** m., f. 3
ozone **ozone** m. 13
   hole in the ozone layer **trou dans la couche d'ozone** m. 13

P

pack: to pack one's bags **faire les valises** 7
package **colis** m. 12
paid **payé (payer)** p.p., adj.
   to be well/badly paid **être bien/ mal payé(e)**
pain **douleur** f. 10
paint **faire de la peinture** v.
painter **peintre/femme peintre** m., f.
painting **peinture** f.; **tableau** m.
pants **pantalon** m., sing. 6
paper **papier** m. 1
Pardon (me). **Pardon.** 1
parents **parents** m., pl. 3
park **parc** m. 4
   to park **se garer** v. 11
parka **anorak** m. 6
parking lot **parking** m. 11
part-time job **emploi** m. **à mi- temps/à temps partiel** m.
party **fête** f. 6
   to party **faire la fête** v. 6
pass **dépasser** v. 11; **passer** v. 7
   to pass an exam **être reçu(e) à un examen** v. 2
passenger **passager/passagère** m., f. 7

passport **passeport** m. 7
password **mot de passe** m. 11
past: in the past **autrefois** adv. 8
pasta **pâtes** f., pl. 9
pastime **passe-temps** m. 5
pastry shop **pâtisserie** f. 9
pâté **pâté (de campagne)** m. 9
path **sentier** m. 13; **chemin** m. 12
patient **patient(e)** adj. 1
patiently **patiemment** adv. 8
pay **payer** v. 5
   to pay by check **payer par chèque** v. 12
   to pay in cash **payer en liquide** v. 12
   to pay with a credit card **payer avec une carte de crédit** v. 12
   to pay attention (to) **faire attention (à)** v. 5
peach **pêche** f. 9
pear **poire** f. 9
peas **petits pois** m., pl. 9
pen **stylo** m. 1
pencil **crayon** m. 1
people **gens** m., pl. 7
pepper (spice) **poivre** m. 9; (vegetable) **poivron** m. 9
per day/week/month/year **par jour/semaine/mois/an** 5
perfect **parfait(e)** adj. 2
perhaps **peut-être** adv. 2
period (punctuation mark) **point** m. 11
permit **permis** m. 11
permitted **permis (permettre)** p.p., adj. 6
person **personne** f. 1
personal CD player **baladeur CD** m. 11
pessimistic **pessimiste** adj. 1
pharmacist **pharmacien(ne)** m., f. 10
pharmacy **pharmacie** f. 10
philosophy **philosophie** f. 2
phone booth **cabine télé- phonique** f. 12
phone card **télécarte** f.
phone one another **se téléphoner** v. 11
photo(graph) **photo(graphie)** f. 3
physical education **éducation physique** f. 2
physics **physique** f. 2
piano **piano** m.
pick up **décrocher** v.
picnic **pique-nique** m. 13
picture **tableau** m. 1
pie **tarte** f. 9
piece (of) **morceau (de)** m. 4
   piece of furniture **meuble** m. 8

pill **pilule** f. 10
pillow **oreiller** m. 8
pink **rose** adj. 6
pitcher (of water) **carafe (d'eau)** f. 9
place **endroit** m. 4; **lieu** m. 4
planet **planète** f. 13
plans: to make plans **faire des projets** v.
plant **plante** f. 13
plastic **plastique** m. 13
plastic wrapping **emballage en plastique** m. 13
plate **assiette** f. 9
play **pièce de théâtre** f.
play **s'amuser** v. 10; (a sport/a musical instrument) **jouer (à/de)** v. 5
   to play sports **faire du sport** v. 5
   to play a role **jouer un rôle** v.
player **joueur/joueuse** m., f. 5
playwright **dramaturge** m.
pleasant **agréable** adj. 1
please: to please someone **faire plaisir à quelqu'un** v.
   Please. **S'il te plaît.** fam. 1
   Please. **S'il vous plaît.** form. 1
   Please. **Je vous en prie.** form. 1
   Please hold. **Ne quittez pas.**
plumber **plombier** m.
poem **poème** m.
poet **poète/poétesse** m., f.
police **police** f. 11
police officer **agent de police** m. 11; **policier** m. 11; **policière** f. 11
police station **commissariat de police** m. 12
polite **poli(e)** adj. 1
politely **poliment** adv. 8
political science **sciences poli- tiques (sciences po)** f., pl. 2
politician **homme/femme politique** m., f.
pollute **polluer** v. 13
pollution **pollution** f. 13
   pollution cloud **nuage de pollution** m. 13
pool **piscine** f. 4
poor **pauvre** adj. 3
popular music **variétés** f., pl.
population **population** f. 13
   growing population **population** f. **croissante** 13
pork **porc** m. 9
portrait **portrait** m. 5
position (job) **poste** m.
possess (to own) **posséder** v. 5
possible **possible** adj.
   It is possible that... **Il est**

possible que... 13
post **afficher** v.
post office **bureau de poste**
m. 12
postal service **poste** f. 12
postcard **carte postale** f. 12
poster **affiche** f. 8
potato **pomme de terre** f. 9
practice **pratiquer** v. 5
prefer **aimer mieux** v. 2;
préférer (que) v. 5
pregnant **enceinte** adj. 10
prepare (for) **préparer** v. 2
to prepare (to do something) **se
préparer (à)** v. 10
prescription **ordonnance** f. 10
present **présenter** v.
preservation: habitat preservation
sauvetage des habitats m. 13
preserve **préserver** v. 13
pressure **pression** f. 11
to check the tire pressure
**vérifier la pression des
pneus** v. 11
pretty **joli(e)** adj. 3; (before an
adjective or adverb) **assez** adv. 8
prevent: to prevent a fire **prévenir
l'incendie** v. 13
price **prix** m. 4
principal **principal(e)** adj. 12
print **imprimer** v. 11
printer **imprimante** f. 11
problem **problème** m. 1
produce **produire** v. 6
produced **produit (produire)**
p.p., adj. 6
product **produit** m. 13
profession **métier** m.;
profession f.
demanding profession
profession f. **exigeante**
professional **professionnel(le)**
adj.
professional experience **expérience professionnelle** f.
program **programme** m.;
(software) **logiciel** m. 11;
(television) **émission** f. **de
télévision**
prohibit **interdire** v. 13
project **projet** m.
promise **promettre** v. 6
promised **promis (promettre)**
p.p., adj. 6
promotion **promotion** f.
propose that... **proposer que...**
v. 13
to propose a solution
proposer une solution v. 13
protect **protéger** v. 5
protection **préservation** f. 13;
protection f. 13

proud **fier/fière** adj. 3
psychological **psychologique**
adj.
psychological drama **drame
psychologique** m.
psychology **psychologie** f. 2
psychologist **psychologue**
m., f.
publish **publier** v.
pure **pur(e)** adj. 13
purple **violet(te)** adj. 6
purse **sac à main** m. 6
put **mettre** v. 6
to put (on) (yourself) **se
mettre** v. 10
to put away **ranger** v. 8
to put on makeup **se
maquiller** v. 10
put **mis (mettre)** p.p. 6

Q

quarter **quart** m. 2
a quarter after ... (o'clock)
... et quart 2
Quebec: from Quebec
québécois(e) adj. 1
question **question** f. 6
to ask (someone) a question
poser une question (à) v. 6
quick **vite** adv. 4
quickly **vite** adv. 1
quite (before an adjective or
adverb) **assez** adv. 8

R

rabbit **lapin** m. 13
rain **pleuvoir** v. 5
acid rain **pluie** f. **acide** 13
It is raining. **Il pleut.** 5
It was raining. **Il pleuvait.** 8
rain forest **forêt tropicale** f. 13
rain jacket **imperméable** m. 5
rained **plu (pleuvoir)** p.p. 6
raise (in salary) **augmentation
(de salaire)** f.
rapidly **rapidement** adv. 8
rarely **rarement** adv. 5
rather **plutôt** adv. 1
ravishing **ravissant(e)** adj.
razor **rasoir** m. 10
read **lire** v. 7
read **lu (lire)** p.p., adj. 7
ready **prêt(e)** adj. 3
real (true) **vrai(e)** adj.; **véritable**
adj. 3
real estate agent **agent immobilier**
m., f.
realize **se rendre compte** v. 10
really **vraiment** adv. 5; (before
adjective or adverb) **tout(e)**

adv. 3; (before adjective or
adverb) **très** adv. 8
really close by **tout près** 3
rear-view mirror **rétroviseur** m. 11
reason **raison** f. 2
receive **recevoir** v. 12
received **reçu (recevoir)** p.p.,
adj. 12
receiver **combiné** m.
recent **récent(e)** adj.
reception desk **réception** f. 7
recognize **reconnaître** v. 8
recognized **reconnu (reconnaître)**
p.p., adj. 8
recommend that... **recommander
que...** v. 13
recommendation
recommandation f.
record **enregistrer** v. 11
(CD, DVD) **graver** v. 11
recycle **recycler** v. 13
recycling **recyclage** m. 13
red **rouge** adj. 6
redial **recomposer (un numéro)**
v. 11
reduce **réduire** v. 6
reduced **réduit (réduire)** p.p., adj. 6
reference **référence** f.
reflect (on) **réfléchir (à)** v. 7
refrigerator **frigo** m. 8
refuse (to do something)
refuser (de) v. 11
region **région** f. 13
regret that... **regretter que...** 13
relax **se détendre** v. 10
remember **se souvenir (de)** v. 10
remote control **télécommande**
f. 11
rent **loyer** m. 8
to rent **louer** v. 8
repair **réparer** v. 11
repeat **répéter** v. 5
research **rechercher** v.
researcher **chercheur/
chercheuse** m., f.
reservation **réservation** f. 7
to cancel a reservation **annuler
une réservation** 7
reserve **réserver** v. 7
reserved **réservé(e)** adj. 1
residence **résidence** f. 8
resign **démissionner** v.
resort (ski) **station** f. **(de ski)** 7
respond **répondre (à)** v. 6
rest **se reposer** v. 10
restart **redémarrer** v. 11
restaurant **restaurant** m. 4
restroom(s) **toilettes** f., pl. 8;
W.-C. m., pl.
result **résultat** m. 2
résumé **curriculum vitæ
(C.V.)** m.

retake **repasser** v.
retire **prendre sa retraite** v. 6
retired person **retraité(e)** m., f.
retirement **retraite** f. 6
return **retourner** v. 7
  to return (home) **rentrer (à la maison)** v. 2
review (*criticism*) **critique** f.
rice **riz** m. 9
ride: to go horseback riding **faire du cheval** v. 5
  to ride in a car **rouler en voiture** v. 7
right **juste** adv. 3
  to the right (of) **à droite (de)** prep. 3
  to be right **avoir raison** 2
  right away **tout de suite** 7
  right next door **juste à côté** 3
ring **sonner** v. 11
river **fleuve** m. 13; **rivière** f. 13
riverboat **bateau-mouche** m. 7
role **rôle** m. 13
room **pièce** f. 8; **salle** f. 8
  bedroom **chambre** f. 7
  classroom **salle** f. **de classe** 1
  dining room **salle** f. **à manger** 8
  single hotel room **chambre** f. **individuelle** 7
roommate **camarade de chambre** m., f. 1
  (*in an apartment*) **colocataire** m., f. 1
round-trip **aller-retour** adj. 7
  round-trip ticket **billet** m. **aller-retour** 7
rug **tapis** m. 8
run **courir** v. 5; **couru (courir)** p.p., adj. 6
  to run into someone **tomber sur quelqu'un** v. 7

S

sad **triste** adj. 3
  to be sad that… **être triste que…** v. 13
safety **sécurité** f. 11
said **dit (dire)** p.p., adj. 7
salad **salade** f. 9
salary (a high, low) **salaire (élevé, modeste)** m.
sales **soldes** f., pl. 6
salon: beauty salon **salon** m. **de beauté** 12
salt **sel** m. 9
sandwich **sandwich** m. 4
sat (down) **assis (s'asseoir)** p.p. 10
Saturday **samedi** m. 2
sausage **saucisse** f. 9
save **sauvegarder** v. 11

save the planet **sauver la planète** v. 13
savings **épargne** f. 12
savings account **compte d'épargne** m. 12
say **dire** v. 7
scarf **écharpe** f. 6
scholarship **bourse** f. 2
school **école** f. 2
science **sciences** f., pl. 2
  political science **sciences politiques (sciences po)** f., pl. 2
screen **écran** m. 11
screening **séance** f.
sculpture **sculpture** f.
sculptor **sculpteur/femme sculpteur** m., f.
sea **mer** f. 7
seafood **fruits de mer** m., pl. 9
search for **chercher** v. 2
  to search for work **chercher du travail** v. 12
season **saison** f. 5
seat **place** f.
seatbelt **ceinture de sécurité** f. 11
  to buckle one's seatbelt **attacher sa ceinture de sécurité** v. 11
seated **assis(e)** p.p., adj. 10
second **deuxième** adj. 7
security **sécurité** f. 11
see **voir** v. 12; (*catch sight of*) **apercevoir** v. 12
  to see again **revoir** v. 12
  See you later. **À plus tard.** 1
  See you later. **À tout à l'heure.** 1
  See you soon. **À bientôt.** 1
  See you tomorrow. **À demain.** 1
seen **aperçu (apercevoir)** p.p. 12; **vu (voir)** p.p. 12
  seen again **revu (revoir)** p.p. 12
self/-selves **même(s)** pron. 6
selfish **égoïste** adj. 1
sell **vendre** v. 6
seller **vendeur/vendeuse** m., f. 6
send **envoyer** v. 5
  to send (*to someone*) **envoyer (à)** v. 6
  to send a letter **poster une lettre** 12
Senegalese **sénégalais(e)** adj. 1
sense **sentir** v. 5
separated **séparé(e)** adj. 3
September **septembre** m. 5
serious **grave** adj. 10; **sérieux/sérieuse** adj. 3
serve **servir** v. 5
server **serveur/serveuse** m., f. 4
service station **station-service** f. 11

set the table **mettre la table** v. 8
seven **sept** m. 1
seven hundred **sept cents** m. 5
seventeen **dix-sept** m. 1
seventh **septième** adj. 7
seventy **soixante-dix** m. 3
several **plusieurs** adj. 4
shame **honte** f. 2
  It's a shame that… **Il est dommage que…** 13
shampoo **shampooing** m. 10
shape (*state of health*) **forme** f. 10
share **partager** v. 2
shave (oneself) **se raser** v. 10
shaving cream **crème à raser** f. 10
she **elle** pron. 1
sheet of paper **feuille de papier** f. 1
sheets **draps** m., pl. 8
shelf **étagère** f. 8
shh **chut**
shirt (short-/long-sleeved) **chemise (à manches courtes/longues)** f. 6
shoe **chaussure** f. 6
shopkeeper **commerçant(e)** m., f. 9
shopping **shopping** m. 7
  to go shopping **faire du shopping** v. 7
  to go (grocery) shopping **faire les courses** v. 9
shopping center **centre commercial** m. 4
short **court(e)** adj. 3; (*stature*) **petit(e)** 3
shorts **short** m. 6
shot (*injection*) **piqûre** f. 10
  to give a shot **faire une piqûre** v. 10
show **spectacle** m. 5; (*movie or theater*) **séance** f.
  to show (*to someone*) **montrer (à)** v. 6
shower **douche** f. 8
shut off **fermer** v. 11
shy **timide** adj. 1
sick: to get/be sick **tomber/être malade** v. 10
sign **signer** v. 12
silk **soie** 6
since **depuis** adv. 9
sincere **sincère** adj. 1
sing **chanter** v. 5
singer **chanteur/chanteuse** m., f. 1
single (*marital status*) **célibataire** adj. 3
  single hotel room **chambre** f. **individuelle** 7
sink **évier** m. 8; (*bathroom*) **lavabo** m. 8

sir **Monsieur** *m.* 1
sister **sœur** *f.* 3
sister-in-law **belle-sœur** *f.* 3
sit down **s'asseoir** *v.* 10
sitting **assis(e)** *adj.* 10
six **six** *m.* 1
six hundred **six cents** *m.* 5
sixteen **seize** *m.* 1
sixth **sixième** *adj.* 7
sixty **soixante** *m.* 1
size **taille** *f.* 6
skate **patiner** *v.* 4
ski **skier** *v.* 5; **faire du ski** 5
skiing **ski** *m.* 5
ski jacket **anorak** *m.* 6
ski resort **station** *f.* **de ski** 7
skin **peau** *f.* 10
skirt **jupe** *f.* 6
sky **ciel** *m.* 13
sleep **sommeil** *m.* 2
   to sleep **dormir** *v.* 5
   to be sleepy **avoir sommeil** *v.* 2
sleeve **manche** *f.* 6
slice **tranche** *f.* 9
slipper **pantoufle** *f.* 10
slow **lent(e)** *adj.* 3
small **petit(e)** *adj.* 3
smell **sentir** *v.* 5
smile **sourire** *m.* 6
   to smile **sourire** *v.* 6
smoke **fumer** *v.* 10
snack (afternoon) **goûter** *m.* 9
snake **serpent** *m.* 13
sneeze **éternuer** *v.* 10
snow **neiger** *v.* 5
   It is snowing. **Il neige.** 5
   It was snowing… **Il neigeait…** 8
so **si** 11; **alors** *adv.* 1
   so that **pour que**
soap **savon** *m.* 10
soap opera **feuilleton** *m.*
soccer **foot(ball)** *m.* 5
sociable **sociable** *adj.* 1
sociology **sociologie** *f.* 1
sock **chaussette** *f.* 6
software **logiciel** *m.* 11
soil (*to make dirty*) **salir** *v.* 8
solar **solaire** *adj.* 13
solar energy **énergie solaire** *f.* 13
solution **solution** *f.* 13
some **de l'** *part. art., m., f., sing.* 4
   some **de la** *part. art., f., sing.* 4
   some **des** *part. art., m., f., pl.* 4
   some **du** *part. art., m., sing.* 4
   some **quelques** *adj.* 4
   some (of it/them) **en** *pron.* 10
someone **quelqu'un** *pron.* 12
something **quelque chose** *m.* 4
   Something's not right.
   Quelque chose ne va pas. 5
sometimes **parfois** *adv.* 5;

quelquefois *adv.* 8
son **fils** *m.* 3
song **chanson** *f.*
sorry **désolé(e)** 11
   to be sorry that… **être désolé(e) que…** *v.* 13
sort **sorte** *f.*
So-so. **Comme ci, comme ça.** 1
soup **soupe** *f.* 4
soupspoon **cuillère à soupe** *f.* 9
south **sud** *m.* 12
space **espace** *m.* 13
Spain **Espagne** *f.* 7
Spanish **espagnol(e)** *adj.* 1
speak (on the phone) **parler (au téléphone)** *v.* 2
   to speak (to) **parler (à)** *v.* 6
   to speak to one another **se parler** *v.* 11
specialist **spécialiste** *m., f.*
species **espèce** *f.* 13
   endangered species **espèce** *f.* **menacée** 13
spectator **spectateur/ spectatrice** *m., f.*
speed **vitesse** *f.* 11
speed limit **limitation de vitesse** *f.* 11
spend **dépenser** *v.* 4
   to spend money **dépenser de l'argent** 4
   to spend time **passer** *v.* 7
   to spend time (*somewhere*) **faire un séjour** 7
spoon **cuillère** *f.* 9
sport(s) **sport** *m.* 5
   to play sports **faire du sport** *v.* 5
sporty **sportif/sportive** *adj.* 3
sprain one's ankle **se fouler la cheville** 10
spring **printemps** *m.* 5
   in the spring **au printemps** 5
square (*place*) **place** *f.* 4
squirrel **écureuil** *m.* 13
stadium **stade** *m.* 5
stage (*phase*) **étape** *f.* 6
stage fright **trac**
staircase **escalier** *m.* 8
stamp **timbre** *m.* 12
star **étoile** *f.* 13
starter **entrée** *f.* 9
start up **démarrer** *v.* 11
station **gare** *f.* 7; **station** *f.* 7
   bus station **gare routière** *f.* 7
   subway station **station** *f.* **de métro** 7
   train station **gare** *f.* 7; **station** *f.* **de train** 7
stationery store **papeterie** *f.* 12
statue **statue** *f.* 12

stay **séjour** *m.* 7; **rester** *v.* 7
   to stay slim **garder la ligne** *v.* 10
steak **steak** *m.* 9
steering wheel **volant** *m.* 11
stepbrother **demi-frère** *m.* 3
stepfather **beau-père** *m.* 3
stepmother **belle-mère** *f.* 3
stepsister **demi-sœur** *f.* 3
stereo system **chaîne stéréo** *f.* 11
still **encore** *adv.* 3
stomach **ventre** *m.* 10
   to have a stomach ache **avoir mal au ventre** *v.* 10
stone **pierre** *f.* 13
stop (doing something) **arrêter (de faire quelque chose)** *v.*; (*to stop oneself*) **s'arrêter** *v.* 10
   to stop by someone's house **passer chez quelqu'un** *v.* 4
   bus stop **arrêt d'autobus (de bus)** *m.* 7
store **magasin** *m.*; **boutique** *f.* 12
   grocery store **épicerie** *f.* 4
stormy **orageux/orageuse** *adj.* 5
   It is stormy. **Le temps est orageux.** 5
story **histoire** *f.* 2
stove **cuisinière** *f.* 8
straight **raide** *adj.* 3
   straight ahead **tout droit** *adv.* 12
strangle **étrangler** *v.*
strawberry **fraise** *f.* 9
street **rue** *f.* 11
   to follow a street **suivre une rue** *v.* 12
strong **fort(e)** *adj.* 3
student **étudiant(e)** *m., f.* 1; **élève** *m., f.* 1
   high school student **lycéen(ne)** *m., f.* 2
studies **études** *f.* 2
studio (*apartment*) **studio** *m.* 8
study **étudier** *v.* 2
suburbs **banlieue** *f.* 4
subway **métro** *m.* 7
subway station **station** *f.* **de métro** 7
succeed (*in doing something*) **réussir (à)** *v.* 7
success **réussite** *f.*
suddenly **soudain** *adv.* 8; **tout à coup** *adv.* 7.; **tout d'un coup** *adv.* 8
suffer **souffrir** *v.* 11
suffered **souffert (souffrir)** *p.p.* 11
sugar **sucre** *m.* 4
suggest (that) **suggérer (que)** *v.* 13
suit (*man's*) **costume** *m.* 6; (*woman's*) **tailleur** *m.* 6
suitcase **valise** *f.* 7

summer **été** *m.* 5
  in the summer **en été** 5
sun **soleil** *m.* 5
  It is sunny. **Il fait (du) soleil.** 5
Sunday **dimanche** *m.* 2
sunglasses **lunettes de soleil**
  f., pl. 6
supermarket **supermarché** *m.* 9
sure **sûr(e)** 9
  It is sure that… **Il est sûr**
  que… 13
  It is unsure that… **Il n'est**
  pas sûr que… 13
surf on the Internet **surfer sur**
  Internet 11
surprise (someone) **faire une**
  surprise (à quelqu'un) *v.* 6
surprised **surpris (surprendre)**
  p.p., adj. 6
  to be surprised that… **être**
  surpris(e) que… *v.* 13
sweater **pull** *m.* 6
sweep **balayer** *v.* 8
swell **enfler** *v.* 10
swim **nager** *v.* 4
swimsuit **maillot de bain** *m.* 6
Swiss **suisse** *adj.* 1
Switzerland **Suisse** *f.* 7
symptom **symptôme** *m.* 10

T

table **table** *f.* 1
  to clear the table **débarrasser**
  la table *v.* 8
tablecloth **nappe** *f.* 9
take **prendre** *v.* 4
  to take a shower **prendre une**
  douche 10
  to take a train (plane, taxi, bus,
  boat) **prendre un train (un**
  avion, un taxi, un autobus,
  un bateau) *v.* 7
  to take a walk **se promener**
  v. 10
  to take advantage of **profiter**
  de *v.*
  to take an exam **passer un**
  examen *v.* 2
  to take care (of something)
  s'occuper (de) *v.* 10
  to take out the trash **sortir la/**
  les poubelle(s) *v.* 8
  to take time off **prendre un**
  congé *v.*
  to take (someone) **emmener**
  v. 5
taken **pris (prendre)** *p.p., adj.* 6
tale **conte** *m.*
talented (gifted) **doué(e)** *adj.*
tan **bronzer** *v.* 6
tape recorder **magnétophone**

m. 11
tart **tarte** *f.* 9
taste **goûter** *v.* 9
taxi **taxi** *m.* 7
tea **thé** *m.* 4
teach **enseigner** *v.* 2
  to teach (to do something)
  apprendre (à) *v.* 4
teacher **professeur** *m.* 1
team **équipe** *f.* 5
teaspoon **cuillére à café** *f.* 9
tee shirt **tee-shirt** *m.* 6
teeth **dents** *f., pl.* 9
  to brush one's teeth **se brosser**
  les dents *v.* 9
telephone (receiver) **appareil** *m.*
  to telephone (someone)
  téléphoner (à) *v.* 2
  It's Mr./Mrs./Miss … (on the
  phone.) **C'est M./Mme/**
  Mlle … (à l'appareil.)
television **télévision** *f.* 1
  television channel **chaîne** *f.*
  de télévision 11
  television program **émission**
  f. **de télévision**
  television set **poste de**
  télévision *m.* 11
tell one another **se dire** *v.* 11
temperature **température** *f.* 5
ten **dix** *m.* 1
tennis **tennis** *m.* 5
tennis shoes **baskets** *f., pl.* 6
tenth **dixième** *adj.* 7
terrace (café) **terrasse** *f.* **de café** 4
test **examen** *m.* 1
than **que/qu'** *conj.* 9, 13
thank: Thank you (very
  much). **Merci (beaucoup).** 1
that **ce/c', ça** 1; **que** *rel.*
  pron. 11
  Is that… ? **Est-ce… ?** 2
  That's enough. **Ça suffit.** 5
  That has nothing to do with us.
  That is none of our business. **Ça**
  ne nous regarde pas. 13
  that is… **c'est…** 1
  that is to say **ça veut dire** 10
theater **théâtre** *m.*
their **leur(s)** *poss. adj., m., f.* 3
them **les** *d.o. pron.* 7, **leur**
  i.o. pron., m., f., pl. 6
then **ensuite** *adv.* 7, **puis** *adv.* 7,
  puis 4; **alors** *adv.* 7
there **là** 1; **y** *pron.* 10
  Is there… ? **Y a-t-il… ?** 2
  over there **là-bas** *adv.* 1
  (over) there (used with demonstrative adjective **ce** and noun
  or with demonstrative pronoun
  celui) **-là** 6
  There is/There are… **Il y a…** 1

There is/There are…. **Voilà…** 1
  There was… **Il y a eu…** 6;
  Il y avait… 8
therefore **donc** *conj.* 7
these/those **ces** *dem. adj., m., f.,*
  pl. 6
  these/those **celles** *pron., f.,*
  pl. 13
  these/those **ceux** *pron., m.,*
  pl. 13
they **ils** *sub. pron., m.* 1;
  elles *sub. and disj. pron., f.* 1;
  eux *disj. pron., pl.* 3
thing **chose** *f.* 1, **truc** 7
think (about) **réfléchir (à)** *v.* 7
  to think (that) **penser**
  (que) *v.* 2
third **troisième** *adj.* 7
thirst **soif** *f.* 4
  to be thirsty **avoir soif** *v.* 4
thirteen **treize** *m.* 1
thirty **trente** *m.* 1
thirty-first **trente et unième**
  adj. 7
this/that **ce** *dem. adj., m., sing.* 6;
  cet *dem. adj., m., sing.* 6;
  cette *dem. adj., f., sing.* 6
  this afternoon **cet après-midi** 2
  this evening **ce soir** 2
  this one/that one
  celle *pron., f., sing.* 13;
  celui *pron., m., sing.* 13
  this week **cette semaine** 2
  this weekend **ce week-end** 2
  this year **cette année** 2
those are… **ce sont…** 1
thousand: one thousand **mille** *m.* 5
  one hundred thousand
  cent mille *m.* 5
threat **danger** *m.* 13
three **trois** *m.* 1
three hundred **trois cents** *m.* 5
throat **gorge** *f.* 10
throw away **jeter** *v.* 13
Thursday **jeudi** *m.* 2
ticket **billet** *m.* 7
  round-trip ticket **billet** *m.*
  aller-retour 7
  bus/subway ticket **ticket de**
  bus/de métro *m.* 7
tie **cravate** *f.* 6
tight **serré(e)** *adj.* 6
time (occurence) **fois** *f.*; (general
  sense) **temps** *m., sing.* 5
  a long time **longtemps** *adv.* 5
  free time **temps libre** *m.* 5
  from time to time **de temps**
  en temps *adv.* 8
  to lose time **perdre son temps**
  v. 6
tinker **bricoler** *v.* 5
tip **pourboire** *m.* 4

to leave a tip **laisser un pourboire** *v.* 4
tire **pneu** *m.* 11
   flat tire **pneu** *m.* **crevé** 11
   (emergency) tire **roue (de secours)** *f.* 11
   to check the tire pressure **vérifier la pression des pneus** *v.* 11
tired **fatigué(e)** *adj.* 3
tiresome **pénible** *adj.* 3
to **à** *prep.* 4; **au (à + le)** 4; **aux (à + les)** 4
toaster **grille-pain** *m.* 8
today **aujourd'hui** *adv.* 2
toe **orteil** *m.* 10; **doigt de pied** *m.* 10
together **ensemble** *adv.* 6
tomato **tomate** *f.* 9
tomorrow (morning, afternoon, evening) **demain (matin, après-midi, solr)** *adv.* 2
   day after tomorrow **après-demain** *adv.* 2
too **aussi** *adv.* 1
   too many/much (of) **trop (dc)** 4
tooth **dent** *f.* 9
   to brush one's teeth **se brosser les dents** *v.* 9
toothbrush **brosse** *f.* **à dents** 10
toothpaste **dentifrice** *m.* 10
tour **tour** *m.* 5
tourism **tourisme** *m.* 12
tourist office **office du tourisme** *m.* 12
towel (bath) **serviette (de bain)** *f.* 10
town **ville** *f.* 4
town hall **mairie** *f.* 12
toxic **toxique** *adj.* 13
toxic waste **déchets toxiques** *m., pl.* 13
traffic **circulation** *f.* 11
traffic light **feu de signalisation** *m.* 12
tragedy **tragédie** *f.*
train **train** *m.* 7
train station **gare** *f.* 7; **station** *f.* **de train** 7
training **formation** *f.*
translate **traduire** *v.* 6
translated **traduit (traduire)** *p.p., adj.* 6
trash **ordures** *f., pl.* 13
travel **voyager** *v.* 2
travel agency **agence de voyages** *f.* 7
travel agent **agent de voyages** *m.* 7
tree **arbre** *m.* 13
trip **voyage** *m.* 7
troop (company) **troupe** *f.*
tropical **tropical(e)** *adj.* 13
   tropical forest **forêt tropicale**

f. 13
true **vrai(e)** *adj.* 3; **véritable** *adj.* 6
   It is true that… **Il est vrai que…** 13
   It is untrue that… **Il n'est pas vrai que…** 13
trunk **coffre** *m.* 11
try **essayer** *v.* 5
Tuesday **mardi** *m.* 2
tuna **thon** *m.* 9
turn **tourner** *v.* 12
   to turn off **éteindre** *v.* 11
   to turn on **allumer** *v.* 11
   to turn (oneself) around **se tourner** *v.* 10
twelve **douze** *m.* 1
twentieth **vingtième** *adj.* 7
twenty **vingt** *m.* 1
twenty-first **vingt et unième** *adj.* 7
twenty-second **vingt-deuxième** *adj.* 7
twice **deux fois** *adv.* 8
twist one's ankle **se fouler la cheville** *v.* 10
two **deux** *m.* 1
two hundred **deux cents** *m.* 5
two million **deux millions** *m.* 5
type **genre** *m.*

ugly **laid(e)** *adj.* 3
umbrella **parapluie** *m.* 5
uncle **oncle** *m.* 3
under **sous** *prep.* 3
understand **comprendre** *v.* 4
understood **compris (comprendre)** *p.p., adj.* 6
underwear **sous-vêtement** *m.* 6
undress **se déshabiller** *v.* 10
unemployed person **chômeur/ chômeuse** *m., f.*
   to be unemployed **être au chômage** *v.*
unemployment **chômage** *m.*
unfortunately **malheureusement** *adv.* 2
unhappy **malheureux/ malheureuse** *adj.* 3
union **syndicat** *m.*
United States **États-Unis** *m., pl.* 7
university **faculté** *f.* 1; **université** *f.* 1
university cafeteria **restaurant universitaire (resto U)** *m.* 2
unless **à moins que** *conj.*
unpleasant **antipathique** *adj.* 3; **désagréable** *adj.* 1
until **jusqu'à** *prep.* 12; **jusqu'à ce que** *conj.*
upset: to become upset **s'énerver** *v.* 10

us **nous** *i.o. pron.* 6; **nous** *d.o. pron.* 7
use **employer** *v.* 5
   to use a map **utiliser un plan** *v.* 7
useful **utile** *adj.* 2
useless **inutile** *adj.* 2; **nul(le)** *adj.* 2
usually **d'habitude** *adv.* 8

vacation **vacances** *f., pl.* 7
   vacation day **jour de congé** *m.* 7
vacuum **aspirateur** *m.* 8
   to vacuum **passer l'aspirateur** *v.* 8
valley **vallée** *f.* 13
vegetable **légume** *m.* 9
velvet **velours** 6
very (before adjective) **tout(e)** *adv.* 3; (before adverb) **très** *adv.* 8
   Very well. **Très bien.** 1
veterinarian **vétérinaire** *m., f.*
videocassette recorder (VCR) **magnétoscope** *m.* 11
video game(s) **jeu vidéo (des jeux vidéo)** *m.* 11
videotape **cassette vidéo** *f.* 11
Vietnamese **vietnamien(ne)** *adj.* 1
violet **violet(te)** *adj.* 6
violin **violon** *m.*
visit **visite** *f.* 6
   to visit (a place) **visiter** *v.* 2; (a person or people) **rendre visite (à)** *v.* 6; (to visit regularly) **fréquenter** *v.* 4
voicemail **messagerie** *f.*
volcano **volcan** *m.* 13
volleyball **volley(-ball)** *m.* 5

waist **taille** *f.* 6
wait **attendre** *v.* 6
   to wait (on the phone) **patienter** *v.*
   to wait in line **faire la queue** *v.* 12
wake up **se réveiller** *v.* 10
walk **promenade** *f.* 5; **marcher** *v.* 5
   to go for a walk **faire une promenade** 5; **faire un tour** 5
wall **mur** *m.* 8
want **désirer** *v.* 5; **vouloir** *v.* 9
wardrobe **armoire** *f.* 8
warming: global warming **réchauffement de la Terre** *m.* 13
warning light (gas/oil) **voyant** *m.* **(d'essence/d'huile)** 11
wash **laver** *v.* 8
   to wash oneself (one's hands) **se**

laver (les mains) *v.* 10
to wash up (in the morning)
faire sa toilette *v.* 10
washing machine lave-linge *m.* 8
waste gaspillage *m.* 13;
gaspiller *v.* 13
wastebasket corbeille (à papier)
f. 1
watch montre *f.* 1; regarder *v.* 2
water eau *f.* 4
mineral water eau *f.* minérale 4
way (*by the way*) au fait 3;
(*path*) chemin 12
we nous *pron.* 1
weak faible *adj.* 3
wear porter *v.* 6
weather temps *m., sing.* 5;
météo *f.*
The weather is bad. Il fait
mauvais. 5
The weather is dreadful. Il fait
un temps épouvantable. 5
The weather is good/warm. Il
fait bon. 5
The weather is nice. Il fait
beau. 5
web site site Internet/web
m. 11
wedding mariage *m.* 6
Wednesday mercredi *m.* 2
weekend week-end *m.* 2
this weekend ce week-end *m.* 2
welcome bienvenu(e) *adj.* 1
You're welcome. Il n'y a pas
de quoi. 1
well bien *adv.* 7
I am doing well/badly. Je vais
bien/mal. 1
west ouest *m.* 12
What? Comment? *adv.* 4;
Pardon? 4; Quoi? 1 *interr.*
pron. 4
What day is it? Quel jour
sommes-nous? 2
What is it? Qu'est-ce que
c'est? *prep.* 1
What is the date? Quelle est
la date? 5
What is the temperature?
Quelle température fait-il? 5
What is the weather like? Quel
temps fait-il? 5
What is your name? Comment
t'appelles-tu? *fam.* 1
What is your name? Comment
vous appelez-vous? *form.* 1
What is your nationality?
Quelle est ta nationalité?
sing., fam. 1
What is your nationality?
Quelle est votre nationalité?
sing., pl., fam., form. 1

What time do you have?
Quelle heure avez-vous?
form. 2
What time is it? Quelle heure
est-il? 2
What time? À quelle
heure? 2
What do you think about that?
Qu'en penses-tu? 13
What's up? Ça va? 1
whatever it may be quoi que
ce soit
What's wrong? Qu'est-ce qu'il
y a? 1
when quand *adv.* 4
When is …'s birthday? C'est
quand l'anniversaire de …? 5
When is your birthday?
C'est quand ton/votre
anniversaire? 5
where où *adv., rel. pron.* 4
which? quel(le)(s)? *adj.* 4
which one à laquelle *pron., f.,*
sing. 13
which one auquel (à + lequel)
pron., m., sing. 13
which one de laquelle *pron., f.,*
sing. 13
which one duquel (de +
lequel) *pron., m., sing.* 13
which one laquelle *pron., f.,*
sing. 13
which one lequel *pron., m.,*
sing. 13
which ones auxquelles (à +
lesquelles) *pron., f., pl.* 13
which ones auxquels (à +
lesquels) *pron., m., pl.* 13
which ones desquelles (de +
lesquelles) *pron., f., pl.* 13
which ones desquels (de +
lesquels) *pron., m., pl.* 13
which ones lesquelles *pron.,*
f., pl. 13
which ones lesquels *pron., m.,*
pl. 13
while pendant que *prep.* 7
white blanc(he) *adj.* 6
who? qui? *interr. pron.* 4; qui *rel.*
pron. 11
Who is it? Qui est-ce? 1
Who's calling, please? Qui est
à l'appareil? 1
whom? qui? *interr.* 4
For whom? Pour qui? 4
To whom? À qui? 4
why? pourquoi? *adv.* 2, 4
widowed veuf/veuve *adj.* 3
wife femme *f.* 1; épouse *f.* 3
willingly volontiers *adv.* 10
win gagner *v.* 5
wind vent *m.* 5

It is windy. Il fait du vent. 5
window fenêtre *f.* 1
windshield pare-brise *m.* 11
windshield wiper(s) essuie-
glace (essuie-glaces *pl.*)
m. 11
windsurfing planche à voile *v.* 5
to go windsurfing faire de la
planche à voile *v.* 5
wine vin *m.* 6
winter hiver *m.* 5
in the winter en hiver 5
wipe (the dishes/the table)
essuyer (la vaisselle/la
table) *v.* 8
wish that… souhaiter que… *v.* 13
with avec *prep.* 1
with whom? avec qui? 4
withdraw money retirer de
l'argent *v.* 12
without sans *prep.* 8; sans
que *conj.* 5
woman femme *f.* 1
wood bois *m.* 13
wool laine *f.* 6
work travail *m.* 12
to work travailler *v.* 2; marcher
v. 11; fonctionner *v.* 11
work out faire de la gym *v.* 5
worker ouvrier/ouvrière *m., f.*
world monde *m.* 7
worried inquiet/inquiète *adj.* 3
worry s'inquiéter *v.* 10
worse pire *comp. adj.* 9; plus mal
comp. adv. 9; plus mauvais(e)
comp. adj. 9
worst: the worst le plus mal
super. adv. 9; le/la pire
super. adj. 9; le/la plus
mauvais(e) *super. adj.* 9
wound blessure *f.* 10
wounded: to get wounded
se blesser *v.* 10
write écrire *v.* 7
to write one another s'écrire
v. 11
writer écrivain/femme écrivain
m., f.
written écrit (écrire) *p.p., adj.* 7
wrong tort *m.* 2
to be wrong avoir tort *v.* 2

Y

yeah ouais 2
year an *m.* 2; année *f.* 2
yellow jaune *adj.* 6
yes oui 2; (*when making a*
contradiction) si 2
yesterday (morning/afternoon
evening) hier (matin/après-

midi/soir) *adv.* 7
day before yesterday **avant-
hier** *adv.* 7
yogurt **yaourt** *m.* 9
you **toi** *disj. pron., sing., fam.*
   3; **tu** *sub. pron., sing., fam.*
   1; **vous** *pron., sing., pl., fam.,*
   form. 1
   you neither **toi non plus** 2
   You're welcome. **De rien.** 1
young **jeune** *adj.* 3
younger **cadet(te)** *adj.* 3
your **ta** *poss. adj., f., sing.* 3;
   tes *poss. adj., m., f., pl.* 3;
   ton *poss. adj., m., sing.* 3;
   vos *poss. adj., m., f., pl.* 3;
   votre *poss. adj., m., f., sing.* 3;
yourself **te/t'** *refl. pron., sing.,*
   fam. 10; **toi** *refl. pron., sing.,*
   fam. 10; **vous** *refl. pron.,*
   form. 10
youth **jeunesse** *f.* 6
youth hostel **auberge de
jeunesse** *f.* 7
Yum! **Miam!** *interj.* 5

Z

zero **zéro** *m.* 1

T

U

V

W

Y

Z

Text Credits

153 © Reprinted by permission of Nouveau Monde DDB and of Assessorat du Tourisme de la Vallée d'Aoste **217** © Reprinted by permission of Comité du tourisme des îles de Guadeloupe; ad produced by Comité du tourisme des îles de Guadeloupe in 2005 **333** © Reprinted by permission of BlackBerry® **363** © Reprinted by permission of Relais du Silence Silencehotel **422–423** © Excerpt from LE PETIT PRINCE by Antoine de Saint-Exupéry, copyright 1943 by Harcourt, Inc. and renewed 1971 by Consuelo de Saint-Exupéry, reprinted by permission of the publisher.

Fine Art Credits

62 *Joan of Arc Kissing the Sword of Deliverance* by Dante Gabriel Rossetti. **191** Troubadour Plays Six Musical Instruments. **201** *Blue Dancers* by Edgar Degas. **255** *Entry of Joan of Arc Into Orleans* by J.J. Scherrer. **319** *Portrait of Jean Jacques Rousseau* by Lacretelle. **351** *The Son of Man* by René Magritte. **421** *Tahitian Women on the Beach* by Paul Gauguin.

Photography Credits

Alamy Images: 9 (t) © Ian Dagnall. 31 (tl) © Robert McGouey. 41 (t) © Megapress. 63 (tl) © David Gregs. 94 (left panel, br) ©Popperfoto. 119 (t) © Yadid Levy, (m) © Kevin Foy. 126 (right panel, ml) © David Osborne. 127 (bl) © Brian Harris. 169 (m) © Trevor Pearson. 191 (tl) © Foodfolio. 215 (t) © Johner Images. 222 (t) © bilderlounge. 232 (tr) © Michele Molinari. 247 (tl) © Ace Stock Limited. 281 (bl) © Design Pics Inc. 350 (right panel, t, ml) © Paul Springett, (right panel, mr) © Melba Photo Agency. 351 (tl) © Danita Delimont. 362 (right panel, tr) © David Sanger, (right panel, mr) © Ray Roberts, (right panel, (bl) © DanitaDelimont. com. 382 (mt) © Stephen Saks Photography, (mb) Jupiterimages/Ablestock. 383 (bl) © Rubens Abboud. 384 (t) © Mehdi Chebil. 385 (tl) © Stephen Lloyd Photography Co UK, (bl) © Paul Springett. 406 (r) © Jeremy Horner. 410 (l) © Vincent Lowe. 416 (right panel) © Nick Greaves. 418 (t) © brianafrica, (right planel, ml) © Authors Image. 419 (bl) Kevin Schafer. 420 (right planel, ml) © Melba Photo Agency, (right panel, b) © David Sanger.

Corbis: cover © Tim Pannell. 24 (right panel, tl) © Rune Hellestad. 25 (left panel, tr) © Reuters/Shaun Best, (left panel, tl) © Frank Trapper, (left panel, bmr) © Reuters/Lucy Nicholson. 30 (left panel, t) © Hulton-Deutsch Collection, (left panel, tm) © Caroline Penn, (left panel, bm) © Jean-Pierre Amet/Bel Ombra, (left panel, b) © Eddy Lemaistre/For Pictures, (right panel, b) © Eddy Lemaistre. 31 (tr) © Antoine Gyori, (bl) Owen Franken. 34 © Tom Stewart. 62 (left panel, t) © Christie's Images, (left panel, m) © Bettmann, (left panel, b) © Antoine Gyori. 87 (tl) © Henri Tuillio, (tr) © Patrick Roncen, (mr) © Pascal Ito. 94 (left panel, t) © Hulton-Deutsch Collection, (left panel, bl) © Rufus F. Folkks. 95 (bl) © Keren Su. 105 (t) © Inge Yspeert, (m) © France Soir/PH.Cabaret. 119 (b) © Garcia/photocuisine. 126 (left panel, t) © Chris Hellier, (left panel, b) © Hulton-Deutsch Collection, (right panel, t) © Chris Lisle. 136 (r) © Neil Marchand/Liewig Media Sports. 137 (t) © Victor Fraile, (m) © Reuters/Arko Datta. 151 (m) © Reuters/Stefano Rellandini, (b) © Corbis TempSport. 158 (left panel, t) © Bettmann, (left panel, b) © Hulton-Deutsch Collection, (right panel, t) © Dean Conger, (right panel, ml) © Reuters/Daniel Joubert. 159 (bl) © Reuters/Daniel Joubert. 168 (l) © Eric Gaillard, (r) © Earl & Nazima Kowall. 169 (t) © Reuters/Mal Langsdon. 182 (l) © Philippe Wojazer. 183 (t) © Hulton-Deutsch Collection, (m) © Corbis Sugma/Pierre Vauthey, (b) © Corbis Sygma/Tierry Orban. 190 (left panel, t, b) © Bettmann, (right panel, t) © Frederik Astier, (right panel, b) © Bettmann. 191 (bl) © Owen Franken, (br) © Historical Picture Archive. 201 (mr) © Archivo Iconograpfico, S.A.. 214 (l) © Hubert Stadler. 222 (left panel, t) © Patric Forestier (Special), (left panel, bl) © Bettmann, (left panel, br) © Stefano Bianchetti, (right panel, mr) © Larry Dale Gordon/zefa, (right panel, b) © Tom Brakefield. 223 (tl) © Frederic Pitchal, (tr) © Reuters/John Schults. 247 (mr) © Robert Holmes. 254 (left panel, t) © Bettmann, (left panel, b) © Stephane Cardinale. 255 (tr) © Dianni Dagli Orti, (bl) © Thierry Tronnel, (br) © Annie Griffiths Belt. 279 (tl) © Sergio Pitamitz. 286 (left panel, t, m) © Bettmann, (left panel, b) © Paris Claude, (right panel, ml) © Adam Woolfitt. 287 (br) © Corbis. 310 (br) © Gilles Fonlupt. 318 (left panel, t) © Bettmann, (left panel, b) © Pierre Vauthey, (right panel, b) © Carl & Ann Purcell. 319 (tr) © Archivo Iconografico. 329 (t) © Alain Nogues, (b) © Philippe Eranian. 343 (t) © Bettmann. 350 (left panel, t) © Corbis KIPA, (left panel, bl) © Robert Galbraith, (left panel, br) © Stephane Cardinale. 351 (bl) © Dave Bartruff, (br) © Christie's Images. 361 (t) © Reuters/Matt Dunham. 362 (right panel, br) © Richard Klune. 382 (left panel, t) © Sophie Bassouls, (left panel, ml) © Stephane Cardinale, (left panel, b) © Reuters/Jason Cohn, (right panel, b) © Richard T. Nowitz. 383 (tl) © Reuters/Mike Blake. 384 (left panel) © Mike King, (right panel, mr) © Nik Wheeler, (right panel, b) © Frans Lemmens/zefa. 385 (tr) © Sophie Bassouls, (br) © Jonny Le Fortune/zefa. 396 (l) © Bernard Bisson. 397 (t) © Yann Arthus-Bertrand, (m) © Bernard Bisson, (b) © Manfred Vollmer. 405 © Paul S. Souders. 411 (b) © Christophe Russeil. 417 © Kevin Flemming. 418 (left panel, t) © Reuters/Shaun Best, (left panel, b) © Reuters/Kai Pfaffenbach. 419 (tl) © Sophie Bassouls, (tr) © Eric Fougere/VIP Images. 422 © Bettmann. 420 (left panel, t) © Sophie Bassouls, (left panel, b) © Lori Conn, (right panel, t) © MedioImages. 421 (tl) © Bettmann, (br) © Philippe Giraud. 464 © Annebicque/Corbis Sygma. 472 (tl) © Stephane Ruet/Corbis Sygma, (bl) © Morton Beebe, (br) © Stephanie Maze. 483 (tr) © Corbis KIPA, (bl) © Christie's Images. 485 © Paul A. Souders. 519 © Swim Ink 2, LLC. 526 (br) © Kelly/Mooney Photography.

Fotolia: 28 © Robert Lerich. 62 (right panel, ml) © Martine Coquilleau. 94 (br) © Benjamin Herzoq. 286 (tr) © Robert Paul Van Beets. 319 (mr) © David Hughes. 384 (right panel, ml) © A. Anwar Secca. 421 (tr) © Frederic.

iStockphoto: cover © Chanyut Sribuarawd. **25** © Rasmus Rasmussen. **63** (br) © Caoline Beecham. **126** (mr) © Daniel Brechwoldt, (br) © Dan Moore. **158** (ml) © Dianne Maire, (b) ©Edyta Pawlowska. **159** (tl) © Demid Borodin, (br) © James Warren. **190** (right panel, ml) © Peter Leyden. **191** (tr) © Philip Lange. **223** (br) © Andreas Karelias. **256** (t) © Katerzyna Mazurowska, (ml) © Bodgan Lazar, (mr) © Katerzyna Mazurowska, (br) © Andreas Kaspar. **297** (b) © Viorika Prikhodko. **318** (right panel, mr) © Denis Jr. Tangney, (right panel, t) © Tatiana Egorova. **343** (b) © Mark Evans. **351** (tl) © Franky DeMeyer. **375** (b) © Peter Garbet. **380** © Andre Nantel. **396** (l) © Raphael Daniaud. **406** (l) © Jonathan Heger, (r) © William Wang. **410** (t) © Christophe Fouqui. **411** (t) © Gail A. Johnson. **418** (right panel, b) © Guenter Guni.

Library and Archives Canada: 386.

Tahiti Tourisme: 30 (tl). **200** (t, b). **205** (l). **421** (bl).

Miscellaneous: iii © HIRB/Photolibrary. **30** (right panel, m) © Lonely Planet Images/Ariadne Van Zandbergen/Getty Images. **73** (t) © Elise Amendola/AP Images, (m) © NBAE, (b) © Tony Barson/Getty Images. **136** (l) AP Images. **190** (right panel, mr) © Mikhail Lavrenov/123RF. **222** (right panel, ml) © Ferdiricb/Dreamstime. **286** (right panel, mr) © Hansok/Dreamstime. **318** (right panel, ml) © Createsima/Dreamstime. **331** © Thomas Mueller/Photographers Direct. **350** (b) © A.J. Cassaigne/Photononstop. **382** (right panel, t) © Carlos Sanchez Pereyra/123RF. **411** (m) © Thomas Pozzo Di Borgo/123RF. **416** (left panel, tr) © Anastasiya Maksimenko/123RF. **418** (right panel, mr) © Leanne Logan/Lonely Planet Images.

Special thanks to: Rachel Distler, Janet Dracksdorf, Tom Delano, Daniel Finkbeiner, Beth Kramer.

23: (t) exerpt from: *Superdupont – Tome* 1 © LOB/Gotlib/Alexis/Fluide Glacial.
31: (br) published with the kind authorization of the *Service de communication pour la Francophonie*.
159: (tr) © Reprinted by permission of *Le Printemps de Bourges* © graphisme: Lola Duval/photo: Dietmar Busse (Courtesy of Clamp Art, New York City).
251: (l) photo location: Sofitel Vieux Port-Marseille.
419: *FESPACO 2007* Poster; with the kind authorization of the Festival Panafricain du Cinéma et de la télévision de Ouagadougou (FESPACO).

Video Credits

Production Company: Klic Video Productions, Inc.
Lead Photographer: Pascal Pernix
Photographer, Assistant Director: Barbara Ryan Malcolm
Photography Assistant: Pierre Halart

Le zapping Credits

15 © Groupe SEB
47 © Clairefontaine
79 © Pages d'Or
111 © Swiss Airlines International
143 © SwissLife
175 © La Poste
207 © SNCF; Directed by Smith & Foulkes, Produced by Nexus Productions/Wanda; Producers: Charlotte Bavasso (Nexus) & Claude Fayolle (Wanda); Production Manager: Luke Youngman (Nexus); Post Production dpt of Wanda Studio Manager: Theano Kazagli (Nexus); Crew: credited as per Nexus Production Ltd Credits, which were given on completion.
239 © Century 21 with the kind authorization of Pierre Palmade
271 © Office du Tourisme de Rennes
303 © Diadermine
335 © NRJ; R Lines Productions. The commercial offer presented in the video is no longer available. See new NRJ mobile offers at www.nrjmobile.fr
367 © Office du Tourisme de Rennes
403 © BMCE Bank

About the Authors

Cherie Mitschke received her Ph.D. in Foreign Language Education with specializations in French and English as a Second Language from the University of Texas at Austin in 1996. She has taught French at Southwest Texas State University, Austin Community College, and was Assistant Professor of French at Southwestern University in Georgetown, Texas. Dr. Mitschke is also an experienced writer and editor of French educational materials who has worked with several major educational publishing houses.

Cheryl Tano received her M.A. in Spanish and French from Boston College and has also completed all course work toward a Ph.D. in Applied Linguistics with a concentration in Second Language Acquisition at Boston University. She is currently teaching French at Emmanuel College and Spanish at Tufts University.

About the Illustrators

A French Canadian living in the province of Quebec, **Sophie Casson** has been a professional illustrator for more than ten years. Her illustrations have appeared in local and national magazines throughout Canada, as well as in children's books.

Born in Caracas, Venezuela, **Hermann Mejía** studied illustration at the **Instituto de Diseño de Caracas.** Hermann currently lives and works in the United States.

Pere Virgili lives and works in Barcelona, Spain. His illustrations have appeared in textbooks, newspapers, and magazines throughout Spain and Europe.